La Voix et la Machine

La vocalité artificielle dans la musique contemporaine

Collection *ÆSTHETICA*

dirigée par Pierre-Henry FRANGNE, Gilles MOUËLLIC,
Fançois MOURET ET Roger POUIVET

Sans exclusive ni esprit de doctrine, la collection *ÆSTHETICA* se consacre à l'esthétique et à la philosophie de l'art. Elle relie les multiples approches actuelles en esthétique avec l'histoire des arts et les arts contemporains.

Déjà parus dans la même collection

La Réalité du réel. Essai sur les raisons de la littérature,
de Pierre CAMPION

Personne, personnage. Les fictions de l'identité personnelle,
de Christian DOURS

Proust et les images. Peinture, photographie, cinéma, vidéo,
sous la direction de Jean CLÉDER et Jean-Pierre MONTIER

Musiques et images au cinéma,
sous la direction de Marie-Noëlle MASSON et Gilles MOUËLLIC

Interfaces : texte et image,
de Jacques MORIZOT

Æsthetica

LA VOIX ET LA MACHINE

LA VOCALITÉ ARTIFICIELLE DANS LA MUSIQUE CONTEMPORAINE

BRUNO BOSSIS

PUR

Campus de la Harpe - 2, rue du doyen Denis-Leroy
35 044 RENNES CEDEX

Mise en page
Thomas VAN RUYMBEKE pour le compte des PUR

Dépôt légal : 1er semestre 2005
ISBN : 2-7535-0083-5

Sommaire

Deuxième partie

VERS LA DÉMATÉRIALISATION NUMÉRIQUE

Troisième partie

DE LA CRÉATION À L'IMAGINAIRE

Introduction

Du mythe à l'évanescence

Du phonographe aux voix artificielles entendues dans les œuvres musicales contemporaines, le parcours semble naturel. La voix et la machine y sont à chaque fois convoquées et leur rencontre est la source d'une conception inédite de la vocalité. Dès le milieu du XIXe siècle, les découvertes scientifiques et leurs applications pratiques mobilisent l'imaginaire des créateurs. Les technologies de fixation et de manipulation de la voix investissent d'abord les romans fantastiques puis ouvrent de nouvelles perspectives aux poètes et aux musiciens. De Jules Verne à Pierre Schaeffer, de Villiers de l'Isle-Adam à Stockhausen, la vocalité n'est plus seulement constituée par ce qui sort du corps, elle devient un phénomène sonore indépendant et manipulable à l'infini. Le lien de causalité avec l'organe vocal se distend. Mais les innovations se poursuivent. Dans la deuxième moitié du XXe siècle, la liberté des créateurs atteint une nouvelle dimension avec l'émergence des technologies numériques. Cette fois, les compositeurs disposent d'outils beaucoup plus souples et performants pour fixer, analyser, transformer et synthétiser la voix qui entre alors de plein pied dans un univers extraordinairement fécond du point de vue musical. L'imaginaire des créateurs investit ainsi un vaste domaine qui, pour une grande part, reste encore à explorer.

Même si la synthèse de la voix parlée est entrée dans la vie quotidienne et domestique par l'intermédiaire de la téléphonie et de multiples applications plus ou moins ludiques, la voix chantée transformée ou synthétisée par des machines, « le chant des technologies », n'est pas aussi répandue dans la musique contemporaine. Elle demeure délicate à contrôler, tant du point de vue technique qu'à travers son utilisation artistique. D'une part, la voix humaine est à l'évidence l'un des instruments musicaux les plus flexibles et les plus fascinants. Tout au long de l'histoire de la musique, la voix a retenu l'attention des compositeurs et a passionné le public, le XXe siècle élargissant considérablement la notion de vocalité.

Mais il s'agit essentiellement d'une vocalité naturelle, obtenue sans l'intervention de machines. D'autre part, depuis le rêve des facteurs d'orgue d'imiter la voix des anges dans les jeux de voix humaine, les inventeurs ont souvent tenté d'appliquer les progrès des techniques à l'instrumentalisation de la voix. Si les manipulations machiniques de la voix naturelle sont envisageables dès la fin du XIXe siècle avec les procédés d'enregistrement et la transmission à distance, il n'en est rien avec sa synthèse. Ce n'est qu'avec l'utilisation des technologies numériques et la meilleure compréhension du signal vocal que la simulation de la voix humaine a vraiment été rendue accessible pour les compositeurs. Comment réunir en un concept viable et pertinent l'ensemble de ces expériences musicales liées à la voix et à la machine ?

Existe-t-il une « vocalité artificielle » alliant voix et machine au sein de la musique contemporaine ? Quelles en sont les modalités, les conditions de son émergence et ses conséquences esthétiques ? Les réponses sont multiples et complexes, elles forment un réseau qui balise à la fois le domaine de la science et celui de la musique. Mais le concept de vocalité doit tout d'abord être défini précisément : la vocalité est la qualité vocale d'un événement sonore. En conséquence, cette qualité révèle une analogie perceptive avec la voix naturelle. De plus, rien ne s'oppose dans cette définition à ce qu'un son puisse être perçu comme vocal bien que son origine ne soit pas liée à l'organe de la phonation. La voix peut être produite entièrement par simulation ou un timbre non vocal peut ressembler fortuitement à une voix. Par ailleurs, lorsqu'un son est produit à l'aide d'une machine, quelle que soit sa technologie, il doit être considéré comme artificiel, même s'il s'agit d'un son naturel transformé par cette machine. La « vocalité artificielle » concerne donc tout phénomène sonore ressemblant plus ou moins à la voix et produit par l'intermédiaire d'une machine. Au-delà de cette réalité matérielle, la vocalité artificielle provoque, circonscrit et parcourt un nouvel espace pour l'imaginaire. Dès les premières manipulations, même très imparfaites, sur le son, les écrivains s'en emparent. Les compositeurs s'y intéresseront ensuite, explorant un domaine sonore à proprement parlé inouï. Plongeant ses racines dans le concept de modernité qui surgit dans la deuxième moitié du siècle précédent, la voix machinique transcende les technologies des XXe et XXIe siècles. Par-delà des décennies d'expérimentations, d'impasses et de réussites tant techniques que musicales, le recul est maintenant suffisant pour établir un état des lieux et développer une réflexion approfondie.

Partant de l'hypothèse de la validité d'un concept nouveau, il convient, bien entendu, d'en préciser la définition et surtout de le consolider en mettant en évidence non seulement son existence, de sa naissance à sa maturité, mais aussi en soulignant son intérêt pour mieux comprendre la musique contemporaine. Dans ce but, il est nécessaire de montrer pourquoi et comment est née la curiosité des compositeurs pour la voix manipulée ou simulée par des machines et de décrire l'évolution de cet intérêt au cours du temps. Mais une mise en perspective historique ne suffit pas, encore faut-il démontrer la pertinence de l'idée de vocalité artificielle à l'épreuve du répertoire et des réalités de la musique contemporaine. De plus, la connaissance musicologique ne devant pas occulter l'impact émotionnel particulièrement important dans les problématiques liées à la vocalité, il convient donc de mailler un territoire singulièrement fécond enraciné dans la sensibilité et la créativité du compositeur comme dans le ressenti de l'auditeur. Entre émotion musicale et froideur technologique, l'imaginaire s'avère un lien extrêmement sensible et précieux nouant les préoccupations du scientifique et de l'artiste par le lien de la création. Mais les méthodes convoquées ici ne sont pas celles de la psychanalyse. Elles appartiennent avant tout à la musicologie, tant historique qu'analytique. Il ne s'agit en aucun cas d'observer le sujet qui énonce la voix ou qui l'écoute ni d'établir un manuel scientifique, mais bien d'étudier l'objet de la vocalité artificielle dans son inscription historique et dans son appropriation par les compositeurs.

Le terme de vocalité est maintenant usuel, mais son association avec un qualificatif s'inscrivant en-dehors du champ de la nature biologique de la voix et les problématiques issues de cette opposition apparente ont été très peu évoquées jusqu'à présent. Si de nombreux articles et ouvrages scientifiques font référence à la voix de synthèse et à l'analyse/synthèse par la description scientifique de leurs procédés techniques, si la voix dans la musique contemporaine a été largement étudiée, notamment dans la mise en évidence de vocalités inédites s'appuyant sur de nouveaux modes d'expression de l'organe naturel, aucun travail de recherche musicologique n'a encore abordé dans sa globalité les voix machiniques et bien peu se sont intéressés à la synthèse vocale. Ainsi, les sources écrites disponibles concernent en très grande majorité des publications en anglais à visée scientifique décrivant différents modèles et méthodes de synthèse ou d'analyse du signal vocal. Très peu d'études, et encore sont-elles fragmentaires, ont abordé la voix traitée ou simulée du point de vue musicologique, aussi bien dans le champ historique que dans celui de l'analyse. Les relations qui se sont tissées progressivement entre la voix musicale et la technologie depuis l'apparition du phonographe jusqu'aux derniers développements de l'informatique n'ont pas encore fait l'objet d'une étude générale englobant l'ensemble de cette problématique.

L'émergence des moyens techniques permettant la manipulation de la voix dans le dernier quart du XIXe siècle doit être décrite, tout comme les développements récents de la vocalité artificielle. Mais la délimitation temporelle ne suffit pas. Une vision chronologique serait réductrice. Il faut également déterminer le champ culturel auquel appartiennent les œuvres dans une mise en perspective plus large. Les définitions concernant les genres et les styles étant parfois bien fluctuantes, il est indispensable de préciser dès à présent que la musique populaire n'est pas abordée ici. Que recouvre la musique non populaire ? Dans *Le style et l'idée*,

Arnold Schönberg affirme que « [...] ceux qui combattent la musique savante l'opposent essentiellement à ce qu'ils estiment l'art véritable, à savoir la musique spontanée [...][1] ». Pour lui,

> [...] la musique qualifiée à bon droit de savante s'élabore systématiquement à partir d'éléments de base jusqu'à ce qu'on parvienne à une synthèse finale qu'on n'imaginait pas au départ[2].

Schönberg met face à face sa musique élaborée avec logique et une musique plus instinctive. Néanmoins, il est parfois difficile d'attribuer des frontières précises au sein d'un domaine artistique. Et dans l'éventualité de l'existence d'une définition acceptable de ces territoires, resterait encore l'épineux problème de fixer des bornes indiscutables indépendantes de jugements de valeur esthétiques. La difficulté provient en partie du vocabulaire employé pour désigner la création musicale. Par exemple, faut-il parler de musique classique ou savante ? La musique contemporaine englobe-t-elle seulement les compositions des musiciens vivants ? Les genres musicaux associés plus précisément à la vocalité artificielle n'échappent pas à ces difficultés. Les termes désignant la musique électroacoustique ou la musique informatique sont si nombreux que leurs définitions restent parfois incertaines, même si des tentatives allant dans ce sens existent. De façon à limiter le corpus à des œuvres possédant une certaine légitimité, les pièces musicales étudiées ou citées en exemple seront principalement des pièces enregistrées et éditées, ou écrites par des compositeurs dont de nombreuses œuvres sont accessibles. Ce critère a l'avantage d'être objectif et se base sur la reconnaissance des compositeurs. Même s'il n'a aucune signification esthétique, il évite *a contrario* toute prise de position irrationnelle et tout jugement de valeur. De plus, les œuvres ainsi retenues, lorsqu'elles ne sont plus accessibles dans le commerce, pourront souvent être consultées dans des collections particulières ou auprès de médiathèques publiques.

Fallait-il opérer des coupes transversales en axant par exemple la réflexion sur la simulation puis sur les traitements de la voix, ou procéder par ordre chronologique ? Aucune de ces deux démarches n'a parue satisfaisante. D'une part, il n'existe pas de frontière nettement dessinée entre la synthèse, la transformation et l'analyse/synthèse. Utiliser une telle méthode ne peut que buter sur l'écueil de la classification des techniques. D'autre part, une histoire chronologique deviendrait vite fastidieuse et ne mettrait pas en relief certaines particularités intrinsèques à la vocalité artificielle. Il est bien évident que les techniques ont évolué, que les genres et les styles ont changé, mais certaines interrogations parcourent toute l'histoire de

---

• 1 - Arnold Schönberg, *Le style et l'idée*, écrits réunis par Léonard Stein et traduits de l'anglais par Christiane de Lisle, Paris, Buchet/Chastel, 1977, p. 89.

• 2 - *Ibid.*

la vocalité artificielle. La solution retenue n'est, en utilisant les termes issus de la linguistique, ni synchronique, ni diachronique, mais associe les deux principes. L'espace artistique ouvert par la vocalité artificielle ne peut être exploré avec quelque espoir d'aboutir à des résultats satisfaisants qu'en dépassant la dualité diachronique/synchronique pour suivre un axe plus orienté sur le concept lui-même, de son existence rêvée à ses conséquences sur l'imaginaire, du mythe de la machine chantante à l'évanescence du « chant des technologies ».

PREMIÈRE PARTIE

LE CHANT DE LA MACHINE : DU RÊVE À LA RÉALITÉ

La vocalité artificielle est une vocalité bien particulière qui ne doit son existence qu'à la présence d'artifices produits par des machines. L'effacement de la voix naturelle donne naissance à une vocalité libérée des contraintes physiologiques. En réalité, la machine vocale se nourrit des caractéristiques de l'organe naturel ou du phénomène acoustique qui en est l'émanation. La disparition ne peut être totale sans provoquer l'annihilation de la vocalité, c'est-à-dire de la qualité vocale du timbre. La séparation, la prise de distance par la machinisation, n'est pas absolue, mais conserve certaines attaches conceptuelles. La volonté de concevoir des sons assimilables à la voix tout en élargissant les possibilités physiques et esthétiques offertes par le corps humain a multiplié les difficultés rencontrées par les inventeurs et par les musiciens. De très nombreux essais ont été tentés avec différentes technologies mécaniques, électriques, magnétiques, optiques, électroniques ou informatiques. La liste des applications scientifiques mises au service de la vocalité artificielle reste ouverte. Une incursion dans le passé fait découvrir l'existence d'assemblages et de procédés mécaniques produisant une voix en-dehors de son mode d'émission naturelle. Les difficultés technologiques rencontrées lors de ces expériences furent telles qu'il faudra attendre longtemps pour voir émerger des machines plus convaincantes autour de deux inventions : le téléphone et le phonographe. Mais à partir du moment où la voix put être transmise à distance et fixée sur un support, d'un phénomène fuyant et insaisissable, elle devint un objet dont l'intégration dans une composition musicale prit une autre forme que celle de la voix naturelle. Des conditions culturelles particulières ont favorisé et amplifié l'intérêt des compositeurs pour une vocalité si novatrice.

L'école moderne qui, comme l'a fait remarquer l'historien d'art Denys Riout, « ne s'est pas contentée de bouleverser les critères esthétiques[1] » et de « disputer

• 1 - Denys Riout, *Qu'est-ce que l'art moderne ?*, Paris, Gallimard, 2000, p. 13.

des qualités d'une œuvre[2] », a posé la question fondamentale de « savoir si tel objet, agencement ou proposition est ou n'est pas une œuvre d'art[3] ». Plus largement, la modernité a participé comme un élément essentiel à ce faisceau de circonstances technologiques et culturelles qui fut le berceau de la vocalité artificielle. Les compositeurs cherchaient alors à élargir les modes d'expression de la voix naturelle, mais les premiers à s'emparer des nouvelles possibilités technologiques appliquées à la voix furent les romanciers et les poètes. Ils en tirèrent une matière inédite donnant lieu à la description d'expériences nouvelles et fantastiques.

- 2 - *Ibid.*
- 3 - *Ibid.*

Chapitre I
Premiers balbutiements

> A première vue, la musique n'a que faire des machines. Pourtant un instrument de musique est, en un sens, une machine. Et, de tout temps, la musique a tiré parti de la science et de la technologie. Pythagore fut peut-être le premier à appliquer les mathématiques à l'étude des phénomènes naturels dans son étude des intervalles musicaux et des cordes vibrantes. […] La musique électronique n'a pu apparaître qu'à la suite du développement des techniques d'enregistrement[4].

Jean-Claude Risset souligne avec raison l'aspect machinique de l'instrument de musique. Mais qu'en est-il de l'instrument très spécifique qu'est la voix humaine ? En réalité, l'organe vocal est bien composé de différentes parties que les acousticiens assimilent à un excitateur (les cordes vocales) et des résonateurs (la cavité buccale notamment). En cela, la voix est bien instrument. Mais l'organe vocal appartient à un ensemble plus étendu, le corps, qui est lui-même constitué d'un grand nombre de pièces en mouvement et dont les interactions sont extrêmement complexes. C'est la raison pour laquelle le corps humain a souvent été considéré comme une machine. Le XVIIIe siècle s'est particulièrement illustré dans cette approche scientifique de l'homme. Par exemple, dans la conclusion de son *Traité de l'Homme*, Descartes expose ses conceptions mécanistes de la physiologie humaine, principes repris dans l'article « Méchanicien » de *L'Encyclopédie*. *L'Homme Machine* de La Mettrie développe également la métaphore du corps comme machine humaine. Mais la machine, dénuée d'affects, est inhumaine par essence. Cette conception du corps le rend donc à la fois autre, supérieur et indifférent. Le corps est humain, mais doué d'un mécanisme d'une précision étrangère à la physiologie et à la fantaisie créatrice. Du fait de cette absence de passion et de génie, il devient supérieur par sa solidité psychique à toute épreuve, mais irréductiblement

• 4 - Jean-Claude Risset, « Musique et informatique », in *Musique et ordinateur*, Les Ulis, Edition du Centre Expérimental du Spectacle, 1983, p. 51-65.

stérile pour la création par sa froide indifférence. L'homme-machine est à la fois vivant et mort, vivant par le dynamisme qui l'anime, mort par son absence d'imprévisibilité. Fantastique objet des rêves les plus fous, il inspire également une irrépressible terreur. De la même façon, la science représente le progrès de l'hygiène, de la médecine et du confort, mais aussi le danger dont le personnage de l'apprenti sorcier symbolise les dérives. Le rêve technologique oscille entre utopie désirée et catastrophe redoutée. La vocalité artificielle serait donc, malgré le progrès technique qu'elle représente et l'extension du timbre vocal qu'elle autorise, une voix froide et déshumanisée.

Réciproquement, la beauté moderne de la science, si elle est souvent glacée, donne naissance au mythe de la machine comme être vivant, avec ses qualités et ses imperfections. Comme tout mécanisme, l'homme-machine n'est pas parfait, il peut se détraquer, ce qui le rapproche *a contrario* de la fragilité et de la vulnérabilité humaine. Parfois imparfaite, souvent monstrueuse et bestiale, la machine semble souvent posséder une âme dans la pensée collective. L'imaginaire social humanise la voiture, l'ordinateur ou la voix transformée et simulée artificiellement. Ce fantasme d'une humanité de l'objet et de la machine est bien évidemment exacerbé avec la machine-instrument de musique et plus encore avec la machine qui chante. Elle semble respirer, et son anatomie, par ses organes internes et ses parties externes, la rapproche encore du corps par son organisation intérieure et dans ses relations au monde extérieur. D'un dynamisme et d'une vitalité sans faille, la machine ainsi idéalisée renferme une grande puissance poétique et mystérieuse allant jusqu'à devenir miraculeuse lorsque son fluide énergétique est invisible comme l'électricité ou le magnétisme. La voix fixée ou chimérique, rendue indépendante de sa corporéité naturelle, devenue un objet sonore extraordinaire se rattachant au merveilleux, devient à la fois un simulacre de vie et une suspension de la mort. La voix fixée donne à entendre un corps qui n'existe pas, qui n'existe plus ou qui n'a jamais existé. Elle instaure une dialectique paradoxale qui élargit considérablement ses enjeux esthétiques, poétiques et expressifs. Douée de sa propre apparence vitale, elle évoque la mort en captant et en détournant la vie. D'un pouvoir expressif sans commune mesure avec l'instrument de musique par sa référence à l'intime, celui du corps et celui de l'âme, étendant la force affective de la voix naturelle, la vocalité artificielle déroute et excite l'imagination des romanciers, des poètes et des musiciens. Pourtant, la machine parlante ou chantante, même idéalisée dans l'imaginaire des créateurs et incarnée au sein d'œuvres littéraires ou musicales, repose toujours sur des mécanismes ontologiquement enracinés dans la matérialité. Moteur et véhicule des fantasmes artistiques, la voix machinique ne peut échapper à sa nature première qui est celle de l'objet et non du sujet. Il importe donc de décrire brièvement le cheminement des inventeurs qui, de découverte en découverte, ont suscité l'éclosion d'une forme d'expression totalement inédite.

Quand et comment sont apparues ces voix synthétiques ou transformées ? Il s'agit parfois de découvertes fondamentales, de principes techniques généraux ou de machines fonctionnelles et parfois commercialisées. En réalité, des dispositifs matériels différents mettent en application des procédés techniques identiques ou s'appuyant sur les mêmes lois scientifiques. Les catégories ainsi définies ne sont donc pas disjointes, elles possèdent des sous-ensembles communs. Ce mode de classement n'étant pas suffisamment cohérent et une synchronie systématique étant illusoire, il convient de différencier les premières tentatives de synthèse, de transport à distance et de fixation du son.

Des machines qui parlent

Avant les machines parlantes, de nombreux automates ont intégré des oiseaux chanteurs mécaniques. Dès le IIIe siècle avant notre ère, Ktesibios d'Alexandrie, en améliorant la clepsydre, lui adjoint des oiseaux chanteurs en inventant par la même occasion le principe de l'orgue hydraulique. Dans sa *Petite histoire de l'acoustique*, Pierre Liénard signale que

> Albert Le Grand (1200-1280), religieux dominicain, [...] étudia le mécanisme de la phonation et l'imita, [...], dans une tête parlante qui fut considérée comme diabolique [sic], et détruite à la demande de Saint Thomas d'Aquin[5].

La vogue des automates se poursuit ensuite à travers la Renaissance jusqu'au XVIIIe siècle qui porte cet art à son apogée. Cette passion se traduit notamment par de nombreuses tentatives de représentation de musiciens. Les exemples ne manquent pas. Il faut citer le *Joueur de flûte* (1738) et le *Joueur de tambourin et de flageolet* (1739) de l'ingénieur mécanicien Jacques de Vaucanson[6], la *Musicienne* des Jacquet-Droz père et fils (1783) et la *Joueuse de tympanon* de Pierre Kintzing et David Roentgen achetée par Marie-Antoinette en 1785. Vers 1762, Vaucanson tente encore la construction d'un *Automate parleur* qui restera inachevé. L'automate est l'un des points de rencontre entre l'univers technique, la science positive et le monde artistique, celui de l'imaginaire. Cependant les limitations des procédés techniques de l'époque n'autorisent alors que des essais peu concluants d'imitation de la voix humaine. Au XVIIe siècle, l'abbé Marin Mersenne avait déjà imaginé un modèle pour expliquer la phonation et le Père Athanase Kircher avait réalisé une tête parlante. Après les tentatives de von Knaus (vers 1770) et de Jacquet-

---

• 5 - Pierre Liénard, *Petite histoire de l'acoustique. Bruits, sons et musique*, Paris, Lavoisier, 2001, p. 314.

• 6 - Vaucanson est resté célèbre pour son *Canard digérateur* (1738) qui absorbait de la nourriture jusqu'à l'aboutissement naturel du processus ! Malheureusement pour la crédibilité de Vaucanson, une supercherie fut découverte.

Droz (1777), Kratzenstein, professeur de physiologie à Copenhague, présente en 1779 à l'Académie Impériale de St Petersbourg une machine constituée de cinq résonateurs acoustiques dont la forme est semblable à celle du conduit vocal humain, et qui correspondent aux cinq voyelles « a », « e », « i », « o », « u ». Les résonateurs sont excités par des anches vibrantes qui modulent un flux d'air et se comportent à la manière des cordes vocales. Avec cette machine il est déjà possible « de produire des sons voisins des diverses voyelles[7]. » La figure suivante montre la forme de ces cinq résonateurs.

Document 1

Les résonateurs de Kratzenstein[8]

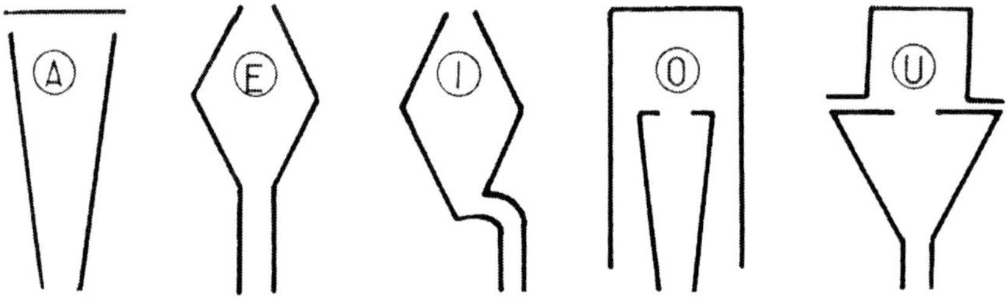

En 1780, l'abbé Mical construit deux têtes parlantes sur le principe des boîtes à musique, les fait dialoguer et, en bon courtisan, leur fait dire les hauts-faits de Louis XVI. De 1778 à 1791, le baron hongrois Wolfgang Von Kempelen réalise une machine plus élaborée qui émet de la parole en continu. L'alimentation en air est assurée par un soufflet mis en mouvement par le coude droit de l'opérateur. Le résonateur, constitué d'un manchon de cuir déformé par la main gauche, émet des sons vocalisés très approximatifs. L'autre main agit sur quatre évents pour produire les consonnes. Pierre Liénard précise que cette machine

> fut reconstituée par un chercheur du CNRS, Jean-Sylvain Liénard, pour être présentée au Congrès d'Acoustique tenu [...] à Budapest en 1967 où elle eut un certain succès[9].

Pierre Liénard ajoute une brève description de cette machine qui comprenait un soufflet, une boîte à vent avec des sifflets, des valves et des anches commandées

• 7 - Jean Guibert, *La parole : compréhension et synthèse par les ordinateurs*, Paris, Presses Universitaires de France, collection Le Physicien, 1979, p. 90.

• 8 - D'après Marc Ferretti, François Cinare, *Synthèse, reconnaissance de la parole*, Paris, Editests, 1983, p. 11.

• 9 - Pierre Liénard, *op. cit.*, p. 314-315.

par des leviers, une cavité avec ouverture pour le nez et un pavillon formant la bouche. Elle était capable de

> prononcer la plupart des phonèmes usuels, au moins approximativement, en hongrois, latin, français [...], mais elle ne possédait pas de langue, de dents et de lèvres. Elle prononçait mal le R, et confondait les B, T, D, P[10].

La figure suivante montre un schéma de la machine de Kempelen telle qu'elle existait à l'époque de sa création.

Document 2

La machine de Kempelen[11]

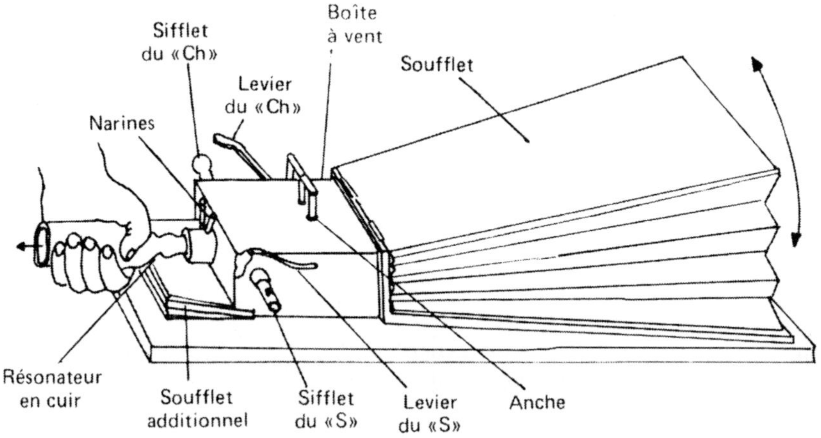

Une machine de Kempelen est encore visible. Elle a d'abord été conservée au Konservatorium für Musik à Vienne jusqu'en 1906, puis au Deutsches Museum de Munich où elle est exposée avec les instruments de musique. En 2001, le Kempelen Farkas Speech Research Laboratory de Budapest a tenté une nouvelle reconstitution de la machine de Kempelen de 1791. Avec celle-ci, l'équipe du Kempelen Farkas Speech Research Laboratory de Budapest a réalisé différentes expériences de synthèse de la parole. Elle est capable d'articuler grossièrement quelques phrases en allemand, en anglais et en français. Mais le résultat reste très approximatif et des recherches se poursuivent encore.

• 10 - *Ibid.*, p. 315.

• 11 - D'après Marc Ferretti *et al.*, *loc. cit.*

A Vienne, Eugène Faber, un professeur de mathématiques, construit en 1835 une machine comparable à celle de Kempelen, mais améliorée par une langue, deux mâchoires articulées et une glotte modifiable, dont les journaux de l'époque, d'après André Deweze, rapportent ainsi les performances :

> Si elle n'a pas encore la voix d'une chanteuse d'opéra accomplie, elle laisse cependant loin derrière elle la machine de von Kempelen. Ses sons mélodieux, si proches de la voix humaine, produisent une telle impression que l'on pourrait imaginer un frisson, une âme sensible à l'intérieur de la machine[12].

Jean-Sylvain Liénard, ajoute qu'elle « parlait à voix haute et à voix chuchotée, et [qu'elle] chantait "God Save the Queen"[13] ! » Il n'en reste malheureusement aucune trace physique alors qu'elle fut montrée dans de nombreuses capitales pendant un demi-siècle.

Document 3

La machine de Faber[14]

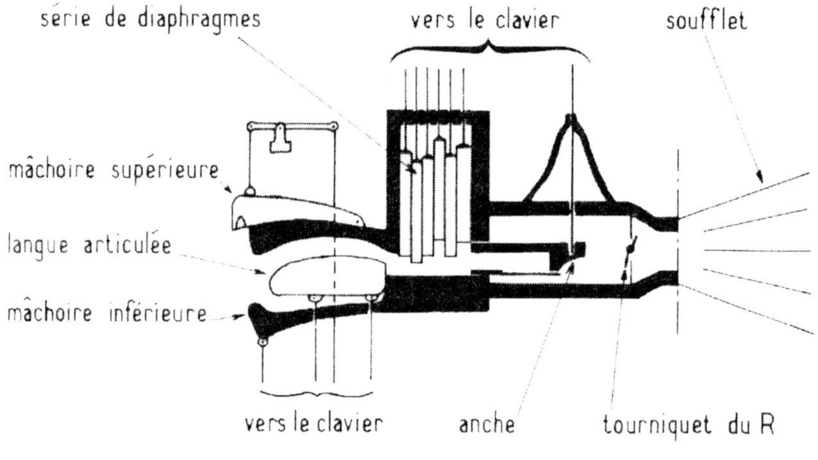

Par ailleurs, Agnès Guillot, chercheur en psychophysiologie, signale l'automate *Euphonia* du même inventeur, Eugène Faber, automate qui était supposé dialoguer avec les spectateurs. En 1863, Graham Bell, aidé de son frère Melville, met au point à Edimbourg une machine dont l'organe essentiel prend modèle sur le conduit

• 12 - Cité par André Deweze, *Traitement de l'information linguistique*, Paris, Dunod, 1966, p. 157.
• 13 - Jean-Sylvain Liénard, *Les processus de la communication parlée*, Paris, Masson, 1977, p. 107.
• 14 - D'après Jean-Sylvain Liénard, *loc. cit.*

vocal humain : lèvres, langue, palais, voile du palais, dents, pharynx, sont simulés par des éléments mobiles manipulés, comme dans la première machine de Faber, par l'intermédiaire d'un clavier. De nombreuses tentatives seront ensuite menées selon le même principe et avec un clavier de commande, notamment par Riesz en 1937. Dans cette machine, une première valve libère de l'air comprimé qui met en vibration une anche simulant les cordes vocales. Une seconde valve est réservée à la production des sons bruités comme les fricatives. Malgré de nombreux perfectionnements, les systèmes mécaniques d'imitation de la parole restent limités. L'arrivée de l'électricité donnera des possibilités inédites pour la conception de machines plus performantes.

Les premiers essais de synthèse de la parole par un procédé électrique datent de 1876. Bell imagine alors une machine qui ne sera jamais construite : le *Harp telephone*. Une rangée d'anches vibrantes est placée dans le circuit magnétique d'un électro-aimant. Les anches sont accordées de telle façon que l'étendue du spectre de la voix soit couverte. Le plus remarquable est que cette machine était prévue pour fonctionner comme analyseur et comme synthétiseur. Comme analyseur lorsque la voix d'un locuteur, par sympathie, fait entrer certaines anches en vibration et génère un courant contenant les fréquences correspondantes ; comme synthétiseur par l'envoi de ce courant à un appareil semblable, provoquant ainsi la vibration des anches et restituant le son d'origine. Ne disposant pas d'un amplificateur de signal électrique, Bell ne pourra jamais mener à bien la réalisation de ce projet qui contenait pourtant l'essentiel des principes utilisés plus tard dans l'analyse/synthèse.

Voix à distance et voix fixées

Depuis 1850 de nombreux inventeurs travaillent sur la transmission à distance de la voix par des procédés électriques, comme Charles Bourseul, Philippe Reiss, Antonio Meucci ou Herman Von Helmholtz et Elisha Gray. Mais l'histoire ne retiendra qu'un seul nom, Graham Bell, professeur de physiologie vocale de l'université de Boston, qui dépose le principal brevet du téléphone le 14 février 1876. Une démonstration a lieu en juin de la même année pendant l'Exposition du centenaire des Etats-Unis à Philadelphie devant le physicien anglais Sir William Thomson lui-même très intéressé par ces expériences. L'année suivante, ce téléphone est présenté en France à la Société Française de Physique dans sa séance du 2 novembre. A partir du 2 mars 1878, la revue *La Nature* consacre une *Chronique du Téléphone* à l'appareil de Bell. L'ingénieur américain Thomas Alva Edison améliore l'invention en accroissant la netteté et la portée. Edison invente au même moment trois appareils voisins du téléphone : l'aérophone, appareil pneumatique qui peut propager la voix humaine jusqu'à plus de six kilomètres, le mégaphone, puissant amplificateur sonore et le microphone (perfectionné par Hughues en 1878) destiné à rendre audible les plus faibles bruits.

La voix humaine a souvent intéressé les chercheurs des siècles passés qui, pour mieux l'étudier, essaient de la fixer. Dès 1807, Thomas Young décrit des procédés d'enregistrement dans *On the Propagation of Sound*. Un cylindre recouvert de noir de fumée est mis en rotation puis une aiguille vibrante y laisse la trace des vibrations sonores. En 1855, l'enregistrement de la voix sur un cylindre noirci mais sans lecture possible est de nouveau expérimenté avec le Phonautograph par le Français Léon Scott de Martinville. L'appareil comprend un cône et un diaphragme qui, par l'intermédiaire d'une soie de sanglier fixée en son centre, inscrit un tracé graphique sur un cylindre de cristal enduit de noir de fumée. Alors que la musique est devenue aujourd'hui le principal objet enregistré, les préoccupations majeures des inventeurs dans les années 1877-1878 étaient la voix parlée. L'expression « machine parlante » employée pour caractériser le phonographe jusque dans les années 1930 traduit bien cette primauté. Les brevets du phonographe de Thomas Alva Edison sont déposés en Amérique et en Grande-Bretagne pendant l'été 1877. Le procédé réversible purement mécanique ne fait pas intervenir l'électricité. Le signal acoustique est tout d'abord transformé en énergie mécanique pour graver un cylindre de cire. Une aiguille reliée mécaniquement à un pavillon procède ensuite à la transformation inverse et restitue un son similaire à l'original. Toujours en 1877, Edison décrit des expériences d'enregistrement magnétique sur bande en papier. Le 17 décembre de la même année, Charles Cros décrit le Paléophone (littéralement « voix du passé »), un procédé d'enregistrement et de reproduction, et dépose une demande de brevet à Paris. Puis le phonographe d'Edison est présenté en France par un de ses assistants, Théodore Puskas, le 11 mars 1878 à l'Académie des Sciences, et le 15 mars 1878 à la Société Française de Physique. Peu après, le public parisien peut le voir fonctionner dans une salle du boulevard des Capucines. Le 1er mai 1878, l'Exposition Universelle s'ouvre à Paris. Les démonstrations du téléphone et du phonographe en sont deux des attractions. La même année, ce dernier est utilisé pour des recherches en phonétique. De son côté, Charles Cros se sert du phonographe dans son travail de répétiteur à l'Institut des sourds-muets. Permettant la reproduction en différé de la voix humaine, cet appareil possède une parenté évidente avec le téléphone qui transmet la voix à distance.

La voix magnétique

Depuis longtemps, les scientifiques avaient constaté que certains corps s'aimantent lorsqu'ils sont soumis à un champ magnétique. L'aimantation rémanente pouvait donc être utilisée pour mémoriser un phénomène. Par ailleurs, en 1820, le savant français André Marie Ampère décrit l'électromagnétisme à partir d'une expérience du physicien danois Hans Christian Oersted qui démontre la création d'un champ magnétique par la circulation d'un courant électrique. La combinaison de la rémanence et de l'électromagnétisme ouvre la voie aux applications de conservation d'un signal électrique sous forme magnétique. Cependant, il faudra attendre la possibilité de transformer un son en signal électrique à l'aide d'un microphone pour envisager la conservation magnétique d'une onde acoustique. Les premières expérimentations d'enregistrement magnétique sont menées en 1880 par Bell sur un fil magnétique. De son côté, Charles Tainter expérimente une encre magnétique déposée sur du papier. En 1885, celui-ci parvient à mettre au point un enregistreur sur disque magnétique. Cette solution technologique sera abandonnée, mais de nouveau utilisée beaucoup plus tard pour mettre au point les disquettes et les disques durs des ordinateurs lorsque les problèmes liés à la précision mécanique de l'usinage et à la qualité du matériau ferromagnétique auront trouvé des réponses satisfaisantes. L'Américain Oberlin Smith décrit en 1888 un enregistreur magnétique de sons dans la revue *The Electrical World*. L'année suivante, Gianni Bettini met au point un diaphragme de qualité supérieure dans le dessein d'enregistrer la voix chantée puis, en 1893, Henri Lioret invente un cylindre en celluloïd et participe à la mise au point d'une poupée parlante.

Il faudra attendre 1898, pour qu'un compatriote d'Oersted, Valdemar Poulsen, commence à développer un enregistreur magnétique à fil. Deux ans plus tard, ce dernier dépose le premier brevet d'un enregistrement sonore magnétique. Le télégraphone de Poulsen utilise un fil d'acier se déplaçant entre les pôles d'un électroaimant. Le plus vieil enregistrement de la voix qui a survécu date de 1900 avec la voix de l'empereur Franz Joseph I d'Autriche. A l'enregistrement, le fil est magnétisé en passant dans le système, puis le principe de la lecture s'appuie sur le courant induit par le fil magnétisé lorsqu'il se déplace de nouveau entre les pôles de l'électroaimant. Des écouteurs transforment ensuite le courant électrique en un signal acoustique. Poulsen lance en 1902 aux Etats-Unis une société commercialisant un télégraphone capable de fixer une séquence sonore de trente minutes. Le principe de l'utilisation d'un fil en acier ne permet malheureusement pas un découpage aisé du support et interdit donc un montage complexe dans le cadre d'une œuvre musicale. L'apparition des tubes électroniques (la triode de Lee de Forest en 1906) améliore ensuite le procédé en amplifiant les très faibles signaux restitués par les enregistreurs.

Le développement de l'enregistrement par un procédé magnétique reprend après la première guerre mondiale, au début des années 1920, sous l'impulsion de l'Allemand Kurt Stille. Son travail vise à permettre la synchronisation d'un enregistreur sonore à bande métallique avec des films optiques de cinéma. Stille vend les droits de sa machine à Ludwig Blattner qui commercialise le Blattnerphone en 1929. Un exemplaire est acheté par la BBC en 1931 et installé au studio Savoy

Hill. Durant les premières années de la décennie, la firme Marconi achète à son tour les droits et commence à commercialiser l'enregistreur Marconi-Stille. La bande, toujours métallique, rend la manipulation difficile et même dangereuse. De plus, le signal ne peut pas être effacé, les raccords restent très difficiles à réaliser et la bande est très lourde. Mais dès 1927, l'Allemand Fritz Pfleumer avait imaginé de coller des particules ferromagnétiques sur un support de cellulose, inventant ainsi l'ancêtre des bandes magnétiques. Suivant le même procédé, la firme allemande AEG produit le Magnetophon à partir de 1935. Il s'agit d'une machine utilisant une bande de cellulose recouverte d'une couche composée de particules collées issues d'un matériau ferromagnétique. En 1938, la Reichsrundfunk (la radio allemande) adopte le Magnetophon à la place de l'enregistrement sur disque. Le procédé du magnétophone progresse et devient stéréophonique en 1942.

Ce rapide parcours au travers des racines technologiques de la vocalité artificielle conduit des machines mécaniques aux premiers enregistreurs magnétiques à bande. Comme le fait remarquer le musicologue français Marc Battier, il ne s'agit encore que des fondements technologiques de ce qui deviendront des outils de création :

> Si elles ne jouent pas immédiatement un rôle dans la création musicale, elles seront essentielles dans l'avènement de nouvelles pratiques de composition[15].

Pour l'auditeur, les sons proviennent bien d'une machine, ils sont artificiels, même si leur mode de production prend sa source dans l'enregistrement de voix naturelles. Parmi tous les dispositifs inventés, c'est le phonographe qui donnera lieu aux premières tentatives de réflexion et de mise en œuvre de la vocalité artificielle dans un contexte créatif.

Peut-on voir dans ces avancées technologiques les fondements d'une nouvelle lutherie ? Sans aucun doute si la précaution est prise d'élargir le sens du mot lutherie aux instruments sans corde et sans caisse de résonance. En effet, la fabrication d'appareils permettant l'enregistrement du son a presque aussitôt donné lieu à la manipulation créative de la voix. Mais cette appropriation de machines nouvelles n'a pu se faire aussi rapidement que dans la mesure où les compositeurs et les poètes recherchaient de nouveaux modes d'expression vocale. Plus globalement, les conditions culturelles de l'émergence de la vocalité artificielle ne peuvent être négligées. Pour les créateurs, qu'ils soient romanciers, poètes ou compositeurs,

---

• 15 - Marc Battier, « Science et technologie comme source d'inspiration au XXe siècle », in *Musiques, une encyclopédie pour le XXIe siècle*, sous la direction de Jean-Jacques Nattiez, volume 1, Actes Sud, Cité de la Musique, 2003, p. 512, paru précédemment in *Enciclopedia della Musica*, sous la direction de Jean-Jacques Nattiez, volume 1, Turin, Einaudi, 2001.

les progrès extraordinaires de la mécanisation et la découverte des applications de l'électricité seront le ferment de nombreuses remises en cause ou tout au moins d'expériences inédites. Les évolutions artistiques ne résultent pas de brusques révolutions intellectuelles ou de goûts esthétiques surgissant de nulle part. Les courants culturels et les innovations scientifiques se rejoignent dans les expérimentations artistiques dont certaines émergeront au grand jour, deviendront pérennes, transformeront l'art de leur époque et nourriront à leur tour les courants qui les suivront. Durant la deuxième moitié du XIXe siècle, période pendant laquelle les machines mues par une force motrice non-animale deviennent de plus en plus présentes, la modernité prend son essor.

Chapitre 2
Une culture de la machine

Selon Philippe Albèra,

> Le concept de modernité a son origine dans l'opposition entre l'art moderne et l'art antique au moment du premier romantisme allemand – opposition préfigurée par la querelle des Anciens et des Modernes au XVIIIᵉ siècle[1].

Pourtant, l'opposition entre tradition et modernité n'est pas si récente. Il convient donc d'en préciser rapidement le sens. Pour le philosophe André Lalande,

> Le terme moderne a été employé dès le Xᵉ siècle dans les polémiques philosophiques et religieuses ; et presque toujours avec un sous-entendu, soit laudatif (ouverture et liberté d'esprit), [...] ; soit péjoratif (légèreté, souci de la mode) [...][2].

Le mot est donc fort ancien, mais il sera employé ici dans l'acception qu'en a donné le dernier quart du XIXᵉ siècle, mis en perspective avec les avancées scientifiques, les innovations technologiques et les bouleversements du monde de l'art et de la vie quotidienne qui naissent pendant la première révolution industrielle. Les découvertes techniques, dont certaines ont abouti à la fabrication d'appareils capables de fixer la voix et de la transporter, ne suffisent pas à expliquer l'émergence de la vocalité artificielle. L'Exposition universelle de 1855 faisait déjà le bilan des conquêtes de la machine. La vapeur, l'électricité, le gaz, le chemin de fer et la photographie deviennent des réalités. L'art s'empare alors de ces nouveautés pour en chanter les louanges ou en déplorer les conséquences. D'autres phénomènes plus ou moins liés aux progrès techniques font leur apparition : la découverte des

---

• 1 - Philippe Albèra, « Modernité. I. Le matériau sonore », in *Musiques, une encyclopédie pour le XXIᵉ siècle, op. cit.*, p. 213.

• 2 - André Lalande, *Vocabulaire technique et critique de la philosophie*, édition originale en fascicules dans le Bulletin de la Société Française de Philosophie, 1902-1923, édition consultée : 17ᵉ édition, Paris, PUF, collection Quadrige, 1991, p. 640.

civilisations extra-européennes stimulée par des transports plus rapides et plus sûrs, les transformations économiques qui induisent de profond changements sociaux, les lois de Jules Ferry qui favorisent les premiers développements d'une culture de masse dans les années 1880, et enfin la prise de conscience de la relativité de l'art occidental. Dès l'arrivée des nouveautés techniques dans la deuxième moitié du XIXe siècle, des romanciers et des poètes s'enthousiasment pour le progrès ou le rejettent violemment, des peintres intègrent des objets techniques comme décor ou comme sujet, des artistes se saisissent de la photographie et du cinéma. De même, pendant les quelques décennies entourant 1900, plusieurs attitudes différentes apparaissent dans la confrontation à la voix machinique. Si les compositeurs explorent sans cesse les limites de l'art vocal de leur époque, ils ne convoquent jamais les dernières nouveautés techniques que sont le téléphone et le phonographe, sans doute à cause de la médiocrité des résultats sonores. Evidemment moins exigeants sur la qualité sonore de la voix produite par ces nouveautés, les romanciers s'en emparent presque immédiatement afin d'exprimer à la fois les fantasmes liés à la voix, en tant que reflet et véhicule de la personnalité, et ceux engendrés par la machine, salvatrice et terrifiante.

Le mythe de la machine

Les évolutions matérielles ont inéluctablement modifié les objectifs, les valeurs et les moyens d'action de la civilisation occidentale puis de toute l'humanité. A partir du XIXe siècle, la société paraît brusquement s'aligner sur les progrès fulgurants des techniques. En première analyse, on pourrait penser que l'intrusion de la machine a rompu le lien de l'homme moderne avec les témoignages irrationnels des plus profonds archaïsmes. A ce propos, Pierre Francastel fait remarquer que

> personne ne met en doute le fait même d'une rupture complète dans les modes de vie de l'humanité[3].

L'homme change alors son attitude vis-à-vis de la nature et cherche désormais à la transformer. Les conséquences d'un tel objectif sont considérables, mais il n'est pas sûr que ce phénomène soit complètement nouveau. L'exemple des défricheurs du Moyen Âge est bien connu. De plus, il faut relativiser les liens de causalité immédiate entre connaissance et application concrète. Le principe du mélange des pigments avec des huiles grasses était connu depuis l'Antiquité, mais la technique ne fut perfectionnée par les peintres flamands qu'au début du XVe siècle pour obtenir la transparence de la couche picturale. Les développements des procédés techniques ne procèdent pas obligatoirement par ruptures successives.

• 3 - Pierre Francastel, *Art et technique, la genèse des formes modernes*, Paris, Denoël, 1956, p. 15.

Par ailleurs, les évolutions sont différentes suivant les lieux ou les couches sociales. La réalité ne peut donc pas se réduire à un schéma liant brutalement les découvertes scientifiques aux mutations artistiques. Force est de constater que les moyens techniques et les productions artistiques ne changent pas linéairement dans l'espace et dans le temps, et que leurs relations sont complexes, même si les arts et les sciences sont fondamentalement appelés à s'interpénétrer. L'idée d'une époque sans racine ou d'une révolution technique innée demeure sans fondement, comme paraît absurde une tentative de périodisation brutale des relations entretenues entre la technicité et les arts. Il existe bien une prolifération des inventions scientifiques et pratiques, mais elles ne surgissent pas nécessairement comme des découvertes révolutionnaires.

Il convient donc de rester prudent, même s'il est évident que le développement industriel dans la première moitié du XIXe siècle a modifié en profondeur les conditions de vie de l'européen et ses représentations sociologiques, économiques et artistiques. C'est alors que germe le mythe de la machine. Immergés dans le flot d'inventions de la première révolution industrielle, les créateurs, écrivains et musiciens ont été fascinés par ces progrès techniques qui promettaient un élargissement du champ de l'expression artistique et des avancées sociales sans précédent. *A contrario*, la force inhumaine des machines, l'incompréhension et les dangers de l'industrialisation ont provoqué des réactions de rejet qui se sont traduites par un certain anti-positivisme. Ces craintes mêlées d'admiration sont nées plus particulièrement des machines s'insérant dans le tissu social ou se rapprochant des comportements humains. Les automates du XVIIIe siècle amusaient, limités par leur mécanisme sans doute ingénieux mais ne laissant subsister aucun doute quant à leur mode de fonctionnement à base de rouages et de ressorts. Par contre, la notion d'homme artificiel, d'abord rêvée par la littérature puis suggérée dans les arts visuels et la musique relève d'un domaine quasi anthropologique qui induit la perspective d'un nouveau type d'humanité en dehors de la nature. L'homme vacille sur ses fondements ontologiques. Dans le même ordre d'idées, la voix sans corps enregistrée par le phonographe et le magnétophone engage la conscience artistique sur un registre différent et remet en cause l'humanité même de la vocalité. L'intimité corporelle de la voix est interrogée dans sa représentation artificielle.

A travers la voix machinique, il ne s'agit plus de décrire un comportement attendu de la voix des interprètes comme dans les partitions musicales mais d'entendre la voix imaginée par le créateur, de la vivre ou plus exactement de la revivre dans le cas d'un enregistrement. Ainsi, après les paroles écrites puis mises en musique, vient le temps de la parole manipulée et simulée dans sa propre musicalité. Par l'intermédiaire de ces processus créatifs, la poésie jaillit hors de la page en devenant sonore et la voix artificielle tend à former un nouveau genre musical en prenant appui sur l'utilisation de nouveaux outils techniques. C'est comme parole artificielle et musique vocale que la machine se révèle successivement, et c'est sous ces deux aspects qu'elle doit être étudiée tour à tour, la voix artificielle émergeant presque simultanément dans la littérature et la réalité des techniques.

Rêver et écrire la voix artificielle

> Il courrait le risque de serrer au bal un mannequin entre ses bras, et c'est une valse macabre que celle-là pour un homme de cœur[4].

Il est remarquable de constater que les machines vocales ont fasciné les écrivains avant d'intéresser les compositeurs. Les performances extrêmement limitées des essais initiaux ne permettaient pas à ces derniers d'utiliser avec profit les premières machines capables de manipuler les sons. Lorsque les applications musicales n'étaient pas encore envisageables, le mythe de la voix artificielle était déjà né. L'imaginaire des littérateurs n'a pas attendu une vocalité artificielle de grande qualité technique pour s'en emparer. Quels en sont les premiers témoignages dans la littérature ? Quelles sont les manifestations artistiques de la voix machinique avant les premières œuvres musicales qui y font appel ? Comment ces nouvelles voix ont-elles été appréhendées par les créateurs ? Dans la deuxième moitié du XIXe siècle, le thème de la machine apparaît souvent dans les œuvres littéraires. Emile Zola, des *Rougon-Macquart* aux *Quatre Evangiles*, en propose une image concrète, liée à la réalité sensible et objet avant tout social. *Les Voyages extraordinaires* de Jules Verne transforment la machine en objet de rêve en séparant nettement sa réalité physique de ses déterminations économiques et sociales. Elle devient source d'images et génératrice d'épopée dans *Le Château des Carpathes* du même auteur. Auguste Villiers de l'Isle-Adam, quant à lui, cherche à retrouver les chemins de la quête vers un Idéal perdu grâce à la machine, notamment dans *L'Eve future*. Pour Zola, l'objet machinique reste une construction physique ; pour Verne, il est avant tout œuvre d'imagination éminemment poétique tandis qu'il devient métaphysique chez Villiers de l'Isle-Adam. Puis apparaîtront le goût de la vitesse et du modernisme déconnecté de la raison chez les futuristes. Pour exprimer la modernité de l'objet technique, ces derniers chercheront un nouveau langage capable de rendre la simultanéité de plusieurs actions. Ce sont les « mots en liberté » que Filippo Marinetti décrit vers 1913. Proches de l'œuvre de Raymond Roussel et des anti-machines de *Locus Solus* (1914), les surréalistes multiplieront les machines inutiles, de *La broyeuse de chocolat* de Duchamp aux montres molles dans *Persistance de la mémoire* de Salvador Dali. La question sans cesse débattue est celle du progrès considéré

• 4 - Théophile Gautier, *Spirite*, Paris, Bibliothèque Charpentier, 1913, édition consultée : Toulouse, Ombres, 1992, p. 27.

tantôt comme source de misères (Villiers de l'Isle-Adam) et tantôt comme condition d'un bonheur futur (Victor Hugo, Jules Verne, Emile Zola ou Anatole France).

Les interrogations suscitées par la première révolution industrielle, conséquence de l'apparition des machines à vapeur qui remplacent la force motrice fournie par les êtres vivants, surgissent donc dans les œuvres littéraires de l'époque, témoins privilégiés de l'enthousiasme mélangé à la répulsion que leur vie artificielle suscite. L'état d'esprit des ingénieurs et la passion de tous, des classes populaires aux élites, pour la machine ont suscité des réactions à la mesure des idéologies et des frustrations de l'époque. Encore une fois, il faut rester prudent quant à la vision simplificatrice qui transformerait Gustave Courbet ou Zola en réalistes notant scientifiquement et froidement ce qu'ils voient. Comme pour les bruitistes ou les musiciens concrets, leur objectif n'est pas la plongée dans la réalité mais le déplacement de l'anecdote, la mise en perspective du quotidien. L'univers réel est transcendé, il n'est pas vécu directement par le spectateur, le lecteur ou l'auditeur. Ces derniers appréhendent la réalité à travers le prisme de l'artiste. Le Caravage scandalisait par ses rapprochements entre la symbolisation et la représentation de la vie courante, mais il s'agissait bien d'une re-présentation. Le machinisme du XIXe siècle a modifié les rapports entre l'activité humaine et la spéculation en prolongeant dans la pratique industrielle et artistique la pensée rationnelle développée dans la science. Il ne les a pas annulés. L'annihilation de la distanciation équivaut à la mort de l'art, même au sens duchampien qui est plus tardif. L'inventeur du *ready-made* au début du siècle suivant n'a pas seulement donné à voir un urinoir. Il l'a placé dans un espace muséal et l'a ainsi transformé en objet d'art. Mais qu'en est-il du machinisme et de son appréciation par les créateurs lorsqu'il est appliqué à la voix humaine ?

Bien avant le XIXe siècle, il est aisé de trouver les traces de la voix machinique dans l'imaginaire littéraire, des têtes parlantes aux statues douées de parole, des paroles gelées de *Gargantua et Pantagruel* à l'éponge des mers du sud qui enregistre la parole décrite par le capitaine Vasterlock en 1632 ou à l'horloge lisant des livres de l'*Histoire comique contenant les Estats & Empires de la Lune* (1656) de Cyrano de Bergerac. Plus généralement, la machine vocale a toujours émerveillé l'homme et a maintes fois fasciné le créateur. Les raisons en sont nombreuses et souvent contradictoires.

Selon Jacques Noiray,

> Toute machine est destinée à se mouvoir, à transmettre ou à communiquer le mouvement ; toute machine est d'abord une force, ou un supplément de forces propres à soulager la dépense des forces humaines[5].

• 5 - Jacques Noiray, *Le romancier et la machine, L'image de la machine dans le roman français (1850-1900)*, deux volumes, Paris, Librairie José Corti, 1982, volume 1, p. 14.

Liée à l'univers de l'économie et du travail par son efficacité, la machine se rattache au développement de l'industrie pendant le XIXe siècle. Noiray continue en affirmant qu'

> en second lieu, la machine se définit aussi, nécessairement, comme un assemblage, un système d'éléments rigoureusement organisés en vue de produire un certain effet[6].

Enfin, il ajoute un troisième principe à la définition de la machine : « c'est le caractère artificiel de toute création de la technique[7]. »

Si les deux premières qualités, la force dynamique et la complexité sont essentiellement matérielles, la création de dispositifs artificiels superpose au règne biologique une forme d'existence de nature totalement différente. Du point de vue artistique, une création humaine dont le résultat (la machine) sinon le but (imiter l'homme) est inhumain ne manque pas d'interroger. Artificiel et naturel, malgré leur opposition apparente, se rejoignent dans le concept d'homme artificiel. A travers la voix de ce dernier, l'artiste, écrivain, peintre ou musicien, sera tenté de faire porter à l'objet technique l'imaginaire et les angoisses propres à l'humanité. L'artificialité, pourtant ontologiquement vide de significations affectives, devient paradoxalement métaphorique de l'humanité. Cette vacuité sera particulièrement féconde du point de vue poétique. La machine, du grec *méchané* (μηχανη) qui signifie le « moyen », possède la même étymologie que l'allemand *mögen* (pouvoir, désirer, aimer). Pouvoir, c'est avoir les moyens, et perdre ses moyens, c'est perdre son pouvoir. Le grec *techné* (τεχνη) qui signifie l'« art de se servir de quelque chose » a donné naissance au mot « technique » qui peut ainsi se définir comme l'ensemble des méthodes permettant d'utiliser les machines. Le rôle de la machine est donc essentiel dans le domaine des techniques, mais il faut néanmoins s'interroger sur l'univers scientifique qui lui correspond et sur les liens que la science et la technique entretiennent. S'il existe des découvertes scientifiques qui ne mènent à aucune application technique, il n'en demeure pas moins que toute science se fonde sur des savoir-faire et que la présence des machines est souvent indispensable au développement des connaissances. De même, il est impossible d'ignorer les relations entre progrès techniques et évolution artistique.

Dans la littérature fantastique, la poétique de la machine, alliant irrationnel et connaissance logique, trouve un accomplissement dans une métaphysique qui lui donne tout son sens entre fantaisie, merveilleux et objet sacré, mais qui contredit le besoin de savoir contenu dans le progrès technique. *Le Château des Carpathes*, roman de Jules Verne, se déroule dans une région reculée de la Transylvanie. Le baron de Gortz tente de faire revivre celle qu'il a aimée : la cantatrice Stilla, depuis

---

• 6 - *Ibid.*, p. 15.

• 7 - *Ibid.*, p. 16.

la mort tragique de celle-ci sur la scène du théâtre San Carlo de Naples cinq ans plus tôt. Par des procédés techniques issus de l'électricité, il recrée la voix, l'apparence et l'existence même de la cantatrice. Orfanik, âme damnée de Gortz et électricien de génie fabrique des phonographes et des lanternes magiques incroyablement perfectionnés. Lorsque le jeune Franz de Télek, à la recherche de la Stilla qu'il a également aimée, la réentend pour la première fois devant le château de Gortz, il « s'abandonne au charme de l'entendre encore une fois[8] ». Il ne cherche pas d'explication rationnelle mais pense qu'il a rêvé. Plus tard, il préférera la croire encore vivante mais devenue folle puisqu'elle ne répond pas à ses appels lancés à travers une porte close. Mis en présence de la représentation visuelle et auditive de la cantatrice bien-aimée, Franz s'abîme dans la contemplation de cette femme qu'il est certain d'avoir vu mourir sur la scène napolitaine, s'enivre de cette voix disparue depuis de longues années. Il ne se demande pas par quel procédé machinique cet événement est possible. Le phénomène, incompréhensible, ne donne plus à penser que le divin en est la cause comme dans les siècles précédents. Il cache un mécanisme d'autant plus sophistiqué, une technique d'autant plus avancée que les coulisses de l'énigme semblent se perdre dans les arcanes du secret. L'envoûtement est absolu, irraisonné et irrésistible.

Le simulacre de la cantatrice apparaît ainsi comme une créature machinique idéale, c'est pourquoi le roman de Verne est souvent rapproché de *L'Eve future* qui est antérieure. Moins inventive que l'Eve de Villiers de l'Isle-Adam, la Stilla de Verne n'est pas une créature complète mais une image produite par un artifice d'optique, un phonographe et un fil téléphonique. Le nom du personnage rappelle le stylet du phonographe, nouvel organe phonatoire de la cantatrice imaginaire. Le lieu dans lequel apparaît le simulacre est également hors du commun et mystérieux. Ce qu'a enregistré Gortz, c'est la voix de la cantatrice au moment de sa mort alors qu'elle chantait au théâtre San Carlo de Naples. La machine est une victoire sur la mort et fixe pour l'éternité le moment du passage suprême. De plus, le dispositif technique ressuscite la grâce, la beauté et le charme transcendant du chant de la Stilla. Les appareils apparaissent comme des condensateurs d'Idéal, comme des capteurs d'âme, et Verne prend soin d'insister sur l'identité complète entre la voix et l'âme de son héroïne. A la fin du roman, une balle brise le phonographe. Elle brise du même coup l'âme de la cantatrice. Le baron pousse alors ce cri terrible :

> Sa voix… sa voix ! répétait-il. Son âme… l'âme de la Stilla… Elle est brisée… brisée… brisée… !…[9].

• 8 - Jules Verne, *Le Château des Carpathes*, première édition : Paris, Hetzel & Cie, 1892, édition consultée : Paris, Le Livre de poche, 2001, p. 150.

• 9 - *Ibid.*, p. 179.

Jules Verne prend toujours soin d'identifier la voix de la Stilla avec son âme. « Toute son âme semblait se distiller à travers ses lèvres[10]. » Cette âme est captive de la machine, ne peut accéder au repos de l'éternité. La machine est donc satanique et sa fin libère l'âme du maléfice. Gortz est un buveur d'âme, un vampire de la voix. La morale du roman avertit le lecteur du danger de la technique lorsqu'elle défie les lois de la vie. La machine, pour admirable qu'elle soit, n'en est pas moins un moyen de se croire Dieu. Imitant la vie presque à la perfection, elle reste inhumaine. Une barrière opaque limite l'horizon de l'inventeur : celle des pouvoirs spirituels que peut acquérir une machine. Merveilleux aux deux sens chrétien et démoniaque, l'objet technique est inquiétant. L'ingénieur et sa machine forment un couple entre idéal et satanisme, entre puissance et folie, libération et asservissement, le mythe faustien de la connaissance. En réalité, la machine est une créature absolument étrangère imposée par l'activité faustienne à l'univers naturel de l'homme. La puissance symbolique de la machine est une parabole de l'effort humain, une métaphore du XIXe siècle.

Très souvent, les techniques sont considérées comme merveilleuses ou perçues en tant que telles. Dépassant sa fonction matérielle primitive, l'électricité acquiert une puissance extraordinaire. La machine représente aussi bien l'image de la connaissance que l'aventure ou le pittoresque. Sa poétique trouve son aboutissement dans la machine idéale rêvée par les scientifiques et les artistes, correspondant à l'idéologie du XIXe siècle. L'argent donne la liberté de créer, mais la machine n'a pas pour fonction de rapporter de l'argent. Celle des créateurs est découplée de l'univers économique, elle est séparée des domaines industriels et commerciaux. Dans *Les Voyages extraordinaires* de Verne, la machine devient le réceptacle et le jouet d'une société de rentiers hédonistes. Le capitaine Nemo est aussi bien « artiste » qu'« ingénieur ». Chez lui, le pouvoir de l'évocation onirique transcende la machine technique avec une puissance qui n'est pas sans rappeler les génies de la Renaissance. Dans *Le Château des Carpathes*, la machine n'existe pas aux yeux de Franz. Le baron de Gortz, le propriétaire des mécanismes rendant possible l'apparition merveilleuse de la Stilla, en arrive même à l'oublier. Le dispositif technique conserve son caractère incompréhensible, surnaturel et mystérieux. Sa voix est une rêverie, une extase musicale. La musique enveloppe la machine comme le voile d'une statue d'Isis devant rester cachée tout en étant l'initiatrice détentrice des mystères de la vie. La voix de la Stilla, son âme, révèle la forme sensible de l'harmonie universelle. Empreint d'idéal et de spiritualité, le mécanisme ne se dévoilera que par la catastrophe, la destruction de l'appareil phonographique. Le lecteur n'en saura guère plus sur le procédé utilisé pour enregistrer et restituer la voix de la grande cantatrice, la perfection du mécanisme étant plus proche de la

• 10 - *Ibid.*, p. 133.

magie que des sciences de l'ingénieur. Pourtant, si l'artifice n'est jamais éloigné du merveilleux, n'y a-t-il pas une certaine proximité entre la magie et le maléfice ? L'extraordinaire côtoie le miracle, mais fréquente aussi le diable.

L'objet industriel, produit du génie humain, est aussi un viol de la nature. Rappelons que Jean-Jacques Rousseau voyageant à pied de Paris à Chambéry et découvrant qu'il aurait à fréquenter des forges s'il visitait un village refusa d'aller « chercher des Dianes et des Sylvandres chez un peuple de forgerons[11] ». La machine se présente d'abord comme une énigme, en dehors de toute compréhension possible. Pourtant, la réduction de l'inconnu au connu a lieu rapidement par analogie au monde naturel. L'impuissance de la raison impose l'établissement de points de repère connus. En fait, la condamnation de l'univers machinique vient souvent de son assimilation à une source de corruption de la nature et de l'homme, à une œuvre satanique d'asservissement et d'anéantissement des valeurs spirituelles. A la fois origine et conséquence de la révolution industrielle, la machine a toujours possédé le statut paradoxal de facteur de progrès pour le confort matériel et de déclencheur de servitude, par exemple chez Zola, Pierre Joseph Proudhon ou Jules Michelet. La machine peut donc être perçue comme négative. Elle favorise un positivisme froid et borné se contentant d'observer la réalité matérielle des choses et elle exalte une illusion irrationnelle, une foi aveugle dans les objets techniques. Paraissant à la fois trop rationnelle et magique, la machine n'échappe pas au paradoxe d'une déshumanisation nourrie par l'intelligence humaine. Autour de 1880, le scientisme est l'idéologie dominante illustrée notamment par Saint-Simon. Mais un courant inverse se développe également. Nombre de créateurs comme Eugène Delacroix, Charles Baudelaire, Gustave Flaubert ou Auguste Villiers de l'Isle-Adam, contribuent à propager l'idée d'une faillite de la science. Delacroix, au retour d'une visite à l'Exposition Universelle de 1855 à Paris, s'exclame : « La vue de toutes ces machines m'attriste profondément[12] ».

Si la machine représente chez Verne une source de sa conviction dans le progrès technique, elle conforte chez Villiers de l'Isle-Adam une mise en cause de la civilisation industrielle. Indigné par l'apparition du téléphone et du phonographe qui permettent la manipulation de la voix devenant ainsi falsifiée et équivoque, le romancier de *L'Eve future* bouscule l'optimisme scientiste de son siècle à travers la critique d'un progrès essentiellement matérialiste. L'illusion de l'artifice produit un leurre qui, malgré ou à cause de ses apparences troublantes particulièrement sensibles dans le domaine de la vocalité, entraîne le désordre moral. La soif de nouveauté menée à son paroxysme deviendrait pathologique et pathogène. En

---

• 11 - Jean-Jacques Rousseau, *Les Confessions*, 1782-1789, édition consultée : Paris, GF Flammarion, tome 1, Livre IV, 1968, p. 201-202.

• 12 - Eugène Delacroix, *Journal*, édition consultée : Paris, Plon, 1981, p. 529.

dehors de *L'Eve future*, roman publié en 1886, Villiers de l'Isle-Adam a écrit une série de quatre fantaisies parascientifiques, parues de 1873 à 1877 et recueillies dans les *Contes cruels*. Sur un ton emprunt de dérision, de feinte glorification de la machine, grotesque et dérisoire, il montre le ridicule de la frénésie pour le progrès.

Le thème de l'automate avait déjà été abordé par E. T. A. Hoffmann dans trois contes qui éclairent les origines romantiques du roman de Villiers de l'Isle-Adam. Dans le premier de ces contes, *Les Automates* (*Die Automate*, 1814), un professeur, auteur d'une série d'automates, met au point une tête parlante dont les réponses singulières et profondes sont inspirées par la présence d'un médium. *L'Homme au sable* (*Der Sandmann*, 1815) raconte quant à lui l'histoire malheureuse de l'étudiant Nathanaël qui tombe amoureux d'Olympia, une poupée mécanique. Léo Delibes en tirera l'argument de son ballet *Coppélia*, représenté la première fois le 25 mai 1870 à l'Opéra de Paris. Enfin, dans *Le Conseiller Krespel* (*Rat Krespel*, 1816), Hoffmann évoque, comme dans *Les Automates*, la reproduction mécanique de la voix humaine. Dans sa folie, le luthier monte et démonte obstinément des violons pour en découvrir l'âme. Un jour, il croit découvrir un violon de Crémone qui possède le timbre admirable de la voix de sa fille Antonia, décédée. Le conte s'achève sur l'échec de la tentative. Dans *L'Eve future*, Edison se réfère à ce conte lorsqu'il déclare qu'il dotera son Andréide « de tous les chants de l'Antonia du conteur Hoffmann ». Villiers de l'Isle-Adam s'inspire à la fois de *L'Homme au sable* pour le sentiment amoureux que peut inspirer la machine, des *Automates* et du *Conseiller Krespel* pour l'idée qu'une machine peut être suffisamment parfaite pour acquérir une âme qui réponde aux sentiments humains les plus profonds. Pourtant, le caractère sacrilège de la croyance en une créature artificielle semblable à l'être humain doit être souligné puisque l'homme ne peut être que la création de Dieu, et non de l'homme lui-même. Et si une machine humaine ne possède pas d'âme, elle est comme morte.

Il existe ici des liens très forts entre l'actualité scientifique et la création poétique. Villiers de l'Isle-Adam n'avait sans doute pas pu rester insensible au déferlement d'articles de toutes sortes dans diverses revues et de brochures de vulgarisation comme *Le Phonographe expliqué à tout le monde* de Pierre Giffard, paru en 1878 et réimprimé pas moins de quinze fois. Le fait de nommer Edison dans son roman montre la volonté de Villiers de l'Isle-Adam de célébrer l'ingénieur américain et de rattacher la création littéraire à l'actualité scientifique la plus immédiate. C'est à Giffard qu'il emprunte la description du laboratoire d'Edison, le nom du domestique (Martin), celui de ses enfants, Dot et Dash (le point et le tiret de l'alphabet morse), et même le nombre de ses assistants ainsi que l'apparence de l'ingénieur au sein de son laboratoire. C'est également dans l'ouvrage de Giffard qu'il trouve l'idée d'associer le phonographe avec l'image. Mais chez Giffard, il s'agit non pas d'un mannequin animé mais d'une projection photographique comme dans *Le*

Château des Carpathes de Verne. Pourtant, la question de la vraisemblance du portrait d'Edison et de ses expériences est secondaire, l'imagination poétique l'emporte toujours sur la rigueur de la documentation. Par ailleurs, les fleurs factices sont sans aucun doute issues des fleurs artificielles que Villiers de l'Isle-Adam a vraisemblablement vues en même temps que les appareils d'Edison à l'Exposition Universelle de Paris en 1878. Au fil des brouillons puis des versions, le langage technique et les descriptions physiques se font plus précis dans un souci de cohérence et de vraisemblance scientifique. Cependant, la dernière version fait apparaître la voyante Sowana dont l'esprit anime celui de Hadaly. Ainsi, la machine répond avec intelligence et naturel aux questions du visiteur, Lord Ewald. L'Andréide est un double parfait donnant l'illusion de la vie. L'utilisation du phonographe permet à la fois de rendre éternel les moments heureux de l'amour et de varier à la demande les registres de la femme aimée. Le modèle, Alicia Clary, ressemble à une statue antique, à la Venus Victrix, mélange de la Victoire de Samothrace et de la Vénus de Milo du Louvre. Le double est supérieur à l'original, il est plus vrai que nature. Le mécanisme de l'androïde Hadaly est proche de celui des automates du siècle précédent. Le synchronisme du geste et de la parole est assuré par une induction électrique commune qui déclenche en même temps le cylindre moteur et les phonographes. Dans la poitrine d'Hadaly, ces deux phonographes d'or, tournant perpétuellement, déroulent des feuilles d'étain sur lesquelles sont gravées les paroles.

> [Ils] se passent l'un à l'autre les feuilles métalliques de ses causeries harmonieuses – et je devrais dire célestes, […][13].

Le phonographe contemporain du roman est magnifié par la présence de l'or. Le précieux métal souligne la pureté, la perfection et la beauté des paroles que prononce Hadaly. Cette voix porte à son point d'accomplissement le triomphe de l'artifice, elle est l'incarnation de l'humanité idéale et l'expression définitive de l'absolu. L'androïde ajoute à la beauté seulement terrestre d'Alicia une perfection supérieure, la séduction à la fois charnelle et intellectuelle. L'automate produit la féminité absolue, pas un seul type de femme mais tous les types de femmes à la fois. De plus, Hadaly (qui signifie « idéal » en langue persane) ne peut mourir, elle est au-dessus des imperfections et des incertitudes. Et pourtant, elle est présentée comme un fantôme sortant de son cercueil, un néant d'où sort l'idéal. L'ambiguïté est entière entre le rien et la métaphysique comme entre le réel et l'imaginaire. Au creux du néant se niche l'absolu et ce ne peut être que l'homme qui produit la machine, il y a donc circularité tautologique entre le rêve de Lord Ewald et les

---

• 13 - Auguste Villiers de l'Isle-Adam, *L'Eve future*, Paris, Maurice de Brunhoff, 1886, édition consultée : Paris, Flammarion, 1992 p. 282.

visions que la machine lui offre. Hadaly ne serait ainsi qu'un miroir des fantasmes humains. La machine est une alliée de l'homme dans sa quête de la transcendance. Matérialisation d'un univers onirique, elle aide l'homme à s'élever vers l'idéal. Mais, pour Jacques Noiray,

> le fonctionnement fantastique de la machine, condition indispensable de l'idéal, libère aussi des forces destructrices[14].

L'histoire de *L'Eve future* est d'abord celle de la révélation, de l'explication et de la réalisation d'un « Grand Œuvre », métaphore alchimique de la grandeur de l'entreprise et de son aspect ésotérique. Edison, comme Méphistophélès, est le démon tentateur, celui qui incite à utiliser l'artificiel pour satisfaire ses désirs. Comme dans le mythe de Faust, le diable figure la tentation de transgresser les limites humaines. La quête de l'absolu est toujours dangereuse puisqu'elle recouvre la volonté de se mesurer à Dieu. La fin du roman obéit à la tradition. Toute forme de vie artificielle, considérée comme satanique, doit être finalement anéantie. L'humanité ne peut sortir des bornes de sa condition. La machine est à la fois sublime et terrifiante, idéale et maléfique. Elle est équivoque et le ton adopté est ironique et grinçant. Selon le concepteur de cette Eve mécanique, Hadaly est le simulacre féminin parfait, l'âme rendue visible. Le résultat est à la fois extraordinaire et merveilleux, mais aussi un péché, celui de vouloir imiter la création de Dieu et par là se rendre son égal. La situation initiale du roman est d'ailleurs empruntée à Goethe : le pacte entre un homme désespéré et un savant démoniaque venant lui offrir les merveilles de la magie et des manipulations surnaturelles.

Le second livre de *L'Eve future* est intitulé *Le Pacte*. Lord Ewald, désespéré mais aussi « homme courageux », se demandera : « Depuis quand Dieu permit-il aux machines de prendre la parole ? » Le laboratoire d'Edison, « le sorcier de Menlo Park » dans le New Jersey ressemble à un laboratoire d'alchimiste du Moyen Age, sombre et rempli d'appareils inquiétants. Hadaly, affublée de phonographes[15] pour s'exprimer, ne semble pourtant pas plus dérisoire que l'être humain lui-même : Alicia chantait « machinalement ». Dans le conte *Le Traitement du Docteur Tristan*, le romancier reviendra ironiquement sur la perfection d'Hadaly :

> L'Eve-nouvelle, machine électro-humaine (presque une bête !...), offrant le clichage du premier amour, — par l'étonnant Thomas Alva Edison, l'ingénieur américain, le Papa du Phonographe[16].

• 14 - Jacques Noiray, *op. cit.*, p. 350.

• 15 - En réalité, les deux phonographes enregistrent et reproduisent la voix d'Alicia Clary, une artiste lyrique, grâce à deux styles d'acier.

• 16 - Auguste Villiers de l'Isle-Adam, *Le Traitement du Docteur Tristan*, 1877, in *Contes cruels*, édition consultée : Paris, Garnier-Flammarion, 1980, p. 307-311.

Déjà, en 1874, paraissait *La Machine à gloire* dans *La Revue littéraire et artistique*. Ce conte de Villiers de l'Isle-Adam dénonce les applications malfaisantes de la science. Des phonographes lancent automatiquement des bravos ou des *lazzi* à travers les bouches des petits amours des balcons de théâtres :

> C'est à leurs bouches, précisément, orifices de phonographes, que sont placés les petits trous à soufflets qui, mus par l'électricité, profèrent soit les Oua-ouaou, soit les Cris, les « A la porte, la cabale ! », les Rires, les Sanglots, les Bis, les Discussions, Principes, Bruits de tabatières, etc., et tous les Bruits publics PERFECTIONNES[17].

Cette claque machinique fait ou défait la gloire des auteurs dramatiques. L'aversion obstinée de Villiers de l'Isle-Adam pour les machines et le progrès technique doit cependant être tempérée par sa visite en juin 1889, quelques semaines avant sa mort, à l'Exposition Universelle. Attirance, curiosité et séduction contre répugnance et inquiétude, telle est l'attitude de nombreux contemporains de l'écrivain face au progrès. L'objet technique représente l'instrument qui permet à la science de découvrir les secrets de la nature, du monde sensible, jusqu'à révéler rationnellement ce qui paraît irrationnel. Il est donc l'intermédiaire entre merveilleux et naturel, entre fantastique et logique. La machine vocale possède une fonction métaphysique : elle exalte la présence d'un au-delà, elle transfigure les possibilités du corps humain, mais elle étouffe en même temps la poésie de la vie.

Phonographies

Les premières préoccupations des inventeurs du phonographe, la « machine parlante », dans les années 1877-1878, se sont concentrées sur la voix parlée et une part très importante des développements de l'enregistrement de la voix est due à leur intérêt pour la conservation de la voix des hommes célèbres. Un article du journal de l'Exposition de 1889 rapporte que

> Monsieur Edison, regrettant qu'on ne pût se faire une idée de la voix et des intonations de nos hommes célèbres, orateurs, savants ou musiciens, a eu l'idée de conserver des phonogrammes, qui auraient recueilli leurs discours ou leurs chants pour les générations futures[18].

La démarche des premiers photographes n'est guère différente. Lorsque Nadar publie à partir de 1854 une série de portraits de célébrités contemporaines sous le titre de *Panthéon Nadar*, le phonographe n'est pas encore inventé mais il s'agit

---

• 17 - Auguste Villiers de l'Isle-Adam, *La Machine à gloire*, 1874, in *Contes cruels*, édition consultée : *op. cit.*, p. 93-107.

• 18 - Cité par Jacques Perriault, in *Mémoires de l'ombre et du son : une archéologie de l'audio-visuel*, Paris, Flammarion, 1981, p. 184.

bien de collecter et de recueillir des témoignages de la vie de son époque sous forme d'un échantillonnage faisant suite à des choix culturels. Par ailleurs, le fait que Charles Cros, poète et inventeur du paléophone ait également mis au point un procédé trichrome de photographie en couleur en 1869 souligne la nature voisine des deux inventions. La photographie et le phonographe fixent un moment de vie, dans un instantané visuel dans le premier cas, sur une période sonore dans le second.

Dès le tournant du siècle, le phonographe est utilisé à des fins de conservation par les *Phonogrammarchiv* de Vienne (1899) et de Berlin (1902). Il faut rappeler pour mémoire le travail de collectage maintenant bien connu de Béla Bartók et de Zoltán Kodály à partir de 1905. Quelques années plus tard, en 1911, le grammairien et historien de la langue française Ferdinand Brunot fonde les *Archives de la parole* pour recueillir l'enregistrement de voix célèbres et le résultat de collectes ethnographiques dans les provinces françaises. Avec le soutien d'Emile Pathé, Brunot collecte les formes parlées du français aussi bien en province qu'auprès d'artisans des Ardennes en juin et juillet 1912, dans le Berry en juin 1913, dans le Limousin en août 1913, ainsi que la langue populaire des artisans parisiens. Six mois plus tard, le 24 décembre 1913, à 11 heures, Brunot, Ravenet qui était l'ingénieur délégué par Pathé, les écrivains Paul Fort, Guillaume Apollinaire, André Billy et André Salmon se retrouvent en Sorbonne pour une séance d'enregistrement. Guillaume Apollinaire dit trois de ses poèmes : *Le Voyageur, Le Pont Mirabeau* et enfin *Marie*, qui sont enregistrés avec l'aide de Ravenet. Puis, d'après André Salmon qui relate la séance,

> il s'écoute, non sans stupeur. Ses amis le retrouvent, mais il ne se reconnaît pas! Il est en effet des organes profonds de perception auditive dont nous ne jouissons que grâce au phonographe [...] lorsqu'il nous renvoie cette propre voix qui étouffe, quand nous parlons, les dites perceptions profondes, trop délicates ; les voix intérieures eût dit Hugo qui eût aimé l'invention du professeur Brunot. Ainsi à l'audition seconde nous entendons-nous, somme toute, pour la première fois, d'où une assez vive surprise. Après Guillaume Apollinaire, nous connûmes cette émotion, ce trouble, en entendant chanter notre double[19].

Le 27 mai 1914, les enregistrements sont présentés publiquement en Sorbonne. Entre temps, les voix de René Ghill, de Pierre Louÿs, de Gustave Kahn, de Paul Fort et de quelques autres ont été enregistrées[20]. Aujourd'hui, la Bibliothèque Nationale de France possède 8 000 disques Pyrals originaux qui sont hérités pour partie des *Archives de la parole.* L'imaginaire des écrivains a été nourri par l'appari-

---

• 19 - Page web http://gallica.bnf.fr/ArchivesParole/audio3.htm.

• 20 - *Cf.* Guillaume Apollinaire, « Aux Archives de la parole », texte posthume, 1914, in Guillaume Apollinaire, *Œuvres en proses complètes*, volume II, Paris, Gallimard, 1991, p. 1493.

tion de ces premiers appareils enregistreurs. Pourtant, les œuvres de fiction littéraire n'ont pas été les seules manifestations de l'intérêt pour ces nouveaux procédés techniques. Plus directement, Apollinaire s'est emparé des possibilités offertes par la fixation de la voix pour manipuler directement le signal acoustique ou tout au moins sa représentation réversible sur un support. Dans un texte intitulé « La querelle des poètes phonographistes : Apollinaire et Barzun[21] », Marc Battier remarque que, dès 1911, Apollinaire s'étonne que la France ne suive pas la démarche américaine d'utiliser les laboratoires pour les recherches en philologie, psychologie et en linguistique. Ayant eu connaissance des travaux des laboratoires de psychologie autrichiens, des tentatives du poète et critique Robert de Souza de se servir du phonographe « pour faire des vers[22] » et des études linguistiques menées par l'abbé Rousselot à l'aide du phonographe, Apollinaire affirme, tout en soulignant les dangers de l'abus de la critique historique développée dans les laboratoires :

> je compris que les sciences, les arts, les lettres et la poésie elle-même, tout cela se ferait désormais à la machine[23].

En 1914, toujours très intéressé par les possibilités offertes par le phonographe et à la faveur de sa querelle avec Barzun, il décrit dans *Paris-Journal*[24] ce que pourrait être l'utilisation du phonographe dans la création artistique. Dans un manuscrit non daté et publié après sa mort dans le *Mercure de France* sous le titre « L'esprit nouveau et les poètes[25] », il écrit qu'

> un poème ou une symphonie composés au phonographe pourraient fort bien consister en bruits artistiquement choisis et lyriquement mêlés et juxtaposés[26].

Mais il prend soin de préciser aussitôt qu'il ne s'agit pas pour le poète de se limiter à « l'imitation d'un bruit auquel aucun sens lyrique, tragique ou pathétique ne peut être attaché[27] ». Apollinaire va encore plus loin en imaginant une polyphonie

---

• 21 - Marc Battier, « La querelle des poètes phonographistes : Apollinaire et Barzun », in *Littérature et musique dans la France contemporaine, Actes du colloque des 20-22 mars 1999 en Sorbonne (Paris)*, Strasbourg, Presses Universitaires de Strasbourg, 2001, p. 167-179.

• 22 - Guillaume Apollinaire, « La Sorbonne est ébranlée », compte-rendu de l'ouvrage d'Agathon (pseudonyme unique pour Henri Massis et Alfred de Tarde) : *L'Esprit de la nouvelle Sorbonne*, Paris, Mercure de France, 1911. Ce compte-rendu a paru dans *L'Intransigeant* le 5 avril 1911. Edition consultée in Guillaume Apollinaire, *Œuvres en prose complètes*, *op. cit.*, p. 1204.

• 23 - *Ibid.*

• 24 - Guillaume Apollinaire, « A propos de la poésie nouvelle », *Paris-Journal*, juin 1914, édition consultée : *ibid.*, p. 979-982.

• 25 - Guillaume Apollinaire, « L'esprit nouveau et les poètes », *Mercure de France*, 1er décembre 1918, édition consultée : *ibid.*, p. 947.

• 26 - *Ibid.*

• 27 - *Ibid.*

poétique. Il nomme « simultanéisme » cette diction à haute voix de la poésie sur différentes couches sonores données par l'enregistrement successif ou simultané :

> A la poésie horizontale que l'on n'abandonnera point pour cela, s'ajoutera une poésie verticale, ou polyphonique, dont on peut attendre des œuvres fortes et imprévues[28].

Les travaux d'Apollinaire sont interrompus quand il décide de s'engager dans l'armée française pour la durée de la guerre en décembre 1914. Dix-huit ans plus tard, Kurt Schwitters enregistre sa *Ursonate (Die Sonate in Urlauten)* en 1932, une œuvre sonore construite seulement sur la diction d'un texte comprenant un grand nombre d'onomatopées. Selon son compositeur,

> la sonate consiste en quatre mouvements, une introduction, un final, et une cadence dans le quatrième mouvement. Le premier mouvement est un rondo possédant quatre motifs, qui sont expressément indiqués dans le texte de la sonate. C'est du rythme, énergique ou faible, fort ou silencieux, dense ou dispersé, etc.[29]

Après Apollinaire et Schwitters, il faut attendre le milieu du siècle pour rencontrer une utilisation de l'enregistrement de la voix à des fins de création artistique. Deux courants presque simultanés vont se croiser sans jamais se fondre en un genre unificateur. D'une part, certains poètes, à la suite d'Apollinaire, imaginent un travail de création sur la voix enregistrée. D'autre part, des musiciens constatent qu'il est possible de créer directement à partir des sons, par exemple à partir de la voix fixée sur un support d'enregistrement. Les années 1948 à 1950 connaîtront aussi bien le poème radiophonique *Pour en finir avec le jugement de Dieu* d'Antonin Artaud (1948) que l'apparition des premiers magnétophones dans les studios et le développement de la musique concrète.

Les prémices de la vocalité artificielle, c'est-à-dire un phénomène sonore se rapprochant plus ou moins de la voix naturelle et produit avec l'aide d'une machine, concernent ces deux notions complémentaires, antithétiques, mais profondément liées : la nature et l'artifice. La nature produit les matériaux indispensables pour fabriquer la machine, elle engendre également celui qui la conçoit et la réalise. Réciproquement, la machine peut, et c'est le cas de la vocalité artificielle, prendre modèle sur la nature et se substituer à elle, au moins comme voix métaphorique. Impliquer la vocalité artificielle impose au créateur de tenir compte des connaissances accumulées par les scientifiques sur la voix, sa physiologie, son acoustique et sa réception. Mais la voix naturelle ne constitue que l'une des composantes génétiques du concept de vocalité artificielle. Celle-ci n'a pu prétendre à l'exis-

---

• 28 - Guillaume Apollinaire, « Nos amis les futuristes », *Les Soirées de Paris*, 15 février 1914, édition consultée : *ibid.*, p. 971.

• 29 - Kurt Schwitters, sans titre, notice du disque Kurt Schwitters, *Ursonate*, CD, Wergo, WE6304-2, 1993, 2001, p. 6. Traduction de l'auteur.

tence qu'à partir du moment où des technologies suffisamment performantes sont apparues.

Tout un environnement culturel centré sur la modernité a précédé et accompagné les débuts de la vocalité artificielle. Ou plus exactement, la voix machinique fait partie de ce mouvement qui, remontant aux ultimes soubresauts du romantisme dans le dernier quart du XIXe siècle, bouleversera le monde des arts, des idées, mais aussi la vie quotidienne au XXe siècle. Le qualificatif « moderne » caractérise à la fin du XIXe siècle le monde né des grandes découvertes scientifiques dont les applications techniques expliquent en partie l'utilisation de la vocalité artificielle. En partie seulement, car il ne suffit pas aux créateurs de disposer de machines nouvelles pour en faire autre chose que quelques expériences spectaculaires sans lendemain, il faut également un substrat culturel, un environnement artistique qui soit porté vers la mise en cause des traditions et tourné vers l'avenir. La musique au tournant du siècle répond à cette nécessité : la tonalité poussée dans ses derniers retranchements sera bientôt bousculée par le sérialisme de l'école de Vienne et les compositeurs de musique vocale s'apprêtent à expérimenter des modes d'émission de la voix inspirés des autres civilisations ou situés à la marge de l'art du chant occidental. Les écrivains sont fascinés par les possibilités offertes par les nouvelles machines et leur imagination les met en scène dans leurs poèmes ou leurs romans, de la même façon que les peintres commencent à introduire sur leurs toiles des objets contemporains. L'aéroplane fait son apparition dans l'*Hommage à Blériot* de Robert Delaunay et dans *Alcools* d'Apollinaire. A la fois moderne, salvatrice et terrifiante, la voix du phonographe ne laisse pas indifférente et contient suffisamment de pouvoir affectif et émotionnel pour intéresser les créateurs. Un an après les séances d'enregistrement de 1913 en Sorbonne, Apollinaire jette même les bases d'une création phonographique en précisant :

> [qu']avant peu, les poètes pourront, au moyen des disques, lancer à travers le monde de véritables poèmes symphoniques. Grâces en soient rendues à l'inventeur du phonographe, Charles Cros, qui aura fourni au monde un moyen d'expression plus puissant, plus direct que la voix d'un homme imitée par l'écriture ou la typographie[30].

Les conditions sont alors remplies pour que se développe la vocalité artificielle au sein de la création artistique du XXe siècle. Les poètes ne seront pas les seuls à se passionner pour les nouvelles possibilités offertes par des appareils de manipulation de la voix de plus en plus sophistiqués. Des musiciens investiront et utiliseront les matériaux concrets en réalisant des enregistrements, des découpages et des montages sonores. La voix ne sera pas absente de leurs préoccupations et possédera

• 30 - Guillaume Apollinaire, « Nos amis les futuristes », *Les Soirées de Paris*, 15 février 1914, édition consultée in Guillaume Apollinaire, *Œuvres en prose complètes*, *loc. cit.*

même un fort pouvoir attractif par ses qualités expressives. Ces expériences diverses marqueront l'origine musicale de la vocalité artificielle qui décrira une vaste courbe au sein des musiques du XXe et du XXIe siècle.

Chapitre 3 Jusqu'à la musique même

Une rencontre toujours probable mais jamais réalisée est significative de la maturation du « chant des technologies » : celle de la vocalité concrète et de la poésie sonore. Pourquoi lier la voix entendue dans la musique concrète à celles de la poésie sonore ? D'une part parce que cette dernière est un genre poétique né directement de la voix naturelle, celle du poète en l'occurrence. L'art des poètes sonores n'est donc pas si éloigné de la musique concrète qui est par principe issue du monde qui nous entoure. D'autre part parce que les premières tentatives d'Apollinaire amorcent un enchaînement inéluctable de l'acte créateur qui ira jusqu'à l'apparition de la vocalité numérique en passant par la vocalité concrète, la poésie sonore et l'expansion des procédés électroniques. Les écrits visionnaires du poète français au début du XXe siècle ouvrent les premières portes qui mèneront à la création artistique faisant appel à la vocalité artificielle, que ce soit dans la poésie ou dans la musique. Profitant des rêves en littérature, des prises de position radicales sur l'art du début du XXe siècle et, se dégageant peu à peu de la gangue expérimentale des premiers essais de voix fixée, la vocalité artificielle produit, après quelques années, les premières tentatives poétiques et musicales. Après les évocations des romanciers, après les intentions non réalisées d'Apollinaire, après les révolutions scientifiques et artistiques proclamées, il faudra encore attendre les tâtonnements de Pierre Schaeffer et une rencontre incertaine entre le courant de la musique concrète et l'univers de la poésie sonore pour que soient solidement bâties les fondations de la vocalité artificielle.

Vers la vocalité concrète de Pierre Schaeffer

Conséquence des progrès techniques, l'irruption du réel est un phénomène majeur dans l'art du XXe siècle. Du *ready-made* de Duchamp, des concerts de bruit des futuristes italiens à la musique concrète de Pierre Schaeffer, le réel devient une composante incontournable de la modernité. Marcel Duchamp lui-même a « composé » deux pièces musicales qui datent des années 1910. Bien qu'elles soient peu connues, elles sont loin d'être sans intérêt. En effet, les deux œuvres, dont *1.3 voices: Erratum Musical*, sont basées uniquement sur des tirages au sort, cinquante ans avant que John Cage et Christian Wolff ne redécouvrent l'aléatoire et créent les œuvres qui bouleverseront la notion même d'art musical à la fin des années 1950. Mais *1.3 voices: Erratum Musical* fait appel aux voix de l'artiste et de ses deux sœurs sans recourir à la vocalité artificielle. De son côté, le projet du futuriste Luigi Russolo est bien de révolutionner la musique en l'ouvrant à la vie moderne et aux bruits machiniques, même si quelques compositeurs avaient par le passé utilisé de façon anecdotique des objets sonores de la vie courante dans leurs œuvres. Russolo entre dès 1910 dans le groupe des futuristes, formé entre autres par l'écrivain Filippo Marinetti, les peintres Umberto Boccioni et Giacomo Balla. S'inspirant des théories et des réalisations de Balilla Pratella, Russolo publie en mars 1913 son manifeste l'*Arte dei rumori* dans lequel il proclame sa volonté d'utiliser les sons de la vie moderne, de la nature et de la guerre pour composer la musique du futur. Avec Hugo Piatti, il construit des bruiteurs, les *intonarumori*, et les concerts d'avril 1914 au Teatro dal Verme de Milan, du London Coliseum dans la même année, et de 1921 au Théâtre des Champs Elysées à Paris devant Igor Stravinsky, Maurice Ravel, Darius Milhaud, Manuel de Falla, Serge de Diaghilev et Piet Mondrian, comportent des pièces avec bruiteurs et orchestre. Mais comme Marcel Duchamp, les futuristes n'utilisent pas la voix enregistrée.

De façon surprenante, l'une des premières tentatives artistiques abouties d'utilisation de la vocalité artificielle ne vient pas d'un musicien ni même d'un poète, mais d'un cinéaste allemand d'avant-garde, Walter Ruttmann. Celui-ci réalise des films expérimentaux comme la série des *Opus* de 1922 à 1925 puis quelques années plus tard, en 1929, tourne un important documentaire : *Berlin, Symphony of a City* dont le scénario décrit la vie de la capitale allemande pendant un week-end. Intéressé par la manière dont les spectateurs perçoivent le son, Ruttmann présente le 15 mai 1930, au deuxième congrès du film indépendant de Bruxelles, un film sans image : *Wochende* (1930). Lors de la projection de ce film, les spectateurs prennent place dans la salle, la lumière s'éteint, la bande-son se fait entendre, mais l'écran reste uniformément blanc jusqu'à la fin. D'une durée de 11'30", *Wochende* peut s'entendre comme la narration sonore d'une promenade, un week-end à travers une grande ville allemande. Au contraire d'une narration sous forme de documentaire ou d'un reportage pris sur le vif, il s'agit d'une évocation poétique de l'ambiance sonore d'une cité germanique industrielle. Le travail de montage des éléments sonores donne lieu à une écriture musicale solidement architecturée et à une texture sonore dense. Certes, l'auditeur entend des sons d'origine citadine comme une sirène, une voiture, des portes qui se ferment, des pas, des volées de cloches et même le miaulement d'un chat, mais le matériau vocal est également présent sous forme d'enregistrements de voix parlées s'exprimant en allemand. Une voix d'enfant énonce : « *Mein Vater* ». De plus, les références au modernisme et aux machines ne sont pas sans rappeler les poésies d'Apollinaire, certains tableaux de Fernand Léger (par exemple *Les Disques* de 1918) et la musique de Varèse (les sirènes dans *Ionisation*). Loin des bruits anecdotiques illustrant les films de l'époque, l'absence d'image a sans doute permis au cinéaste-compositeur de mettre en avant le discours sonore et de le conduire comme une œuvre musicale à la fois solidement charpentée et à la poésie indéniable. Par ailleurs, la pièce révèle l'esthétique du modernisme industriel et machinique qui est un élément important de la richesse et du foisonnement artistique de l'entre-deux guerres. Le genre plus tardif du *Hörspiel* n'est pas sans rappeler ce type d'œuvre. Malheureusement, cette tentative restera sans descendance et Ruttmann abandonne bientôt ses courageuses idées d'avant-garde en adhérant à l'idéologie du parti nazi. Il devient le conseiller de la réalisatrice Leni Riefenstahl et réalise lui-même en 1940 deux films de propagande : *Waffenschmiede* et *Deutsch Panzer*. Ruttmann est tué sur le front russe en tournant un reportage de propagande.

Entre les deux guerres, un autre cinéaste, cette fois américain d'origine hongroise, a tenté une autre démarche tout aussi innovante : synthétiser la voix en dessinant directement sur la piste optique sonore de la pellicule. L'enregistrement optique du son utilise le transfert des informations sonores sur un film sous forme de dessins qui sont ensuite détectés par des cellules photosensibles. La modification de ces formes géométriques permet le travail sur le son. Lászlo Moholy-Nagy, peintre, sculpteur, décorateur de théâtre et éditeur, mais aussi collaborateur des revues *Der Sturm*, *Ma* et *De Stijl*, enseignant au Bauhaus en Allemagne puis directeur du New Bauhaus de Chicago en 1937, s'intéresse très tôt à la photographie sans appareil (les photogrammes). Comme Ruttmann, il se passionne également pour les films de ville (*Berliner Stilleben* en 1926 et *Marseille Vieux Port* en 1929) dans une démarche se situant en-dehors du cinéma industriel. Remarquant dès 1922 les possibilités de production synthétique du son sur le film, son cinéma expérimental touche à la vocalité artificielle avec *Tönendes ABC* en 1929. Le projet est de construire une œuvre à partir d'une voix synthétique énumérant l'alphabet. La voix est réalisée en dessinant directement sur la piste optique réservée habituellement à la bande son. Malheureusement, ce film est perdu et aucun extrait ou document précis s'y reportant n'a pu être retrouvé. Il n'en reste pas moins que cette initiative illustre l'intérêt porté par les artistes de tous les domaines à la vocalité artificielle.

Au début des années 1930, les recherches dans le domaine de l'écriture optique du son se poursuivent en Allemagne avec Rudolf Pfenninger. Malgré les difficultés techniques inhérentes au support lui-même et aux techniques de lecture, les investigations continuent à Ottawa avec Norman McLaren et à Leningrad où Yevgeny Sholpo développe quatre versions de son Variophone, une machine à encoder graphiquement le son. De son côté, le Studio Expérimental de Moscou développe un synthétiseur optique, l'ANS[1], qui sera encore amélioré au Laboratoire du Musée Scriabine en 1961. Une machine utilisant ce procédé optique sera également utilisée dans le studio de Cologne dans les années 1950. Une fois encore, après les initiatives avortées d'Apollinaire, les idées révolutionnaires de Duchamp sur l'art et la remise en cause de l'art musical par les futuristes, l'heure n'est pas encore venue pour un véritable épanouissement musical de la vocalité artificielle. L'optophonétique du poète dadaïste Raoul Hausmann vise, quant à elle, à mettre en correspondance les sens de la vue et de l'ouïe. Proche de Lázlo Moholy-Nagy dans les années 1920, il cherche à appréhender de manière globale des phénomènes appartenant à des univers traditionnellement considérés comme disjoints. Reconsidérant les éléments du langage et de la vue, Hausmann tente de « donner une forme unie aux vibrations de la lumière et du son[2] ». Pourtant, il ne s'agit pas pour lui de s'appuyer sur les théories scientifiques des ondes vibratoires qui unissent la lumière en tant que phénomène ondulatoire et le son. Hausmann affirme de manière péremptoire que « les théories pitoyables de l'optique scientifique seront mises de côté et la correspondance entre la lumière et le son sera dévoilée au monde[3]. » Plus loin, l'auteur s'appuie sur un obscur « sixième sens » qui serait « le mouvement spirituel ». Enfin, un procédé proche de la gravure des cylindres fut lancé sans succès par Philips-Miller. Cette technique consiste en la suppression de la couche opaque déposée sur la pellicule par le signal sonore transformé de façon adéquate. Trop complexe et coûteux, ce système sera rapidement abandonné. Il faudra attendre le milieu du XXe siècle avec la mise au point de technologies plus performantes et l'émergence de la musique concrète pour voir apparaître un réel intérêt des musiciens eux-mêmes pour la voix machinique.

Les débuts de la musique concrète remontent à 1948, lorsque Pierre Schaeffer, à la fois technicien et musicien, compose ses cinq études de bruit. L'exploration des gestes musicaux que permettent les appareils de fixation et de reproduction du son, les tourne-disques de l'époque, constituent la base de ses recherches. Marc Battier

---

• 1 - Le scientifique russe Evgeniy Murzin passa près de vingt années, entre 1937 et 1957, à inventer ce synthétiseur comprenant des disques de verre en rotation. La synthèse est basée sur la lecture optique de formes dessinées sur ces disques. Des sonorités et des harmonies d'une grande richesse sont obtenues grâce à la division de l'octave en 72 parties. L'inventeur appela son invention ANS, d'après les initiales du compositeur Alexandre Nikolaïevitch Scriabine.

• 2 - Raoul Hausmann, « Optophonétique », *revue MA*, animée par Lászlo Kassak et Lászlo Moholy-Nagy, Vienne et Budapest, 1922, in *Poésie sonore internationale*, sous la direction de Henri Chopin, Paris, Jean-Michel Place, 1979, p. 52.

• 3 - *Ibid.*

fait justement remarquer combien ce mode de recherche des degrés de liberté offerts par les machines qui aboutit à des méthodes comme le sillon fermé ou le son à l'envers « n'est pas sans évoquer les techniques les plus récentes de la musique techno[4] ». L'expression « musique concrète » implique l'enregistrement puis la manipulation de sons préexistants, empruntés à un matériau sonore, quel qu'il soit, y compris la voix. La transformation des sons apparaît dès les premiers mois de travail et le 21 avril 1948, Schaeffer écrit dans son journal :

> Si j'ampute les sons de leur attaque, j'obtiens un son différent ; d'autre part, si je compense la chute d'intensité, grâce au potentiomètre, j'obtiens un son filé dont je déplace le souffle à volonté[5].

La première rencontre de la musique concrète de Pierre Schaeffer avec la voix a lieu dès 1948 dans l'*Etude aux casseroles.* L'incorporation d'éléments vocaux tentait le musicien depuis longtemps, mais il ne disposait ni d'acteur, ni de chanteur. Un disque où l'on entend la voix de Sacha Guitry et mis au rebut à la suite d'un incident d'enregistrement lui servira de matériau de base. Le compositeur précise :

> Il y a toujours de vieux disques abandonnés qui traînent dans un studio. Celui qui me tombe sous la main contient la précieuse voix de Sacha Guitry. « Sur tes lèvres, sur tes lèvres... » dit Sacha Guitry. Mais l'enregistrement a été interrompu par la toux de la scripte, ce qui explique que le disque a été mis au rebut[6].

Après une courte exposition confiée à une puis deux boîtes roulantes, un thème plus lent laisse apparaître un motif rythmique qui sera entendu jusqu'à la fin. Les éléments vocaux interviennent ensuite. Après un crescendo dans lequel interviennent des éléments de musique tonale enregistrée puis un diminuendo, la conclusion est confiée à nouveau à une boîte roulante. Dans cette première œuvre de Schaeffer recourant à la voix, la seule transformation appliquée au matériau vocal est le découpage en fragments sonores parfois polysémiques ou asémantiques. Des effets comme la réverbération, le filtrage ou la rétrogradation temporelle ne sont pas utilisés. Par contre le procédé du sillon fermé rend certains fragments récurrents. Dans un article peu connu paru en 1953 dans la revue médicale *La voix*, Pierre Schaeffer affirme que la grande nouveauté de la musique concrète

> consiste, au lieu de concevoir la musique dans l'abstrait en vue d'une réalisation instrumentale, à la concevoir dans le concret, à partir d'échantillons sonores quelconques qu'on assemble ensuite après enregistrement. Une construction sonore se développe

---

• 4 - Marc Battier, « Laboratoires », in *Musiques, une encyclopédie pour le XXIe siècle*, sous la direction de Jean-Jacques Nattiez, volume 1, *op. cit.*, p. 558-574.

• 5 - Pierre Schaeffer, *A la recherche d'une musique concrète*, Paris, Seuil, 1952, p. 15.

• 6 - *Ibid.*

> du concret à l'abstrait ou, plus exactement, des échantillons de sons bruts au montage des sons élaborés, par les procédés de superposition et de mélange[7].

Et le compositeur ajoute ensuite :

> [...] cette méthode s'applique aux matériaux vocaux dont il est possible de tirer des objets sonores d'autant plus extraordinaires que leur provenance humaine est à la fois sous-jacente et lointaine[8].

L'année suivante, en 1949, Pierre Schaeffer associe le jeune compositeur Pierre Henry, nouvellement admis dans le studio, au projet de la *Symphonie pour un homme seul* dont la première audition aura lieu le 18 mars 1950 à l'Ecole Normale de Musique de Paris. Cinq ans plus tard, chorégraphiée par Maurice Béjart, l'œuvre s'installe avec fracas au répertoire de la musique contemporaine. Les éléments concrets sont enregistrés sur disques souples puis transformés par montage sur six tourne-disques dont la vitesse et le sens de rotation sont modifiables. La réverbération mécanique est également utilisée. Les difficultés et l'inconfort techniques ne découragent pas les deux compositeurs et le travail accompli est considérable. Les manipulations sur les disques doivent être répétées un grand nombre de fois et le réglage des appareils s'avère délicat. Mais les musiciens ne sont pas les seuls à s'intéresser à la voix manipulée par des appareils électroniques.

La poésie sonore ou la voix du poète

En partie héritière du Futurisme, de Dada, du Surréalisme et du Lettrisme d'Isidore Isou, la poésie sonore d'Henri Chopin n'a jamais constitué un groupe puisqu'elle se conçoit non par un style mais par les moyens technologiques employés. La violence verbale d'Antonin Artaud à la fin des années 1940 a également laissé des traces dans le style volontiers provocateur des poètes sonores. Invité par le directeur des émissions littéraires et dramatiques à écrire et dire un texte pour le *Théâtre de Minuit*, il enregistre *Pour en finir avec le jugement de Dieu* qui sera interdit de diffusion. Dans *L'Aurore* du 6 février 1948, un texte anonyme rapporte que :

> Antonin Artaud mêle, en effet, au cours de l'émission le blasphème à l'obscénité, le langage saccadé avec des cris désarticulés. On dirait, par moments, que le micro s'est déplacé à l'asile Sainte-Anne[9].

• 7 - Pierre Schaeffer, « La voix comme matériau musical », in *La voix*, Paris, Librairie Maloine, 1953, p. 64.

• 8 - *Ibid.*

• 9 - Anonyme, sans titre, chronique de *L'Aurore*, 6 février 1948, citée dans la notice du coffret de cinq disques *Futura, Poesia sonora*, CD, Milano, Cramps Records, CRSCD093, 1978, n. p.

Si le sens et les mots sont parfois crus ou absurdes, la voix du poète participe par son outrance à une « mise en sons » devançant la vocalité exaspérée des poètes sonores. Selon François-Bernard Mâche,

> les cris d'Antonin Artaud dans sa bouleversante émission de 1948 *Pour en finir avec le jugement de Dieu* ont donné une image saisissante [du] refus des limites humaines ordinaires[10].

Le même auteur ajoute qu'Antonin Artaud s'est attaché à « dépasser la parole en explorant le *no man's land* qui la sépare de la musique[11]. » Mais la poésie sonore ne peut être définie comme un courant artistique monolithique et d'une parfaite cohérence de style et chronologique. Les appellations des expérimentations centrées sur la lecture, le montage et la transformation de la poésie proférée à voix haute ne sont pas stables. Le champ esthétique de cette nouvelle vocalité poétique a donné naissance à différents noms : le « Lautgedicht », l'« art acoustique », l'« ultra-lettrisme » la « poésie électronique », la « text-sound composition », la « poésie phonétique », la « poésie action ». L'expression « poésie sonore » a fini par désigner le dénominateur commun de ces pratiques variées. De la même façon que jadis le poète avait su se plier aux exigences et profiter des qualités de l'écriture pour inventer un art différent de celui proposé par l'oralité, les poètes sonores découvrent la puissance expressive inhérente à l'enregistrement de la poésie. Cet enregistrement donne lieu alors, non pas à la simple fixation sonore de la poésie écrite, mais à l'émergence d'un nouvel art poétique essentiellement sonore.

Vers la fin des années 1950, Henri Chopin s'appuie sur les expériences des pionniers de la musique concrète et de Pierre Schaeffer en particulier. Il tente de « sortir la poésie de la page [pour] faire éclater l'écrit[12] ». Les potentialités des nouveaux moyens électroniques permettent alors de remettre en cause l'obligation pour la poésie de s'exprimer par l'écriture. Pour Henri Chopin, le

> poète n'a jamais été un littérateur (écriture et érudition...). Puisqu'il est aux avant-postes des dires et sons. Par définition, le poète malgré toutes les entraves, celles aussi des écritures, est libre et, s'il obéit parfois sans critique a un verbe déjà fixé, de lui-même il trahit l'exploration des langages. Il n'a pas à suivre la sévère sémantique – relation du signifiant au signifié –, encore qu'il ait à montrer ses protestations temporelles[13].

• 10 - François-Bernard Mâche, « Le cri et la clameur », in *La voix, maintenant et ailleurs*, notice de l'exposition « La voix, maintenant et ailleurs » de la Bibliothèque Publique d'Information du Centre Georges Pompidou en 1985, Paris, inédit, 1985, n. p.

• 11 - *Ibid.*

• 12 - Vincent Barras, « Poésie post-sonore : paysage fin de siècle », *Dissonance*, Association Suisse des Musiciens, n° 55, février 1998, p. 21.

• 13 - Henri Chopin, « Poésies sonores ou l'utopie gagne... », in *Musique : Texte, Les Cahiers de l'Ircam, Recherche et Musique*, n° 6, Paris, Ircam – Centre Georges Pompidou, 4ème trimestre 1994, p. 54.

Avec le recul nécessaire, des musicologues chercheront à préciser l'évolution de la poésie sonore. Par exemple, le Californien Larry Wendt définit des « quartiers vocaux » dont les limites restent floues malgré une identité fondée sur une « intégrité gestuelle ». Wendt qualifie même le monde de l'expérimentation sonore poétique depuis les années quatre-vingt de « post-sound poetry landscape[14] ». Si les musicologues se sont intéressés à l'univers de la poésie sonore, c'est parce que l'art d'un Henri Chopin, d'un Bernard Heidsieck, d'un Lars-Gunnar Bodin ou d'un Sten Hanson n'est pas très éloigné des préoccupations esthétiques de certains compositeurs.

Chemins parallèles et croisements

La poésie sonore et la musique concrète appartiennent à deux domaines différents : la littérature et la musique, le premier concerne les œuvres écrites appelées à être lues alors que le deuxième peut se définir comme l'art de combiner les sons et de les organiser dans le temps. A priori, rien ne rapproche l'univers de l'écrit du monde du sonore. Pourtant, une œuvre littéraire peut être lue à voix haute et une poésie prend appui sur le rythme de la prosodie et de la versification s'il y a lieu. La littérature orale, celle des poètes et des conteurs des cultures non écrites, ne se conçoit que dans l'instant où elle est émise par l'organe vocal du créateur, de l'improvisateur ou de l'interprète. Dans tous les cas, le texte poétique contient sa propre musique, même si elle demeure à l'état de projet dans le texte écrit, et les compositeurs le mettent volontiers en musique. Réciproquement, la musique possède son système d'écriture, avec son vocabulaire, sa grammaire et sa notation. Elle s'écoute et se lit également. Mais dans la seconde moitié du XIXe siècle, les techniques d'enregistrement du son ouvrent une nouvelle voie en transformant radicalement le rapport physique au déroulement inexorable du temps. Pour la première fois, les créateurs disposent d'une véritable écriture du son lui-même, quel qu'en soit le support.

Dans les arts contemporains, les frontières entre les disciplines sont ainsi devenues de plus en plus poreuses et ce phénomène est particulièrement caractéristique de la vocalité artificielle. Les technologies utilisées par la poésie sonore, le magnétophone et les moyens électroacoustiques, sont identiques à celles dont ont bénéficié les compositeurs. Les audio-poèmes d'Henri Chopin font entendre des sons dont l'origine n'est pas toujours déterminée, des sons qu'il serait possible de qualifier d'« acousmatiques[15] ». Par ailleurs, les *text-sounds* de Sten Hanson ou

---

• 14 - Larry Wendt, « Vocal Neighborhoods : A Walk through the Post-Sound Poetry Landscape », *Leonardo Music Journal*, Vol. 3, 1993, p. 65-71. Traduction de l'auteur.

• 15 - Pris au sens premier, en référence à la fameuse tenture que Pythagore plaçait entre lui et ses disciples : des sons dont il est impossible de déceler les causes.

de Bengt Emil Johnson s'apparentent à la musique électroacoustique par des manipulations sophistiquées et complexes du matériau vocal. De son côté, le poète Larry Wendt utilise les possibilités de l'informatique comme les musiciens. Un autre poète sonore, d'origine suisse cette fois, Bernard Heidsieck affirme :

> [...] en sortant du livre, la poésie est venue prendre possession d'un certain nombre de domaines ou de vecteurs, traditionnellement liés à la musique, tels que durée, espace, scène, vocabulaire, voix, technologie. Le paradoxe voulant, par ricochet, que cette dernière vienne maintenant, en sens inverse, puiser délibérément dans le territoire de la poésie sonore[16].

De l'aveu même de Bernard Heidsieck, la projection d'un poème par l'intermédiaire d'un dispositif électronique, en utilisant les mêmes paramètres que la musique, l'espace et la durée, se rapproche de la musique :

> A la frontière de la musique, donc parfois! Oui ! Sans doute ! Mais à la frontière seulement! A la frontière tout de même[17] !

Les collaborations avec les compositeurs sont nombreuses : l'ensemble de l'œuvre de Paul de Vree, quelques pièces de l'Anglais Bob Cobbing, de Brion Gysin et Chopin (avec Marc Battier et Kenneth Gaburo). Et, selon William Burroughs : « [...] la question est ouverte de savoir quelle démarcation établir entre musique et poésie [...][18] ». En réalité, dès avant la poésie sonore proprement dite, les poètes phonétistes ont souvent voulu rapprocher la poésie de la musique. Certains d'entre eux étaient musiciens ou se revendiquaient comme tels. En 1926, Michel Seuphor invente la « musique verbale » et quatre ans plus tard il accompagne la poésie phonétique avec le Russolophone de Luigi Russolo. William Burroughs continue en affirmant :

> [...] les démarcations qui séparent la musique de la poésie sont entièrement arbitraires, et la poésie sonore est exactement conçue dans le but de briser ces catégories, afin de libérer la poésie de la page imprimée, sans, de façon dogmatique, éliminer la commodité de la page imprimée, [...]. En utilisant les facilités techniques qui s'étendent de plus en plus, la poésie sonore sait créer des effets qui jamais n'ont été produits auparavant, ouvrant ainsi une frontière nouvelle aux poètes[19].

Comment un tel rapprochement peut-il être envisagé ? Les outils utilisés par les poètes sonores et les compositeurs sont à prendre en considération. Dans ses

---

• 16 - Bernard Heidsieck, « Poésie action, poésie sonore », *Revue d'esthétique*, nouvelle série, n° 4, 1980, p. 139-148.

• 17 - *Ibid.*, p. 142.

• 18 - William Burroughs, « An introductory text for Henri Chopin's book on "Poésie Sonore" », traduction de l'anglais par Jean Chopin, in *Poésie sonore internationale*, *op. cit.*, p. 9.

• 19 - *Ibid.*

audio-poèmes, Henri Chopin utilise le magnétophone en provoquant de nombreuses superpositions et en manipulant la vitesse de défilement de la bande. Il n'était certes pas le premier poète à utiliser le magnétophone, mais il fut le premier à en développer les nombreuses possibilités et à les théoriser. Il devint le premier éditeur régulier de poésie sonore sur disque avec la revue *OU*. Pendant que Chopin s'intéresse à la poésie fixée sur support sonore, Pierre Schaeffer, quant à lui, travaille à la RTF (Radio Télévision Française) sur des objets sonores enregistrés. Mais il n'y eut jamais de collaboration entre les deux hommes. Chopin regarda toujours d'un œil critique l'idée de Schaeffer d'objectiver les sons concrets, y compris la voix en la transformant en timbres utilisables dans une structure musicale abstraite. Pourtant, il aura l'occasion de travailler en studio dans les années 1970 et mettra parfois en œuvre une spatialisation des sources sonores grâce aux magnétophones multipistes.

Paradoxalement, l'art des sons fixés, comme la poésie sonore, se rapproche également d'une culture orale puisque, si l'enregistrement fige le son selon une écriture analogique ou numérique, il n'est pas lisible au sens de l'écriture de la parole. L'auditeur ne peut qu'entendre la restitution du son par la machine, contrairement au lecteur reconstituant lui-même la parole, à voix haute ou intérieurement. Dans la musique électroacoustique ou dans la poésie sonore, l'enregistrement est donc à la fois similaire à l'écriture dans le sens où il inscrit un certain nombre de signes, des courbes analogiques au signal original ou plus tard des séries de nombres représentant des mesures chiffrées de cet original, et proche de la culture orale par la nécessité absolue de « faire lire » l'enregistrement au lieu de le lire. Au début de l'invention du courant de la poésie sonore par Henri Chopin, dans les années 1950 et 1960, aucun obstacle ne s'oppose à la rencontre fructueuse des poètes sonores et des musiciens, mais ce rapprochement tardera pourtant. Sten Hanson, poète sonore suédois, affirme que

> [c]'est plus tard que les rencontres poésie sonore et musique auront lieu, rassemblant les musiciens et les poètes, qui découvrent dans leurs échanges mutuels des impulsions sonores avantageuses pour la musique, et pour la poésie. Mais ceci est un développement postérieur aux années soixante-dix[20].

Si le compositeur s'intéresse à la voix comme instrument, le poète s'intéresse à la voix comme support du langage. Mais dès 1966-1967, Hugh Davies, travaillant au GRM (Groupe de Recherches Musicales) à la rédaction du Catalogue International de Musique Electronique, y inclut toutes les poésies sonores fixées sur bande magnétique. En effet, les équipements et les processus étaient semblables

---

• 20 - Sten Hanson, « Henri Chopin, poète sonore », traduction de l'anglais par Jean Chopin, in *Poésie sonore internationale*, *op. cit.*, p. 123.

et les studios souvent les mêmes. La radio suédoise et le Centre Fylkingen fondé en 1933 ont également été à l'origine de liens entre la poésie sonore et la musique électroacoustique. Autour du compositeur-poète Bengt Emil Johnson (pianiste, compositeur et producteur de radio, initiateur du *Text Sound Festival* en 1968), se réunirent notamment Sten Hanson (qui devint directeur du Centre) et Lars-Gunnar Bodin. Tous trois étaient musiciens. Johnson rencontra Chopin et Heidsieck à Paris en 1965. Lars-Gunnar Bodin s'est intéressé au jazz, aux arts plastiques et à la composition traditionnelle. Il fut un membre actif du groupe suédois à l'origine du festival Fylkingen durant la première moitié des années 1960 puis son président de 1969 à 1972. Depuis la fin des années soixante, à la suite de compositeurs comme le Norvégien Käre Kolberg qui compose *Plym-Plym* dès 1966, il travaille à des œuvres de musique électroacoustique et de *Text Sound*. En 1979, Bodin utilise les possibilités du magnétophone multipiste dans *Embart för Kerstin*. La bande huit pistes contient huit enregistrements d'une chanteuse en *re-recording* et cette même interprète ajoute encore sa voix à la bande pendant le concert. Une polyphonie est ainsi artificiellement obtenue. Plus précisément, une homorythmie en recto-tono forme une sorte de choral qui est alterné avec des fragments où les paroles deviennent de plus en plus incompréhensibles. La forme globale, proche du rondo, comprend ainsi un refrain de style choral alors que les couplets intercalés font entendre en commentaire une voix traitée par des échos, des réverbérations et des filtrages de plus en plus importants jusqu'à rendre la parole incompréhensible. Les techniques de manipulation participent ainsi à la cohérence formelle.

Sept ans plus tard, dans *On Speaking Terms II: Poem n° 4*, pièce écrite en 1986, Bodin met cette fois en œuvre un magnétophone 16 pistes. Selon le compositeur, la deuxième partie de cette œuvre, après 1'08" de texture sonore polyphonique réalisée par un dispositif harmoniseur, peut être décrite comme :

> [...] une sorte de micro-canon où toutes les couches du texte démarrent à partir du même point mais glissent progressivement en se séparant puisque chaque couche ou partie se déroule plus ou moins rapidement à cause de vitesses de lecture différentes de la bande originale. Les 16 pistes sont ensuite mixées ensemble selon les procédés habituels. Durant ce travail, je découvris cette méthode que j'ai ensuite utilisée plusieurs fois [...][21].

Le travail est proche de la composition musicale, comme dans beaucoup de pièces de poètes sonores. La distance entre poésie sonore et composition musicale devient souvent si ténue qu'en 1980, Bernard Heidsieck peut affirmer :

• 21 - Lars-Gunnar Bodin, notice du disque *The pioneers*, CD, Phono Svecia, PSCD 63, 1992, p. 8. Traduction de l'auteur.

Cessons de catégoriser!
De l'air! De l'air!
Des chemins parallèles n'excluent pas flirts, tendresses, violences et passions.
Musique? Poésie?
Un faux problème!
Par excellence... [...][22]

Quatre ans plus tard, en France, les pièces du compositeur Marc Battier rassemblées dans le disque *Transparence*[23] illustrent cette absence de frontière étanche entre les territoires de la poésie sonore et celui de la musique informatique. Pendant l'hiver 1984, le poète sonore Henri Chopin fournit au compositeur l'enregistrement de deux audio-poèmes. En fait, quelques secondes de l'enregistrement de *La cavalcade échevelée* constituent le seul matériau de toutes les œuvres du disque qui en sont des métamorphoses, parfois extrêmes. L'ensemble du cycle rend hommage à la poésie sonore et à Henri Chopin. Toutes les manipulations de la voix du poète la « musicalisent » par l'intermédiaire de plusieurs programmes informatiques. Sans entrer dans une description technique des transformations de la voix, la richesse de ces procédés dépassent largement les possibilités d'un magnétophone. Les enregistrements originaux de la voix de Chopin ont d'abord été numérisés puis visualisés graphiquement grâce au logiciel Phonogramme de Vincent Lesbros. Les résonances de la voix ont été modifiées dans les GRM-Tools d'Hugues Vinet. Le programme Hyperprism de Georges Jaroslaw a facilité la manipulation des fragments sonores. Enfin, Soundhack de Tom Erbe a permis au compositeur de s'affranchir de l'échelle temporelle en la dilatant ou en la compressant. Pour Marc Battier,

> les poètes sonores veulent réinventer la poésie. Avec *Transparence*, j'ai voulu inventer la voix du poète sonore – comme une musique[24].

Si les musiciens ont depuis longtemps exploré les possibilités de la voix parlée, l'idée de redéployer musicalement la voix de la poésie sonore est particulièrement intéressante lorsqu'interviennent des dispositifs techniques sophistiqués, étrangers à ce genre poétique. Un élève d'Henri Pousseur, Jacques Bekaert, résume ainsi l'enjeu du redéploiement technologique et artistique de la parole :

> La préoccupation du langage n'est certes pas neuve chez le musicien. [...] Déjà la voix avait débordé le chant, s'était aventurée dans le parlé (héritier des récitatifs classiques), voire dans le cri et le bruit. Avec les possibilités de la bande magnétique le contrôle

• 22 - Bernard Heidsieck, *art. cit.*, p. 147.

• 23 - Marc Battier, *Transparence*, CD, Paris, Bondage, BRCD 9595, 1995.

• 24 - Marc Battier, sans titre, notice du disque *Transparence*, *op. cit.*, n. p., traduction de l'auteur.

atteint chaque élément, la précision devient proprement inouïe et le mot peut se disperser en composants multiples[25].

La mise en perspective des premiers témoignages littéraires enthousiastes ou inquiets, des inventions des ingénieurs et de leurs applications artistiques montre comment les techniques issues des progrès du savoir scientifique favorisent l'apparition et le développement de nouvelles formes de création artistique. La vocalité est particulièrement exemplaire de ce mouvement inéluctable et cohérent malgré les chemins multiples et parfois paradoxaux explorés par le génie humain. En effet, la voix de la machine conserve, au moins fugitivement, un lien symbolique avec le vivant, inévitable et incontrôlable. La notion, même lorsqu'elle demeure abstraite, de la voix ne peut se justifier qu'en référence à la définition première du mot : l'ensemble des vibrations produites par les cordes vocales. La vocalité ne se conçoit que par son origine naturelle. Figure allégorique de l'humanité, métamorphose d'une grande richesse expressive, la vocalité artificielle est souvent mise à contribution par les compositeurs. S'insérant dans le matériau et l'écriture musicale par l'intermédiaire de procédés machiniques, elle contribue au renouvellement de la musique vocale des XXe et XXIe siècle.

• 25 - Jacques Bekaert, note écrite en 1976, in *Poésie sonore internationale*, *op. cit.*, p. 256.

Chapitre 4

L'analogique au-delà de Schaeffer

Des personnalités importantes, aussi bien dans le domaine scientifique que dans l'univers musical comme Pierre Schaeffer, sont souvent impliquées dans la recherche sur les outils comme dans la composition d'œuvres musicales d'une grande imagination. Bien entendu, le studio de Paris ne sera pas le seul à rassembler ces énergies dans des structures établies. Les années 1950 verront se développer les grands studios, mais le premier compositeur-scientifique à avoir véritablement voulu composer de la musique avec des sons en créant un studio spécialisé est Varèse. Dès 1915, Varèse, après avoir suivi des études d'ingénieur électroacousticien, recherche des sons inouïs et de nouveaux moyens techniques. Malheureusement, la crise de 1929 ne permet pas la réalisation de son projet de laboratoire de musique électroacoustique à la Bell Telephone Company. Malgré l'échec de cette tentative, il faut souligner les liens précieux pour l'avenir qui se sont tissés tout naturellement entre la téléphonie et la manipulation artistique de la voix artificielle. Révolutionnaire en considérant le timbre comme un phénomène en soi, en faisant du son un événement, sa pensée a précédé de trente ans les découvertes technologiques qui ont rendu plus aisée la manipulation des sons, principalement au sein des grands studios de radio. Cependant, la sirène des pompiers de New York témoigne dans *Ionisation* en 1929-1931 (comme les bruits d'usine dans la bande magnétique de *Déserts* au début des années 1950) de l'intégration du quotidien dans l'univers de Varèse. Une rencontre mérite d'être signalée lors de la première audition de *Déserts* le 8 décembre 1954 à la radio NDR de Hambourg. Pendant ce concert, le projectionniste de son n'est autre que le jeune Stockhausen. Les deux *Studien* de celui-ci ont été créées deux mois auparavant, et il se lance alors dans la composition de *Gesang der Jünglinge* qui représente une étape importante dans l'histoire de la vocalité artificielle. Mais Varèse n'en reste pas là. La séquence *La procession de Vergès* du film *Around and About Joan Miro* de Thomas Bouchard (1955) lui donne l'occasion d'expérimenter de nouveau la musique composée à partir de sons organisés.

Lorsque la firme Phillips demande à Le Corbusier de concevoir le pavillon de l'entreprise pour l'Exposition Universelle de Bruxelles de 1958, l'architecte insiste pour y faire entendre de la musique de Varèse. Malgré les réticences de Phillips devant un compositeur peu connu du grand public et à la musique difficile, Le Corbusier obtient la participation du musicien et Varèse peut, pour la première fois de sa carrière, composer sans contraintes financières ou techniques dans les laboratoires de la compagnie à Eindhoven avec l'aide des ingénieurs et des techniciens Phillips. A l'âge de 77 ans, le compositeur se lance dans l'aventure et l'exposition fera connaître son *Poème électronique* à des milliers de personnes. L'œuvre est entendue en alternance avec *Concret PH* de Xenakis sur les 450 haut-parleurs du pavillon. En même temps, des projections d'images, de tableaux, de photographies et de courts-métrages donnent naissance à l'un des premiers spectacles multimédias. *Poème électronique* comprend aussi bien des sons de percussions que des fragments vocaux et des sons purement électroniques. L'association des cloches, des voix et des sons synthétiques devancent prophétiquement les sons de *Mortuos Plango, Vivos Voco* composé par Jonathan Harvey une vingtaine d'année plus tard.

Stockhausen, le grand précurseur

En 1948, Werner Meyer-Eppler, alors au département de phonétique de l'Université de Bonn reçoit la visite d'Homer Dudley un chercheur en physique des Bell Telephone Laboratories du New-Jersey aux Etats-Unis. Ce dernier lui apporte un exemplaire d'une nouvelle machine appelée Vocoder dont le premier modèle datait de 1939 et qui réalise aussi bien l'analyse de la parole que sa synthèse[1] de façon à réduire la bande passante téléphonique. Un banc de dix filtres sépare différentes bandes de fréquence afin d'afficher graphiquement leurs niveaux d'énergie respectifs. Appliquée dans le temps, cette analyse dynamique met en évidence l'évolution du spectre du signal appliqué à l'entrée du Vocoder. A l'inverse, la synthèse reconstitue la parole par l'intermédiaire d'un générateur fournissant un signal de bruit dans la bande audible. Ce générateur délivre le signal d'excitation à un banc de filtres dont les caractéristiques dépendent de formes graphiques résultant de l'analyse précédente. Malgré une qualité sonore limitée et mieux adaptée à la parole qu'à la musique, Meyer-Eppler est vivement impressionné et fait entendre en 1949 des sons produits par le Vocoder à Detmold, en Rhénanie. De son côté, Robert Beyer, technicien de la Nordwestdeutscher Rundfunk, avait déjà étudié les applications musicales de l'électronique. En 1950, les deux scientifiques, Meyer-Eppler et Beyer, présentent aux cours de Darmstadt des conférences sur l'état de la recherche en synthèse de la parole pour le premier et sur la lutherie

• 1 - Contrairement au Voder présenté au World's Fair de New York également en 1939.

électronique pour le second. Egalement présent à Darmstadt cet été-là, le producteur de radio et compositeur Herbert Eimert s'enthousiasme et les trois hommes décident de s'associer afin de contribuer au développement d'une musique électronique. A l'automne de la même année, l'ingénieur Harold Bode livre un exemplaire de son melochord, un instrument électronique monophonique, à Meyer-Eppler alors à Bonn. En enregistrant des sons issus de cet instrument et en les superposant, Meyer-Eppler mène à bien quelques études de timbre, les *Klangmodelle*, et intervient aux cours de Darmstadt de l'été suivant, en 1951, sur les possibilités musicales des instruments électroniques. Pendant la même série de cours, Beyer propose une réflexion sur les rapports entre la musique et la technologie tandis que Eimert aborde les avancées de la lutherie électronique, à la marge de la musique. Schaeffer, présent à ces cours, ne se lancera pourtant pas dans un travail sur les sons électroniques. Les orientations des studios de Paris et de Cologne resteront divergentes.

La naissance du studio de la radio de Cologne est amorcée le 18 octobre 1951 par un document officialisant la constitution d'un groupe de travail formé par Fritz Enkel, de quelques-uns de ses assistants, de Eimert, Beyer et Meyer-Eppler. La direction est confiée à Eimert et le travail commence dès cet automne-là sur le projet de poursuivre les expériences de Meyer-Eppler. Stockhausen n'est encore qu'un jeune compositeur en formation. En 1952, il séjourne à Paris où il suit les cours d'analyse et d'esthétique de Messiaen et rencontre Darius Milhaud, enrichissant ainsi sa formation musicale. Il fréquente également le groupe de musique concrète de la RTF au Club d'Essai de la rue de l'Université dirigé par Pierre Schaeffer et y réalise *Etude*. Toujours en 1952, le compositeur italien Bruno Maderna, qui illustrera de façon magistrale la vocalité artificielle une dizaine d'années plus tard avec *Le rire* et *Invenzione su una voce*, collabore avec Meyer-Eppler à l'Institut de Phonétique de Bonn pour sa pièce *Musica su due Dimensioni* qui sera jouée en 1953 à Darmstadt en présence de Stockhausen. Quelques semaines auparavant, les compositions de Eimert et de ses collègues avaient été présentées dans la ville de Schaeffer, à Paris, dans le cadre du Festival de la Nouvelle Musique organisé par le Centre de Documentation de Musique Internationale en association avec la Nordwestdeutscher Rundfunk. Meyer-Eppler et la phonétique forment ainsi un lien de nature scientifique autour de la vocalité artificielle au début des années 1950 entre Stockhausen et Maderna. Par ailleurs, la musique concrète n'est pas inconnue de Stockhausen qui a travaillé dans le studio de Schaeffer. Mais le compositeur allemand se tourne rapidement vers une recherche[2] axée sur la

• 2 - Il réalise ses premières pièces à Cologne dans un studio d'enregistrement de la radio comprenant une table de mixage, un magnétophone quatre pistes, un filtre par octaves et deux magnétophones monophoniques. *Kontakte* sera ensuite réalisée dans un autre studio situé dans un bunker au sous-sol des locaux de la radio.

structure oscillatoire du son, c'est-à-dire vers la musique électronique (particulièrement vers la synthèse additive). De retour à Cologne en 1953, il compose *Studie I* pour sons sinusoïdaux, sa première œuvre de musique électronique, et cherche à améliorer la qualité et le nombre des machines[3]. Il succédera à Herbert Eimert comme directeur artistique du studio de Cologne en 1963[4] et le restera jusqu'en 1977. Vivement intéressé par les possibilités offertes par la voix dans le cadre d'une musique accueillant des sons artificiels, Stockhausen étudie la phonétique pendant deux ans à partir de 1954, la théorie de l'information et de la communication avec le professeur Werner Meyer-Eppler à l'Université de Bonn sans négliger pour autant les idées de la musique sérielle. Dans les années suivantes, des compositeurs comme Henri Pousseur, Herbert Brun, Franco Evangelisti, György Ligeti viendront travailler dans le studio.

Sous la direction de Meyer-Eppler, les chercheurs de Cologne ne délaissent cependant pas la phonétique. Ils s'intéressent à la synthèse formantique et à l'intégration de la voix naturelle aux sources sonores purement électroniques, mais les technologies disponibles sont encore très frustres[5]. Un procédé électronique simple comme la modulation en anneau permet cependant de marier avec musicalité le son modifié de la voix naturelle et des sons électroniques. En 1965, Karlheinz Stockhausen transforme en direct les quatre pupitres du chœur de *Mikrophonie II* par un procédé de modulation en anneau. Le chœur comprend six soprani et six basses et est assis dos au public. Quatre microphones captent chacun trois voix. Les microphones sont reliés aux quatre modulateurs à anneau. Un orgue Hammond est connecté à la seconde entrée des modulateurs de façon à ce que le timbre de l'orgue modifie considérablement les sons vocaux. Lorsque l'organiste ne joue pas, les voix restent naturelles. Les sons résultants sont mixés avec les sons originaux avant d'être dirigés vers les haut-parleurs. Grâce aux quatre modulateurs, il existe un grand nombre de possibilités de transitions entre les sons réels et les sons transformés, permettant ainsi une grande richesse dans la confrontation et le mélange entre sons naturels et artificiels. Les voix sont ainsi modifiées à tel point qu'elles deviennent pour le compositeur un son

---

• 3 - En 1958, il réussit à obtenir une machine Springer, un magnétophone qui permet de faire varier indépendamment la hauteur et les durées.

• 4 - Koenig partira un peu plus tard pour Utrecht dans la structure qui deviendra l'Institut de Sonologie en 1967.

• 5 - Lorsque Stockhausen laissera de nouveau la direction du studio de Cologne à Eimert, celui-ci reconfigurera l'ensemble des moyens matériels dans deux pièces, l'une équipée de machines dédiées à la synthèse et aux traitements du son, l'autre consacrée à l'enregistrement de haute qualité. Ainsi, la disposition du studio reconnaissait la complémentarité et la mutualisation de la musique électronique et de la musique concrète.

surréel [...], plus que surréaliste, c'est-à-dire, ça dépasse ce qu'on connaît et ça lie les sons connus avec les sons inconnus [...][6].

L'année suivante, en résidence au Studio for Electronic Music de la radio japonaise NHK, Stockhausen mélange diverses musiques traditionnelles du monde entier, du théâtre Nô à l'enregistrement d'une fête de village en Espagne, ainsi que des sons sinusoïdaux pour composer *Telemusik*. L'ensemble des matériaux est traité par des filtres fixes et variables, un modulateur d'amplitude et deux modulateurs en anneau. Lorsque le son est modulé par un signal sinusoïdal de basse fréquence (entre 20 Hz et 40 Hz environ), le résultat possède une très forte rugosité. Les multiples traitements appliqués aux sources sonores rapprochent la sonorité de l'ensemble des sons synthétiques. *Telemusik* est ainsi devenu l'origine d'un nouveau développement dans la recherche timbrique. Le concept de collage devient une « métamusique », symbiose d'éléments sonores extrêmement différents[7]. Stockhausen a montré très tôt (dès 1955) son intérêt pour la fusion entre nature et synthèse. L'idée de l'unification des sons d'origine vocale, naturels donc concrets, avec les sons produits électroniquement est le point de départ de *Gesang der Jünglinge.* Dans le projet du compositeur, l'alliance devait apparaître complètement naturelle. Avec l'aide de Koenig, les sons électroniques se confondent avec les textures vocales, ce processus étant favorisé par la convergence relative de la voix naturelle avec les sons synthétiques utilisés. En effet, les voyelles sont peu différentes de sons sinusoïdaux superposés, et les consonnes se rapprochent de bandes de bruit filtré. Selon le compositeur,

> [...] dans *Gesang der Jünglinge*, pour la première fois on comprend que musique vocale et musique électronique ont une unité. Alors on peut passer de l'une à l'autre et beaucoup de fois on ne sait pas où on est. On est confondu [sic] si c'est encore vocal ou si c'est déjà artificiel [...][8].

A certains moments de la composition, les sons vocaux restent parfaitement compréhensibles tandis que dans d'autres parties, leur valeur est purement sonore. Les possibilités de compréhension balaient toutes les valeurs possibles entre ces deux extrêmes. Ainsi, dans *Gesang der Jünglinge*, les sons chantés fusionnent avec les sons produits électroniquement dans un continuum sonore. De façon à obtenir la plus grande homogénéité possible, tous les sons vocaux (syllabes, mots et groupes

---

• 6 - Karlheinz Stockhausen, *Les chemins de la Musique, 50 ans de création au studio de musique électronique de Cologne*, interview en français par Evelyne Gayou et Philippe Langlois, émission de la radio France-Culture, rediffusion du 17 mars au 21 mars 2003, transcription de l'auteur.

• 7 - Beaucoup plus tard, en 1994-1996, Christian Zanési rendra hommage au compositeur allemand dans *Les mots de Stockhausen* en détournant musicalement une interview trouvée par hasard dans les archives de l'INA.

• 8 - Karlheinz Stockhausen, *loc. cit.*

de mots) sont enregistrés sur bande par un garçon de douze ans. Celui-ci reproduit en fait un modèle donné par le compositeur par l'intermédiaire d'un casque. Aucune modification de timbre par filtrage ou modulation n'est effectuée après l'enregistrement. Seules les durées et les hauteurs sont parfois légèrement retouchées.

Les voyelles du texte tiré du *Livre de Daniel* varient de la plus sombre [u] à la plus claire [i], tandis que les consonnes sont puisées dans un réservoir comprenant les consonnes de [x] à [s]. De plus, pour la première fois, le musicien conçoit véritablement la direction et le mouvement des sons dans l'espace comme partie intégrante de l'œuvre. Plusieurs versions sont réalisées selon les circonstances de diffusion. Si une version monophonique est mixée en 1956 pour la radio, Stockhausen considère la version pour cinq canaux comme la référence permettant la mise en espace des sons. Cette répartition spatiale du son correspond à une fonction structurelle et non à une simple extension des paramètres de la perception. La direction du son et son mouvement influencent la forme de l'œuvre.

> En incorporant un contrôle de la position dans l'espace, il aura été possible pour la première fois de démontrer esthétiquement l'application universelle de ma technique sérielle intégrale[9].

Un mot peut être coupé en deux et intégrer un son électronique. La volonté affichée par le compositeur est de laisser émerger la voix de la composition. Les transitions sont fluides, la musique peut être proche de la voix et réciproquement. Plus largement, Stockhausen, par l'exploration des possibilités de la voix humaine, retourne aux sources les plus secrètes du mystère poétique et du mysticisme. Pour le compositeur,

> Il ne faut pas oublier que les deux années du travail de réalisation de 1954 à 1956 furent un moment unique de louanges et de jubilation vers Dieu, et que j'étais moi-même un « novice dans une fournaise ardente »[10].

Gesang der Jünglinge, qui unit étroitement les sons vocaux concrets et les sons d'origine synthétique, est caractéristique, comme les recherches de Luciano Berio au studio de Milan, de la volonté de dépassement des cloisonnements entre les grands courants musicaux. Les évolutions techniques ne sont sans doute pas étrangères au développement de la musique mixte. L'utilisation à la fois de sons concrets, mais filtrés et transformés, et de sons synthétiques, mais se rapprochant acoustiquement de sons naturels, ne pouvait que réconcilier à terme les musiciens de la musique concrète et ceux de la musique électronique.

• 9 - Karheinz Stockhausen, *Gesang der Jünglinge*, texte du programme pour la première mondiale de *Gesang der Jünglinge* à la radio de Cologne le 30 mai 1956, cité dans la notice du disque *Stockhausen complete edition 3*, CD, Stockhausen Verlag, Kürten, Allemagne, 1996, p. 54. Traduction de l'auteur,

• 10 - *Ibid*, p. 73.

Milan et le studio de phonologie

Très rapidement, les compositeurs ont voulu s'exprimer sans reconnaître de frontière entre la musique concrète du studio de Paris, dont les sons étaient d'origine naturelle, et la musique électronique des débuts du studio de Cologne, aux sons synthétiques. En 1955, la radio RAI installe un important studio à Milan avec Luciano Berio et Bruno Maderna comme directeurs. Ce laboratoire sera un lieu important de cette mixité. Mais les compositeurs italiens Berio, Maderna et Luigi Nono ne sont pas les seuls à venir travailler à Milan. André Boucourechliev (*Etude I*, 1956 et *Texte I*, 1958), Henri Pousseur (*Scambi*, 1957) et John Cage (*Fontana Mix*, 1958-1959) fréquentent également le studio. Si la configuration matérielle est nettement influencée par celle du studio de Cologne, les compositeurs italiens s'orientent davantage vers l'étude de la perception des sons que vers des travaux portant sur leurs modes de production, électroniques ou naturels. Les machines installées ou conçues par l'ingénieur Alfredo Lietti sont particulièrement performantes, mais l'enjeu principal s'éloigne de choix purement techniques et s'oriente musicalement vers une approche empreinte d'une grande liberté, sans naïveté ni dogmatisme. Dans ce contexte, la parole devient un centre d'intérêt important pour les compositeurs travaillant à Milan qui tentent d'établir un lien entre la parole intelligible et les phonèmes traités jusqu'à devenir des sons proches du monde de la musique électronique. Ainsi, l'univers naturel rejoint les sons artificiels et l'exploration timbrique embrasse des horizons immenses entre parole et instrument, entre nature et artifice.

En 1958, *Thema, omaggio a Joyce* de Luciano Berio est l'une des premières compositions électroacoustiques dans lesquelles un texte littéraire (l'*Ulysse* de Joyce) est traité comme un matériau musical à base de phonèmes. Entièrement construite sur la manipulation de la parole, l'œuvre a été composée au Studio di fonologia de la radio de Milan. Trois ans plus tard, en 1961 et toujours à Milan, Berio compose *Visage* qui est, selon le compositeur, une bande sonore prévue pour un drame radiophonique qui n'a jamais été écrit. La voix est, comme pour *Thema, omaggio a Joyce*, celle de Cathy Berberian. La pièce est construite sur des gestes vocaux très proches de ceux qui sont entendus dans les œuvres non-électroacoustiques des années 1960 comme *Stripsody* pour voix seule que Cathy Berberian composera et enregistrera quelques années plus tard en 1966. Les rires, les cris, les pleurs et les râles constituent quelques exemples des moyens utilisés par les compositeurs de ces années-là pendant lesquelles l'expérimentation de nouvelles formes de vocalités se développe aussi bien dans les œuvres électroacoustiques que dans celles qui possèdent un effectif plus traditionnel. La voix profère également des onomatopées et quelques mots comme le symbolique « parole » en italien qui ponctue pour la première fois le propos musical à 3'40 du début de l'œuvre, émergeant d'une texture souvent peu dense, presque fantomatique. Le matériau électronique qui dialogue avec la voix et prolonge ses résonances dans une projection onirique, puis devient de plus en plus prégnant jusqu'à absorber la matière vocale à la fin de la pièce, consiste en des flux sonores de signaux de bruit filtrés.

Proche de Berio par ses relations avec le Studio di fonologia de la radio RAI de Milan, Bruno Maderna s'est intéressé lui aussi aux possibilités expressives de la voix primordiale, de l'infra-langage. *Le rire* est une pièce pour bande seule composée dans le studio de Milan en 1962 à partir de l'enregistrement d'un rieur. Les transformations appliquées à ce document sonore original, notamment la durée très courte des fragments qui en sont extraits, éloignent l'œuvre du comique suggéré par le titre. « Rire aux éclats » provoque la rupture des mécanismes de contrôle de soi. Le maintien corporel ne correspond plus aux codes de bienséance et déborde les règles de civilité. Le rire annihile les comportements issus de l'éducation, met à nu les réflexes archaïques et dévoile les dimensions profondes de la personnalité du rieur. *Invenzione su una voce* pour bande seule du même compositeur fait également intervenir la voix transformée. Ecrite en 1960, elle comprend des phonèmes écrits par le poète Hans G. Helms, poète structuraliste rencontré à la fin des années 1950 à Cologne. L'œuvre se développe pendant 16 minutes sur des phonèmes asémantiques qui ne constituent pas un texte narratif, mais des éléments séparés permettant à Maderna de construire des gestes musicaux. *Invenzione su una voce* est créée à la Biennale de Venise en 1964, mais est proche de l'esprit du *Hörspiel* radiophonique. Bien que toute signification soit absente des phonèmes, leurs multiples proférations constituent autant de gestes rhétoriques. Selon Konrad Boehmer, l'auteur de la notice accompagnant l'enregistrement,

> [...] la pièce est composée selon une technique libre que Maderna a souvent utilisée dans ses pièces électroacoustiques[11].

Ainsi, l'œuvre se déploie sans plan strictement préconçu, comme la plupart des œuvres électroacoustiques du compositeur. Celui-ci procédait d'abord à l'écoute attentive du matériau sonore disponible avant de l'intégrer dans la texture musicale en s'appuyant sur des décisions intuitives.

Multiplication des expérimentations en studio

Avec les facilités apportées par les progrès de l'électronique dans les années 1960, d'autres studios, en-dehors de ceux de Paris, de Cologne et de Milan deviennent de plus en plus actifs. En 1958, Pierre Henry quitte le studio de Pierre

---

• 11 - Konrad Boehmer, notice du disque *Berio/Maderna*, Acousmatrix 7, CD, BV HAAST, CD 9109, 1991, n. p., traduction de l'auteur.

Schaeffer où il fut l'un des premiers à utiliser le magnétophone à bande en 1951[12] dans *Antiphonie* pour fonder à Paris son propre studio privé : le studio Apsome. Toujours très prolifique, le compositeur ne créera pas moins d'une cinquantaine de pièces dans la première décennie de l'existence de ce nouveau studio avec lequel il accède à une précieuse indépendance. En dehors des œuvres composées pour les concerts, des musiques de film, des musiques de scène pour le théâtre et des musiques de ballet voient le jour. En 1967, Pierre Henry compose sa *Messe de Liverpool* dans laquelle la déconstruction du texte en fragments syllabiques, tout en conservant les consonnes, enrichit rythmiquement la musicalisation de la voix par traitement électronique. L'éclatement du flux verbal en fragments non-sémantiques dans le *Kyrie* évoque la douleur de l'imploration à Jésus. La voix se met au service de la dramatisation, non par la compréhension des paroles, mais par la pulvérisation et le télescopage des phonèmes et des consonnes dans des suites de syllabes dépouillées du sens des mots auxquels ces dernières appartenaient. Un an plus tard, le catholicisme du compositeur lui inspire une nouvelle œuvre, mais non liturgique cette fois, l'*Apocalypse de Jean*. De la même façon que les figures du Moyen Âge interprètent librement les personnages par des formes et des couleurs, par un style souvent original, Pierre Henry évite le réalisme trop direct. Ici, le style musical répond à l'esthétique naïve des images.

Le style d'Henri Pousseur est très différent. D'abord influencé par le sérialisme d'Anton Webern, Pousseur s'est très vite intéressé à la musique électronique et aux expérimentations de la forme ouverte. Son parcours à travers les studios européens montre combien le nombre des studios s'accroît considérablement à partir de la fin des années 1950. Pousseur commence en 1954 une collaboration avec Stockhausen au sein du studio de la radio WDR à Cologne. En 1957, il compose *Scambi*, une pièce entièrement électronique dans le studio de Milan. Même si *Scambi* ne fait pas intervenir la voix naturelle transformée ou simulée, il est remarquable de constater combien les textures sonores électroniques mises en jeu sont empreintes de vocalité. La forte structuration du flux sonore produite par les nombreux silences rapproche le propos musical d'une parole imaginaire à la diction d'abord hésitante puis de plus en plus labile jusqu'à se multiplier dans une polyphonie saturée. Les courts silences délimitent des fragments électroniques suggérant pour l'auditeur des mots ou des phonèmes qui s'insèrent dans une construction plus large quasi-syntaxique. La puissance expressive provient souvent de cette analogie inévitable entre l'espace musical et le champ du langage, mais ici, la ductilité sonore est à proprement parler vocale et rejoint à l'évidence la vocalité artificielle au sens de ce qui apparaît comme vocal dans une musique

• 12 - Cet appareil est arrivé au Studio d'Essai de Pierre Schaeffer en octobre 1950. Pour obtenir une qualité sonore satisfaisante, la vitesse de défilement de la bande était de 76 cm/s.

machinique. Le premier caractère revient ensuite en repliant la forme en arche sur elle-même. L'année suivante, en 1958, il crée le studio APELAC à Bruxelles dans lequel il compose l'une de ses œuvres majeures : *Trois visages de Liège* (1961). Cette œuvre, réalisée quatre ans après *Scambi*, prolonge en l'amplifiant le travail sur le timbre tout en conservant une parenté avec la musique issue du studio de Cologne. Quelques poèmes de Jean Séaux qui reflètent la vie dans la cité industrielle de Liège sont mis à contribution, rejoignant les préoccupations de nombreux artistes concernés par la modernité, d'Apollinaire, à Fernand Léger, Arthur Honegger ou Walter Ruttmann. Les autres matériaux sont électroniques et proviennent de signaux de bruit filtrés, de modulations en anneau ou en amplitude. Mais les transformations de la voix restent de simples collages ou une réverbération ajoutée sans détruire la compréhension du texte. L'intérêt que Pousseur a porté au texte et à la voix ne s'est jamais démenti et sa coopération avec l'écrivain Michel Butor depuis les années 1960 en témoigne. En réalité, cette collaboration a été extrêmement fructueuse dès l'opéra *Votre Faust* (1961-1967) resté célèbre par le vote du public déterminant la suite du déroulement de l'intrigue, mais cette œuvre ne fait pas entendre de vocalité artificielle. Pousseur fonde ensuite un centre orienté vers la musique électroacoustique : le Centre de Recherches et de Formation Musicales de Wallonie à Liège en 1970 avec Pierre Bartholomée. Deux ans plus tard, en 1972, Pousseur retourne au studio de Cologne pour la composition de ses *Huit Etudes Paraboliques*. Les studios dans lesquels le répertoire de la vocalité artificielle s'enrichit ne sont donc pas voués à un seul style musical. Dès le départ, elle est présente aussi bien dans le studio de Paris que dans le studio de Cologne. En leurs seins, les orientations souvent opposées des compositeurs qui s'intéressent à ces possibilités musicales montrent combien le concept de voix machinique n'est pas lié à un courant esthétique, mais innerve tout l'espace de la création faisant appel aux technologies, des premières machines mécaniques aux procédés électriques et magnétiques analogiques jusqu'aux dispositifs numériques.

Ainsi, la modernité sans cesse invoquée depuis la fin du XIXe siècle prend ses racines dans la révolution industrielle suscitée par les progrès scientifiques autorisant la maîtrise de l'énergie puis de l'information. La force est domestiquée par les machines, mais très rapidement des outils comme le phonographe et le téléphone permettent la mémorisation et la transmission d'un vecteur d'information : la voix. L'imprimerie avait depuis longtemps mécanisée l'écriture, mais la parole et le chant restaient encore éphémères, non-reproductibles et localisés. Les applications de l'électricité et du magnétisme vont encore accroître les possibilités de manipulation de la voix. Pourtant, la modernité ne se traduit pas seulement par de nouveaux produits manufacturés et par de nouvelles façons de les concevoir et de les produire. La manière de vivre et la société en sont bouleversées ainsi que les arts. De même que la maîtrise de la vitesse est à l'origine de l'art cinétique, l'apparition du phonographe stimule aussitôt l'imagination des poètes, les cinéastes se passionnent pour la sonorisation de leurs films. Le renouvellement des outils et des modèles a été fondateur d'une nouvelle vocalité. Depuis les pistes optiques du cinéma, les disques souples du studio de Schaeffer puis les premiers enregistrements sur magnétophones, les créateurs ont investi le champ de la voix machinique en renouvelant progressivement le genre de la musique vocale. Mais, dans un monde artistique en pleine évolution, l'irruption de l'électronique puis de l'informatique accélèrera encore les innovations en démocratisant petit à petit l'accès à des outils de plus en plus souples et polyvalents.

DEUXIÈME PARTIE

VERS LA DÉMATÉRIALISATION NUMÉRIQUE

Les machines analogiques autorisaient surtout des variations sonores autour de la fixation de la voix et de quelques traitements comme le filtrage et la modulation en anneau. Ce cadre étroit est brisé par les technologies numériques et l'ordinateur. Les progrès rapides de la science et de ses applications rendent théoriquement possibles toutes les manipulations que les compositeurs peuvent imaginer. Cette fois, les procédés de traitement du son ou de simulation irriguent presque sans limite la texture sonore. Les musiciens s'emparent de ces nouveaux outils en les suscitant parfois, souvent en les adaptant, mais en nourrissant toujours leur langage à la source de la science et en évitant, contrairement aux musiciens populaires, le collage d'effets spectaculaires sur un langage peu innovant.

Cette grande variété des techniques et des modèles nécessite une véritable réflexion sur leur typologie et leurs conséquences musicales. Il est tout d'abord important de sonder quelques classifications existantes et de mettre en perspective la notion de modèle. Une exploration approfondie des modèles utilisés dans le champ de la vocalité artificielle est également impératif. En effet, si la voix naturelle reste étrangère par essence à toute notion de facture instrumentale extérieure au corps, il est illusoire de nier la dimension technologique de la voix machinique dans les musiques électroacoustiques et informatiques. De la même façon il est impossible d'ignorer l'évolution de la lutherie traditionnelle, des modes de jeu, de l'instrumentation et de l'orchestration qui fondent d'autres styles musicaux. Au-delà de la compréhension de la lutherie électronique, il s'agit de décrire le passage de la technologie à la création et de découvrir les traces de son influence sur le style des œuvres musicales auxquelles elle participe.

Chapitre 1

La rencontre de la voix et de l'informatique

Des progrès technologiques fulgurants

Après l'invention de la diode par John A. Fleming en 1904 puis de la triode Audion par Lee de Forest en 1906, les progrès de l'électronique ont été rapides et se sont encore accélérés avec la découverte et la mise au point du tube électronique en 1925. Le procédé sera ensuite perfectionné par Emil Berliner et Gianni Bettini. Il permit d'amplifier le signal électrique avant la gravure ou après la lecture des déformations du sillon sur les cylindres. Surtout, la reproduction en grandes quantités des disques ouvrit ensuite la voie à l'industrialisation et à la massification d'un public potentiel. De leur côté, l'amplificateur électronique et la prémagnétisation à haute fréquence autorisèrent l'apparition de modèles commerciaux des magnétophones à bande. Il faudra attendre encore quelques années pour voir apparaître les premiers calculateurs électroniques. Inspirés des nombreuses machines à calculer imaginées dans le passé comme la machine à calcul de Wilhelm Schickard (1624) qui permettait l'addition, la soustraction et le calcul des logarithmes, la célèbre Pascaline de Blaise Pascal (1642), ou la machine de Wilhelm Gottfried Leibniz (1694), et des travaux des mathématiciens sur l'analyse, les débuts de l'informatique datent de la deuxième guerre mondiale. En 1943, un premier calculateur numérique électronique, l'ENIAC, est conçu, projet aussitôt amélioré par John Mauchly et John Eckert de 1943 à 1946. L'ENIAC est finalement mis en service en 1946 à l'université de Pennsylvanie à Philadelphie. D'une efficacité rapidement dépassée par ses successeurs, il lui fallait trois millièmes de secondes pour exécuter une multiplication et ne disposait que d'une mémoire de vingt nombres de dix chiffres. Ses 18 000 tubes électroniques dissipaient plusieurs dizaines de kilowatts en chaleur, il pesait des tonnes et occupait une surface de plusieurs dizaines de mètres carrés. En 1948, Norbert Wiener signe dans son ouvrage *Cybernetics : or control and Communication in the Animal and the*

Machine[1] l'acte de naissance de la cybernétique comme théorie du contrôle et de la communication en imaginant une machine qui fonctionne numériquement en base deux, utilise la rétroaction de la sortie sur l'entrée et est autonome dans l'application de règles logiques prédéfinies. La rencontre des possibilités offertes par l'électronique et la cybernétique devait donc cumuler leurs potentiels respectifs. Mais comme le reconnaît John von Neumann en 1951 dans son texte fondamental où il tente de modéliser le fonctionnement du cerveau comme une machine d'Alan Turing autoreproductible,

> [...] le tube à vide, tel que nous le connaissons, est gigantesque comparé à une cellule nerveuse. Son volume physique est environ un milliard de fois plus important et sa dissipation d'énergie, un milliard de fois plus grande[2].

Aux tubes ont succédé les circuits discrets munis de transistors à jonctions inventés par William Shockley en 1948 puis, en 1958, les circuits intégrés conçus par Jack Kilby. L'arrivée de calculateurs numériques véritablement utilisables incite bien évidemment les chercheurs à préférer une transcription numérique. Auparavant, le son était transposé en respectant l'analogie des enveloppes dans des domaines aussi variés que la mécanique (gravure dans la cire), magnétique (magnétophone), optique (piste son du cinéma, sonagramme) ou électrique (téléphone, amplificateur). Selon Joel Chadabe, qui écrivait en 1977 dans l'une des premières livraisons de la célèbre revue américaine *Computer Music Journal* encore active aujourd'hui, la musique informatique

> [...] est produite par un système d'éléments matériels et logiciels compris dans un ordinateur, mais peut aussi mettre en œuvre d'autres appareils de synthèse numérique ou analogique[3].

Reprenant le schéma classique de la boucle de rétroaction, Chadabe élabore un modèle théorique global de la génération sonore. Dans celui-ci, le compositeur contrôle le système numérique en prenant appui sur des références extérieures

---

• 1 - Norbert Wiener, *Cybernetics : or control and Communication in the Animal and the Machine*, in *Sciences cognitives, textes fondateurs (1943-1950)*, textes rassemblés et traduits par Aline Pélissier, présentés et annotés par Alain Tête, Paris, Presses Universitaires de France, 1995, p. 1-37. Edition originale en anglais : Cambridge, Massachusetts, The MIT Press, deuxième édition, 1961.

• 2 - John von Neumann, « La théorie générale et logique des automates », in *Sciences cognitives, textes fondateurs (1943-1950)*, textes rassemblés et traduits par Aline Pélissier, présentés et annotés par Alain Tête, *op. cit.*, p. 113. Edition originale en anglais sous le titre « The General and Logical Theory of Automata », in *Cerebral Mechanisms in Behavior : The Hixon Symposium*, New York, John Wiley and Sons, 1951.

• 3 - Joel Chadabe, « Some Reflections on the Nature of the Landscape within which Computer Music Systems are Designed », *Computer Music Journal*, volume 1, n° 3, 1977, p. 5. Traduction de l'auteur.

(sa culture musicale et les modèles qu'il a choisis d'utiliser). Ces éléments stimulent l'entrée de la section de calcul qui peut être représentée par un dipôle produisant lui-même une sortie dépendant des données présentes sur l'entrée. La sortie générée n'est autre que la musique ou le phénomène sonore résultant du processus, la musique étant un ensemble complexe et cohérent d'événements sonores ponctuels. Enfin, une boucle de rétroaction (*feedback loop*) permet au compositeur de comparer le résultat sonore avec son intention première, d'évaluer l'ensemble et de corriger les commandes appliquées au processus computationnel.

Document 1

Modèle de Joel Chadabe[4]

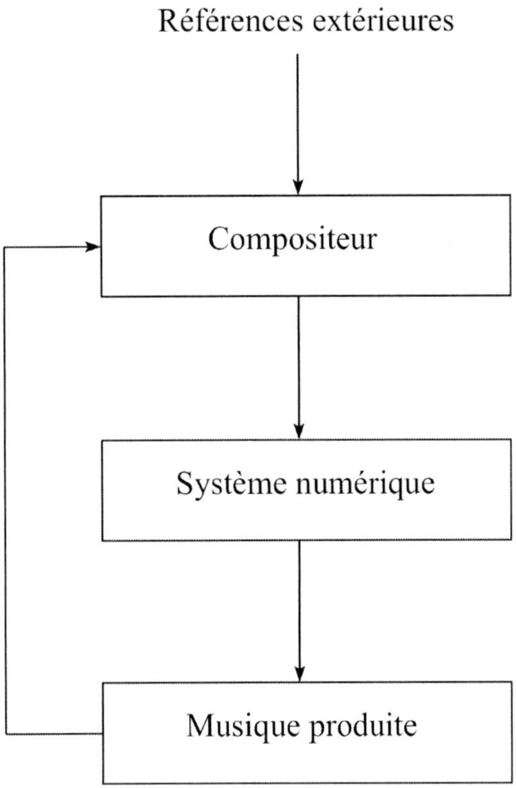

• 4 - D'après Joel Chadabe, *loc. cit.*

Comme le fait justement remarquer Chadabe, l'ordinateur peut être envisagé comme un simple interprète des décisions du compositeur. Le schéma traditionnel de la partition interprétée *a posteriori* est alors respecté, même si l'ordinateur étend considérablement les possibilités de l'interprétation en ce qui concerne le travail sur le timbre et la virtuosité. Par contre, une rétroaction rend le résultat dépendant d'un contrôle exercé par ce résultat lui-même. C'est ce qu'il est convenu d'appeler une boucle de rétroaction dans les montages électrotechniques et électroniques. L'ensemble peut fonctionner en temps réel comme avec le Radio-Baton de Max Mathews ou en temps différé comme dans les expériences de Lejaren Hiller dans les années 1950.

Une fois situé le cadre général de la musique par ordinateur, il convient de préciser le concept de numérisation nécessaire à l'informatique musicale, les ordinateurs ne travaillant qu'en base deux. La numérisation du signal acoustique consiste, à partir de sa représentation analogique sous forme électrique, à l'échantillonner puis à mesurer la valeur numérique de l'amplitude de chaque échantillon. Cette conversion réalisée, les ordinateurs peuvent effectuer n'importe quel calcul permettant, après un codage inverse, d'obtenir un signal acoustique différent de celui d'origine. Cette technique a d'abord été utilisée pour numériser les liaisons téléphoniques à haut débit entre les centraux téléphoniques sur des liaisons terrestres puis satellitaires. L'intérêt est de pouvoir régénérer le signal sans perte d'information et de le multiplexer temporellement et non plus spectralement, ce qui entraînait de graves inconvénients d'intermodulation et de coût industriel. De même, les applications musicales du son numérisé comportent un certain nombre d'avantages : les manipulations successives ne surajoutent pas de bruit de fond et les problèmes d'adaptation d'impédance entre les quadripôles sont abolis. Restent les limitations spécifiques à la numérisation : la discrétisation du signal, elle-même limitée en fréquence, entraîne des distorsions issues par exemple du bruit d'échantillonnage (approximation de la valeur de l'échantillon, nombre fini d'échantillons) et du *jitter*[5]. Ainsi, les difficultés ne proviennent pas seulement des limites des algorithmes mais surtout de l'interfaçage entre les domaines analogique et numérique réalisé au sein des convertisseurs analogique-digital et digital-analogique.

Si le principe de l'échantillonnage numérique du signal représente une révolution incontestable dans la marche en avant de la technologie après la deuxième guerre mondiale, d'autres voies sont tout de même explorées pendant la même période. Aboutissant à des applications restées confidentielles, elles n'en ont pas moins constitué d'intéressantes expérimentations. En 1948, le principe du sonagramme est appliqué par Schott afin de synthétiser la voix. Une source lumineuse

• 5 - Phénomène entraîné par l'instabilité en phase des horloges nécessaires à l'appareil.

en forme de barre parallèle à l'axe des fréquences traverse le sonagramme dessiné sur un support transparent. Elle est ensuite captée par une série de cellules photo-électriques placées derrière le sonagramme qui défile selon l'axe du temps devant l'ensemble source lumineuse et cellules photo-électriques. Les signaux électriques en sortie des cellules contrôlent un banc de filtres excités par un signal périodique complexe pour les sons voisés ou un signal de bruit pour les sons non-voisés.

Inspiré du dispositif de Schott, le *Voback* de Franklin S. Cooper, Pierre Delattre, Alvin M. Lieberman et J. M. Borst est mis au point en 1951 aux Haskins Laboratories[6]. Cette fois, le sonagramme est modifiable ou même dessinable entièrement à la main. Il permet le contrôle par tension de signaux envoyés dans un vocodeur comprenant 18 canaux. Deux paramètres supplémentaires sont également contrôlés : la proportion entre signal voisé et bruit d'une part, et la hauteur du son vocal produit d'autre part. L'analyse/synthèse ne cherche plus seulement à reproduire le son d'origine, mais elle intègre la transformation des sons et la synthèse s'effectue grâce à la sonification d'un dessin. Le *Voback*, ou *Pattern-playback*, utilise des reports photographiques de sonagrammes ou des sonagrammes simplifiés, dessinés à la main sur un support d'acétate de cellulose. L'intérêt d'un tel procédé est non seulement de produire ou de reproduire la voix, il est aussi dans le travail de recherche sur les caractéristiques de la voix rendu possible par la manipulation des éléments acoustiques représentés sur un sonagramme. Cooper et ses confrères purent ainsi étudier les phénomènes transitoires entre les phonèmes et élaborer de nouveaux concepts comme le diphone qui se construit par l'association d'une consonne et d'une voyelle. Instrument d'étude de la production et de la perception de la parole, le *Voback* ne pouvait prétendre à acquérir un rôle artistique.

Synthèse directe par ordinateur

Les premières tentatives pour synthétiser le son à partir des calculs informatiques remontent au milieu des années 1950. Pendant cette période, la division chargée de la recherche des Bell Telephone Laboratories commence à s'intéresser aux possibilités de transmission des conversations téléphoniques sous une forme numérique en échantillonnant puis en codant le signal de la parole. Des difficultés apparaissent aussitôt pour multiplexer plusieurs conversations numérisées sur une seule ligne et pour les démultiplexer à l'arrivée. Les technologies de multiplexages analogiques sur différentes bandes de fréquences sont maîtrisées à cette époque,

---

• 6 - Les Haskins Laboratories sont un institut de recherche privé fondé en 1935 par Caryl P. Haskins et dont les activités ont d'abord concerné la biologie de la voix. Il est situé à New Haven aux Etats-Unis comme l'université de Yale, célèbre pour les recherches de Leonard Bloomfield sur la linguistique.

mais leur équivalent digital suppose des calculs complexes que seul le développement de l'ordinateur comme outil industriel après la guerre permet d'envisager. Une fois encore, la téléphonie est un levier essentiel pour comprendre la vocalité artificielle. Si les premières découvertes du XIXe siècle concernant la transmission et la fixation de la voix donnèrent lieu très rapidement aux expériences d'Apollinaire, la naissance de la téléphonie numérique ouvre de nouvelles perspectives aux créateurs s'intéressant à la vocalité. C'est à partir de 1957 que Max Mathews[7] invente et développe la synthèse numérique basée sur le contrôle direct d'un système de haut-parleurs par un ordinateur à travers un convertisseur numérique/analogique. Pour la première fois, dans les Bell Telephone Laboratories, Mathews rend possible la synthèse directe par calcul numérique : l'ordinateur produit lui-même le signal sonore. Ses premières tentatives aboutissent à deux programmes expérimentaux : Music I en 1957 et Music II l'année suivante. Ces deux essais restent rudimentaires : Music I ne peut générer qu'un son à la fois et Music II est limité à quatre ondes triangulaires. L'ordinateur utilisé pour Music I, l'IBM 704[8], est un ordinateur à lampes peu performant qui se programme en assembleur. L'introduction des transistors à la fin des années 1950 révolutionne la technologie et les laboratoires Bell sont dotés d'un ordinateur à transistors, l'IBM 7094, en 1959. Cet ordinateur permet alors à Max Mathews de développer Music III (1960) qui marque le véritable début d'une synthèse directe utilisable par l'introduction du concept d'instrument modulaire. L'ouvrage[9] de Mathews sur Music V constitue une source précieuse pour les musicologues étudiant l'histoire de la musique informatique puisqu'elle est de première main. Le processus permettant la synthèse comprend d'une part la création d'un orchestre incluant plusieurs instruments, et d'autre part un éditeur de partition. Chaque instrument est appelé à produire un type particulier de sons qui sont également définis par la partition pour leurs durées, leurs intensités et leurs hauteurs. Le processus de calcul n'intervient qu'après la définition complète de tous les sons de façon à ce que le programme puisse « jouer » la partition.

En 1960, Music III permet la connexion de plusieurs modules logiciels simulant par exemple des oscillateurs, des multiplicateurs ou des mélangeurs par le transfert des valeurs d'échantillons. Aux laboratoires Bell, James Tenney qui mène des recherches sur la psychologie cognitive compose une première étude avec

---

• 7 - Né en 1926 à Columbus dans le Nebraska, on lui doit également des instruments numériques comme le « Violon » et l'interface gestuelle le Radio-Baton.

• 8 - Remington Rand commercialise le premier ordinateur du marché en 1951 et IBM lui emboîte le pas en 1953 avec le modèle 701.

• 9 - Max Mathews, *The Technology of Computer Music*, Cambridge, The MIT Press, 1969, 1974, 1977.

Music III : *Analog n° 1: Noise studio* à partir du filtrage de bruits blancs. A partir de Music IV en 1962, en association avec Joan Miller, deux types de signaux sont utilisés : les signaux audio sous forme d'échantillons et les signaux de contrôle. Le programme est encore écrit en assembleur, mais cette fois des universités vont l'implémenter sur leurs ordinateurs et lui apporter des modifications. Les quatre premières versions du programme ont été développées depuis les années 1950 dans les laboratoires de l'entreprise Bell par Mathews lui-même. Les variantes B et BF (1966-1967) ont pour auteurs Godfrey Winham et Hubert S. Howe qui travaillent à l'Université de Princeton. Barry L. Vercoe assure des développements ultérieurs (Music 360 et Music 11) au MIT tandis que Howe travaille à Music 7 également inspiré de Music IV au Queens College. De son côté, l'université de Stanford décline Music IV en Music 6 puis Music 10. Les machines et les langages pour lesquels ces programmes sont écrits deviennent rapidement inutilisables et entraînent leur disparition. Puis Mathews développe des programmes afin de rendre la méthode utilisable par des non-spécialistes, à la manière des orgues de barbarie, dans le but de populariser la synthèse numérique.

Dans les années qui suivent la mise au point de Music V par Max Mathews en 1967-1968, les centres de recherche ayant accès à des ordinateurs puissants et à des convertisseurs analogique/numérique et numérique/analogique le font évoluer dans différentes voies. Au CCRMA[10] de l'université de Stanford en Californie, se succèdent les descendants de Music V comme Music 10 écrit en 1975 par John Chowning et James Moore. Ces programmes introduisent des noms de variables, un nombre plus considérable d'instruments pré-programmés, un langage proche d'Algol, des fonctions utilisées comme enveloppes et un compilateur d'instrument, procédé plus rapide que l'interprétation. L'Ircam implémentera une version de Music 10 sur un PDP 10. A Princeton avec Paul Lansky, un autre technicien-compositeur essentiel de la vocalité artificielle, au MIT avec Barry Vercoe et à l'UCSD[11] avec Richard Moore, de nombreux descendants de Music V sont développés. Par ailleurs, Music 11 – descendant de la lignée Music IV B, Music IV BF et Music 360 – écrit en assembleur dès 1973 au MIT pour l'ordinateur PDP 11[12], permet d'élargir considérablement le nombre d'utilisateurs dans le monde.

Contrairement à un compositeur traditionnel qui a acquis une science des sonorités des instruments et des possibilités d'un orchestre, le compositeur qui utilise un ordinateur crée souvent des sons encore inconnus dans l'univers de la lutherie traditionnelle. La recherche des sonorités et des timbres ne peut donc se

---

• 10 - Center for Computer Research in Music and Acoustics.

• 11 - University of California San Diego.

• 12 - Une machine très répandue et économique.

faire que par essais et erreurs, or pendant très longtemps, les machines ne calculaient pas les sons en temps réel. Le compositeur ne pouvait pas entendre le résultat de l'ensemble des actions sur les différents paramètres physiques de la synthèse sonore. Il devait donc posséder les connaissances nécessaires en acoustique et en psychoacoustique de façon à prévoir le résultat sonore de ses modifications dans l'écriture des lignes de code informatique et avancer ainsi plus rapidement vers les effets perceptifs désirés. La difficulté aurait été amoindrie pour les sons proches des instruments traditionnels si ceux-ci avaient été facilement imités par l'ordinateur. Ce n'était pas le cas. Au départ, les compositeurs utilisèrent les sons générés directement par les calculateurs en manipulant leurs paramètres physiques comme la fréquence fondamentale, la forme d'onde, l'attaque et l'extinction de leur enveloppe d'amplitude dans une esthétique proche des sons produits par un orgue électronique. Grâce à une meilleure connaissance de la structure interne des sons et de leurs effets sur la perception acquise avec l'augmentation de la puissance de calcul des machines, les simulations des instruments traditionnels s'améliorèrent nettement. Les premiers résultats remarquables furent ceux de Mathews et Risset sur l'analyse des sons instrumentaux en 1969, de Bill Schottstaedt sur la simulation des instruments par une synthèse par modulation de fréquence utilisant un signal modulant complexe en 1977 et de Morrill pour la trompette la même année. Dès 1968, Jean-Claude Risset effectua une recension des exemples les plus significatifs des sons synthétisés par ordinateur, y compris ceux qui simulent des instruments traditionnels, dans un catalogue rassemblant les enregistrements de ces sons et les listings des données informatiques nécessaires. Ce catalogue constituait d'avantage une base pour de nouvelles explorations qu'une recension de modèles définitifs.

Malgré les avantages de la synthèse directe par ordinateur comme sa reproductibilité exacte grâce au standard de Music V et son ouverture illimitée vers des sons à inventer, beaucoup de compositeurs reculèrent devant les difficultés matérielles et conceptuelles de cette approche, en mettant en avant le caractère trop pauvre des sons obtenus. Le temps réel et la transformation de sons naturels leur ouvrirent d'autres horizons tout en faisant apparaître de nouveaux problèmes. Les successeurs de Music n seront écrits en langage C qui, structuré, procure de sensibles avantages pour les programmeurs[13] : CMusic, Csound et Cmix. En 1985, Richard Moore développe CMusic à l'université de Californie à San Diego en se basant sur Music V. L'année d'après, au MIT, c'est Barry Vercoe qui traduit Music 11 en C dans le célèbre Csound.

• 13 - Ce langage est apparu en 1972 dans le laboratoire Bell d'AT&T et permettra le développement du système d'exploitation Unix.

Le chant des processeurs

Alors que les programmes Music n de Mathews fonctionnent directement en calculant les sons dans le processeur central de la machine, de nombreuses recherches des années 1970 aboutissent à des dispositifs numériques utilisant le plus souvent des processeurs spécialisés pilotés par un ordinateur généraliste. Les centres de recherche sont très nombreux et seules les expériences menées autour de la vocalité artificielle seront décrites brièvement[14], mais sans atteindre à une exhaustivité rendue improbable par la multiplicité des dispositifs plus ou moins éphémères créés à l'époque et par leur utilisation souvent très marginale de la vocalité.

Entre 1976 et 1978, Giuseppe di Giugno met au point successivement quatre systèmes extrêmement performants pour l'époque, les machines 4A, 4B, 4C et 4X, cette dernière connaissant une construction en petite série. La 4A comporte 256 oscillateurs de signaux et d'enveloppes permettant la synthèse additive sous le contrôle d'un ordinateur PDP 11 assurant lui-même la génération de quatre formes d'ondes à la fois. David Wessel compose *Anthony* en 1977 sur la 4A. Les versions 4B et 4C étaient capables de travailler en modulation de fréquence à partir de 64 oscillateurs et de 32 générateurs d'enveloppes, la 4C étant contrôlée par un LSI 11 plus performant que le PDP 11. Le programme de contrôle, initialement écrit en assembleur, est remplacé en 1980 sur la 4C par le 4CED écrit par Curtis Abbott, mais l'interface reste encore textuelle. *Light* de Tod Machover est composé en 1979 sur les 4A et 4B. Enfin, la 4X révolutionne le monde de l'audionumérique en offrant 16 canaux simultanés de traitement du signal en temps réel. Un langage de programmation avancé intègre aussi bien des instruments similaires à ceux des programmes de la famille Music que des parties matérielles modulaires. *Répons* de Pierre Boulez, composée en 1981 et 1982 puis, *work in progress*, retouchée de nombreuses fois reste l'œuvre emblématique de la 4X. En 1991, *Neptune* de Philippe Manoury pour deux vibraphones MIDI, tam-tam, marimba et système électronique en temps réel est encore composée, comme *Jupiter* et *Pluton*, avec la 4X, puis cette dernière est abandonnée.

Même si la 4X est sans doute le système le plus performant de la fin des années 1970, le synthétiseur SSSP[15] de l'université de Toronto dans l'Ontario n'est pas dénué d'intérêt. Commencé en 1977, le projet s'est achevé prématurément en 1983 faute de moyens financiers suffisants. Le principe et la réalisation sont proches

• 14 - Par exemple, l'UPIC du CEMAMu (CEntre de Mathématique et Automatique Musicales) de Xenakis, qui se concentre sur une interface graphique innovante, n'a pas suscité d'application relative à la vocalité. La musique électroacoustique ou informatique du compositeur reste d'ailleurs éloignée de la problématique proprement vocale.

• 15 - *Structured Sound Synthesis Project.*

de la famille des 4A à 4X de l'Ircam. Le SSSP est un synthétiseur programmable comprenant 16 oscillateurs numériques contrôlés par un PDP 11. Quatre modes de synthèse sont possibles : *Voice*, *Bank*, *Frequency Modulation* et VOSIM[16]. Dans *Voice*, chaque oscillateur est considéré comme une voix polyphonique indépendante. *Bank* permet de mutualiser plusieurs oscillateurs pour enrichir le son d'une voix polyphonique, limitant ainsi le nombre de voix. Ce mode inclut la synthèse additive dans le cas où les oscillateurs délivrent des signaux sinusoïdaux qui deviennent autant de partiels du son présent à la sortie. Le mode *Frequency Modulation* met en jeu une modulation de fréquence qui respecte le principe décrit par John Chowning en appariant les oscillateurs en couple fréquence porteuse et fréquence modulante. VOSIM est une implémentation de la méthode de synthèse développée par Werner Kaegi et Stan Tempelaars à l'Institut de Sonologie d'Utrecht dans les années 1970 et qui permet de générer des sons ressemblant à des voyelles à partir d'un train d'impulsions contrôlé par un grand nombre de paramètres. Toutes les impulsions du train sont des signaux carrés possédant la même période. Chaque générateur VOSIM produit une fréquence fondamentale et un formant unique. Pour créer un son possédant plusieurs formants comme des voyelles, il faut donc mélanger les sorties d'autant de générateurs VOSIM. Selon Claude Fatus[17] qui a travaillé comme assistant de Kaegi à Utrecht, VOSIM a été utilisé dans *Consolations* (1982) et *Ritournelles* (1985) de Kaegi, et dans *Turbulences* (1983) de Fatus lui-même. En fait, le SSSP peut générer quatre canaux de cette synthèse vocale qui sont ensuite distribués sur 16 haut-parleurs par l'intermédiaire d'un dispositif externe. Contrairement aux autres systèmes de l'époque, l'interface de communication du SSSP peut consister en une série de bandes de matière plastique enroulées pouvant suivre les mouvements intuitifs de la main du manipulateur qui dispose également d'une interface graphique interactive et même d'une souris équivalente à celles des machines des années 1990. L'intérêt historique du SSSP réside surtout dans sa flexibilité comparable à celle de la 4X et dans son ensemble d'interfaces remarquables.

De son côté, MUSSE, longuement décrit par Johan Sundberg dans son article « Synthesis of singing by rule[18] » en 1989, est un synthétiseur formantique analogique contrôlé numériquement par un ordinateur. Initié en 1975 dans les laboratoires du KTH[19] à Stockholm par Björn Larsson à partir des acquis d'un système conçu pour la voix parlée, MUSSE se voit adjoindre trois ans plus tard

---

• 16 - *VOice SIMulation.*

• 17 - Claude Fatus, *Composition musicale en informatique*, Paris, Minerve, 1989, p. 83.

• 18 - Johan Sundberg, « Synthesis of singing by rule », in *Current directions in computer music research*, éditeurs Max Mathews et John Pierce, MIT Press, 1989, p. 45-55.

• 19 - L'institut royal de technologie.

un ensemble de règles destinées à faciliter la synthèse de la voix chantée, le RULSYS[20]. Ces règles décrivent les conditions nécessaires à une production correcte du chant. Pour l'équipe du KTH de Stockholm à laquelle Johan Sundberg participe, MUSSE est d'abord un outil d'étude de la voix. La génération sonore dans MUSSE est analogique et comprend deux branches différentes, l'une pour la production de toutes les voyelles et des consonnes sauf les fricatives et la deuxième réservée à la synthèse des fricatives. La synthèse des voyelles est réalisée à partir d'un oscillateur produisant un signal en dents de scie avec une composante continue réglable (un *Offset*). Ce générateur est connecté à cinq circuits formantiques reliés en série et accordables en fréquence. Les circuits correspondant aux trois premiers formants assurent également la variation dynamique de leurs bandes passantes tandis que les deux formants les plus aigus possèdent une largeur de bande fixe de 150 Hz pouvant être modifiée manuellement si nécessaire. Une résonance aiguë est ajoutée à 4 500 Hz avec une largeur de bande importante. Cet ensemble a pour fonction de générer toutes les voyelles et les consonnes sauf les fricatives. Pour ces dernières, deux générateurs de bruits interviennent, le premier pour simuler le bruit présent au niveau de la glotte, et l'autre pour synthétiser celui qui est produit au niveau des lèvres. Comme le bruit glottal doit traverser l'ensemble du *tractus* vocal, le premier générateur de bruit est programmé de façon à produire un niveau plus élevé.

De façon à compléter MUSSE par un ensemble de règles de fonctionnement, RULSYS rassemble les commandes nécessaires au fonctionnement de MUSSE. Les paramètres de réglage de la hauteur fondamentale, des voyelles et des consonnes sont prélevés dans des registres contenant une base de données élaborée à partir d'un grand nombre d'études de la voix chantée naturelle réalisées par le KTH. Les réglages dépendent non seulement du type de voyelle ou de consonne émise, mais aussi de son contexte. Ainsi, un ensemble complexe de règles permet la coarticulation et des transitions s'approchant de la voix naturelle. Le système est capable de simuler les variations spectrales naturelles qui se produisent en fonction de la force d'émission et de la hauteur fondamentale. Il peut même reproduire le chant diphonique. Cet ensemble de règles a été considérablement développé et est devenu une ressource précieuse pour la compréhension de la voix chantée. Enfin, le système de synthèse est entièrement numérisé en 1991, permettant désormais des modifications en temps réel de tous les paramètres.

Mais pendant très longtemps, la puissance de calcul des ordinateurs ne permit pas la transformation ou la simulation de la voix en temps réel. Ce n'est que dans les années 1990 que des interfaces gestuelles ont pu commander sans temps de

---

• 20 - *RULe SYnthesis System.*

calcul prohibitif des manipulations complexes sur les paramètres de la vocalité artificielle. Le Radio-Baton de Max Mathews en est un exemple particulièrement intéressant puisqu'il a été conçu par l'inventeur de la synthèse directe par ordinateur.

Le mot anglais « *baton* » signifie ici « baguette du chef d'orchestre ». En réalité, il ne s'agit pas d'une mais de deux baguettes tenues par l'interprète, une dans chaque main. Une technologie radio permet de prendre en compte les mouvements des deux baguettes dans les trois dimensions si nécessaire pour une expression musicale contrôlée. Mathews précise que

> cet outil est bien adapté aux chanteurs, car les mains sont libres pour tenir et faire marcher les baguettes[21].

Un petit émetteur radio est logé au bout de chaque baguette tandis qu'une boîte d'environ 50 cm de côté contient un ensemble de cinq récepteurs, l'un au centre de l'appareil pour évaluer la hauteur de chacune des baguettes et quatre autres disposés sur le pourtour afin de déterminer leurs positions dans le plan horizontal. Chaque baguette émettant sur sa propre fréquence, le dispositif est double. Un ordinateur se charge de traduire les données recueillies en messages MIDI standardisés, la « lingua franca de l'équipement pour la musique électronique[22] ».

Exemplaires de l'utilisation du Radio-Baton de Mathews, les quatre *Sea Songs* sont composées par le trompettiste de jazz et compositeur américain Dexter Morrill[23] en 1995. Elles sont chantées par Maureen Chowning pour la première fois au Colgate College en octobre de la même année. Les pièces ont été écrites pour une bande magnétique et une soprano dont la voix est captée par un microphone puis traitée par un processeur d'effets contrôlé par un Radio-Baton de Mathews. Le processeur d'effets utilisé en 1995 est un Digitech TSR-24 contrôlable à distance via une liaison MIDI. Comme la plupart des variables de calcul sont pilotées par MIDI, les changements peuvent aisément être dynamiques pendant un concert sans entraîner de bruits parasites provenant d'une transition trop brutale d'un

• 21 - Max Mathews, « Analyse de *Sea Songs* de Dexter Morrill », traduction de l'anglais par Justice Olsson, in *Analyse en musique électroacoustique, Actes de l'Académie Internationale de Musique Electroacoustique de Bourges de 1996, Actes II*, Bourges, Mnémosyne, 1997, p. 148.

• 22 - *Ibid.*, p. 149.

• 23 - Né en 1938 à North Adams dans le Massachusetts, Dexter Morrill étudie la trompette et le jazz avec Dizzy Gillespie et la composition à l'université de Stanford. Il enseigne à l'université Colgate depuis 1969 et y établit dès le début des années 1970 l'un des premiers studios de musique équipé d'ordinateurs avec l'aide de l'université de Stanford. C'est dans cette dernière université qu'il étudie l'informatique musicale avec John Chowning et Leland Smith, notamment la synthèse de la trompette. Morrill est chercheur invité à l'Ircam en 1980. Il travaille également avec Stan Getz et Wynton Marsalis. A la fin des années 1980, Morrill développe une trompette MIDI.

réglage à un autre. Grâce au Radio-Baton, l'exécutant contrôle gestuellement les effets appliqués à sa propre voix en temps réel par l'intermédiaire de deux baguettes. Le nombre et la qualité des effets obtenus ne dépendent que des performances du processeur commandé par le Radio-Baton. Ce dernier n'est ni un synthétiseur, ni un appareil transformant des signaux. Il s'agit d'un contrôleur gestuel en temps réel. Le compositeur préconise une gestion de la commande en temps réel par le logiciel Max tout à fait adapté pour cette tâche en MIDI. L'interprète tient une baguette dans chaque main et exécute des gestes dans un espace tridimensionnel. Dans les quatre *Sea Songs*, la soprano choisit l'un des huit programmes d'effets prévus par le compositeur en dirigeant la baguette tenue de sa main gauche dans l'un des quatre quadrants de l'espace situé au-dessus de la boîte de réception. L'altitude de la baguette de droite commande la profondeur de l'effet. La position horizontale de cette baguette influe sur le paramètre principal de l'effet (pour une réverbération, ce paramètre sera le temps de réverbération) tandis que sa position verticale règle si nécessaire un paramètre secondaire (par exemple l'amplitude relative de la réverbération). Outre la réverbération, les effets utilisés dans cette pièce musicale sont l'écho et l'harmoniseur. Morrill n'indique pas toujours précisément l'utilisation des effets sur la voix et l'interprète est parfois libre d'improviser à partir des possibilités offertes par le processeur d'effets. La deuxième pièce, *The sea becomes me*, basée sur un poème d'Agha Shahid Ali, laisse ainsi la chanteuse choisir sans contrainte entre quatre programmes d'effets grâce à sa baguette gauche. Par contre les numéros des programmes et les moments de leurs changements sont clairement indiqués dans les instructions du compositeur pour la première pièce *e lo soleills plovil*, sur un poème d'Ezra Pound. Les trois programmes nécessaires à la troisième pièce, *The Slow Pacific Swell* sur un texte de Yvor Winters, sont également assignés par la baguette gauche. Cette pièce est caractéristique d'un style musical influencé par le jazz et n'est pas sans rappeler la musique des comédies musicales américaines de l'époque. Un écho dont la durée du retard est précisément réglée de telle façon que le fragment vocal soit réentendu une seule fois une mesure plus tard pendant une tenue, forme un contraste avec un harmoniseur qui souligne les sections plus rythmiques. L'intérêt de cette interface gestuelle en temps réel est de fournir à la soprano la possibilité d'adapter le réglage des effets à l'acoustique de la salle. Ce dispositif est particulièrement pertinent pour les effets à rétroaction comme l'écho ou la réverbération. L'acoustique de la salle renvoie le son traité dans le microphone et crée ainsi une deuxième rétroaction difficilement contrôlable. Seule une interface gestuelle manipulée par la soprano peut éviter une boucle infinie comme le Larsen. Dans son analyse de *Sea Songs*, Mathews rejette avec raison l'utilisation d'une bande enregistrée en soulignant l'intérêt du contrôle en temps réel et insiste sur la facilité d'utilisation du Radio-Baton par la soprano Maureen Chowning pendant les premiers concerts au Colgate College en 1995.

> La commande en temps réel du processeur d'effets par la chanteuse s'est avérée très satisfaisante. Elle avait ainsi la possibilité d'ajuster la qualité du son pour l'adapter aux caractéristiques acoustiques de la salle[24].

Il insiste également sur l'intérêt de son interface gestuelle qui rend plus souple et plus expressive l'interprétation d'une œuvre avec dispositif de traitement de la voix :

> Elle pouvait aussi accommoder l'exécution pour qu'elle convienne à son état d'esprit au moment de sa prestation à chaque concert selon son humeur et elle n'a trouvé aucune difficulté en chantant et en dirigeant les effets en même temps[25].

Plus généralement, la montée en puissance des dispositifs numériques multiplie les opportunités offertes aux compositeurs, notamment dans le domaine de la vocalité artificielle. La complexité et l'enchevêtrement des méthodes et des techniques d'analyse, de traitement et de simulation dont l'objet se réfère par essence à la voix biologique impose une réflexion autour de la notion même de modèle. Tenter d'ordonner les processus numériques appliqués à la vocalité artificielle permettra de mieux en démêler l'écheveau.

• 24 - Max Mathews, *op. cit.*, p. 150. Les fautes d'orthographe présentes dans l'édition française ont été corrigées.

• 25 - *Ibid.*

Chapitre 2

Vocalité artificielle et modélisation

A chaque étape de la vie d'une œuvre, des outils sont nécessaires pour parvenir à l'accomplissement du but imaginé. Avant le XXe, ces outils comportent deux catégories bien distinctes : les objets et les concepts. Le compositeur, l'interprète et le musicologue doivent trouver les moyens matériels et conceptuels de décrire, ordonner et classifier leurs connaissances afin de dégager des invariants qui seront mis au service de leurs travaux respectifs. Chacune de ces trois actions : composer (concevoir et prévoir), faire (interpréter ce qui a été planifié) et expliquer (documenter, contextualiser, analyser ce qui a été réalisé) s'appuient elles-mêmes sur un certain nombre d'étapes à parcourir, de la conception initiale de la tâche à accomplir à l'objectif atteint et évalué. Plus généralement, pour réaliser quelque chose, il faut à tout moment agir et prévoir l'action de l'instant à venir. Ce qui peut se penser de nouveau en trois stades différents : le comportement à l'instant présent, le but à atteindre, et le chemin à parcourir pour atteindre l'objectif fixé, parcours téléologique par essence. De façon très générale, pour tous les corps de métier impliqués dans la fabrication, la première catégorie comporte le matériel nécessaire au concepteur et au commentateur, c'est-à-dire le papier et le crayon. Le fabricant a besoin quant à lui de ses instruments de travail. La deuxième catégorie rassemble les connaissances et les savoir-faire indispensables à chacun. Appliquées à la musique, ces deux classes recouvrent par exemple le crayon du compositeur pour la première et les connaissances stylistiques ancrées dans une époque et appliquées à un genre musical pour la deuxième.

Au cours du XXe siècle, l'apparition de la cybernétique puis de l'informatique brouille cette organisation clairement définie. Un outil informatique repose sur des concepts propres à la technologie computationnelle permettant le fonctionnement du système matériel et la compilation ou l'interprétation d'un langage. Sans aller plus loin dans la description, l'outil informatique serait assimilable à un crayon avec ses différentes parties, la mine et son support, qui respectent les lois de la physique et permettent l'écriture sur le papier. Mais l'outil logiciel n'agit pas seulement ainsi, il possède une autre caractéristique qui englobe les deux catégories précédemment énoncées : il est à la fois un objet et un concept dans le sens où il se comporte comme le crayon du compositeur ou l'instrument de l'interprète tout en étant détenteur de connaissances et de savoir-faire. Reste à définir de quels savoirs il s'agit et c'est ici qu'interviennent les notions de modèle et de méthode puisque ces connaissances se fondent obligatoirement sur des modèles, déjà existants ou inventés, scientifiques ou empiriques. Décrire en termes de modèle, c'est aussi tenter de formaliser ce qui résiste en premier lieu à la compréhension. Il s'agit avant tout de définir un ensemble d'unités clairement délimitées et d'établir une grammaire récapitulant les possibilités de lien entre ces unités. Ensuite, pour appliquer ces modèles, il faut trouver les moyens de les mettre en œuvre avec des techniques particulièrement bien adaptées à chaque situation. Ces techniques sont également appelées des méthodes. Enfin, dernière étape, l'outil informatique est la concrétisation d'une méthode sous forme d'un logiciel directement exploitable sur un ordinateur.

Le concept de modèle

Selon Amy Dahan Dalmedico, « modèles et modélisation sont devenus des maîtres-mots de l'activité scientifique contemporaine[1] ». Malheureusement, la notion de modèle résiste à un discours unificateur en laissant apparaître des définitions divergentes au sein de sciences différentes. Plus loin, le même auteur évoque même la problématique de « l'importation des modèles[2] ». La circulation des modèles évoquée ici peut se résumer ainsi : un modèle existant dans une science peut servir de référence dans un autre domaine. De la même façon, la nature peut fournir des modèles aux recherches scientifique et technique. Utilisée dans la production d'une œuvre musicale, à la fabrication d'un instrument ou à la conception de sons synthétiques, la notion de modèle de synthèse donne lieu à des interprétations souvent imprécises. La confusion avec d'autres concepts de niveau différent n'est pas toujours évitée. Il convient donc tout d'abord de différencier modèles et méthodes dans le champ de la synthèse et de la manipulation des sons. Une méthode de synthèse ou de traitement est une technique qui permet de produire des sons. Cette technique peut être une simple fonction de transfert linéaire ($y = ax+b$) dans laquelle le signal de sortie y est proportionnel au signal d'entrée x. Un programme

---

• 1 - Amy Dahan Dalmedico, « Variations sur les modèles en sciences », in *Observation, analyse, modèle : peut-on parler d'art avec les outils de la science ?*, sous la direction de Jean-Marc Chouvel et Fabien Lévy, Paris, L'Harmattan, Ircam-Centre Pompidou, 2002, p. 111.

• 2 - *Ibid.*

ou logiciel informatique applique concrètement une méthode par l'écriture d'un certain nombre de lignes de code informatique qui seront compilées en amont ou directement interprétées par le processeur de la machine. Au contraire, un modèle de synthèse ou de traitement se situe à un niveau conceptuel supérieur et obéit à une généralisation, donc à une simplification intentionnelle.

Par exemple, le « modèle physique » se rapporte à un modèle existant dans la nature : un instrument de musique dont les différentes parties se comportent comme autant de plaques ou de tuyaux. Ces objets sont mis en vibration par une action (frotter, percuter, souffler...). Ils possèdent certaines caractéristiques intrinsèques comme leurs dimensions et la matière dont ils sont constitués. Ces objets sont également placés dans un environnement précis et peuvent être combinés pour constituer un objet de plus haut niveau. L'avantage principal d'un modèle physique est de corréler les paramètres à contrôler avec les caractéristiques connues des modèles naturels. Cette mise en relation est définie par la méthode utilisée. Les mécanismes de fonctionnement du monde réel sont transposés dans le modèle informatique et deviennent des algorithmes. Le plus souvent, l'inconvénient principal inhérent à ce modèle apparaît dans le grand nombre de paramètres à contrôler. Par contre, la synthèse par modulation de fréquence peut être considérée à la fois comme un modèle (théories de la distorsion et de la modulation de fréquence) et une méthode (l'application de la théorie), si bien que la notion et sa typologie ne peuvent être réduites simplement. Dans d'autres cas, les confusions sont encore plus grandes avec les implémentations logicielles. Par exemple, CHANT est un programme informatique appliquant la méthode FOF[3], elle-même faisant partie du modèle analyse/synthèse.

En réalité, et la difficulté se situe sans doute dans ces liens complexes, les différents niveaux conceptuels sont imbriqués. Un logiciel peut faire appel à plusieurs méthodes et une méthode peut être appliquée dans plusieurs logiciels. Le raisonnement est également valide au niveau supérieur des méthodes et des modèles. Il faut donc en conclure qu'il n'existe généralement pas de relation univoque entre modèle, méthode et application logicielle. Pour rendre plus aisée la compréhension, les trois niveaux conceptuels et leurs liens sont schématisés ci-dessous.

• 3 - Fonctions d'Onde Formantique.

Document 1

Modèles, méthodes et logiciels

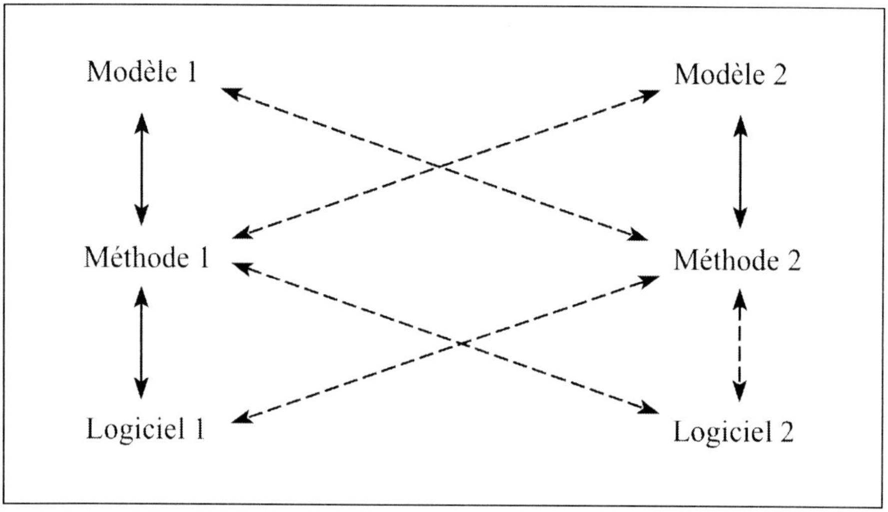

Les interrogations se font encore plus pressantes pour la vocalité artificielle. Il s'avère donc judicieux de commencer par remonter à la source de toute voix machinique. En fait, à l'origine du travail compositionnel, deux possibilités co-existent : les sources concrètes (voix naturelles transformées) et la simulation *ex nihilo* (synthèse sans analyse préalable). Mais une fois encore, il est impossible de réaliser une dichotomie simple. Les traitements de la voix font parfois appel à l'analyse/synthèse, comprenant une synthèse des paramètres issus du son vocal original puis manipulés par le compositeur comme dans *L'esprit des dunes* de Tristan Murail. Pour la composition de cette pièce, les voix naturelles du chant tibétain et du chant diphonique ont d'abord été analysées afin de

> modéliser des spectres et des contours mélodiques, mais [elles] sont également resynthétisé[e]s pour constituer une partie du matériau électronique de la pièce[4].

De plus, le procédé de suivi de partiels a permis au compositeur de manipuler l'évolution du spectre harmonique des sons. Ainsi, Murail précise à Julian Anderson :

> Dans *Désintégrations* (1982-1983), composées à une époque où je ne travaillais que depuis relativement peu de temps avec les ordinateurs, la plupart des spectres étaient

• 4 - Philippe Lalitte, *Analyse de* L'esprit des dunes *de Tristan Murail*, analyse hypermédia, Paris, médiathèque de l'Ircam, départements Valorisation et Pédagogie de l'Ircam, 2001, consultation interne uniquement, n. p.

plutôt statiques – ils se présentaient plus ou moins sous forme d'accords, et leur progression dans le temps était relativement restreinte ; alors que dans *L'esprit des dunes*, réalisé avec les logiciels bien plus puissants dont je disposais alors – en particulier les programmes Patchwork et Additive développés à l'Ircam –, j'étais en mesure d'analyser dans le détail le processus d'évolution des sons, ce qui me permettait d'évaluer dans la durée les contours et les formes dérivés des évolutions spectrales, ce qui a ouvert la voie à des possibilités complètement nouvelles[5].

Dans cette œuvre, il existe donc un modèle naturel : les voix enregistrées. Mais ces voix subissent ensuite des traitements qui obéissent au modèle de l'analyse/synthèse. Par ailleurs, la méthode d'enregistrement est la numérisation, et des logiciels particuliers (les programmes Patchwork et Additive) sont utilisés dans la phase de transformation proprement dite. Les notions de modèle, de méthode et d'outil sont ainsi convoquées à différents niveaux de la démarche du compositeur. Cet exemple montre combien les problématiques mises en jeu sont nombreuses et interdépendantes. La complexité inhérente à ces concepts est donc bien réelle dans le champ de la vocalité artificielle et leur exposé ne peut se réduire à une simple énumération[6]. Une méthodologie d'approche s'impose : il convient tout d'abord d'observer les classifications existant dans les ouvrages traitant de la musique informatique, puis d'amorcer une réflexion en proposant une nouvelle taxinomie.

En 1983, l'ouvrage en français de Ferretti et Cinare[7] orienté vers la voix et la parole recense différents types de synthèse, sans préciser s'il s'agit de modèles ou de méthodes.

Tableau 1

Typologie d'après Ferretti et Cinare

Catégories
Synthétiseur à canaux (Bancs de filtre)
Synthèse par formants (Transformation de forme d'onde)
Synthèse LPC

• 5 - Tristan Murail, « Entretien avec Julian Anderson », in notice du disque *Tristan Murail*, Cd, Compositeurs d'aujourd'hui, Ensemble Intercontemporain, Ircam, Adès 205 212, 1996, p. 40-41.

• 6 - Tous les modèles de synthèse ne sont pas utilisés dans le champ de la vocalité artificielle. Par exemple, l'implémentation de la synthèse par modèle physique avec le langage Cordis-Anima décrit par Claude Cadoz est surtout utile pour simuler des structures vibrantes comme des cordes ou des plaques.

• 7 - Marc Ferretti, François Cinare, *Synthèse, reconnaissance de la parole*, Paris, Editests, 1983.

Cet ouvrage se situe dans le domaine des télécommunications et non de la musique, ce qui explique le champ limité de l'investigation.

Deux ans plus tard, en 1985, un ouvrage encyclopédique de Dodge et Jerse[8] paraît en anglais. L'un des auteurs de ce travail monumental, le compositeur Charles Dodge, à l'origine de l'utilisation de la méthode LPC[9] en musique, privilégie nettement cette technique au détriment de la FFT[10]. Le chapitre 7.1, consacré à la synthèse de la parole et axé en grande partie sur cette technique du codage par prédiction linéaire, est beaucoup plus développé que le suivant qui traite de la transformée de Fourier à court terme. Le classement suggéré par la table des matières et le contenu de cet ouvrage est décrit ci-dessous :

Tableau 2
Typologie d'après Dodge et Jerse

Catégories	**Sous-catégories**
Modèles utilisant les techniques de distorsion	Modulation de fréquence
	Modulation en anneau
Synthèse soustractive	Filtrage
Modèles utilisant les techniques d'analyse/synthèse	LPC
	Transformée de Fourier
	Vocodeur de phase
	Ondelettes
Synthèse granulaire	Synchrone
	Asynchrone
Modèles physiques	

Cette fois, les modèles sont répertoriés de manière explicite et, contrairement à l'ouvrage de Ferretti et Cinare cité précédemment, le domaine de la synthèse par ordinateur est entièrement exploré. Les méthodes font l'objet de sous-chapitres, montrant ainsi clairement une hiérarchie entre modèles et méthodes.

En 1989 parait l'une des rares monographies écrites en français sur l'informatique musicale sans être une traduction. L'ouvrage de Claude Fatus *Composition musicale en informatique*[11] rassemble des considérations technologiques et esthé-

• 8 - Charles Dodge, Thomas A. Jerse, *Computer Music*, New York, Schirmer Books, première édition : 1985, deuxième édition consultée : 1997.

• 9 - *Linear Predictive Coding.*

• 10 - *Fast Fourier Transform.*

• 11 - Claude Fatus, *Composition musicale en informatique*, Paris, Minerve, 1989.

tiques. Fatus regroupe dans une seule catégorie l'ensemble de ce qu'il appelle des techniques de synthèse.

Tableau 3

Les techniques de synthèse d'après Fatus

Catégories
La synthèse additive
La synthèse par échantillonnage
La synthèse par modulation de fréquence
La synthèse par prédiction linéaire
La synthèse par règles
La synthèse soustractive
La synthèse granulaire
La synthèse par table d'onde
La synthèse VOSIM

La synthèse additive, qui est un modèle, la synthèse par prédiction linéaire, qui est une technique et la « synthèse VOSIM », qui est un mode de fonctionnement du synthétiseur SSSP de l'université de Toronto dans l'Ontario basé sur une méthode développée à l'Institut de Sonologie d'Utrecht, sont ainsi placées au même niveau hiérarchique. Les descriptions techniques sont parfois fantaisistes comme dans le cas de la prédiction linéaire pour laquelle la fonction d'analyse est omise.

Dans sa recherche[12] traitant de l'histoire de la synthèse numérique, Julius Orion Smith, du CCRMA de l'université de Stanford, propose une taxinomie en quatre grandes familles. Sa classification organisée et présentée ci-après manque malheureusement de commentaires. Comme la plupart des ouvrages, celui-ci s'attache plus à décrire quelques-unes des techniques de synthèse sonore par ordinateur qu'à justifier la pertinence de son classement.

• 12 - Julius Orion Smith, « Viewpoints of the History of Digital Synthesis », in *Proceedings of the International Computer Music Conference*, San Francisco, Computer Music Association, 1991, p. 1-10.

Tableau 4
Typologie d'après Julius Orion Smith

Processed Recording	Spectral Model	Physical Model	Abstract Algorithm
Concrète	Wavetable F	Ruiz Strings	VCO, VCA, VCF
Wavetable T	Additive	Karplus-Strong	Some Music V
Sampling	Phase Vocoder	Waveguide	Original FM
Vector	PARSHL	Modal	Feedback FM
Granular	Sines + Noise (Serra)	Cordis-Anima	Waveshaping
Prin. Comp. T	Prin. Comp. F	Mosaic	Phase Distorsion
Wavelet T	CHANT		Karplus-Strong
	VOSIM		
	Risset FM Brass		
	Substractive		
	LPC		
	Inverse FFT		
	Xenakis Line		
	Clusters		

Curtis Roads a également écrit un ouvrage encyclopédique sur l'audionumérique en 1996[13], ouvrage traduit en français par Jean de Reydellet deux ans plus tard. On y trouve des chapitres très développés sur les différents types de synthèse hiérarchisés en deux niveaux.

• 13 - Curtis Roads, *The Computer Music Tutorial*, Massachusetts, MIT Press, 1996. Edition consultée : version française de Jean de Reydellet, *L'audionumérique*, Paris, Dunod, 1998.

Tableau 5
Typologie d'après Curtis Roads

Catégories	Sous-catégories
Synthèse additive	Analyse/resynthèse additive
Synthèse par table d'ondes multiples	
Synthèse par terrains d'ondes	
Synthèse granulaire	
Synthèse soustractive	Analyse/synthèse soustractive
	LPC
Synthèse par modulation	Modulation en anneau
	Modulation d'amplitude
	Modulation de fréquence
Synthèse par modèles physiques	
Synthèse formantique	FOF
Synthèse par segments de forme d'onde	
Synthèse graphique	
Synthèse stochastique	

Les types de synthèses sont organisés sans préciser clairement la nature du classement et sans différencier les méthodes techniques des outils appartenant au domaine de la technologie mis à la disposition du compositeur, et de la notion générale de modèle. Curieusement, la LPC est placée dans le chapitre traitant de la synthèse soustractive alors qu'il aurait été plus judicieux de regrouper les techniques faisant appel au modèle de l'analyse/synthèse comme dans la typologie de Dodge et Jerse. Par ailleurs, la synthèse graphique présentée est principalement celle mise en œuvre avec l'UPIC. Elle est située au même niveau hiérarchique que la synthèse par modèles physiques. Pourtant, la première est surtout caractérisée par son interface homme-machine alors que la deuxième est clairement un modèle de synthèse.

Avant de proposer un classement pour les outils informatiques utilisés dans le cadre de la vocalité artificielle, il convient de prendre appui sur une réflexion plus large. Nicolas Bouleau, intéressé par les mathématiques dans une perspective épistémologique générale[14], souligne le fait que les modèles sont des représentations choisies au sein de multiples possibilités d'expression et de représentation d'un phénomène. Bien entendu, tous les modèles ne se valent pas et ils doivent être évalués et validés. L'usage de la notion de modèle s'est amplifié et généralisé à partir du XIXe siècle en même temps que les sciences de l'ingénieur dans tous les secteurs de l'activité économique et plus particulièrement depuis que l'informatique a pris son essor. Dans le domaine de la vocalité artificielle, deux époques, le XIXe siècle avec la naissance de l'industrie mécanique et la deuxième moitié du XXe siècle avec le développement de l'informatique, ont été cruciales. Alors que pour l'artiste peintre ou le sculpteur, le modèle « pictural » est ce qui sera représenté, dans les sciences, le modèle est au contraire la façon dont le scientifique se représente le monde. Le modèle des peintres est la réalité dans toute sa complexité et dans son existence même. Le type de modèle abordé par Márta Grabócz[15] dans l'ouvrage *Les modèles dans l'art* se rapproche de cette définition. Le modèle pictural de la vocalité artificielle serait donc la voix naturelle en tant que phénomène sonore à représenter. Par ailleurs, le modèle scientifique procède également par similitude et observation mais il est formalisé et simplifie le plus souvent la réalité afin de la rendre accessible à la compréhension. La différence entre les deux sortes de modèles se situe donc essentiellement dans l'ordre du statut. Le modèle du peintre, conceptualisé par ce dernier, est un objet réel alors que celui du scientifique est un concept tiré de l'observation de la réalité. Ce principe de dichotomie scientifique/pictural convient bien à la vocalité artificielle qui utilise parfois un modèle (en tant qu'objet réel et unique) à représenter, mais qui peut également s'appuyer sur un modèle théorique afin de synthétiser un son possédant une qualité vocale, c'est-à-dire une vocalité déduite d'observations générales sur la voix.

La problématique de la taxinomie des modèles de synthèse ne peut sans doute être résolue définitivement, les difficultés de classement s'accentuant chaque fois que de nouveaux outils sont inventés et que des compositeurs détournent ou croisent les ressources de ces techniques. Concernant la vocalité artificielle, les modèles scientifiques seront appelés « les modèles de la voix ». Le modèle pictural étant celui qui se conçoit comme objet représenté, les modèles de ce type seront ensuite rassemblés sous le titre « une voix comme modèle ».

• 14 - Nicolas Bouleau, *Philosophies des mathématiques et de la modélisation*, Paris, L'Harmattan, 1999.

• 15 - Márta Grabócz, introduction de *Les modèles dans l'art : musique, peinture, cinéma*, sous la direction de Martá Grabócz, avec la collaboration de Xavier Hascher, Strasbourg, Presses Universitaires de Strasbourg, 1997.

Document 2

Modèle pictural/modèle scientifique

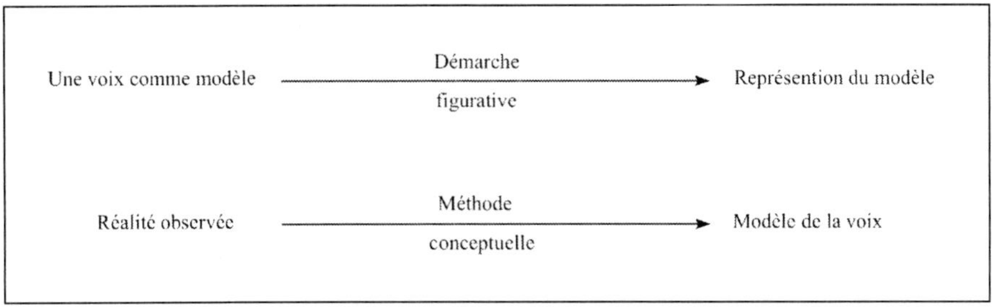

La première catégorie regroupe l'ensemble des modèles qui reposent sur des processus abstraits ne nécessitant pas une source sonore réelle tandis que la seconde met en jeu la voix naturelle comme un modèle concret. Le tableau ci-dessous propose une classification des modèles de synthèse utilisés pour la vocalité artificielle, le modèle physique en est donc absent.

Tableau 6

Proposition de classement des modèles

Les modèles de la voix	Une voix comme modèle
Synthèse additive	Synthèse soustractive
Modulation de fréquence	Analyse/synthèse
	Synthèse granulaire

Les modèles de la voix

Les modèles de synthèse permettent de concevoir les méthodes et les techniques, c'est-à-dire les outils à la disposition du compositeur ou de son assistant. Les moyens mis en œuvre pour créer un matériau musical en rapport avec la vocalité artificielle ont été bien documentés dans la littérature scientifique de langue anglaise et dans les ouvrages généraux traitant de la musique informatique notamment.

Basée sur le modèle théorique de Helmholtz, la synthèse additive ajoute des signaux sinusoïdaux les uns aux autres comme autant de partiels pour reconstituer une fonction périodique complexe. La première synthèse additive numérique pour la musique apparaît avec les tentatives de Jean-Claude Risset[16] pour synthétiser des sons de trompette en utilisant Music V à partir de 1964. L'analyse des partiels du spectre peut être calculée rapidement avec la FFT dont le principe est d'analyser le son à partir de fenêtres temporelles successives. Les banques d'oscillateurs simulés par ordinateur mettent en œuvre les harmoniques avec les enveloppes calculées ou déduites d'une analyse préalable réalisée par exemple avec un vocodeur de phase. Le programme PARSHL du CCRMA a étendu le principe du vocodeur de phase aux partiels non-harmoniques, et Xavier Serra y introduit ensuite du bruit filtré. Le vocodeur de phase a été implémenté dans de nombreux logiciels sous la forme du Super Vocodeur de Phase, comme dans le logiciel Audiosculpt de l'Ircam. La qualité des traitements est telle que l'expansion et la compression temporelle peuvent être appliquées, à la voix par exemple, avec un facteur de modification élevé (de l'ordre de dix, voire plus). Malheureusement, le volume des informations engendrées par le vocodeur de phase est susceptible de devenir si important qu'il pose alors des problèmes d'édition.

Dans les systèmes de télécommunications, les applications de la théorie de la modulation de fréquence datent de la fin du XIXe siècle. Au siècle suivant, J. Carson en 1922, Balthazar Van der Pol en 1930 et H. Black en 1953 mettent au point les transmissions radio en modulation de fréquence. Poursuivant leurs efforts pour synthétiser des sons plus proches de ceux qui sont présents dans la nature sans recourir à des temps de calcul prohibitifs, les musiciens ont cherché des modèles plus efficaces que celui de la synthèse additive. Les techniques non-linéaires transforment un son d'entrée en incluant des distorsions significatives. Là où la synthèse additive utilisait un oscillateur indépendant pour chaque composante spectrale, les modèles non-linéaires créent un spectre complexe à partir d'un petit nombre d'oscillateurs, limitant ainsi le nombre de paramètres de contrôle et le coût en temps de calcul. Inventée par John Chowning à l'université de Stanford au début des années 1970, la synthèse par modulation de fréquence met en jeu la distorsion d'un signal par un autre signal modulant. Son texte *The Synthesis of Complex Audio Spectra by Means of Frequency Modulation*[17], paru pour la première fois en 1973, est fondateur de l'exploration des applications musicales de ce modèle de

• 16 - Jean-Claude Risset, *Computer Study of Trumpet Tones*, Murray Hill (New Jersey), Bell Telephone Laboratories, 1966.

• 17 - John Chowning, « The Synthesis of Complex Audio Spectra by Means of Frequency Modulation », première parution : *Journal of the Audio Engineering Society* (JAES), volume 21, n° 7, septembre 1973 , p. 526-534 ; deuxième parution : *Computer Music Journal*, vol. 1, n° 2, 1977, p. 46-54 ; troisième parution : *Journal of the Audio Engineering Society* (JAES), volume 4, n° 2, 1980, p. 13-25 ; quatrième parution in *The Foundations of Computer Music*, éditeurs Curtis Roads et John Strawn, Cambridge, MIT Press, 1977, p. 6-29.

synthèse musicale. Avant cette date, les sons de synthèse numériques étaient le plus souvent fixes dans le temps, puisque les synthèses additives ou soustractives généralement employées demandaient pour des sons dynamiques une puissance de calcul prohibitive pour les machines de l'époque. La difficulté était encore accentuée par le fait que les ordinateurs étaient des ressources partagées par plusieurs utilisateurs, ce qui diminuait le temps de disponibilité. John Chowning cherchait une méthode de calcul pour donner plus de naturel aux sons simulés numériquement, notamment pour ceux qui induisent la vocalité[18], tout en allégeant la charge des calculateurs. Il fallait que l'énergie des composants du spectre pût évoluer avec souplesse en fonction du temps, en particulier pendant l'attaque et l'extinction du son. Le principe de la modulation de fréquence est découvert par Chowning alors qu'il fait des essais sur des vibratos extrêmement rapides qui deviennent inaudibles en tant que vibrato, mais modifient la qualité du timbre. Avec deux sinusoïdes formant le signal modulé et le signal modulant, il est possible de générer des sons d'une grande complexité. Un brevet est même déposé et en 1975 la firme japonaise Nippon Gakki, commercialisant des appareils sous la marque Yamaha, obtient une licence d'exploitation pour une série de synthétiseurs dont le DX7, apparu en 1983, qui a popularisé la synthèse FM dans le monde entier et dans de nombreux genres musicaux.

En tant que principal inventeur et développeur de la programmation informatique d'applications musicales de la modulation de fréquence, John Chowning était le mieux placé pour l'intégrer dans ses œuvres. Ses compositions forment le prolongement naturel de ses recherches intensives autour des techniques de synthèse sonore. Par ailleurs, ses connaissances en acoustique et en psychoacoustique, ainsi que sa maîtrise des outils mathématiques, ont contribué à l'élaboration de pièces musicales complexes et sophistiquées. Composée en 1972, *Turenas* témoigne de l'envergure de ses travaux sur la spatialisation alors que *Stria*, qui date de 1976, interroge les relations entre la microforme et la macroforme autour du nombre d'or. Mais c'est seulement en 1981, dans *Phoné*, que Chowning applique le modèle de la modulation de fréquence à la vocalité artificielle.

Dans cette œuvre, les phénomènes sonores évoluent sans cesse dans leur timbre. En effet, une dialectique s'installe entre deux sons de caractères très différents : des coups percussifs ressemblant à des sons de cloches et des timbres de voyelles chantées. La pièce explore le domaine existant entre ces deux extrêmes, et s'articule autour de la notion d'interpolation alors développée à l'université de Stanford. Pourtant, l'espace timbrique entre deux sons n'est pas le seul axe du processus

---

• 18 - John Chowning, « Frequency Modulation Synthesis of the Singing Voice », in *Current Directions in Computer Music Research*, éditeurs Max Mathews et John Pierce, Cambridge, Massachusetts, MIT Press, 1989, p. 57-63.

compositionnel de *Phoné*. Le vibrato et ses effets sur la perception de la voix chantée sont également au centre des préoccupations du compositeur. Souvent, seule l'application d'un vibrato aléatoire différencie pour l'auditeur un son quelconque d'un son voisé. Pour suggérer une voix, ce vibrato doit moduler l'ensemble des composantes spectrales. Afin de transformer progressivement un son électronique en voix humaine, il faut donc accroître graduellement la profondeur et la fréquence du vibrato après une période initiale dépourvue de vibrato suffisamment longue de façon à stabiliser la perception sur un son de départ de type purement électronique, sans aucune référence au monde réel. Les deux polarités de la dialectique sonore, c'est-à-dire la cloche et les voyelles chantées, sont obtenues par des procédés différents. Les cloches sont produites grâce à une synthèse par modulation de fréquence dans laquelle le rapport entre la fréquence modulée et la fréquence modulante est un nombre irrationnel, rapport déclenchant l'apparition de partiels non-harmoniques. Les sonorités de voyelles proviennent d'un schéma de synthèse par modulation de fréquence à double porteuse afin d'éviter la naissance de composantes inharmoniques. La voix chantant des voyelles est ainsi un son harmonique. D'autres caractéristiques opposent également les deux catégories sonores. Les cloches possèdent une attaque abrupte contenant un grand nombre de partiels qui s'atténuent au cours du maintien du son et de son extinction alors que le timbre des voyelles ne procède pas par simplification progressive, mais plutôt par une vie interne complexe qui requiert des enveloppes contrôlant des crescendos et des decrescendos pour chacune des harmoniques. Enfin, le vibrato n'est appliqué que sur le seul son vocal, pas sur la cloche.

La plupart des motifs sonores de *Phoné* combinent les caractéristiques des deux sons et décrivent un passage de l'un à l'autre. Par exemple, un son peut commencer par une attaque de cloche, puis la décroissance des partiels privilégie les harmoniques tout en laissant apparaître un vibrato individuel sur des groupes de partiels restants. Ce processus crée ainsi l'illusion de l'apparition de voyelles chantées par un groupe de voix. Enfin, la disparition progressive du vibrato rapproche de nouveau le son du timbre mourant d'une cloche. Globalement, le motif timbrique évolue de la cloche vers un groupe de voix avant de revenir à l'extinction d'une cloche. Pour obtenir un tel motif, la programmation de l'ordinateur est complexe. L'algorithme comprend six fréquences porteuses accordées inharmoniquement entre elles. La cloche est suggérée à l'aide d'une seule porteuse modulée dans un rapport irrationnel, puis, comme le montre la figure suivante, les indices de modulation s'accroissent sur tous les oscillateurs de façon à évoquer des voix.

Document 3

Motif timbrique dans *Phoné*[19]

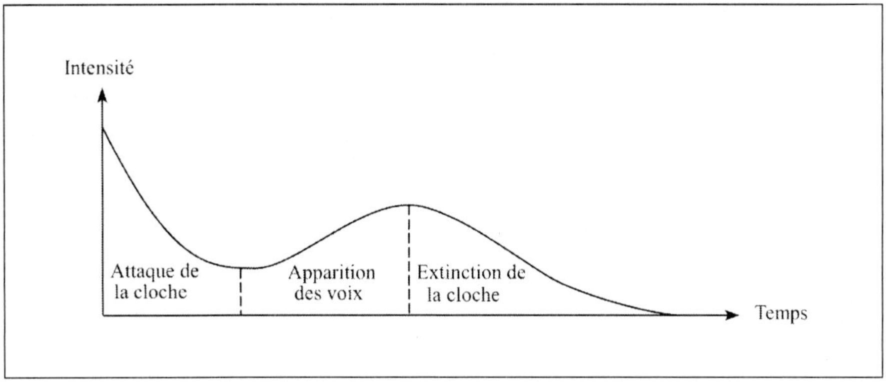

A cette microforme correspond une macroforme homomorphe, à cette transformation ponctuelle de cloche en voyelles correspond une prééminence de plus en plus marquée des voyelles jusqu'au centre de la pièce – qui forme un *climax* laissant entendre une voix de basse profonde – tandis que la cloche se fait plus discrète. Puis, de la même façon que le motif retourne à la cloche pour sa phase d'extinction, la dernière partie de la macroforme rejoint les sonorités du début, comme le montre la figure suivante.

Document 4

Forme générale de *Phoné*

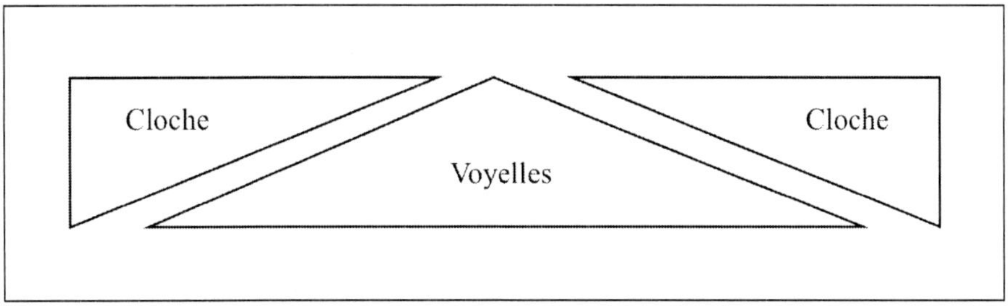

• 19 - D'après : Charles Dodge, Thomas A. Jerse, *Computer Music*, New York, Schirmer Books, première édition en 1985, deuxième édition consultée 1997, p. 139.

Une voix comme modèle

Les couleurs de Slawson

Contrairement à la catégorie « les modèles de la voix », celle d'« une voix comme modèle » s'appuie sur la voix naturelle en tant que modèle concret. Premier type de synthèse de cette seconde catégorie, la synthèse soustractive crée un univers sonore à partir de sources complexes en ne conservant qu'une partie de leur spectre. La source peut être un bruit blanc, un signal impulsionnel, un son synthétisé par une autre méthode comme la modulation de fréquence ou encore un son concret échantillonné. Il est possible de classer la synthèse soustractive aussi bien dans les modèles de simulation de la vocalité artificielle *ex nihilo* que dans les modèles à sources concrètes. Pourtant, les filtres permettent le plus souvent de traiter la voix préexistante en ôtant une partie de l'énergie de la source vocale concrète suivant une fonction de transfert qui peut évoluer dans le temps. Le filtrage d'un signal consiste donc à atténuer plus ou moins fortement une partie de son énergie à certaines fréquences ou groupe de fréquences. Certains filtres comme les filtres passe-haut, ne laissent passer que la partie élevée du spectre, c'est-à-dire les sons aigus. D'autres filtres, appelés passe-bas, conservent sans altération les fréquences basses. Par l'atténuation des composantes aiguës, ils rendent plus délicate la compréhension de la parole. Enfin, les filtres passe-bande ne laissent passer qu'une fourchette plus ou moins large de fréquences. Les filtres peuvent modifier considérablement la couleur, le timbre du son, jusqu'à le rendre méconnaissable dans le cas d'un filtre passe-bande à bande très étroite. La pente d'atténuation, c'est-à-dire la possibilité de couper progressivement ou abruptement, influe également sur le rendu sonore d'un filtre. Le Voder[20] d'Homer Dudley, R. Riesz et Stanley Watkins est inventé dans les Bell Telephone Laboratories à partir de 1936 et construit en 1939. Il possède deux sources d'excitation dont le choix se commande au moyen d'une pédale : un oscillateur pour les sons voisés et un générateur de bruit pour les autres sons. Dix filtres réglables sont commandés par dix manettes ajustant l'intensité des différentes composantes du spectre. Trois autres clés commandent des filtres supplémentaires chargés de produire les plosives. La difficulté pour maîtriser le Voder était telle que les opérateurs devaient s'entraîner de longs mois avant toute démonstration. Le Voder sera présenté au World's Fair de New York en 1939[21]. Jean-Sylvain Liénard précise qu'à cette occasion,

> une douzaine d'exemplaires de l'appareil ont été construits, et vingt-quatre opérateurs,

---

• 20 - *Voice Operation Demonstrator.*

• 21 - Le but de l'exposition World's Fair de 1939 était avant tout commercial. Elle présentait des réalisations annonçant l'avenir.

sélectionnés parmi 320 téléphonistes, ont subi pendant plus d'un an un entraînement de trois heures par jour[22].

Mais le Voder ne répondant pas à un besoin économique immédiat, il fut rapidement abandonné et n'eut pas de successeur. Les premiers filtres sont donc analogiques, et le processus est reconnu comme une synthèse soustractive dès 1947[23]. Des instruments comme le Mixtur-Trautonium, le Clavioline, l'orgue Hammond Novachord, le synthétiseur RCA et l'Ondioline possèdent déjà des filtres. Le célèbre filtre analogique autonome Albis Tonfrequenz de la firme suisse Albiswerk basée à Zurich est un outil très important du studio de Cologne et Stockhausen l'utilise beaucoup dans les années 1950. Les filtres actifs apparus avec l'amplification à transistor assouplissent considérablement les possibilités d'utilisation du filtrage. Enfin, les filtres numériques du programme Music IV en 1964 ouvrent la voie à des configurations irréalisables avec des moyens classiques et rendent la modification des paramètres d'atténuation, de fréquences de coupure et de pente d'atténuation instantanée et manipulable à volonté dans le temps. A la fin des années 1970, la 4X peut calculer des douzaines de filtres en temps réel.

L'analogie entre les filtres audio et les filtres de couleur est utilisée dans *Colors* du compositeur américain A. Wayne Slawson[24]. La pièce date de 1981 et est analysée par le compositeur lui-même dans son ouvrage *Sound Color*[25] paru un an plus tard. Auparavant, Slawson avait déjà effectué des recherches approfondies sur les relations entre le son des voyelles dans la parole et la notion de timbre musical[26]. Il avait alors développé une théorie sur le timbre en émettant l'hypothèse d'analogies entre les « couleurs » timbriques et la hauteur musicale, définissant par exemple des transpositions de « couleurs ». Par ailleurs, les timbres ne sont pas directement définis par Slawson selon les paramètres acoustiques habituellement employés par les scientifiques comme l'harmonicité ou les formants. A l'aide d'un

---

• 22 - Jean-Sylvain Liénard, *Les processus de la communication parlée*, Paris, Masson, 1977, p. 108.

• 23 - A. Douglas, *The Electronic Musical Instrument Manual*, première édition en 1947, cinquième édition : Pitman, New York, 1968. Cité dans l'ouvrage de Curtis Roads, *The Computer Music Tutorial*, *op. cit.* Edition consultée : version française de Jean de Reydellet, *L'audionumérique*, *op. cit.*, p. 381.

• 24 - A. Wayne Slawson, diplômé de l'université de Harvard, est professeur de composition, de théorie et de musique informatique à l'université de Californie, Davis, proche de Sacramento. Egalement compositeur, ses pièces s'adressent aux dispositifs électroniques, mais aussi aux instruments acoustiques et aux voix naturelles. Il a également adapté un programme de la synthèse de la parole, devenu le programme SYNTAL, pour ses compositions musicales.

• 25 - A. Wayne Slawson, *Sound Color*, Berkeley, University of California Press, 1985.

• 26 - A. Wayne Slawson, « The Colour of Sound : A Theoritical Study in musical Timbre », *Music Theory Spectrum*, 3, 1981, p. 123-141.

vocabulaire très personnel, le compositeur affirme que les principales dimensions d'une « couleur » sonore résident dans son « acuité » ("*acuteness*"), son « ouverture » ("*openness*"), sa « petitesse » ("*smallness*") et son « imprécision » ("*laxness*"). Ces termes traduits ici de manière littérale sont librement inspirés de la phonétique et plus précisément de la caractérisation des voyelles. Ils recouvrent les relations entre les deux premiers formants des voyelles, en indiquant le comportement d'une paire de filtres passe-bande. Ces deux filtres peuvent être analogiques ou numériques, et l'excitation est provoquée par un signal de type impulsionnel (impulsion isolée ou train d'impulsion) ou par un bruit. Les « couleurs » définissent les paramètres des deux filtres. Or ces filtres peuvent être excités par différentes sortes de signaux. Il n'y a donc pas de confusion possible entre la notion de « couleur » et celle de timbre. Une « couleur » n'est pas un timbre unique, mais une classe ou une famille de timbres. De plus, il est possible d'appliquer des modifications continues aux quatre dimensions d'une « couleur ». Par exemple, si l'accord du premier filtre est fixé, l'« acuité » augmente lorsque la fréquence centrale du second filtre augmente. L'« ouverture » est le phénomène inverse.

Comparer les notions utilisées par Slawson et par Stockhausen pour *Stimmung* montre combien des outils conceptuels similaires comme la phonétique peuvent nourrir des principes et une pratique compositionnels très différents. Les œuvres de Slawson reposent sur la métaphore d'un espace coloré qui n'appartient qu'à ce compositeur et l'évolution des timbres fait l'objet d'une organisation en matrices influencée par les principes sériels[27] tandis que *Stimmung* est une œuvre ouverte. Slawson utilise volontiers une combinatoire complexe et fait par ailleurs référence au sérialisme généralisé en précisant que

> certaines œuvres de Babbitt et les *Structures* de Boulez sont proches de ce type de sérialisme intégral[28].

La figure suivante montre l'emplacement de quelques couleurs dans l'espace coloré imaginé par Slawson. L'« acuité » correspond à la notion de voyelle émise avec la langue positionnée plus ou moins vers l'avant de la cavité buccale. L'« ouverture », quant à elle, équivaut à la notion de voyelle ouverte ou fermée. Les lèvres du locuteur sont alors plus ou moins ouvertes. Stockhausen fait également référence à ces notions d'ouverture-fermeture et de positionnement avant-arrière dans *Stimmung*.

• 27 - Dans *Colors*, une succession de « couleurs » de voyelles est répertoriée dans un tableau présenté sous forme de matrice. Slawson déploie ensuite ces sonorités en attribuant des règles au contenu de cette matrice. Les sonorités sont ainsi distribuées temporellement et polyphoniquement.

• 28 - A. Wayne Slawson, *Sound Color*, *op. cit.*, p. 216. Traduction de l'auteur.

Document 5

Neuf « couleurs » dans l'espace coloré de Slawson

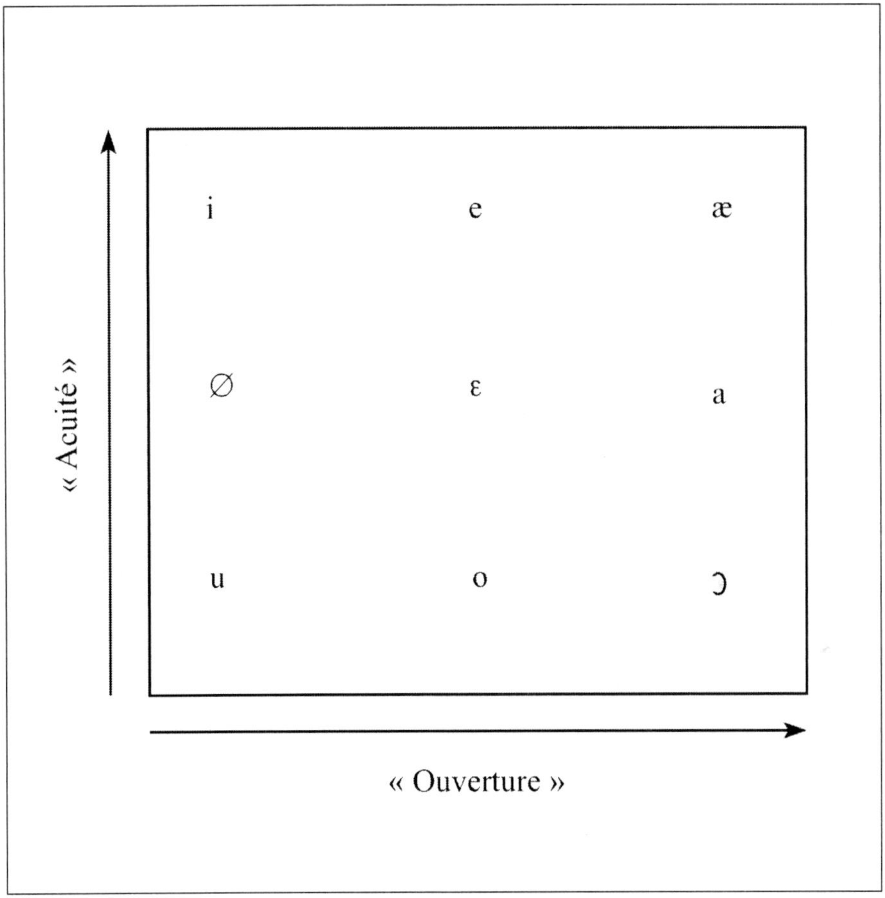

Pour Slawson, la « petitesse » d'une « couleur » s'accroît lorsque les deux fréquences de résonance des filtres passe-bande augmentent simultanément (sorte de glissando ascendant qui déforme plus ou moins le timbre initial) tandis que l'« imprécision » est donnée par un resserrement des deux résonances sur un glissando descendant. Sur la figure ci-dessous, les zones en pointillés correspondent à l'inversion de l'ordre des fréquences de résonance qui n'est pas envisagée par Slawson.

Document 6

Dimensions des « couleurs » sonores selon Slawson[29]

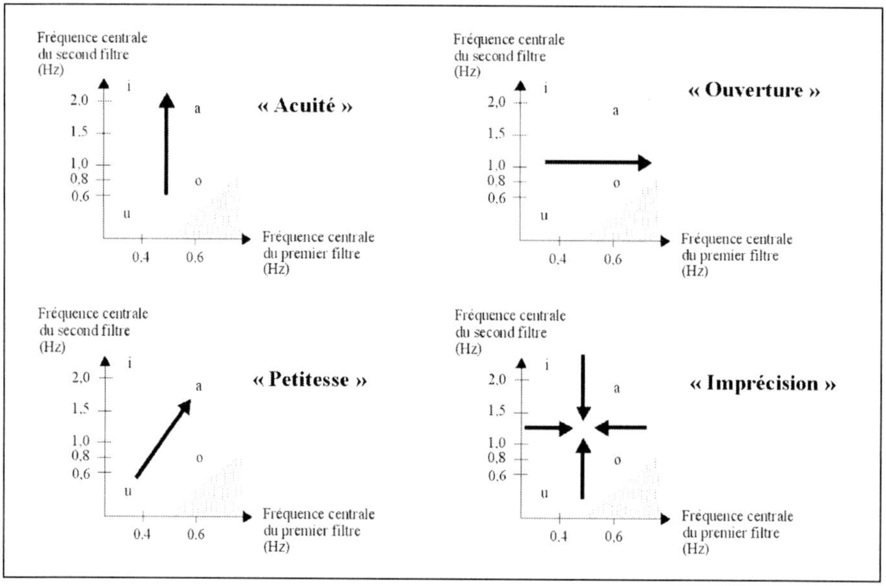

Pour Slawson, quatre règles principales organisent le processus timbrique d'une composition musicale. Si leurs descriptions semblent parfois obscures au premier abord, elles s'avèrent cependant très simples[30] :

— « Pour conserver la couleur d'un son, ne pas modifier son enveloppe spectrale[31]. » Slawson précise que, réciproquement, deux sons possédant le même spectre possèdent la même « couleur », même dans le cas où ces deux sons proviendraient de sources ou de techniques différentes. Cette première règle ne fait que confirmer l'analogie entre la notion de « couleur » avec le timbre.

— « Pour changer une couleur sonore tout en la gardant inchangée par rapport à l'une de ses dimensions ("dimensions"), la déplacer dans l'espace de couleur en suivant un chemin correspondant à une valeur constante pour cette dimension[32]. »

• 29 - D'après : Charles Dodge, Thomas A. Jerse, *op. cit.*, p. 195.

• 30 - Ces règles, dont les trois premières sont essentielles, sont décrites par A. Wayne Slawson in *Sound Color*, *op. cit.*, p. 194-195.

• 31 - *Ibid.*

• 32 - *Ibid.*

— « Pour transposer une couleur par rapport à une dimension, faire glisser la couleur perpendiculairement à la direction de cette dimension[33]. »
— Pour inverser une « couleur » sonore dans l'une de ses dimensions, Slawson prend le complément de la valeur dans cette dimension. L'inversion de la séquence de voyelles « u », « i », « aw », « ae » devient, lorsque son acuité est inchangée, « i », « u », « ae », « aw ». Avec une petitesse constante, elle devient : « ae », « i », « aw », « u ».

En dehors des évidences énoncées dans ces quatre règles, le concept d'espace coloré basé sur les quatre dimensions : acuité, ouverture, petitesse et imprécision, permet à Slawson d'instaurer un système facilitant une certaine cohérence au niveau des timbres. Ce système utilise donc la métaphore de l'espace géométrique à quatre dimensions et le travail timbrique du compositeur s'appuie sur un parcours imaginaire à travers cet espace. Il faut rappeler que ce système de composition concerne avant tout les sonorités des voyelles. Par exemple, la « couleur » d'une voyelle transposée devient ainsi de proche en proche la « couleur » d'une autre voyelle. Dans *Colors*, les « couleurs » changent très rapidement et sont basées sur des sons correspondant approximativement aux neuf voyelles suivantes : « oh », « ee », « uu », « aw », « ii », « ae », « oe », « aa » et « ne ». Cette séquence a été choisie par le compositeur pour que toutes les transpositions et inversions n'introduisent pas de nouvelles « couleurs », mais réorganisent seulement l'ordre de ces voyelles. Le processus compositionnel, selon Dodge et Jerse, repose essentiellement sur les propriétés combinatoires réparties dans onze sections successives formant autant de variations. Les rencontres verticales des « couleurs » obéissent par ailleurs au modèle des agrégats de hauteurs développé par Milton Babbitt dans les années 1950[34]. Slawson utilise également des sources différentes pour attaquer les filtres.

La principale difficulté pour comprendre ce système provient du vocabulaire employé. La métaphore de la couleur est notamment peu utile, même si elle possède sa propre cohérence en permettant de parler plus aisément d'espace et de dimensions. Il n'en reste pas moins que le concept de parcours timbrique à l'intérieur d'un espace à n dimensions qui représente certaines caractéristiques d'émission et de perception des voyelles est séduisant, même si les écrits de Slawson sont parfois difficiles à suivre. Plusieurs remarques s'imposent. Tout d'abord, l'expérimentation d'autres sources d'excitation pour les filtres serait intéressante. Une excitation par des signaux harmoniques ou par un signal vocal enrichirait considérablement le processus en y introduisant un second niveau. Cette mise en abîme

• 33 - *Ibid.*

• 34 - Milton Babbitt, « Some Aspects of Twelve-Tone Composition », *The Score and IMA Magazine*, 1955, p. 53-61. Seconde édition in *Twentieth Century View of Music History*, New York, Scibner's, 1972, p. 364-371.

éviterait l'écueil de sons peu séduisants. Il devrait être possible d'exciter les filtres par des matériaux concrets choisis de façon à renforcer le contrôle sémantique du discours compositionnel tout en favorisant l'émergence de sonorités inouïes et parfois ambiguës. Par ailleurs, Slawson a abordé la procédure du déploiement temporel des « couleurs » selon des principes issus du sérialisme. D'autres procédés mériteraient sans doute d'être explorés, notamment l'introduction d'une part d'aléatoire dans le choix des parcours. Un autre processus de contrôle sophistiqué de l'évolution des « couleurs » dans la forme pourrait faire intervenir des fonctions mathématiques. Ces deux principes devraient être aisément applicables grâce à des programmes comme OpenMusic. Slawson utilise seulement deux filtres correspondant aux deux premiers formants, mais simulation de vastes batteries de filtres placés en série ou en parallèle est également possible. Dans ce dernier cas, il s'agit d'une configuration appelée « filtres en peigne » par les scientifiques. L'intérêt musical des filtres en peigne réside dans l'extraction ou la mise en valeur par résonance de certaines composantes de l'énergie spectrale déterminées par l'accord des filtres individuels.

Un filtre en peigne ou banc de filtres est composé d'un ensemble de filtres passe-bande disposés en parallèle et accordés sur des fréquences centrales dont la répartition peut obéir à des lois particulières comme celles qui régissent la musique tonale. Le réglage de chaque filtre concerne, comme pour les filtres isolés, la fréquence centrale, la largeur de la bande passante et le coefficient de qualité[35]. Si des compositeurs comme Stockhausen à Cologne et Berio à Milan se sont très tôt intéressés au traitement des sons par filtrage, des bancs de filtres de plus en plus sophistiqués ont permis d'en élargir les possibilités. Par exemple, réalisés avec les algorithmes informatiques, ils peuvent être très complexes tout en étant composés de filtres d'ordre élevé. Dans le cas où les bandes de fréquences conservées dans le son s'avèrent particulièrement étroites et sélectives, l'allure de la voix se modifie profondément. Lorsqu'en 1981 le compositeur Marc Battier utilise un banc de filtres pour sa pièce *Verbes comme cueillir*, le nombre de filtres mis en jeu est variable et peut atteindre 99. L'atténuation très élevée autorisée par les technologies numériques permet alors de transformer le timbre de la voix en une texture originale qui conserve cependant le rythme de l'expression vocale. La prosodie est respectée alors que les paroles ne sont plus compréhensibles. La parole devient musique.

Ces résonances artificielles sont à mettre en relation avec l'intérêt des compositeurs du XXe siècle, notamment autour du courant spectral, pour la différenciation

---

• 35 - Pour un filtre passe-bande, le coefficient de qualité Q est défini par le rapport entre sa fréquence centrale et l'étendue de sa bande passante à -3dB. Plus Q est élevé et plus le filtre se comportera comme un résonateur pour des signaux proches de sa fréquence centrale.

de l'attaque, du corps du son et de ses résonances. Cette prise de conscience a concerné aussi bien les œuvres vocales que celles écrites pour ensemble d'instruments sans électronique ou même pour piano seul. Charles Dodge, l'un des premiers compositeurs à avoir intégré la voix simulée par ordinateur dans ses compositions, a exploité les propriétés des filtres en peigne dans sa pièce *Cascando*. Dans cette œuvre enregistrée en 1983, le texte de la pièce radiophonique de Samuel Beckett est synthétisé directement par l'ordinateur qui contrôle également les parties non-verbales de la composition. *Cascando* comprend trois protagonistes : le Présentateur (*Opener*), la Voix (*Voice*) et la Musique (*Music*). Le Présentateur est le protagoniste central dont dépendent les deux autres personnages. Ses commentaires tendent toujours à prouver à l'auditeur que la Voix et la Musique existent vraiment et ne sont pas seulement imaginaires. La Voix tente de raconter une histoire susceptible de satisfaire le Présentateur afin de pouvoir continuer sa prestation. La Musique propose la même situation pour l'élément musical. Le Présentateur peut être joué en direct ou enregistré. La partie de la Voix est réalisée par analyse/synthèse à partir d'une lecture respectant un rythme musical déterminé par le compositeur, mais dont la resynthèse permettra d'introduire une mélodie de hauteurs programmée. Le timbre vocal est déformé par l'introduction d'un signal de bruit pendant l'émission des voyelles. La Musique est créée à partir d'un modulateur en anneau qui rend la Voix inintelligible en dehors des duos entre celle-ci et la Musique. Puis la Voix passe d'une part à travers trois filtres en peigne qui produisent un signal mettant en valeur des pics de résonance sur la Voix et d'autre part à travers un système qui génère d'autant plus de bruit que la Voix est faible. Ce système, basé sur un inverseur d'amplitude suivi d'un générateur de bruit et d'une bascule logique, souligne les silences de la Voix. La sortie du dispositif qui crée la Musique émet donc un signal à hauteur déterminée ou un bruit ou encore un mélange des deux. La forme générale de la pièce inclut des hauteurs qui sont déduites du premier solo de la Voix.

Au-delà de la sélection de bandes de fréquence, les zones conservées peuvent être mémorisées et prolongées artificiellement par un effet de boucle. *Locus*[36] de Claudy Malherbe utilise le logiciel AudioSculpt de l'Ircam de cette façon. L'œuvre a été écrite pour un quatuor vocal (soprano, mezzo, ténor et basse). La fin des phrases est traitée par AudioSculpt de façon à mettre en évidence 44 partiels. Après réduction de leur nombre (six sont conservés) et moyennage, ils sont figés. L'accord obtenu prolonge chaque phrase tout en restant dans un rapport organique avec la voix. L'ensemble des fréquences centrales d'un banc de filtres forme une échelle

• 36 - Claudy Malherbe, *Locus*, pour quatuor vocal (soprano, mezzo, ténor et basse) et dispositif électronique, 1997, partition CRIMEditions, créé le 23 juin 1997, Espace de projection de l'Ircam, Paris, pas d'enregistrement commercial disponible.

de hauteur qui n'est pas sans rappeler les principes scalaires de la musique. Ainsi, avec un banc de filtres résonants, il est envisageable de privilégier des bandes de fréquences accordées sur quelques notes de la gamme. Ce procédé a souvent été utilisé par Kaija Saariaho, notamment dans son opéra *L'Amour de loin*[37] de façon à rendre cohérent le timbre d'un son vocal avec le contexte harmonique produit par des instruments traditionnels. Dans cet opéra comprenant trois personnages : le troubadour Jaufré Rudel, la comtesse de Tripoli Clémence et Le Pèlerin qui établit la relation entre le couple, l'électronique revient à plusieurs reprises, notamment dans le deuxième tableau de l'acte II. Comme dans *Lonh*[38], œuvre antérieure de la même compositrice s'inspirant déjà de la chanson de Jaufré Rudel dont des extraits sont cités dans l'acte I et l'acte III, les processus informatiques utilisés dans l'opéra sont basés sur le logiciel Max/MSP et comportent des filtres et l'outil de spatialisation SPAT. Les voix des chanteurs (le plus souvent chuchotées) constituent le matériau de ces textures et les modèles de résonances sont fournis par les instruments d'orchestre. Grâce à une analyse spectrale de la voix utilisant le procédé du vocodeur de phase, les sons vocaux ont ensuite été séparés en deux groupes : les sons harmoniques d'une part (correspondant aux voyelles) et les sons inharmoniques (les consonnes) d'autre part. Ces derniers, traités par les filtres résonants dont les modèles ont été extraits des sons orchestraux, forment les modèles de résonance. Le procédé, connu sous le nom d'algorithme de Terhardt, consiste à classer les partiels selon leur amplitude en fournissant ainsi une sorte de profil d'écoute automatique[39]. Les modèles de ces filtres ne sont pas juxtaposés les uns aux autres dans le temps, mais sont interpolés progressivement. Chaque personnage possède son contexte harmonique qui se retrouve également dans la partie électroacoustique. Ainsi, les accords associés à Jaufré sont appliqués au modèle de la contrebasse.

Dans la fosse, un pianiste jouant sur un clavier MIDI déclenche environ 80 sons pendant la représentation. La synchronisation ne pose ainsi pas de problème et la souplesse de la trame temporelle de l'orchestre est respectée. La spatialisation

---

• 37 - Ce premier opéra de la compositrice d'origine finlandaise a été écrit sur un livret de l'écrivain Amin Maalouf. Comprenant cinq actes, il a été créé le 15 août 2000 au festival de Salzbourg et repris au Théâtre du Châtelet à Paris les 26 et 29 novembre 2001 et le 2 décembre de la même année.

• 38 - Œuvre composée en 1996, pour soprano et dispositif électronique.

• 39 - Ce procédé est très commode lorsque le compositeur désire déterminer une fondamentale pour un son possédant un grand nombre de partiels et donc presque inharmonique comme certains sons percussifs. Pour *L'Amour de loin*, le logiciel ReAn a permis d'analyser très finement les sons et OpenMusic, un programme de composition assistée par informatique, a généré les accords associés aux trois personnages.

finement contrôlée par SPAT comprend huit haut-parleurs, quatre en façade de la scène et quatre dans la salle. Les sons du dispositif électronique sont parfaitement intégrés au discours musical harmonique et temporel, mais aussi au déploiement de l'argument. Lorsque Jaufré rêve de Clémence à l'acte IV, son chant est accompagné du même texte chuchoté par la voix filtrée de Clémence. Le metteur en scène est invité par une didascalie à faire avancer Clémence sur scène en robe blanche. Elle est silencieuse[40] et fait signe à Jaufré de la suivre. A la fin de l'opéra, un unique accord, resserré au départ, s'ouvre pendant cinq minutes jusqu'aux registres extrêmes alors que Clémence s'adresse de manière ambiguë à la fois à Dieu et à Jaufré qui vient de rendre l'âme dans ses bras. A travers l'ouverture de l'accord final, l'amour de Clémence semble être à la fois céleste et charnel.

LPC, FFT et Psola

L'analyse-synthèse comprend plusieurs méthodes dont au moins quatre ont été utilisées par les compositeurs en prenant la voix naturelle comme modèle : la LPC, la FFT, les Ondelettes et PSOLA. Le développement de la méthode d'analyse/synthèse par prédiction linéaire (LPC) a commencé en 1967 avec F. Itakura et S. Saito. La méthode du codage prédictif linéaire, la LPC, a été utilisée pour la synthèse de la voix par les chercheurs des laboratoires Bell puis par Andy Moorer, Kenneth Steiglitz et Paul Lansky. La LPC calcule l'enveloppe spectrale, mais contrairement aux modèles spectraux, elle modélise le conduit vocal en générant les paramètres d'un filtre multi-pôles. Il ne s'agit donc pas d'une modélisation spectrale directe. Par ailleurs, la LPC permet d'extraire la courbe mélodique d'un signal vocal. Cette technique d'analyse/synthèse a intéressé des compositeurs comme Charles Dodge pour plusieurs raisons. Son efficacité est remarquable en termes de nombre de paramètres à contrôler et de rapidité de calcul. Ces paramètres se rapportent à la fonction de transfert du conduit vocal qui dépend de la forme prise par les différents résonateurs du conduit vocal, et aux caractéristiques du signal source produit par les cordes vocales, notamment son enveloppe de hauteur qui est la mélodie du signal vocal. Ainsi, sans appartenir aux modèles physiques, la LPC prend en compte la forme du conduit vocal sans négliger un aspect musical important : le contour mélodique.

Deux pièces de Charles Dodge, les *Speech Songs* et *In Celebration*, utilisent la LPC dès les années suivant sa mise au point. Réalisées à la fin de 1972 et au début de 1973 dans les laboratoires où la LPC avait été développée, les *Speech Songs* de Charles Dodge pour bande seule ont été composées à partir d'un enregistrement

---

• 40 - En réalité, sa voix décorporéifiée et irréelle est entendue dans les haut-parleurs.

de la voix du poète américain Mark Strand lisant des extraits de son cycle *The Sargeantville Notebook* rédigé en 1971 et paru deux ans plus tard. Très influencé par les poètes sonores suédois qu'il avait entendus l'année précédente, le compositeur a voulu en prolonger les travaux. Dans un article paru en 1989 aux Etats-Unis, Charles Dodge reconnaît volontiers le caractère artificiel des sons vocaux utilisés dans ses *Speech Songs* tout en soulignant l'adéquation de cette apparence peu naturelle et ambiguë avec la signification du poème et son humour. L'ubiquité suggérée dans la première ligne du premier poème : « *When I am with you, I am two places at once* » est illustrée par la voix parlée et transformée en chant par l'ordinateur. Proches à la fois de l'esthétique de la musique concrète de l'équipe de Pierre Schaeffer et de la fantaisie quasi-improvisée des poètes sonores, les *Speech Songs* illustrent comment ces deux domaines ont ensemencé le monde de la vocalité artificielle en transformant la voix en un matériau vocal mis au service de l'imagination poétique d'une part et de la rigueur formelle du monde musical d'autre part.

Charles Dodge prolongera cette expérience dans *In Celebration*, œuvre composée deux ans après les *Speech Songs* en 1975. Réalisée cette fois au Columbia University Center of Computing Activities et aux Nevis Laboratories, la pièce met de nouveau en musique un texte du poète américain Mark Strand. Deux sections décrivent l'évolution psychologique d'un personnage plongé dans un profond désespoir qui le laisse sans réaction entre terreur paralysante et torpeur maladive. La seconde partie prolonge l'apathie de la première, mais relate une prise de conscience de son état par le personnage. L'attente de la mort devient alors une célébration comme le suggère le titre de la pièce en progressant vers un rituel conscient. A la complexité de la première partie mettant en œuvre des glissandi, des transpositions et la prolifération chorale du soliste, la seconde oppose une texture plus apaisée et est structurée à la façon d'un choral avec des périodes clairement délimitées.

L'écoute attentive de ces deux pièces fait apparaître les difficultés rencontrées par Charles Dodge avec le rendu des transitoires. Si l'allure artificielle des voix est assumée par le compositeur comme une caractéristique stylistique en rapport avec le sens des textes, la cohérence musicale est souvent obtenue au prix d'une simplification du discours surtout justifiée par les limites du dispositif technique. L'esthétique oscille entre architecture musicale maîtrisée et improvisation. Elle met en scène avec insistance l'allure spectaculaire des sons synthétisés par la LPC.

Quelques années plus tard, en 1978 et 1979, la pièce pour bande seule de Paul Lansky *Six Fantasies on a Poem by Thomas Campion*, enregistrée en 1982, développe encore l'utilisation de la LPC appliquée à la voix. Le travail d'écriture dans le langage informatique Fortran dure un an et demi. Même si le taux d'échantillonnage n'est que de 14 kHz, Paul Lansky estime que « [...] la musique semble encore émerger, et que cela ne sonne pas antique [...][41]. » Le poème de Campion propose une recherche sur la « versification quantitative » dans laquelle le contrôle de la succession des voyelles est particulièrement important. Les six fantaisies correspondent à autant d'interprétations musicales différentes par le compositeur d'une lecture unique à haute voix du poème par l'actrice Hannah MacKay. L'intention principale de Paul Lansky est de rendre explicite

> la musique implicite dans une lecture poétique si bien que la lecture elle-même, à la fin, est explicitement musicale[42].

Cette première fantaisie triple le discours sur trois transpositions différentes des hauteurs originelles. Les résultats des trois synthèses sont mixés ensemble. Les enveloppes de hauteur suivent des mélodies parallèles, mais les intervalles de transposition sont modifiés plusieurs fois dans le poème. Les profils rythmique et mélodique sont ainsi conservés. La seconde fantaisie utilise deux versions différentes de la lecture resynthétisée sur des mélodies en contrepoint. Les voix se rejoignent à la fin des vers sur une seule hauteur qui se prolonge, formant une structure mélodique d'un niveau supérieur. La coda rassemble toutes les notes tenues dans une paraphrase de la chanson de Campion *Tune my music to thy heart*. Dans la troisième fantaisie *Her reflection*, la voix est utilisée dans un contexte résonant complexe faisant appel aux procédés de réverbération et aux filtres résonants. La parole synthétique voisée ou non-voisée ainsi que la voix enregistrée passent dans de larges banques de filtres en peigne (18 double-filtres en peigne avec boucles de rétroaction sont sollicités). Les courbes d'amplitude et de fréquence fondamentale de la voix d'origine sont encore perceptibles, mais la parole est le plus souvent inintelligible, noyée dans une texture très dense. L'énonciation des notes est déformée dans la quatrième fantaisie dans une section de type choral tout en se rapprochant de l'émission des chanteurs de jazz. La programmation ressemble à celle de la deuxième fantaisie afin de permettre la polyphonie, mais ici, la hauteur originelle de la voix enregistrée n'est pas respectée. Grâce à un dispositif de filtres en peigne similaire à celui utilisé dans la troisième fantaisie, la mise en valeur des consonnes et surtout des plosives de la parole murmurée transforme la cinquième fantaisie en motifs rythmiques percussifs et répétitifs. Enfin, selon le compositeur, « la sixième et dernière fantaisie s'attache à créer un mélodrame[43] »

• 41 - Paul Lansky, sans titre, in notice du disque *Ohm*, CD, Ellipsis Arts, 3673, 2000, p. 70. Traduction de l'auteur.

• 42 - Charles Dodge, Thomas A. Jerse, *op. cit.*, p. 240. Traduction de l'auteur.

• 43 - Paul Lansky, *Le compositeur et l'ordinateur*, note de programme du concert du 17 février 1981, Ircam-Centre Georges Pompidou, serveur de la médiathèque de l'Ircam, consultation interne uniquement, n. p.

avec une texture formée de voyelles issues de la voix enregistrée et longuement maintenues. Dans l'ensemble de cette pièce, le compositeur démontre donc non seulement la richesse des possibilités musicales de la LPC, mais il utilise également des filtres en peigne sophistiqués.

Autre méthode, l'analyse-synthèse par FFT est basée sur la transformée de Fourier rapide. Implémentation la plus habituelle de la DFT[44], la FFT a été développée par James Cooley et John Tukey et a rendu possible l'analyse spectrale sur un grand nombre de systèmes et dans un vaste domaine d'applications. Si les résultats de la DFT et de la FFT sont identiques : une analyse spectrale du signal, la deuxième méthode s'avère beaucoup plus rapide du fait de l'amélioration apportée dans l'organisation des calculs nécessaires. A partir d'une analyse rapide de Fourier des ondes sonores issues de la parole, et en-dehors de la resynthèse à partir d'outils informatiques, des expériences intéressantes ont été tentées afin de reconstituer la voix d'origine avec les instruments traditionnels (tentatives inspirées de l'école spectrale française). Les différents partiels donnés par l'analyse FFT sont tout d'abord retranscrits dans une notation lisible par les instrumentistes. Les hauteurs et les durées sont réduites aux notes d'une gamme et aux valeurs rythmiques interprétables par un musicien. L'approximation peut être plus ou moins éloignée du signal originel afin de faciliter le jeu.

Clarence Barlow a développé cette technique[45], qu'il a appelée « syntrumentation », en 1981 pour *Im Januar am Nil*, une œuvre pour ensemble de chambre. Le matériau sonore analysé est constitué d'une série de phrases en allemand. Le compositeur a pris soin d'éviter les sons bruités comme les fricatives et les plosives. En tout, environ 200 mots ont été instrumentés à partir de l'approximation scalaire des partiels contenus dans leur vocalisation. La qualité du résultat dépend des performances du suiveur d'enveloppe de hauteur et de partiels. La version remaniée de *Im Januar am Nil* a été créée à Paris en juin 1984 par l'ensemble L'Itinéraire. La difficulté d'une telle technique vient bien évidemment du timbre des instruments. La synthèse additive suppose une somme de sons purs, des sons sinusoïdaux. Or le timbre d'un instrument est un son complexe composé de multiples partiels, harmoniques ou non, et de bruit (notamment pendant l'attaque). Synthétiser un son à partir de sons complexes produit donc un nombre considérable de partiels non désirés et des artefacts pour la plupart incontrôlables. Si le procédé s'éloigne de la rigueur scientifique élémentaire, le modèle proposé s'avère néan-

• 44 - *Discrete Fourier Transform.*

• 45 - Clarence Barlow, « Concernant l'Analyse Spectrale de la Parole (Dans un but de resynthèse ultérieure pour instruments acoustiques) », in *Analyse en musique électroacoustique, Actes de l'Académie Internationale de Musique Electroacoustique de Bourges de 1996*, Actes II, Bourges, Mnémosyne, 1997, p. 82-88.

moins d'une richesse très intéressante. Elargir la palette des couleurs instrumentales ne pouvait que lui donner plus de liberté pour agencer sa syntrumentation. L'expérience fut tentée par le même compositeur avec cette fois un grand orchestre dans *Orchidée Ordinariè* en 1989. Les cordes, divisées en 28 parties, ont le rôle de synthétiseur, rôle facilité par l'homogénéité des timbres. Barlow a ensuite mis en œuvre un ensemble de programmes informatiques (le réseau de programmes *Lingua Armata*) dont la caractéristique la plus intéressante est la synthèse « Spectastique », une technique proche de la stochastique. Les spectres des phonèmes sont utilisés comme des courbes à distribution stochastique : l'amplitude de chaque note est définie en tant que degré de probabilité de la hauteur de cette note. Si la densité des notes est suffisante pour former des nuages de sons, le timbre résultant s'approche alors de celui du phonème à l'origine du spectre. *Lingua Armata* a été utilisé par Barlow dans sa pièce *Farting Quietly in Church* en 1994.

Dans une analyse par transformation de Fourier, la durée de la fenêtre d'analyse et son pas d'avancement sont choisis une fois pour toutes dans l'intention d'obtenir le meilleur résultat possible (richesse et précision dans l'évaluation des composantes spectrales) sur le fragment sonore à traiter. Le choix de ces valeurs dépend de la qualité percussive et de la hauteur du signal appliqué à son entrée. Une fenêtre étroite et un pas d'avancement réduit s'appliqueront sur un signal percussif aigu (une frappe sur une caisse claire par exemple) de façon à générer des analyses rapprochées et peu étendues pour éviter d'écraser les transitoires. Par contre, il convient d'augmenter la durée de la fenêtre et le pas de son avancement lorsque l'analyse porte sur un son grave et stable (par exemple une note tenue de contrebasse). Des difficultés insurmontables surgissent donc lorsque le signal est percussif et grave ou stable et aigu. Une solution consiste à indexer la largeur de la fenêtre sur la hauteur des éléments spectraux à analyser. Ainsi, là où les méthodes de Fourier traditionnelles mesuraient l'énergie moyenne le long d'une fenêtre dont la durée restait constante, ce procédé, dit « analyse par ondelettes[46] » donne un aperçu plus exact du spectre du signal d'entrée[47]. L'analyse des sons percussifs contenant des transitoires bénéficie des ondelettes courtes (hautes fréquences) tandis que les sons tenus riches en partiels sont finement analysés par des ondelettes plus longues (basses fréquences). Rapprochant la méthode des ondelettes de celle des grains de Gabor, Jean-Claude Risset, l'un de ses principaux promoteurs, affirme :

• 46 - Une ondelette est un signal sinusoïdal dont l'attaque et l'extinction de l'enveloppe d'amplitude sont à pente douce et qui servira à former la fenêtre d'analyse.

• 47 - La transformée par ondelettes a été développée à la fin des années 1980 à l'université de Marseille pour des apllications scientifiques en physique et en acoustique. (Richard Kronland-Martinet, « The Wavelet Transform for Analysis, Synthesis and Processing of Speech and Music Sounds », *Computer Music Journal*, volume 12, n° 4, 1988, p. 11-20.)

> Si on choisit un accord de septième de dominante, on peut entendre clairement la qualité de septième de dominante dans un son de voix reconstitué avec une grille d'analyse chromatique. Au stade actuel de nos recherches [en 1994], les résultats obtenus sont très proches de l'« échantillonneur algorithmique » beaucoup plus performant qu'un échantillonneur classique qui ne donne pas toujours des résultats satisfaisants. Ces études permettent d'étendre les qualités des sons afin d'éviter, par exemple, l'effet « Donald Duck » de la voix dès qu'on s'écarte trop du son d'origine[48].

Malheureusement, cette méthode d'analyse, si elle offre des résultats plus satisfaisants pour les musiciens, demande des ressources informatiques souvent prohibitives. Lorsque le temps de calcul est primordial, par exemple pour le temps réel, les méthodes basées directement sur la transformée de Fourier sont préférables. Par ailleurs, d'autres méthodes ont été recherchées par les scientifiques, notamment en vue d'applications musicales relatives à la vocalité artificielle. Puisque la fenêtre d'analyse influe directement par sa largeur et son pas d'avancement sur la qualité du résultat de l'analyse et donc sur les possibilités musicales offertes aux compositeurs et que l'indexation de ces paramètres sur ceux du signal d'entrée est manifestement essentielle, pourquoi ne pas ancrer la fenêtre sur la période du signal à analyser ? C'est ce qui est réalisé dans la méthode PSOLA.

La méthode PSOLA[49] est une technique décrite scientifiquement pour la première fois dans la thèse de doctorat inédite de Francis Charpentier soutenue à l'Ecole Nationale Supérieure des Télécommunications en 1988[50] puis développée pour des applications musicales et plus spécifiquement de musique vocale à l'Ircam dans la décennie suivante par Geoffroy Peeters au sein de l'équipe Analyse-Synthèse dirigée par Xavier Rodet[51]. A cette époque, Philippe Manoury fréquente déjà les studios de l'Ircam depuis plus de dix ans où il est entré comme compositeur en recherche en 1981 pour travailler sur le suivi des comportements instrumentaux en temps réel. Ces recherches musicales dont la partie informatique a été développée notamment par Thierry Rossinot s'appuient sur la technologie de la 4X et donnent naissance aux quatre pièces du cycle *Sonus ex machina* (*Jupiter*, *Pluton*, *La Partition du Ciel et de l'Enfer*, *Neptune*). Au début des années 1990, le compositeur cherche à appliquer ces techniques à la voix en composant *En écho* (1993-1994) pour soprano et électronique. Cette fois, c'est la voix de la chanteuse qui

• 48 - Jean-Claude Risset, « Jean-Claude Risset », *Les cahiers de l'Atelier Créatif de Musique Electroacoustique*, interview réalisé par Stephan Dunkelman, n° 154, août 1994, p. 27.

• 49 - *Pitch Synchronous Overlap Add.*

• 50 - Francis Charpentier, *Traitement de la parole par Analyse/Synthèse de Fourier, application à la synthèse par diphones*, Thèse de doctorat, ENST, Paris, 1988.

• 51 - Geoffroy Peeters, « Analyse et synthèse des sons musicaux par la méthode PSOLA », in *Actes des Cinquièmes Journées d'Informatique Musicale*, journées de La Londe-les-Maures, 5-7 mai 1998, publiés à Marseille, Publications du LMA, n° 148, 1998, p. G4-1-G4-6.

est suivie en temps réel par le système informatique, ce qui autorise un contrôle parfaitement synchronisé des dispositifs de synthèse et de traitement du signal. Le signal engendré par la voix chantée étant très complexe, le suivi en temps réel se révèle très difficile à réaliser, mais des résultats convenables sont cependant obtenus grâce à la puissance du logiciel Max. A propos de son œuvre *En écho*, Philippe Manoury affirme :

> Après avoir travaillé sur différents modes interactifs possibles entre le monde instrumental et celui des nouvelles technologies informatiques, la question de la voix devait nécessairement se poser à moi. La voix n'est pas un instrument à proprement parler ; en effet, sa production sonore ne dépend pas de mécanismes artificiels. Il s'agit donc, dans le cas présent, de capter un signal sonore – extrêmement complexe et variable – et de le synchroniser avec un ordinateur[52].

En 1998, l'Opéra Bastille de Paris commande une œuvre lyrique à Manoury. Les progrès de l'analyse/synthèse lui permettent alors de développer encore la place de la musique informatique et surtout lui offrent l'opportunité d'intégrer pleinement la vocalité artificielle à la dramaturgie de son second opéra : *K.* En effet, si la spatialisation y est présente[53] et renforce la notion kafkaïenne d'étouffement par un enfermement de l'auditeur dans un maillage mouvant, notamment à la fin de l'œuvre, le compositeur avait également besoin de chœurs virtuels dans plusieurs passages de l'opéra de façon à étendre les possibilités expressives de la voix humaine. Différents essais de techniques de synthèse pour la voix chantée solo ne donnant pas de résultats satisfaisants, Manoury décide de superposer plusieurs voix solistes virtuelles dans un chœur virtuel. La solution est trouvée avec la méthode PSOLA[54]. Les chœurs sont donc synthétisés en temps réel par une adaptation de PSOLA réalisée à l'Ircam par Norbert Schnell dans l'environnement jMax[55]. L'un des prin-

---

• 52 - Philippe Manoury, sans titre, notice du disque *Philippe Manoury, Neptune, En écho*, CD, Accord, Musica, 206762, 1998, p. 4.

• 53 - La spatialisation sur 16 canaux a été créée spécifiquement à partir du Spatialisateur de l'Ircam par Véronique Larcher et Olivier Warusfel. Par exemple, la scène de la cathédrale (séquence 11) dans laquelle K. (le personnage) rencontre l'aumônier de la prison fait entendre une véritable recréation de l'ambiance acoustique d'une grande église, non pour suggérer le recueillement, mais pour accentuer l'impression de vertige mental du personnage principal confronté à l'incompréhensible. Trois acoustiques virtuelles sont utilisées simultanément : proche, médium et lointaine.

• 54 - Norbert Schnell, Geoffroy Peeters, Serge Lemouton, Philippe Manoury, Xavier Rodet, « Synthesizing a choir in real-time using Pitch Synchronous Overlap Add (PSOLA) », in *Proceedings International Computer Music Conference (ICMC) 2000*, San Francisco, Computer Music Association, 2000, reproduit in *Veille technologique* n° 18 du Forum de l'Ircam, Paris, Forum de l'Ircam, 2000, p. 34-40.

• 55 - Environnement libre multi-plate-forme de programmation graphique pour l'interaction musicale temps réel développé par l'Ircam.

cipaux avantages de cette méthode convenant bien aux sons harmoniques comme les voyelles est la préservation de l'enveloppe spectrale (notamment de la position des formants) lorsque la hauteur est modifiée pour une occupation du processeur relativement réduite. En réalité, la synthèse n'est pas produite *ex nihilo*, mais à partir de l'analyse de fragments vocaux spécialement composés, chantés et enregistrés par des membres du chœur de l'opéra de Paris et par des enfants dans les studios de l'Ircam.

Le chœur virtuel est constitué d'autant d'interprètes imaginaires que l'ordinateur peut en générer, et un ensemble complexe d'interactions entre ces voix en rend la production musicale réaliste. Les règles décrivant les relations entre les membres du chœur concernent les légers décalages temporels, les intonations différentes, les timbres de chaque choriste, le rapport d'amplitude entre consonnes et voyelles, et les accentuations placées à des endroits parfois différents selon l'interprète. Ces interactions ont été déterminées à partir de l'étude de chœurs réels et constituent une sorte de chef de chœur virtuel. La synthèse se fait grain après grain, période après période puisque le principe de PSOLA repose sur un fenêtrage calé sur la période du signal analysé ou synthétisé. La synthèse du chœur virtuel comprend donc trois étapes représentées sur la figure ci-après :

— le contrôle général du chœur par un chef virtuel ;

— le contrôle de chaque voix à partir des données fournies par l'analyse et modifiées par les commandes en temps réel ;

— la synthèse elle-même qui n'intervient qu'à la fin du processus.

Document 7

Les trois étapes de la synthèse du chœur virtuel de *K.*

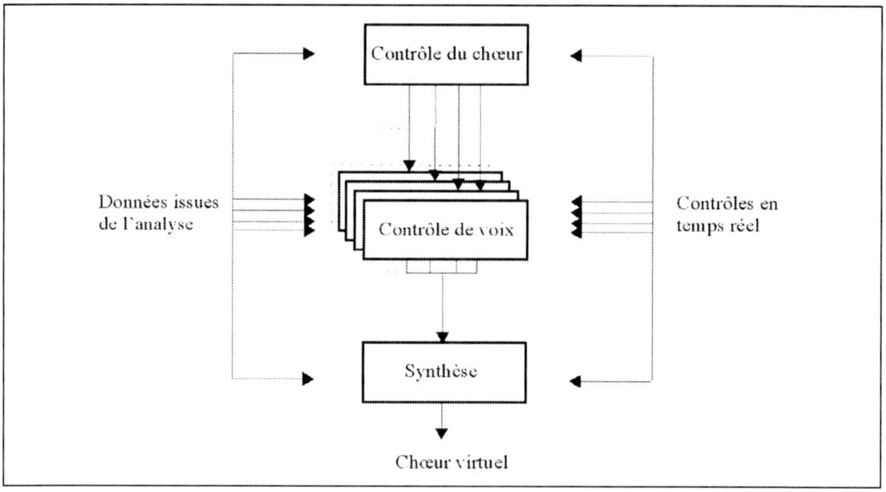

Le chœur virtuel étend les potentialités de l'expression chorale vers des registres, des timbres et une virtuosité inouïs. La spatialisation détache quant à elle la voix de son assise immuable dans l'espace en offrant au compositeur la possibilité de faire tournoyer les voix du chœur dans la salle. La synchronisation du dispositif informatique avec les interprètes réels est assurée par le lancement des événements informatiques à partir d'un clavier MIDI. Dans un article récent[56], Marc Battier donne un exemple très clair de la notation utilisée par le compositeur. Appartenant à la section XIB (séquence 11 correspondant à la scène de la cathédrale), la mesure 1889 contient deux événements informatiques. Le premier, déclenché par le *do*3 du clavier de contrôle, fait entendre un fichier de son constitué d'un accord formé de sons échantillonnés de bois, cuivres et gongs. Cet accord est renforcé par les cuivres de l'orchestre réel qui jouent au même moment. Le deuxième événement informatique déclenché par un *mi*4 joué sur le même clavier maître MIDI fait entendre le chœur virtuel synthétisé en direct et qui tient un accord jusqu'à l'entrée du personnage K., révolté par les paroles de l'aumônier, sur « *Der Türhüter hat also den Mann getäuscht !* ». Ailleurs, pour la neuvième séquence se déroulant dans l'atelier du peintre Titorelli, des fillettes virevoltent et leurs voix se confondent avec des chants d'oiseaux. Manoury a

> imaginé les petites filles comme des oiseaux en cage qui ne cessent pas de virevolter et de piailler dans l'atelier comme si elles étaient dans une volière[57].

Là encore, le dispositif informatique s'est nourri de l'analyse de sons concrets :

> Deux petites filles sont venues dans mon studio à l'Ircam. Je leur ai demandé de pousser les cris les plus stridents possibles et, avec Serge Lemouton, mon assistant, nous avons laissé tourner les magnétophones…[58]

PSOLA peut être considéré à la fois comme une méthode d'analyse/synthèse et comme une synthèse granulaire puisque la fenêtre d'analyse est sans cesse ajustée à la période du signal vocal. Contrairement à une analyse par transformée de Fourier classique, chaque fenêtre d'analyse représente un fragment cohérent et représentatif du signal analysé. Ce fragment peut donc être considéré comme un grain de son. Une nouvelle méthode – tirant les bénéfices des études menées à l'Ircam sur la synthèse additive et PSOLA – a vu le jour à la fin des années 1990 dans l'équipe analyse-synthèse de Xavier Rodet : la méthode SINOLA[59]. Le positionnement

• 56 - Marc Battier, « L'opéra et les technologies du son artificiel », *Analyse musicale*, n° 45, novembre 2002, p. 29-30.

• 57 - Philippe Manoury, *Va-et-vient, entretiens avec Daniela Langer*, Paris, Musica falsa, 2001, p. 132.

• 58 - *Ibid.*

• 59 - Geoffroy Peeters, Xavier Rodet, « SINOLA : A New Analysis/Synthesis Method using Spectrum Peak Shape Distortion, Phase and Reassigned Spectrum », in *Proceedings International Computer Music Conference (ICMC) 1999*, Pékin, Computer Music Association, 1999, p. 153-156.

des marqueurs de PSOLA permettant de délimiter chaque fragment sonore de l'analyse/synthèse est ainsi amélioré et l'utilisation de deux méthodes simultanées (additive et PSOLA) préserve mieux les caractéristiques locales du signal (transitoires, bruit aléatoire, etc.). Les possibilités de modifications du son généré sont également plus aisées.

Curtis Roads et la synthèse granulaire

La synthèse granulaire reprend le principe de fragments sonores adopté pour les échantillonneurs, mais cette fois, ils peuvent être beaucoup plus brefs et manipulés d'un grand nombre de manières. Ces « grains sonores » de durée variable prélevés sur le signal présent à l'entrée du système sont concaténés à l'aide de règles faisant intervenir des processus aléatoires en proportion plus ou moins grande. Le mécanisme de granulation extrait donc de petites portions de sons échantillonnés et leur applique un algorithme. Ainsi, les grains réorganisés temporellement forment par concaténation un nouveau son lié au signal source puisqu'il en est extrait. Mais l'ordre temporel des grains étant modifié, le rendu sonore est différent. Selon Curtis Roads, l'un des théoriciens les plus importants de la synthèse granulaire,

> la durée est généralement comprise entre 1 et 50 ms, mais peut également varier en dehors de cette fourchette[60].

Plus loin, il ajoute que des

> densités de centaines de grains par secondes peuvent être nécessaires pour créer des sons complexes et évoluant de manière dynamique[61].

Le compositeur peut régler la largeur des grains, c'est-à-dire leur durée. Si les grains sont extrêmement courts, l'auditeur ne peut pas reconnaître le son original. Par contre, la texture sonore devient très dense puisque la vitesse de granulation est plus élevée. Il est également possible de régler la durée pendant laquelle s'effectue le prélèvement des grains. Cette durée, cette largeur de fenêtre temporelle, doit évidemment être plus élevée que la durée des grains eux-mêmes. Plus cette fenêtre sera étroite et moins les phonèmes de la source seront reconnaissables. Le compositeur peut au contraire choisir de favoriser un certain niveau de compréhension des voyelles, des consonnes ou des syllabes en élargissant la fenêtre de capture des grains et leur durée.

Les possibilités de réglages ouvrent un espace créatif qui peut être développé en temps réel. L'intégration d'un mode de jeu sur la granulation pendant un concert est ainsi envisageable. Les œuvres sans doute les plus célèbres appliquant la

---

• 60 - Curtis Roads, « Introduction to Granular Synthesis », *Computer Music Journal*, volume 12, n° 2, 1988, p. 11. Traduction de l'auteur.

• 61 - *Ibid.*

synthèse granulaire constituent le triptyque de Paul Lansky : *Idle Chatter*, *just_more_idle_chatter* et *Notjustmoreidlechatter*, composé de 1985 à 1989. Pour ces trois pièces, le fond sonore est formé de phonèmes et de voyelles issus d'une synthèse granulaire. La première pièce, *Idle Chatter*, comprend des voyelles simulées grâce à une analyse/synthèse par prédiction linéaire et des consonnes constituées de masques rythmiques. L'ensemble est distribué aléatoirement et ne donne pas lieu à lecture sémantique. Le deuxième volet *just_more_idle_chatter* fait partie des sept pièces (*Inner Voices*) composées au Godfrey Winham Laboratory de l'université de Princeton entre 1987 et 1989. Ces pièces montrent l'efficacité d'une technologie avancée dans un contexte musical. Mais le compositeur, au lieu de se limiter à la facilité donnée par l'apparence spectaculaire de la synthèse vocale, met en place un discours musical dense qui éloigne le danger d'une simple exhibition d'une bonne simulation de la voix naturelle. Vers le milieu du troisième et dernier volet du triptyque, *Notjustmoreidlechatter*, la texture sonore progresse cette fois vers le premier plan et les mots deviennent presque intelligibles. Mais l'illusion d'une compréhension du sens d'un texte éventuel s'évapore rapidement et l'espoir d'appréhender la dimension sémantique est bientôt abandonné. La pièce a été synthétisée en 1988 sur les ordinateurs de l'université de Princeton.

Selon Barry Truax, l'inventeur canadien des programmes PODX[62], la granulation représente

> un outil unique pour explorer la complexité intérieure [des] sons, et pour créer un rapport entre cette complexité et la fonction symbolique dans l'expérience d'écoute de l'auditeur[63].

Sa pièce *The Wings of Nike*, composée en 1987 pour servir de bande originale au film d'animation de synthèse *Winged Victory of Samothrace* comprend trois mouvements : *Album*, *Scherzo* et *Coda*. Le second mouvement est basé sur la granulation de la voix humaine. En variant la densité, la proportion de recouvrement et la présentation aléatoire de ces grains, le compositeur constitue un flux sonore pour lequel l'origine vocale est indécelable. La dernière section de ce second mouvement présente le matériau granulaire de la voix humaine enregistrée dans un relatif appauvrissement de la texture. Moins dense, ce passage permet d'entendre individuellement les blocs sonores à l'origine de la composition. Le troisième et

• 62 - Les premiers programmes aboutis de synthèse en temps réel de Barry Truax, les POD4, POD5 et POD6 datent de 1972-1973. En 1986, la synthèse granulaire fait son apparition dans les PODX.

• 63 - Barry Truax, « Le symbolisme électroacoustique dans Powers of Two : The Artist », traduction de l'anglais par Justice Olsson, in *Analyse en musique électroacoustique, Actes de l'Académie Internationale de Musique Electroacoustique de Bourges de 1996*, Actes II, Bourges, Mnémosyne, 1997, p. 190.

dernier mouvement, *Coda*, contrastant avec le *Scherzo* qui faisait entendre de lentes évolutions du timbre, est plus rythmique. Les mêmes grains vocaux sont présentés, mais de manière syncopée et de plus en plus dense.

Ainsi, le passage du stade des découvertes scientifiques, technologiques et machiniques à celui de la création artistique musicale décrit un parcours complexe dont certaines étapes sont cruciales dans la compréhension des enjeux de la vocalité artificielle. Ce parcours s'est ouvert sur un rêve non réalisé, celui de Varèse au début du XXe siècle. Son projet de laboratoire situé dans les locaux de la compagnie Bell aux Etats-Unis lui aurait permis de transformer les machines en outils de composition à partir des sons artificiels. Malheureusement, les circonstances en décidèrent autrement. Ce n'est qu'au début des années 1950 que de véritables laboratoires accueillant des compositeurs et permettant la création de musique composée à l'aide de machines voient le jour, notamment à Paris, Cologne et Milan. Les styles sont alors très différents et s'avèrent directement liés aux technologies employées. Mais une étape technologique essentielle est franchie avec l'utilisation des calculateurs numériques à des fins musicales. Deux voies sont alors explorées : la première consiste à composer des partitions avec des ordinateurs, la deuxième concerne plus directement le travail du son, notamment le matériau lié à la vocalité, puisqu'il s'agit de manipuler ou même de fabriquer des sons avec les processeurs numériques. Très rapidement, l'informatique musicale offre de puissants outils aux compositeurs intéressés par la vocalité artificielle et de nombreux modèles déclinés en méthodes différentes voient le jour. De façon à mieux baliser ce domaine, une classification de ces modèles en deux catégories était nécessaire, ceux qui observent la voix comme un modèle extérieur d'une part, et ceux qui analysent des fragments de voix pour générer des paramètres permettant de produire un signal d'autre part. Les modèles de la première catégorie ne se servent pas de la voix comme matériau physique à manipuler, mais comme d'un objet à comprendre et à interpréter. Le peintre procède de la même façon lorsqu'il travaille à partir d'un modèle. Il se l'approprie intellectuellement. Par contre, les techniques issues des modèles de la deuxième catégorie manipulent les signaux vocaux pour les rendre malléables comme le potier malaxe l'argile pour en tirer des formes nées de son imagination.

Si la complexité de la vocalité, c'est-à-dire de la qualité vocale d'un matériau sonore, rend encore difficile sa fabrication *ex nihilo* du point de vue matériel, par exemple avec la modulation de fréquence, l'une des méthodes les plus innovantes de l'analyse/synthèse reste sans conteste PSOLA. Sa puissance est telle que non seulement il est possible d'envisager la manipulation d'un chœur virtuel réaliste et non plus d'une ou de plusieurs voix individuelles caractérisées, mais aussi son contrôle. Ce chœur virtuel a été expérimenté avec succès dans un genre exigeant dans sa mise en place dramaturgique : l'opéra, et avec une spatialisation sophistiquée. Cependant, une telle réussite dans le passage de la machine à la création ne doit pas masquer une interrogation importante du point de vue de la musicologie sur les relations qu'entretiennent les compositeurs avec les outils technologiques. Plus précisément, lorsque deux compositeurs majeurs s'approprient le même outil, leurs styles respectifs en sont-ils influencés d'une manière importante ?

Chapitre 3

Du programme CHANT aux œuvres musicales

Comment un même outil, en l'occurrence le programme CHANT[1], peut-il donner naissance à plusieurs œuvres qui, si elles comportent certains invariants, n'en diffèrent pas moins par d'autres éléments ? Deux œuvres majeures, qui jalonnent la création à l'Ircam dans les années 1980 et qui utilisent la même technologie, seront convoquées pour étayer l'affirmation suivante : si le type d'outil employé influence sans doute la création, il ne provoque pas de clichés sonores – lorsque le compositeur et ses assistants maîtrisent parfaitement l'outil – par lesquels il serait aisé de déterminer la technologie utilisée. Plus généralement, la relation entre le style musical et la facture électronique se caractérise-t-elle par une grande souplesse et ne dessine-t-elle pas une carte univoque de le vocalité artificielle ? Au contraire, les préoccupations des compositeurs ne sont-elles pas situées sur un plan plus élevé ? Dans quelle mesure la technologie est-elle transcendée par l'art ? Mais avant de se demander comment un procédé technique peut influencer le résultat artistique, il est nécessaire de décrire son évolution, de le situer dans son contexte et surtout de montrer son intérêt musical, et pourquoi les compositeurs l'ont adopté si rapidement.

De VOICE à CHANT

La méthode des fonctions d'onde formantique (les FOF) est surtout connue par l'intermédiaire de son utilisation dans CHANT. De façon à éviter un malen-

• 1 - Il s'agit de produire un signal dont le spectre contient des zones particulièrement énergétiques. Ce résultat peut être obtenu, dans le cadre de la méthode soustractive, à partir d'un signal de bruit passé à travers un banc de filtres. Pourtant, il est souvent préférable de ne pas utiliser des filtres, mais d'opter pour des oscillateurs qui sont plus aisés à simuler et à contrôler finement dans un programme informatique. Les propriétés particulières aux filtres, comme la pente ou la résonance, ne sont pas utiles directement pour le contrôle des formants alors que les FOF possèdent par nature les différentes propriétés formantiques.

tendu fréquent dans les milieux musicaux, il convient tout d'abord de préciser le statut de CHANT. Si la LPC ou la FFT sont des méthodes générales donnant accès au modèle de l'analyse/synthèse par l'intermédiaire de nombreux programmes informatiques, il n'en est pas de même pour CHANT d'abord appelé VOICE. Il n'est pas inutile de rappeler qu'il s'agit cette fois du nom du programme informatique lui-même et non de celui d'une méthode ou d'un modèle.

Les recherches sont commencées par Gerald Bennett, Johan Sundberg et Xavier Rodet en décembre 1978 à l'Ircam. Le point de départ du travail est le système de synthèse vocale SARA développé par Xavier Rodet au CEA de Saclay. A partir d'un fichier texte, le programme recherche les phonèmes et la prosodie puis calcule le signal sonore correspondant. Déjà, le système est entièrement logiciel et utilise des FOF décrites par Xavier Rodet en 1979[2]. Développé pour la voix chantée, CHANT est conçu à l'Ircam à partir de 1980 et documenté en 1984 dans un texte[3] signé par Rodet, Potard et Barrière alors dans la même équipe de recherche à l'Ircam. Dans le programme CHANT, plusieurs étapes sont nécessaires afin de procéder à la synthèse :

— la lecture d'un ou plusieurs fichiers de paramètres décrivant la fondamentale et les formants ainsi que leurs variations temporelles ;

— les modifications de ces paramètres par essai et erreur jusqu'à l'obtention du son désiré ;

— le son décrit par les paramètres est synthétisé[4] selon la méthode FOF, période après période ;

— la sauvegarde des paramètres définitifs dans un fichier. Il est ainsi toujours possible de resynthétiser le signal à partir de ce fichier qui le décrit entièrement.

Lorsque le processus est terminé, le son peut être écouté à volonté. En 1981, le programme CHANT est implémenté à l'université de Stanford sur la Samson-Box du CCRMA dont le directeur, John Chowning, est l'un des pionniers de la musique informatique. La Samson-Box pouvant calculer environ 200 FOF simultanées, la synthèse est d'une bonne qualité et de nombreuses expériences sont alors réalisées sur les timbres des sons musicaux. L'interpolation de l'amplitude et de la fréquence fondamentale entre les échantillons successifs du signal d'excitation

• 2 - Xavier Rodet, « Time-Domain Formant-Wave-Functions Synthesis », in *Actes du NATO-ASI Bonas*, juin 1979. Deuxième parution sous le même titre consultée dans *Computer Music Journal*, volume 8, n° 3, 1984, p. 9-14.

• 3 - Xavier Rodet, Yves Potard, Jean-Baptiste Barrière, *CHANT, de la synthèse de la voix chantée à la synthèse en général, Rapport de recherche Ircam*, 35/85, Paris, Ircam, 1985.

• 4 - Certaines règles ont été implémentées pour simplifier le travail de l'utilisateur en liant automatiquement plusieurs paramètres entre eux. Par exemple, l'amplitude et la largeur des formants dépendent de leurs fréquences centrales.

étant pris en charge par la Samson-Box, la variation des paramètres est possible sans risque d'apparition d'une discontinuité. Toujours au début des années 1980, le programme CHANT est également installé sur un ordinateur VAX du centre de recherche et de production musicale EMS[5] de Stockholm par Jean Holleville. En 1984, en parallèle au synthétiseur FOF, est ajouté un banc de filtres qui effectuent des traitements puissants sur les sons synthétisés ou des sons extérieurs. Un étage d'interpolation linéaire est également inséré entre l'entrée des paramètres de contrôle et le synthétiseur FOF afin d'économiser le flux des données de contrôle. Un environnement plus convivial est élaboré en 1986 sous Lisp pour constituer des bibliothèques de processus musicaux : FORMES. Cet environnement déchargeait le compositeur des difficultés d'accès et de compréhension des modèles de synthèse. La description du son et de ses transformations devenait ainsi plus musicale. En 1989, CHANT est réécrit en langage C sous UNIX par Francisco Iovino. Il devient polytimbral et polyphonique. CHANT est intégré en 1990 au nouveau programme de Composition Assistée par Ordinateur de l'Ircam : Patchwork (qui sera suivi d'OpenMusic, également développé à l'Ircam).

Selon Julius Orion Smith[6], CHANT propose une variante de la synthèse formantique et peut donc être classé dans les modèles spectraux. Par ailleurs, le synthétiseur vocal Klatt est un autre exemple de synthèse formantique ainsi que VOSIM, mais ce dernier recherche des coûts de calcul moindres. CHANT utilise cinq sinusoïdes exponentiellement décroissantes accordées sur les fréquences formantiques appliquées dans une fenêtre qui avance tout en se recouvrant. Son intérêt est d'utiliser un signal d'excitation multiplié par une enveloppe formantique. Un problème vient du fait que les voix réelles ne sont pas parfaitement périodiques, en particulier lorsque la fermeture de la glotte n'est pas complète. Dans ce cas, les harmoniques aiguës se rapprochent plus de bandes de bruit que de fréquences harmoniques sous forme de sinusoïdes. Un bon modèle spectral doit donc pouvoir produire des zones bruitées dans le spectre de la voix. Des démonstrations spectaculaires de la validité du projet ont été tentées, comme la synthèse de l'air de la Reine de la Nuit de *La Flûte enchantée* de Mozart. Mais les premiers travaux d'envergure réalisés par des compositeurs ont commencé dès 1980 à l'Ircam. C'est à cette époque que le compositeur anglais Jonathan Harvey a recours à CHANT pour synthétiser et manipuler le son d'une cloche et une voix de jeune garçon dans sa pièce *Mortuos Plango, Vivos Voco.*

• 5 - *Electroacoustic Music in Sweden.*

• 6 - Julius Orion Smith, « Viewpoints of the History of Digital Synthesis », in *Proceedings of the International Computer Music Conference*, San Francisco, Computer Music Association, 1991, p. 8.

Mortuos Plango, Vivos Voco (Jonathan Harvey)

Reconnu comme l'un des compositeurs anglais contemporains les plus importants par la qualité et l'ampleur de son œuvre et par la profondeur spirituelle de sa pensée, Jonathan Harvey est né en 1939. Il est à la fois l'héritier de la tradition sérielle qu'il a recueillie auprès d'Erwin Stein et de celle de la musique vocale anglaise, notamment de l'extraordinaire dynamisme des maîtrises et des chœurs d'église en Angleterre. Découvreur infatigable, il s'est passionné aussi bien pour les œuvres novatrices de Stockhausen auquel il a consacré un essai que pour les nouveaux outils technologiques qu'il a utilisés à l'Ircam tandis que la spiritualité de ses œuvres fait converger en toute liberté les traditions bouddhistes et chrétiennes, les philosophies orientales et occidentales. *Mortuos Plango, Vivos Voco*[7] se situe au carrefour de ces préoccupations structurelles, vocales, technologiques et spirituelles.

A la fin des années 1970, le fils de Jonathan Harvey, Dominic, alors âgé d'une dizaine d'années, était choriste dans la maîtrise de la cathédrale de Winchester, ville située au sud-ouest de Londres. Jonathan Harvey, lui-même ancien choriste du Saint Michael's College de Tenbury, avait déjà composé pour l'ensemble vocal de Winchester et avait souvent eu l'occasion d'écouter les enfants chanter. Parfois, les cloches de la cathédrale sonnaient alors que le chant s'élevait entre les voûtes. Ce mélange impromptu de la pureté des voix d'enfants et de l'appel des cloches avait fortement impressionné le compositeur et, invité par l'Ircam en 1980 à composer une œuvre utilisant l'informatique musicale, il se rappela cette expérience acoustique et choisit de mettre en musique cette rencontre de sources sonores dans une composition faisant appel à la voix de son fils et au son de la grande cloche ténor de la cathédrale de Winchester. *Mortuos Plango, Vivos Voco*, pour bande seule, a été réalisée avec l'aide de l'assistant musical Stanley Haynes. Créée le 30 novembre 1980 dans le cadre d'une journée Ircam au Festival de Lille, *Mortuos Plango, Vivos Voco* est devenue une œuvre de référence de la musique informatique et a été enregistrée plusieurs fois sur disque.

Des matériaux sonores concrets

La cathédrale de Winchester possède un carillon de douze cloches dont une cloche ténor en *do*. Celle-ci est refondue une première fois en janvier 1936 lorsque Edward VIII succède à Georges V. En décembre de la même année, la dédicace est modifiée suite à l'abdication d'Edward VIII en faveur de son frère Georges VI. Les mots « *Edwardi Octavi* » sont effacés et remplacés par « *Georgi Sexti* ». Du

---

• 7 - L'étude de cette pièce a bénéficié du soutien de l'Ircam et de l'aide chaleureuse du compositeur. Qu'il en soit ici vivement remercié. Une analyse hypermédia de cette œuvre a d'abord été réalisée en 2001 pour l'Ircam par l'auteur.

texte en latin qu'il est possible de lire actuellement sur la cloche, Jonathan Harvey n'a conservé que les premiers mots : « *Horas avolantes numero, mortuos plango : vivos ad preces voco* ». Ces paroles peuvent se traduire ainsi « Je compte les heures qui s'enfuient, je pleure les morts et j'appelle les vivants à la prière ».

Du point de vue acoustique, le son de la cloche, enregistré à Winchester, est inharmonique et possède deux caractéristiques importantes :

1 – Son enveloppe d'amplitude décroît de manière irrégulière dans le temps comme le montre le relevé[8] de mesure reproduit ci-dessous :

Document 1

Enveloppe d'amplitude, son de la cloche

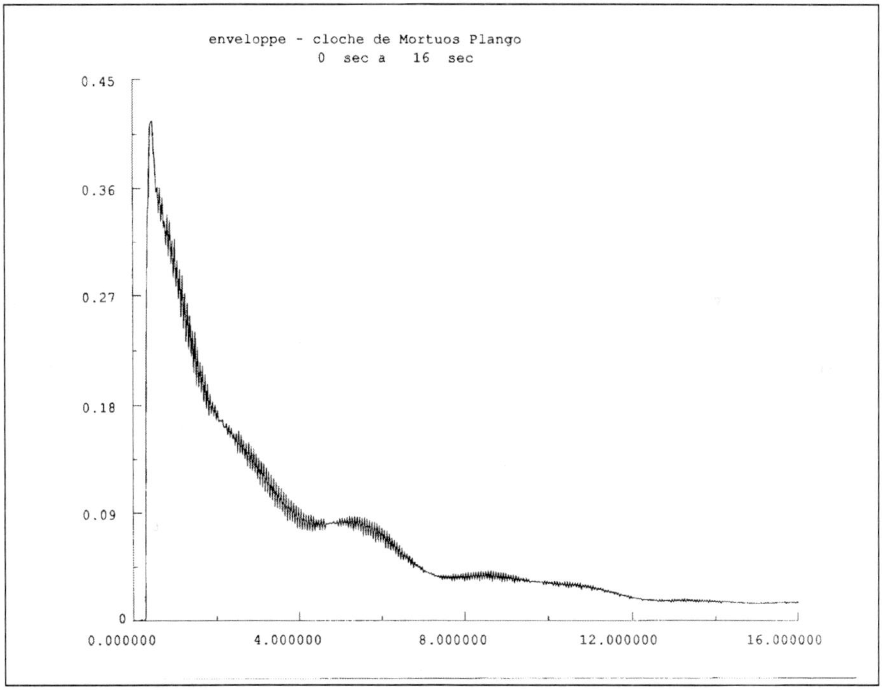

2 – La répartition spectrale de l'énergie n'est pas constante dans le temps car les partiels aigus décroissent beaucoup plus rapidement que les graves. Grâce aux manipulations rendues possibles par l'utilisation des outils informatiques, le compositeur inversera artificiellement cette propriété. La figure suivante représente

• 8 - Réalisé par Marc Battier à l'Ircam en 1987.

l'évolution dans le temps de la répartition de l'énergie en fonction de la fréquence. Il s'agit du son original et de la feuille de mesure de l'époque de la composition.

Document 2
Evolution des partiels (relevé de 1980)

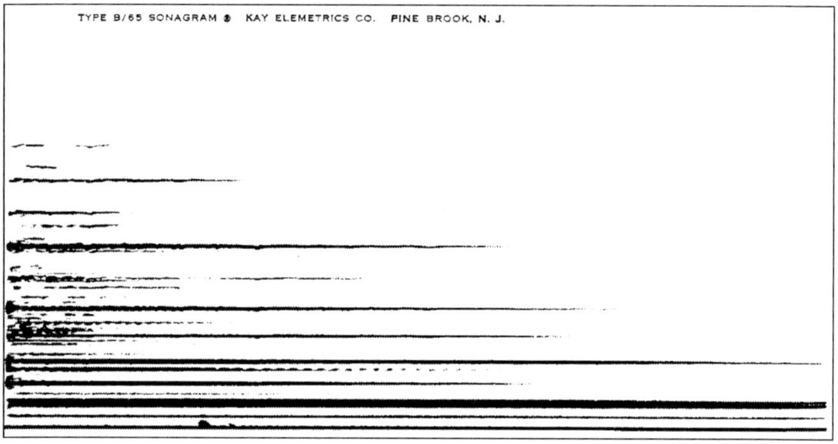

Afin de mettre en évidence les partiels les plus énergétiques, l'analyse a été refaite avec le logiciel AudioSculpt de l'Ircam. Sur la figure suivante, la note la plus proche de chaque partiel est indiquée.

Document 3
Partiels de la cloche et notes

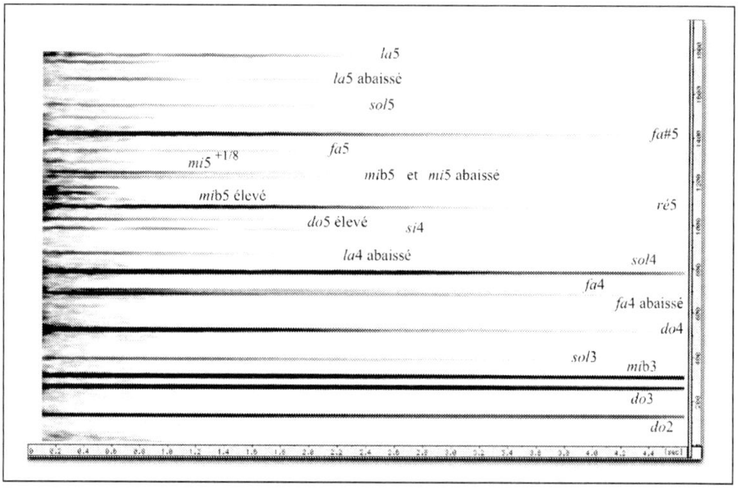

Le moment de la frappe contenant une grande énergie, de nombreuses notes sont alors entendues. Le compositeur les appelle des « *strike notes* », mais certaines d'entre elles disparaissent très rapidement. Il lui a donc fallu choisir à quel moment l'analyse serait effectuée. Après plusieurs essais, la décision a été prise de la réaliser 0,5 seconde après le début de l'émission sonore. Ainsi le son n'est plus perturbé par les transitoires de la frappe tout en n'étant pas encore assourdi par la disparition d'un grand nombre de partiels aigus. Jonathan Harvey a ensuite retenu *do*3 comme fondamentale et a utilisé les trente-trois premiers partiels. La note *do*2 située à l'octave inférieure est appelée par les acousticiens et le compositeur la « *hum note* ». Sur la partition de la figure suivante, apparaissent l'octave inférieure *do*2 en clé de *fa*, puis, en clé de *sol*, la fondamentale *do*3 et les vingt-deux premiers partiels du son de la cloche[9]. Sont également indiqués :

— l'octave de chaque note (*do*2 est le *do* de la deuxième octave...) et une approximation au huitième de ton ;

— la fréquence en Herz (*do*2 possède une fréquence de 130 Herz) ;

— le numéro du partiel (*mi*b3 est le premier partiel...).

Document 4

Les 22 premiers partiels de la cloche

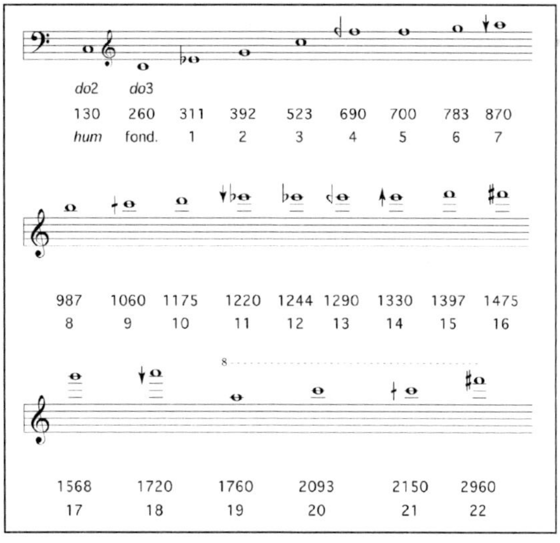

• 9 - Dans les exemples, les conventions d'écriture sont les suivantes :
– bémol inversé : - 1/4 de ton
– croix : + 1/4 de ton
– flèche ascendante : + 1/8 de ton
– flèche descendante : - 1/8 de ton

En réalité, une deuxième fondamentale est perceptible : *fa*3. En effet, même si cette note ne figure pas elle-même dans les partiels de la cloche, ses premières harmoniques s'y trouvent et induisent à l'audition cette fondamentale virtuelle. L'auditeur entend ainsi une sorte de « seconde fondamentale » *fa*3 à 347 Hz. Les troisième et quatrième sections de l'œuvre reposent sur cette deuxième fondamentale *fa*3 et son octave supérieure *fa*4.

Sur la figure ci-dessous, cette seconde fondamentale virtuelle est entourée et marquée d'une flèche. Les harmoniques de *fa* qui existent dans le spectre de la cloche sont également entourées.

Document 5

La seconde fondamentale de la cloche

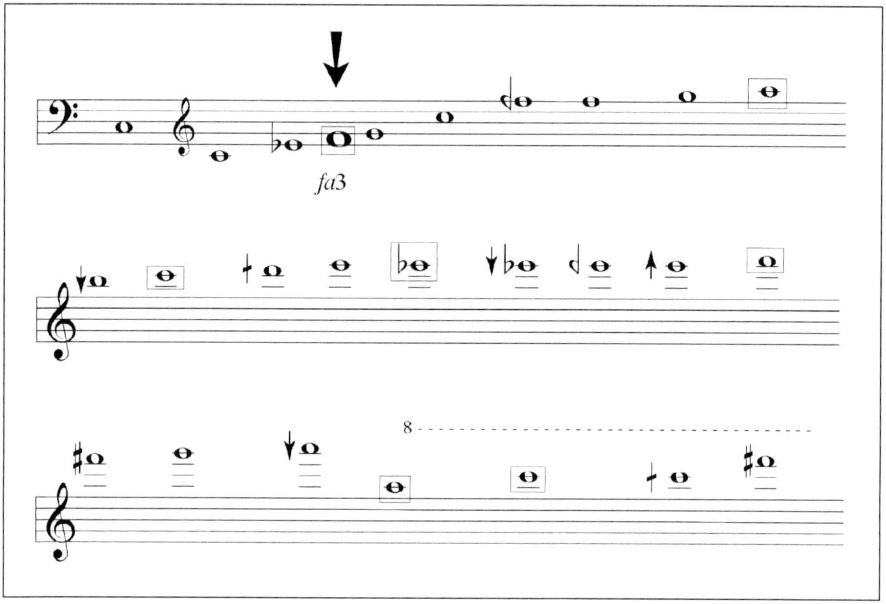

En résumé, le matériau musical prélevé dans la matière acoustique de la cloche est articulé sur :

— la fondamentale *do*3 à 260 Hz ;

— une *hum note* (un bourdon situé une octave sous la fondamentale) à 130 Hz (*do*2) ;

— une seconde fondamentale *fa*3, due à la richesse spectrale de la cloche, et qui possède une fréquence de 347 Hz.

Par ailleurs, le compositeur a élaboré un matériau vocal basé sur la voix d'un jeune garçon. Le texte « *Horas avolantes numero, mortuos plango : vivos ad preces voco* » gravé sur la cloche a été enregistré[10] cinq fois sur chacune des notes indiquées par la partition ci-dessous. L'ornement situé sur « *plango* » sera utilisé dans la quatrième section de l'œuvre.

Document 6
Texte chanté

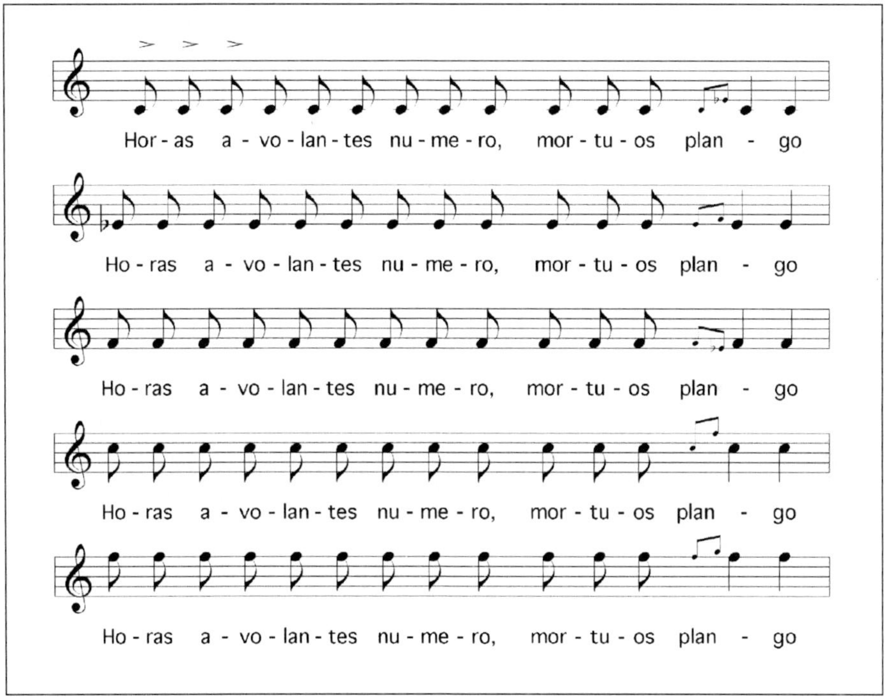

La voix du jeune garçon a également été enregistrée sur d'autres gestes vocaux de façon à faciliter le travail ultérieur du compositeur sur les machines de l'Ircam :

— chaque voyelle, consonne et diphtongue du texte a été chantée séparément sur quelques notes déduites des partiels de la cloche ;

— quelques consonnes provenant du texte : SH…, F…, S…, H(or)…, V…, R…, CH…, T… ;

— une courte mélodie chantée représentée page suivante.

• 10 - Par Dominic Harvey, le fils du compositeur.

Document 7

Mélodie chantée

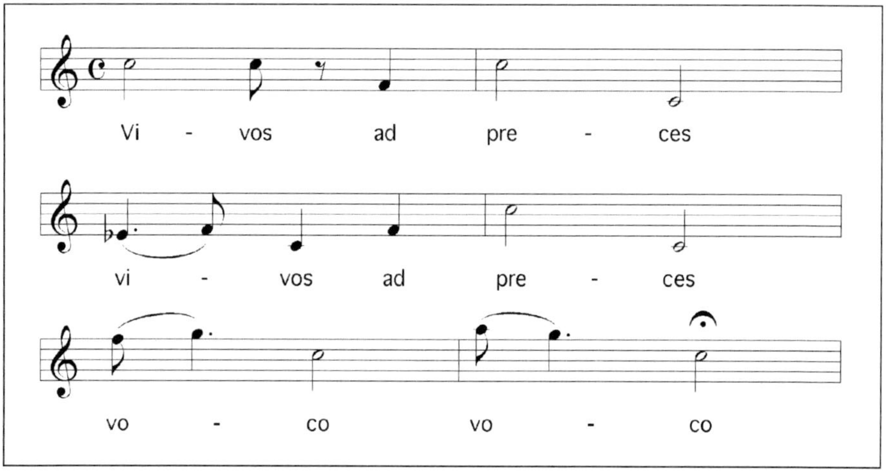

La voix a donc été enregistrée d'une part *recto-tono* et d'autre part sur une ligne mélodique aux intervalles variés et se déployant de la seconde majeure à l'octave. Pour manipuler ces matériaux et les intégrer dans la texture sonore, le compositeur a fait appel aux moyens disponibles à l'Ircam en 1980.

L'importance du choix des outils technologiques est ici primordiale, aussi bien pour les possibilités offertes au compositeur dans son travail d'élaboration que dans le résultat final entendu par l'auditeur. Les interfaces graphiques n'étant pas encore généralisées en 1980, les manipulations sur les logiciels de l'époque étaient souvent rendues fastidieuses par l'emploi d'une syntaxe complexe. Le rôle de Stanley Haynes a donc consisté à mettre en œuvre des procédures qui, si elles étaient alors parmi les plus avancées, n'en demeuraient pas moins difficiles d'accès pour un compositeur. Le premier outil technologique utilisé réalise l'analyse spectrale du son en déterminant l'emplacement et l'amplitude de sa fréquence fondamentale et de ses partiels. La transformée de Fourier rapide ou FFT est un algorithme calculant très rapidement cette décomposition d'un signal en ses composantes. Issue de l'université de Stanford, l'implémentation de la FFT propre à l'Ircam a rendu possible l'analyse spectrale du son de la cloche, procédure préliminaire à l'ensemble de la composition de *Mortuos Plango, Vivos Voco*. Le second outil est le programme de Max Mathews, Music V, qui permet l'enregistrement, la lecture de fichiers sons, la synthèse et le mixage. Grâce à Music V, les sons naturels ont été numérisés par échantillonnage et codage numérique, puis la lecture en boucle, la transposition, les glissandi et la modification de l'enveloppe d'amplitude ont été réalisés et stockés sous forme numérique. Par ailleurs, Music V a également été mis à contribution pour synthétiser des sons de cloches et de voix par le modèle additif dans lequel les sons proviennent de la somme de sinusoïdes judicieusement choisies pour leurs fréquences et leurs amplitudes.

Comment ces outils ont-ils été mis au service de la composition ? A partir de l'analyse FFT, les partiels de la cloche synthétique ont été synthétisés avec des enveloppes d'amplitude choisies par le compositeur. Chaque partiel possédant sa propre enveloppe, la durée des partiels a également pu être modifiée. Les partiels graves, naturellement plus longs, ont ainsi pu être rendus plus brefs que les partiels aigus. Toutes les données relatives aux partiels étant mémorisées et classées dans la mémoire de l'ordinateur, Music V a ensuite permis de générer des transpositions, des compressions ou des rétrogradations temporelles. L'écoulement du temps a donc pu être inversé et la lecture des fichiers sons aller et venir librement à vitesse variable dans les deux sens. Plus finement, une enveloppe d'amplitude ménageant une attaque et une extinction progressives (*fading*) sur quelques échantillons a été mise en place de façon à éviter les bruits parasites (clics) au moment du départ et de l'arrêt de chaque lecture. Différents effets ont été obtenus par des oscillations rapides de la lecture, en modifiant la signature fréquentielle des attaques ou en générant une structure temporelle par le ralentissement considérable du rythme des oscillations. Enfin, Music V a distribué les sons vers les huit pistes, c'est-à-dire le mixage et la spatialisation vers huit haut-parleurs répartis autour du public. Ce logiciel a donc revêtu une importance considérable pour la conception et la réalisation de *Mortuos Plango, Vivos Voco.* Jonathan Harvey affirme :

> Music V m'a permis de donner aux partiels toutes les enveloppes que je désirais. [...] Le Music V de l'Ircam pouvait lire les fichiers à l'endroit et à l'envers, et ménageait la possibilité de variations continues de la vitesse[11].

Le troisième et dernier outil informatique utilisé, le programme CHANT, dédié dès l'origine à la synthèse vocale, s'appuie, contrairement à Music V qui privilégie ici le modèle additif, sur une représentation formantique de la voix. L'objectif était de synthétiser des fragments sonores très proches des enregistrements de la voix du jeune garçon. Les limites de la synthèse étant particulièrement audibles lors des attaques, Jonathan Harvey a souvent masqué le début d'un son synthétique par un fragment d'un son vocal naturel, une attaque réaliste rendant le son plus ambigu. Le compositeur précise :

• 11 - Jonathan Harvey, « Le miroir de l'ambiguïté », in *Le timbre, métaphore pour la composition*, sous la direction de Jean-Baptiste Barrière, Paris, Ircam, Christian Bourgois, 1991, p. 460. Article paru une première fois en anglais sous le titre : « The Mirror of Ambiguity », in *The language of Electroacoustic Music*, Londres, Mac Millan Press, 1986, p. 182.

> Au début, il m'a été difficile d'obtenir le degré de fluctuation aléatoire et le vibrato rudimentaire correspondant à une voix aiguë pure. Du reste, le début des synthèses a souvent été masqué par un fragment de voix réelle[12].

Les enveloppes de hauteur et d'amplitude de la voix synthétique ont parfois été copiées sur celles de la cloche, la voix synthétique chantant alors avec les partiels de cloche. Il s'agit de sons de cloche produits par une voix de garçon.

Structure de *Mortuos Plango, Vivos Voco*

L'œuvre est divisée en huit sections enchaînées et basées sur une série de huit notes prises parmi les partiels les plus faciles à entendre dans le son de la cloche, ces notes étant déduites directement ou par transposition d'octave. Le début de chaque partie fait clairement entendre la note qui lui est associée grâce à des sons de cloche transposés à partir du son de cloche original, or c'est précisément le spectre de ce son de cloche qui est à l'origine des huit notes. De là une sorte de mise en abîme spectrale, une métacloche dont les partiels sont eux-mêmes des cloches. Pour Jonathan Harvey,

> Chacune des huit sections est annoncée par – et fondée sur – une cloche transposée aux hauteurs [indiquées dans la figure suivante], ceci avec toutes les conséquences structurelles des hauteurs secondaires[13].

Document 8

Les huit notes fondamentales

La première section est basée sur la fondamentale de la cloche tandis que la dernière fait aboutir l'œuvre sur l'octave inférieure. Les huit notes sont déduites des premiers partiels de la cloche, leurs hauteurs étant ramenées au tempérament égal. Les sections III et IV sont fondées sur *fa*, quatrième degré (« sous-dominante ») de la gamme diatonique basée sur *do*, la fondamentale de la cloche. Les notes par lesquelles débutent les sections V, VI et VII forment l'accord de

• 12 - *Ibid.*, p. 460.

• 13 - *Ibid.*

septième de dominante construit sur cette sous-dominante (c'est-à-dire *fa-la-do-mi*b). Une telle insistance sur la sous-dominante tend à donner à la pièce une coloration plagale. Par ailleurs, l'accord de septième de dominante indique une tendance « bémolisante » dans les dernières parties de l'œuvre. Ces deux constatations sont à rapprocher de la profonde admiration du compositeur pour les musiques non tonales comme le plain-chant. Jonathan Harvey crée ainsi une atmosphère musicale suggérant très librement le lieu qui a donné naissance à cette œuvre : la cathédrale de Winchester.

Les enregistrements ne donnant pas le repérage par section, le tableau suivant indique l'instant de départ et la durée de chaque section.

Tableau 1
Les huit sections

Section	I	II	III	IV	V	VI	VII	VIII
Début	0"	1'40"	2'13"	3'30"	4'09"	4'58"	5'34"	6'32"
Durée	100"	33"	77"	39"	49"	36"	58"	144"

Il est aisé de constater sur le tableau précédent que les sections extrêmes sont les plus longues. Elles inscrivent l'ensemble sur deux piliers solides. De plus, les durées sont approximativement en proportion inverse de la fréquence. En effet, une proportionnalité stricte impliquerait, la section I durant 100" pour une fréquence de 260 Hz (*do*3), une durée de 200" pour la dernière section qui s'appuie sur une fréquence de 130 Hz (*do*2). L'irrégularité de ce rapport temps/hauteur est constitutive de la poétique même de l'œuvre. Le choix a d'abord porté sur le résultat musical. Le graphique suivant met en évidence l'architecture de l'œuvre. Les deux sections extrêmes sont à la fois plus longues et plus graves. Plus généralement, la durée dépend de la hauteur des notes fondamentales de chaque section qui sont elles-mêmes déduites des partiels de la cloche. *Mortuos Plango, Vivos Voco* met ainsi en relation le spectre de la cloche ténor de la cathédrale de Winchester avec les notes fondamentales de chaque section, mais aussi avec les durées de ces dernières et plus globalement avec la forme générale de la pièce.

Document 9

Durées et hauteurs

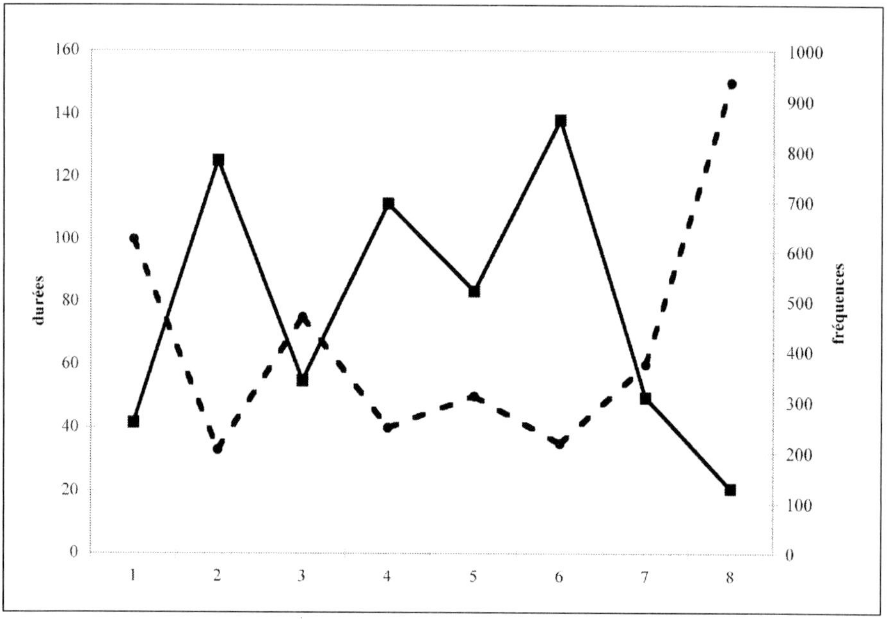

Par ailleurs, dans chacune des huit sections de l'œuvre, les formants d'une voyelle extraite du texte sont utilisés de manière privilégiée grâce au programme CHANT pour créer les sons de cloche synthétique ou de voix synthétique. Les voyelles privilégiées sont indiquées dans le tableau suivant.

Tableau 2

Correspondance voyelles/sections

I	II	III	IV	V	VI	VII	VIII
o	e	o	a	a	i	o	u
horas	*preces*	*vivos*	*plango*	*horas*	*vivos*	*voco*	*numero*

La spatialisation

Mortuos Plango, Vivos Voco est enregistré sur huit pistes correspondant à huit haut-parleurs qui doivent être disposés tout autour des auditeurs. La spatialisation étant conçue comme une écriture musicale élaborée avec précision, le compositeur a repéré chacun des huit haut-parleurs :

— L signifie left (gauche) ;
— R signifie right (droite) ;
— Le haut-parleur situé face aux auditeurs est numéroté L7 ;
— Le haut-parleur situé derrière les auditeurs est numéroté R8.

Document 10

Disposition des haut-parleurs

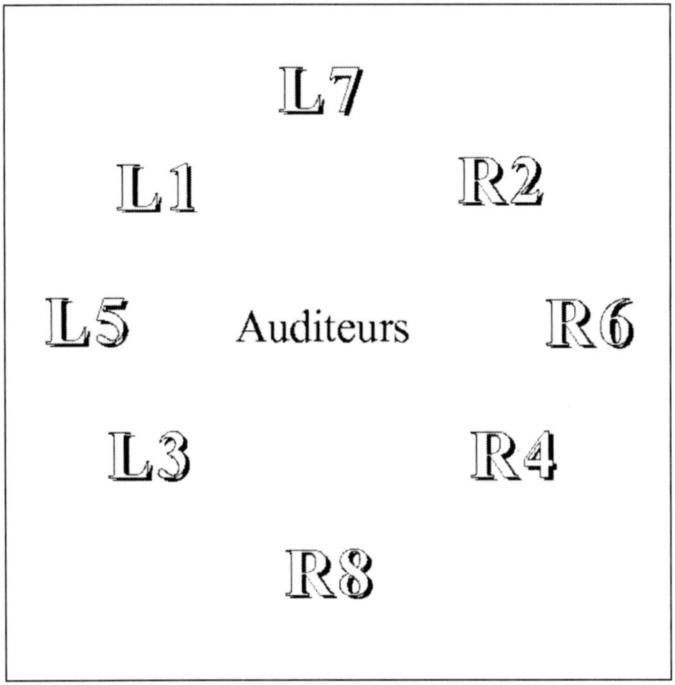

La spatialisation des sons dispose le public comme s'il était situé à l'intérieur de la cloche. La voix du jeune garçon se déplace librement et chaque son est soit fixé dans l'espace, soit mis en mouvement d'un haut-parleur à un autre selon une direction choisie précisément par le compositeur dans un espace repéré par quatre points cardinaux. Le code de représentation des figures suivantes est inspiré de celui des brouillons de J. Harvey. Dans l'exemple ci-dessous, les sons auront tendance à se mouvoir de l'arrière-droite à l'avant-gauche et réciproquement.

Document 11

Un exemple de direction spatiale privilégiée

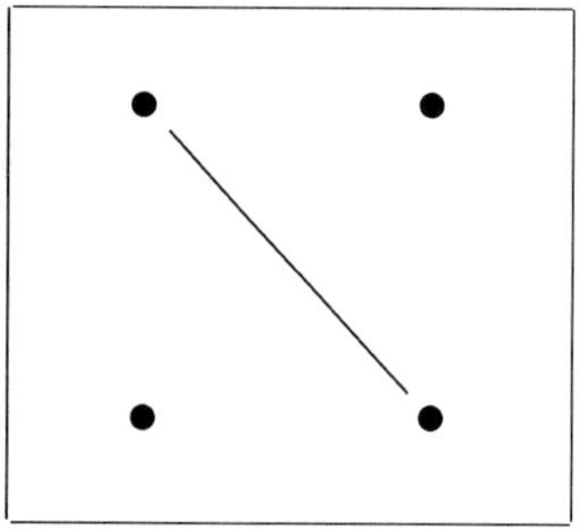

Chacune des huit sections de l'œuvre comporte une direction privilégiée différente. Celles des deux sections extrêmes sont déductibles l'une de l'autre par rotation à 90°. Les autres directions sont également appariées, mais la symétrie de la pièce a été en partie perdue par suite de l'inversion des sections V et VI.

Document 12

Les directions privilégiées

I	II	III	IV	V	VI	VII	VIII
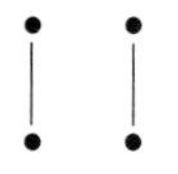		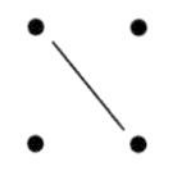	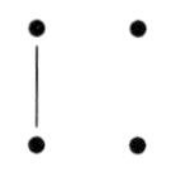	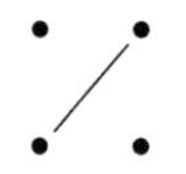	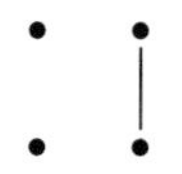		

La volonté du compositeur de maîtriser l'écriture se retrouve ainsi dans sa mise en espace des sons, mais il ne s'agit pas d'une grammaire rigide, les directions de spatialisation choisies ne sont pas obligatoirement respectées, elles sont seulement privilégiées. Elaborer une construction sophistiquée tout en se réservant la possibilité de retoucher intuitivement à l'organisation musicale est l'un des traits dominants de l'œuvre de Jonathan Harvey. Dans cette pièce, le compositeur a mis en perspective les timbres de la voix et de la cloche en utilisant aussi bien la richesse de chacun de ces sons que les nombreuses possibilités de leur mise en relation. La musique extrêmement dense et construite reste cependant accessible à une première écoute grâce à la beauté des spectres fréquentiels contenus dans les sons naturels et artificiels et à l'architecture clairement mise en évidence. Le spectralisme a pris ici une importance considérable pour Jonathan Harvey. Son œuvre est également structurée par des procédés combinatoires sur les hauteurs (les notes générant chaque section par exemple), les timbres (les glissandi spectraux par note pivot de la section III) et les durées (le rapport entre la hauteur des notes fondamentales et la durée de chaque section). Sa deuxième pièce réalisée à l'Ircam, *Bhakti*, présente des traits similaires, notamment dans le neuvième mouvement. L'influence de son maître Milton Babbitt[14], rencontré à l'université de Princeton en 1969-1970, est ici déterminante.

Par ailleurs, il n'est pas inutile de rapprocher *Mortuos Plango, Vivos Voco* de *Telemusik* de Karlheinz Stockhausen. Cette dernière a été composée pour bande seule en 1966 au Studio for electronic music de la radio japonaise NHK, soit 14 ans avant *Mortuos Plango, Vivos Voco*. La version originale de *Telemusik* était spatialisée sur cinq canaux et les deux œuvres font largement appel aux transformations de sons concrets. De plus, comme l'œuvre de Jonathan Harvey, chacune des 32 sections de *Telemusik* commence par un son percussif. Mais contrairement à *Mortuos Plango, Vivos Voco*, la logique interne de l'œuvre de Stockhausen ne repose pas sur une série de hauteurs issue d'une analyse acoustique. Par exemple, ce sont les percussions traditionnelles japonaises ouvrant chaque section qui préfigurent par la longueur de leur résonance la durée de chacune d'entre elles. Parmi ces percussions, le Taku, l'instrument le moins résonant, marque le début de la section la plus courte (13"). Enfin, les transformations sonores de *Telemusik* sont assurées par des dispositifs électroniques comme les filtres, les modulateurs d'amplitude ou à anneau. L'informatique n'est pas utilisée. Si les deux œuvres peuvent être rapprochées puisqu'elles aboutissent toutes les deux à une symbiose d'éléments sonores

---

• 14 - Le compositeur et théoricien américain Milton Babbitt est à l'origine de la « Set Theory » d'Allen Forte qui travailla à partir de la représentation des hauteurs sous forme de nombres proposée par Babbitt sous le nom « Pitch Class Set Theory ». L'œuvre musicale de ce dernier comprend aussi bien de la musique pour instruments traditionnels que pour instruments électroniques. *Philomel* (1964), pour soprano, soprano enregistrée, et sons synthétiques fait intervenir sur la bande la voix de la soprano Bethany Beardslee. Cette voix est plus ou moins déformée spectralement et parfois multipliée de façon à obtenir un chœur.

très différents, elles restent cependant exemplaires des préoccupations techniques et esthétiques propres à leurs créateurs.

La dialectique de *Mortuos Plango, Vivos Voco* repose quant à elle sur l'ambiguïté provoquée entre le son de la cloche et celui de la voix du garçon. Jonathan Harvey s'est souvent exprimé sur son intérêt pour l'ambiguïté en mettant en exergue sa fascination pour le jeu entre fusion et fission, entre identité et dualité des timbres. Mis au service de cet intérêt pour la qualité spectrale du son, l'outil informatique est transcendé par les préoccupations spirituelles du compositeur. La technique devient ainsi un levier permettant d'exprimer une pensée demeurant occidentale, mais fortement imprégnée par une attirance pour un bouddhisme plus humaniste que religieux. L'utilisation de la voix d'un enfant, de son enfant, n'est pas sans importance dans la démarche du compositeur, dans sa volonté de toucher l'auditeur. Dans quel dessein ? Jonathan Harvey le précise lui-même :

> Quel est donc le but de la musique? C'est pour moi de révéler la nature de la souffrance et de réconcilier. La grande et unique question de l'existence. Et la nature de la souffrance est liée à la séparation du moi et de l'autre : cet ego étroit que l'on pose comme une existence illusoire, la croyance que je suis séparé, et donc en relation de dualité, voire de conflit avec le monde. Même la souffrance physique a une affinité subtile avec cela. Voilà les choses sur lesquelles la musique, pour ainsi dire, produit un énoncé. Voilà le but de la musique[15].

L'expérience de *Mortuos Plango, Vivos Voco* reste un jalon essentiel pour l'utilisation du programme CHANT. Cinq ans plus tard, Gérard Grisey termine *Les Chants de l'amour*, qui constitue en quelque sorte la réponse charnelle à l'œuvre empreinte d'amour spirituel de Jonathan Harvey. Ces deux pièces se rapprochent également pour d'autres raisons. Datées des années 1980, leurs compositeurs ont utilisé la même technologie en sollicitant le programme CHANT. Elles mettent également en relation l'influence de la même école spectrale et la minutie apportée à un travail complexe sur le spectre de la voix humaine.

Les Chants de l'amour (Gérard Grisey)

Entre expression artistique et pensée hautement abstraite, entre voix naturelle et voix synthétique, Gérard Grisey interpelle l'auditeur à travers sa pièce mixte *Les Chants de l'amour*[16]. Mais le champ esthétique qui s'ouvre entre utopie rationaliste et élan poétique débouche souvent sur une aporie entre la logique et l'inconscient, entre l'artificiel et le naturel. Grisey a pourtant montré magistralement qu'il était

• 15 - Arnold Whittall, *Jonathan Harvey*, Londres, Faber and Faber, 1999. Traduction de l'anglais par Eric de Visscher, L'Harmattan, Ircam-Centre Georges Pompidou, 2000, p. 53.

• 16 - Une analyse hypermédia de cette œuvre a été réalisée en 2001 pour l'Ircam par l'auteur.

possible de concilier présence et immanence, formalisation et discours poétique. Dans *Les Chants de l'amour*, il nourrit l'expression protéiforme du sentiment de l'amour par une réflexion compositionnelle de haut niveau.

Mais tout d'abord, *Les Chants de l'amour* doivent être replacés dans leur contexte. Ils ont été composés pour douze voix mixtes et bande. Cette dernière a été réalisée grâce au programme CHANT sur les ordinateurs de l'Ircam. L'œuvre, commandée par cet institut, a été créée dans la grande salle du Centre Georges Pompidou le 3 juin 1985 par la Schola Cantorum de Stuttgart sous la direction de Clytus Gottwald. Il n'existe pas encore d'enregistrement disponible dans le commerce. *Les Chants de l'amour* comprennent une introduction suivie de 28 sections enchaînées[17]. Les premières esquisses, dans lesquelles existait déjà une mise en place formelle, datent de l'été 1981. La partition indique deux lieux pour la composition : Berkeley et Paris. Gérard Grisey a en effet enseigné à l'université de Californie à Berkeley de 1982 à 1986 avant d'être nommé professeur de composition au Conservatoire de Paris. La musique de Gérard Grisey est représentative du courant de la musique spectrale du groupe de L'Itinéraire. Cependant, les musicologues se sont surtout intéressés au courant spectral pour ses tentatives de transcription des phénomènes acoustiques avec les instruments de l'orchestre. Or *Les Chants de l'amour*, fait unique chez Grisey, est une œuvre strictement vocale, sans instrument. De plus, pour la première et la dernière fois, le compositeur utilise la voix artificielle.

Œuvre vocale, *Les Chants de l'amour*[18] prennent leur source dans l'histoire de la musique, mais aussi dans les musiques populaires du monde. Gérard Grisey cite[19] notamment l'influence des œuvres de J. Ockeghem et de G. Dufay pour leur rigueur formelle, des polyphonies vocales des pygmées de la forêt de Lituri et des improvisations des frères Dagar, chanteurs indiens qui furent ses voisins lors de son séjour à Berlin au printemps de 1981. Le rôle de référence de hauteur de la tampura pour les chanteurs indiens a inspiré au compositeur une partie des fonctions de la voix synthétique. Du matériau à la grande forme, le fil conducteur de cette approche sera la voix, son traitement informatique et sa synthèse. Tout d'abord les matériaux phonétiques, qui représentent les sources brutes de la vocalité, sont mis à contribution dans la bande enregistrée comprenant des voix transformées et synthétiques. Puis les paramètres issus de l'analyse acoustique de la voix génèrent le processus formel, de la microforme à la macroforme.

• 17 - La pièce dure 37 minutes.

• 18 - La partition, qui comprend les douze parties des chanteurs, une représentation graphique de la bande magnétique et des clics de synchronisation, est éditée chez Ricordi (1984).

• 19 - Gérard Grisey, Jean-Baptiste Barrière, Pierre-François Baisnée, « *Les Chants de l'amour*, a piece for computer generated tape and mixed choir », *Proceedings of the international Computer Music Conference 1985*, San Francisco, Computer Music Association, 1985, p. 217.

Les matériaux sonores

Les sources vocales constituent les principaux matériaux de la pièce, directement ou par l'intermédiaire de leurs formants. Elles sont toujours liées au sentiment amoureux. Dans un documentaire vidéo consacré aux *Chants de l'amour*, Gérard Grisey

> [...] trouve que l'amour est tout à fait approprié. L'amour dans la pièce, ce sont les relations, toutes les formes de relations possibles, des pires aux meilleures qui existent, à la fin, à l'intérieur du chœur, c'est-à-dire entre les voix humaines elles-mêmes ; mais aussi entre le chœur comme collectif, comme entité, et cette voix, cette voix de la machine. Il y a aussi des moments de lutte entre le chœur réel et synthétique[20].

Huit matériaux vocaux, tous en relation avec la thématique de l'amour, engendrent l'œuvre :

1 – La dédicace « *Chants de l'amour pour tous* », traduite en dix langues différentes, constitue le matériau phonétique propre à l'introduction de l'œuvre dans laquelle le chœur est seul.

Document 13

Contralto 1, premières mesures, page 1[21]

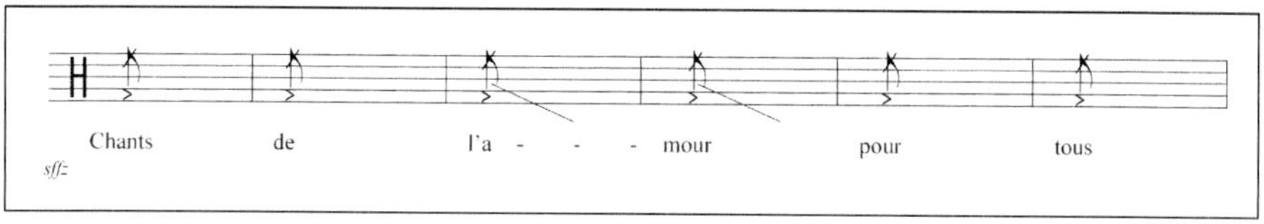

2 – Des interjections, soupirs, halètements, éclats de rire, gémissements, bribes de phrase forment un matériau vocal sans paroles, mais à caractère érotique.

Document 14

Soprano 2, chiffre 48, page 39

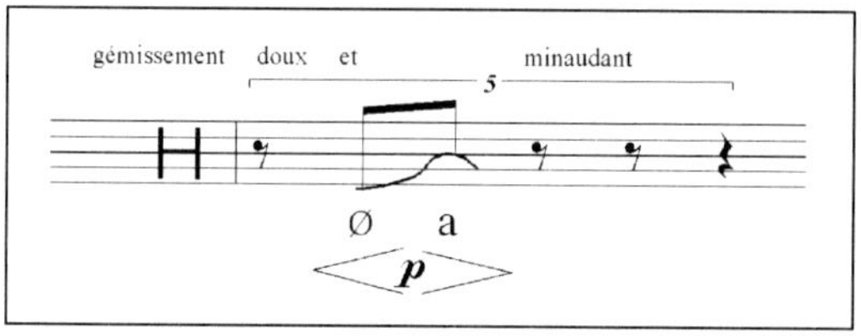

• 20 - Gérard Grisey, Andras David, *La genèse d'une œuvre*, documentaire vidéo, production de l'Ircam, transcription des paroles par l'auteur, 1995.

• 21 - Le H en début de portée et la forme des têtes de notes correspondent à une hauteur approximative et à une attaque brutale. Les lignes obliques symbolisent des glissandi.

3 – Des litanies autour du mot « amour » exploitent les sonorités de ce mot en français et dans sa traduction en anglais, allemand et hongrois.

Document 15

Basses 1 et 2, chiffre 58, page 47[22]

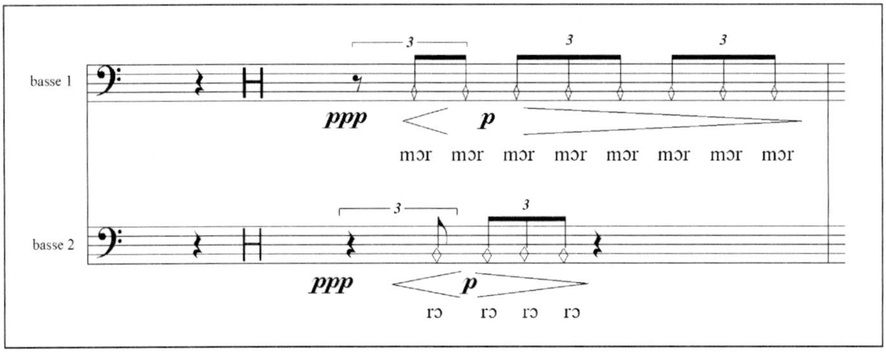

4 – Différentes consonnes sont plus spécifiquement utilisées au cours de la pièce.

Tableau 3

Les consonnes utilisées[23]

	Bilabiales	Labiodentales	Dentales et alvéolaires	Palato-alvéolaires	Vélaires
Plosives	**p b**		**t d**		**k g**
Nasales	**m**		**n**		**η**
Latérales			**l**		
Roulées			**r**		
Fricatives		**f v**	**θ δ s z**	**ʃ ʒ**	**χ**

• 22 - Les têtes de notes en forme de losange vide désignent des sons non voisés.

• 23 - Les symboles seront toujours ceux utilisés sur la partition, de préférence à une utilisation stricte de l'Alphabet Phonétique International.

5 – Plusieurs amants célèbres sont évoqués. Leurs noms sont cités dans leur langue d'origine : Tristan, Isolde, Orfeo, Euridice, Don Quichotte, Dulcinea, Romeo, Giuletta... Il s'agit souvent d'appels énoncés sans ostentation.

Document 17

Contralto 1, Section 14, Moment III, chiffre 60, page 48

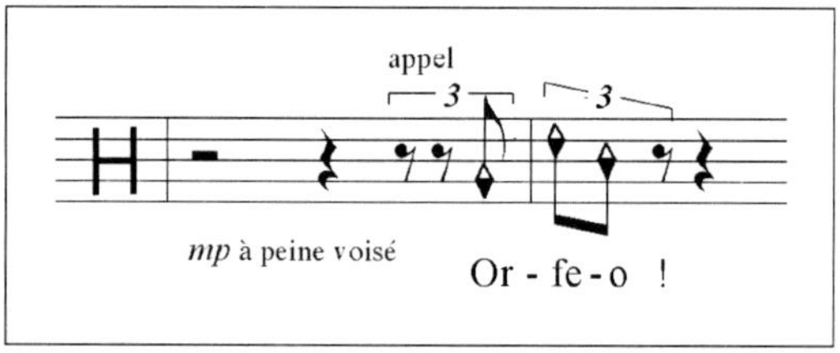

6 – Quelques phrases en espagnol proviennent du roman *Rayuela*[24] de Julio Cortázar. Le romancier (1914-1984), né à Bruxelles de parents argentins, entretint de nombreux liens avec le surréalisme et fut le traducteur en espagnol d'Edgar Poe. Cortázar vécut à Paris à partir de 1955. *Rayuela* est un roman de forme ouverte. L'extrait utilisé par Gérard Grisey dans la vingt-sixième section des *Chants de l'amour* se situe au trente-deuxième chapitre du roman. Il s'agit d'une lettre d'une mère à son enfant prénommé Rocamadour. Cette lettre empreinte de tendresse est chuchotée dans la nuance *pppp*, comme un murmure et en accentuant les sifflantes. Le texte en espagnol, à peine audible, émerge seulement par ses consonnes.

Tableau 4

Extraits de *Rayuela* de Julio Cortazar[25]

Section 26, chiffre 110, page 82 :	
«Bebé Rocamadour, bebé bebé. Rocamadour : Rocamadour, ya sé que es como un espejo. Estás durmiendo o mirándote los pies. Ya aquí sostengo un espejo y creo que sos vos. Pero no lo creo, te escribo porque na sabés leer. Si superias no te escribiría o te escribiría cosas importantes. Alguna vez tendré que escribirte que te portes bien o que te abrigues. Parece increíble que alguna vez,	« Bébé Rocamadour, bébé, mon bébé, Rocamadour. Rocamadour, je sais que c'est comme un miroir. Tu es en train de dormir ou de regarder tes pieds. Et moi ici, je tiens un miroir et je crois que c'est toi. Mais je ne le crois pas, je t'écris parce que tu ne sais pas lire. Si tu savais lire, je ne t'écrirai pas ou je t'écrirai des choses importantes. Un jour viendra où je serai obligée de t'écrire d'être sage

• 24 - Julio Cortázar, *Rayuela*, Buenos Aires, Sudamericana, 1963 et Barcelone, Bruguera, 1963.

• 25 - Dans ce tableau, les mots tronqués dans la partition sont entre crochets. La traduction est issue de l'édition du roman en français : Julio Cortázar, *Marelle*, traduction française par Laure Guille-Bataillon, Paris, Gallimard, 1966.

Rocamadour. Ahora solamente te escribo en el espejo, de vez en cuando tengo que secarme el dedo porque se moja de lágrimas. »	et de bien te couvrir. Cela me paraît incroyable, Rocamadour. Cette fois je t'écris simplement sur le miroir, de temps en temps, il faut que j'essuie mon doigt parce qu'il se mouille de larmes. »
Section 26, chiffre 112, page 83 :	
« Hay una cosa que se llama tiempo, [Rocamadour], es como un bicho que anda y anda. No te puedo explicar porque eres tan chico, pero… [quiero decir que Horacio llegará en seguida.] »	« Il y a une chose, Rocamadour, qui s'appelle le temps, c'est comme une bête qui marche et qui marche, je ne peux pas t'expliquer parce que tu es trop petit, mais … [je veux dire qu'Horacio va arriver bientôt.] »
Section 26, chiffre 113, page 84 :	
« Pero lloro lo mismo, Rocamadour, y te escribo esta carta porque no sé, porque a lo mejor me equivoco, porque a la mejor soy mala o estoy enferma o un poco idiota, no mucho, un poco pero eso es terrible, la sola idea me da cólicos, tengo completamente metidos para adentro los dedos de los pies, voy a reventar los zapatos si no me los saco, y te quiero tanto, Rocamadour, bebé Rocamadour, dientecito de ajo, te quiero tanto, nariz de azúcar, arbolito, caballito de juguete… »	« Mais je pleure quand même, Rocamadour, et je t'écris cette lettre parce que je ne sais pas, parce que je me trompe peut-être, parce que je suis peut-être mauvaise ou peut-être malade ou un peu idiote, pas beaucoup, un peu seulement mais c'est terrible ça, la seule idée me donne la colique, me fait rentrer la tête dans les épaules, je vais éclater si je ne me lève pas, et je t'aime tant, Rocamadour, bébé Rocamadour, petite dent, grain de riz, je t'aime tant, nez en sucre, petit arbre, petit cheval de bois… »

7 – La foule, matériau concret numérisé puis traité par l'ordinateur, est basée sur la prolifération des mots : « je t'aime », « amant » et « amour » enregistrés en 22 langues différentes.

8 - Les différentes voyelles contenues dans la phrase « *I love you* », ainsi que de nombreuses voyelles intermédiaires, sont utilisées par le chœur.

Tableau 5
Les voyelles utilisées

	Devant	Milieu	Arrière
Fermées	I i y		u U
Demi-fermées	e Ø	Y	o
Demi-ouvertes	ɛ		ð ɔ
Entre demi-ouvertes et ouvertes		æ	
Ouvertes		ɑ a	ɘ

Chaque voyelle possède une répartition caractéristique de ses formants définis par leurs fréquences centrales, exprimées en Herz, et qui correspondent aux fréquences pour lesquelles l'énergie est maximale.

Document 18

Répartition de l'énergie entre deux formants[26]

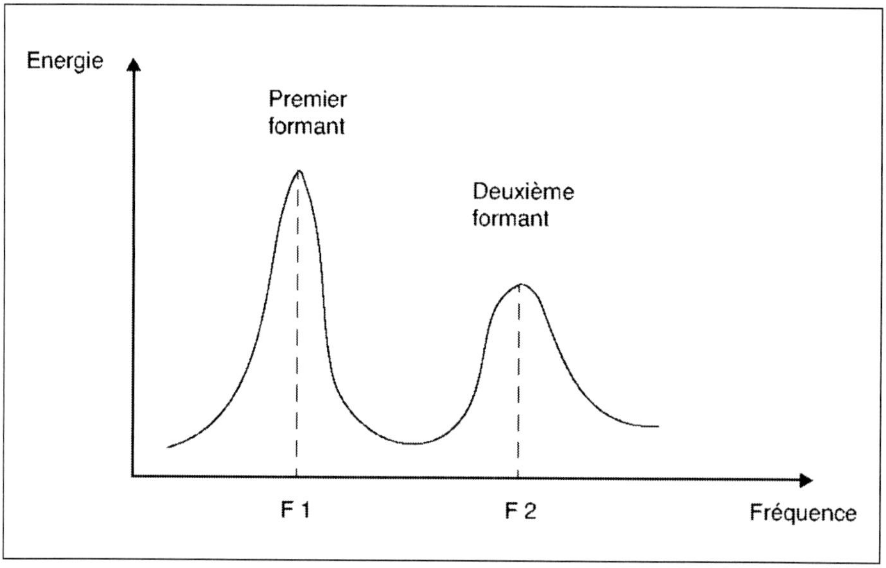

En règle générale, les acousticiens ne conservent que quelques-uns des premiers formants, souvent les deux premiers seulement. Ils suffisent à analyser ou synthétiser les voyelles parlées ou chantées par la voix humaine avec précision tout en n'alourdissant pas exagérément le calcul des algorithmes nécessaires sur les machines numériques. Les positions des deux premiers formants d'un grand nombre de voyelles peuvent être représentées sur un seul schéma par leurs fréquences centrales. Pour une voix donnée, une voyelle n'est pas représentée par un point d'intersection entre deux valeurs, mais par une aire. Dans *Les Chants de l'amour*, seuls les deux premiers formants ont été utilisés dans l'analyse des voyelles contenues dans la phrase « *I love you* ». L'évolution de ces formants structure toute la pièce, aussi bien pour les hauteurs que pour les durées.

• 26 - Dans ce schéma, le signal possède deux formants dont les fréquences centrales sont respectivement F1 et F2.

Document 19

Répartition des deux premiers formants en fonction des voyelles dans l'alphabet[27]

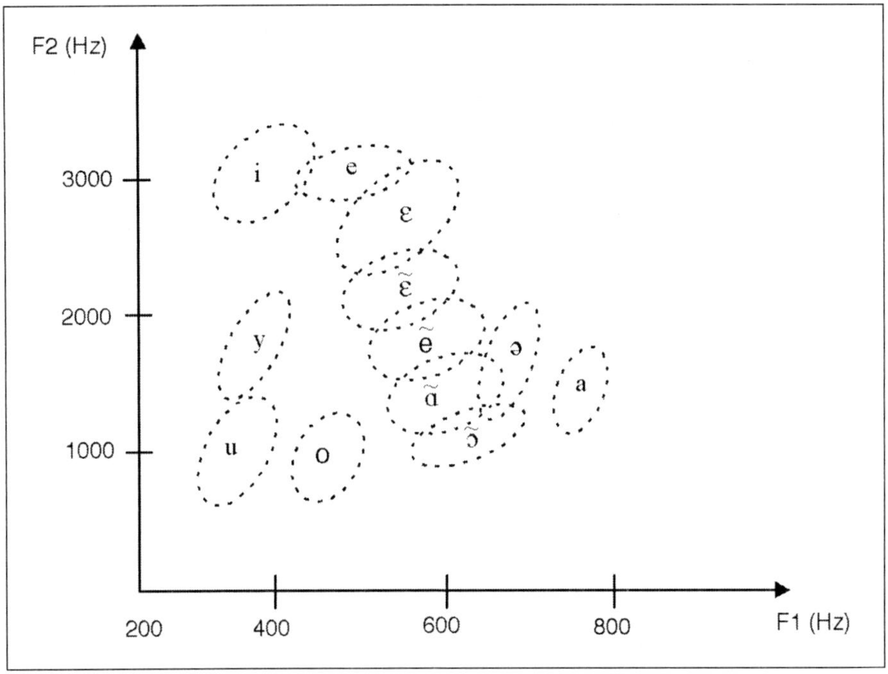

Synthèse et traitements : la bande enregistrée

Le compositeur a conçu « l'idée de grandes polyphonies vocales enveloppées et soutenues par un fondamental puissant[28] ». Le programme CHANT a permis de réaliser « cette voix continue et ces pulsations respiratoires, véritable liquide amniotique des voix humaines[29] ». La bande comprend cinq pistes dont quatre avec la voix synthétique et des voix traitées par filtrage et une piste additionnelle qui permet au chef de chœur de synchroniser les interprètes avec le déroulement

• 27 - Ce schéma montre les zones formantiques occupées par les différentes voyelles. Chaque axe est gradué en Herz. L'axe des abscisses montre les fréquences occupées par le premier formant F1. L'axe des ordonnées consacré au deuxième formant F2 indique bien sûr des valeurs fréquentielles plus élevées.

• 28 - Gérard Grisey, sans titre, note de programme, concert du 3 juin 1985, « Voix immatériaux 4 », grande salle du Centre Georges Pompidou, Paris, 1985, p. 4.

• 29 - *Idem.*

de la bande. La partie électronique des *Chants de l'amour*, c'est-à-dire la bande préenregistrée et diffusée pendant le concert, possède donc quatre pistes musicales et une piste de clics de synchronisation que le chef de chœur entend par l'intermédiaire d'un casque. Ces clics ne sont pas émis de façon continue, mais contribuent à une synchronisation indispensable aux changements de mesure ou de tempo. Ils sont le plus souvent placés avant les changements de section. Par exemple, l'enchaînement entre l'introduction et la première section fait entendre deux fois cinq clics (deux mesures à cinq temps) destinés au chef. Le premier clic de chaque mesure est plus aigu. La bande s'appuie sur deux vocalités différentes : d'une part la voix naturelle numérisée puis traitée, d'autre part la voix synthétique[30].

La voix naturelle, numérisée puis traitée, prolifère et envahit le champ sonore par multiplication, groupement et transposition. Les matériaux sonores proviennent d'enregistrements numériques réalisés dans la chambre anéchoïde de l'Ircam. Les mots « *love* », « *lover* », et la sentence « *I love you* », ont été enregistrés par des voix d'hommes et de femmes dans 22 langues différentes. Avant d'être filtrés par le programme CHANT, ces matériaux ont ensuite été sélectionnés, triés, transposés et mixés. Le filtrage a consisté dans la mise en évidence de bandes passantes très réduites ou dans la mise en forme du matériau concret par des enveloppes formantiques correspondant à celles des voyelles caractéristiques de la phrase « *I love you* ». Le résultat de ces manipulations informatiques a ensuite été transféré sur une bande magnétique. Il ne s'agit donc pas de traitements en temps réel.

Pour Gérard Grisey,

> [...] l'intérêt de la voix synthétique ne réside pas tant dans l'imitation de la voix humaine que dans les infinies possibilités de déviation de ces voix[31].

La voix synthétique, obtenue par la partie synthèse du programme CHANT, contient une centaine de voyelles issues de la phrase : « *I love you* ». Par contre, elle contient peu de consonnes. A l'époque de la composition de la pièce, il était en effet difficile d'obtenir des consonnes synthétiques utilisables musicalement. Les paramètres utilisés[32] pour spécifier la voix synthétique sont répertoriés et commentés dans le tableau suivant.

• 30 - La bande a été entièrement réalisée avec le programme CHANT implémenté sur un FPS-100 servant d'unité périphérique à un ordinateur VAX-780 sous UNIX. Jean-Baptiste Barrière et Pierre-François Baisnée ont collaboré avec Gérard Grisey par périodes en 1983 et 1984. L'enregistrement final a été réalisé sur un magnétophone numérique 24 pistes Sony.

• 31 - Gérard Grisey, sans titre, programme du concert du 20 mars 1992, Ars Musica 92, Bruxelles, 1992, n. p.

• 32 - Selon Jean-Baptiste Barrière, entretien accordé à l'auteur le 22 juin 2001 à Paris.

Tableau 6

Paramètres utilisés pour spécifier la voix synthétique

Paramètre	Signification
Formants	Fréquences centrales, largeurs de bande, amplitudes
Rugosité	Contrôle séparé des partiels pairs et impairs
Etirement ou rétrécissement de l'enveloppe spectrale	Expansion ou compression de la suite de valeurs données par les fréquences centrales des formants
Bruit de respiration ou de ronflement	Source de bruit traité par des filtres formantiques
Mise en évidence de la fréquence centrale des formants	Bande passante des filtres formantiques réduite au minimum autour de la fréquence centrale
Pseudo phasing	Multiplication d'une voix avec de légers décalages des hauteurs et des localisations différentes

Gérard Grisey a recherché des champs de perception et de réactions émotives liés aux ressemblances et aux différences entre la voix naturelle et la voix synthétique. Quatre domaines perceptifs ont été définis par le compositeur[33] :

— une voix presque trop pure obtenue par synthèse doit faire s'écrier à l'auditeur : « Quelle voix ! » ;

— des territoires mystérieux de la voix humaine mise dans des situations inouïes : « Qu'est-il arrivé à cette voix ? » ;

— des zones inquiétantes de la voix biologique : « Quel est ce monstre ? » ;

— des zones rassurantes de la voix-machine : « Ah, ce n'est qu'une machine ! ».

D'après le compositeur, la voix de la machine est ainsi : « divine, monstrueuse, menaçante, séductrice[34] », elle « se dédouble et se multiplie jusqu'à la foule[35] ».

• 33 - Gérard Grisey, sans titre, note de programme, concert du 3 juin 1985, *op. cit.*, p. 5-6.

• 34 - *Ibid.*

• 35 - *Ibid.*

Le degré d'éloignement de la voix synthétique par rapport à son pendant humain suscite selon l'auditeur des réactions plus ou moins vives et enrichit ainsi le pouvoir expressif du matériau vocal. Elle devient « miroir et projection de tous les fantasmes des voix humaines[36] » et possède le même rôle que le tampura dans la musique indienne. Comme l'instrument indien, un luth à manche long et à quatre cordes, la voix synthétique sert de fondement harmonique. En plus de la voix naturelle et artificielle, une source de bruit simule des bruits de respiration, et provoque des attaques percussives. Cette source est modifiée par des bancs de filtres accordés sur les harmoniques de la fondamentale de la section dans laquelle elles sont entendues. Les fréquences d'accord de ces filtres évoluent rapidement et aléatoirement.

Relations entre les voix de la bande et celles du chœur

Entre les 12 voix du chœur et la voix synthétique présente sur la bande, des relations complexes s'instaurent tout au long de la pièce. Il convient de préciser que chacune des voix du chœur aussi bien que le chœur dans son ensemble, alors considéré comme une entité vocale, entrent en relation avec la voix machinique. D'abord en fusion avec le chœur, la voix synthétique devient de plus en plus autonome.

Le tableau suivant présente, par ordre chronologique, les différents types de relations entre la voix synthétique et les voix du chœur. Les chiffres sont ceux de la partition.

• 36 - *Ibid.*

Tableau 7

Les différentes relations entre la voix synthétique et le chœur

Chiffre	Type de relation	Description
1	Fusion	Comme le tampura dans la musique indienne, la voix synthétique donne l'intonation au chœur en énonçant les voyelles chantées par le chœur. La voix synthétique forme ainsi l'assise du chœur.
27	Vers la contradiction	La voix synthétique grandit et se dédouble. Elle commence à être articulée (sur des notes répétées, des rires). Les bruits de respiration deviennent de plus en plus intenses et les voix du chœur et la voix synthétique sont de plus en plus contradictoires.
57	Dialogue en miroir	Les voix du chœur essaient de dialoguer avec la voix synthétique. Cette dernière semble renvoyer aux voix naturelles leur propre image. Doublements, échos, silence sur du bruit. Eurydice appelle Orphée.
80	Conflit	Pour la première fois, la voix synthétique bégaie un texte imité des chanteurs : « *Die Zeit sich zu lieben* », puis une relation conflictuelle aboutit à la prolifération des voix jusqu'à créer une foule.
101	Autonomie de la voix synthétique	Les voix du chœur sont reléguées en arrière plan. Elles accompagnent et commentent la voix synthétique.
110	Accord dans le sommeil	La voix synthétique respire bruyamment, ralentit et ronfle. Le chœur semble rêver (fragments de paroles, souvenirs, appels) puis s'endort.
118	Duo d'amour	Dans la tradition des duos d'amour, deux voix s'appellent. La voix synthétique déclenche alors la vision d'une foule d'amants dont les voix tournoient dans les airs et retombent.

L'idée d'érosion, de dégradation ou d'entropie du matériau utilisé, présente également à l'intérieur de chaque section, peut être appliquée à l'ensemble de la pièce. Les relations entre la voix artificielle et le chœur sont bien sûr une métaphore des relations amoureuses. Selon le compositeur, la machine crée ainsi de

> véritables cascades de voix humaines, des foules tourbillonnantes aux quatre points cardinaux qui vont répétant « Je t'aime » dans la diversité de leurs timbres et de leurs langues[37].

Pourtant, la voix n'est pas seulement génératrice de timbres surprenants et d'affects passionnels, elle est aussi à l'origine de la forme.

La voix comme processus formel

> L'objet sonore, dans sa complexité et son dynamisme, nous incite à l'ouvrir, à l'étaler, à le grossir démesurément de manière à créer un processus formel. En retour l'objet sonore n'est autre qu'un processus contracté[38].

La forme générale des *Chants de l'amour*, comme les durées, les hauteurs et les voyelles, est dérivée de la forme acoustique de la phrase « *I love you* ». Après l'introduction de 12 mesures, la pièce décrit une forme binaire illustrée dans le tableau suivant.

Tableau 8
Forme générale

Partie 1	Partie 2
I ---------------------- love ---------	You -----------------

La première grande partie basée sur les deux premiers mots « *I love* » est essentiellement polyphonique et mélodique. La seconde, comprenant le troisième et dernier mot « *you* », contraste avec la première partie. Elle est souvent homophonique et de caractère rythmique. La corrélation entre les deux premiers formants sur les syllabes anglaises « *I* » et « *you* » tirées de la phrase « *I love you* » évolue de manière inverse. Par commodité, la première syllabe a été notée « A - - - I » et la deuxième « Y - - - OU[39] ». Le sonagramme (en niveaux de gris) de la figure suivante montre l'évolution des deux premiers formants pendant la prononciation des mots « A et I, on a A - - - I » par le compositeur lui-même. Le signe en forme de crescendo met en évidence l'ouverture formantique.

• 37 - Gérard Grisey, sans titre, programme du concert du 20 mars 1992, *op. cit.*, n. p.

• 38 - Gérard Grisey, « La musique : le devenir des sons », *Conséquences*, n° 7-8, 1986, p. 129.

• 39 - L'Acousmographe du GRM a permis l'analyse de la voix du compositeur lui-même, tirée du documentaire : Gérard Grisey, Andras David, *op. cit.*

Document 20

Ouverture formantique entre « A » et « I »

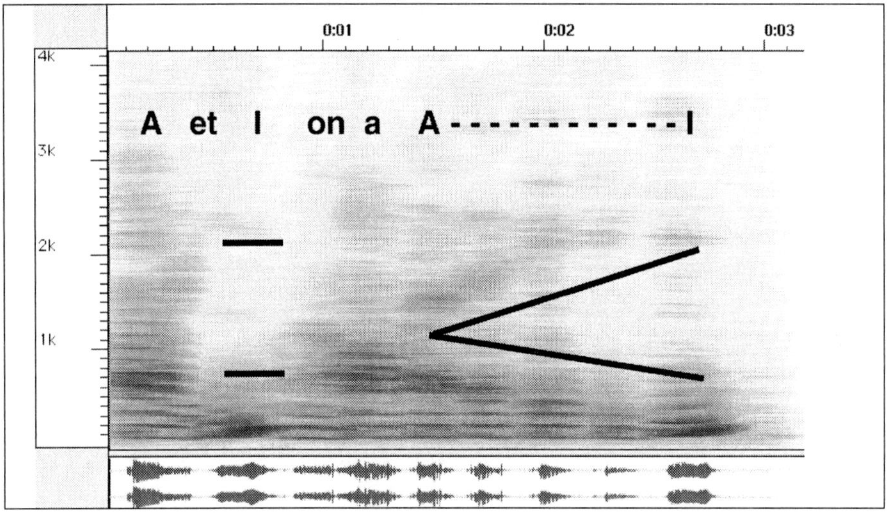

De la même façon, la figure suivante illustre la fermeture des deux premiers formants à la fin de la sentence génératrice, sur le mot « *you* ».

Document 21

Fermeture formantique entre « Y » et « OU »

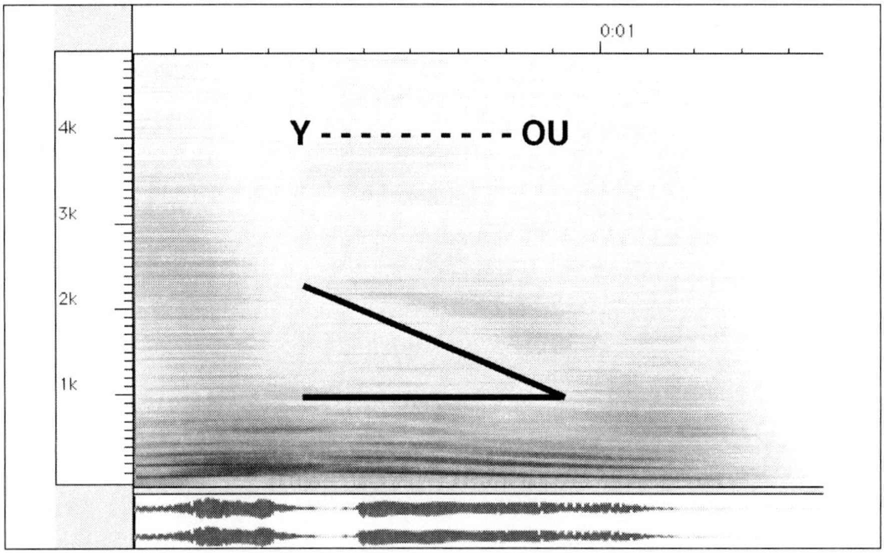

A partir de la phrase entière « *I love you* », le compositeur a retenu 28 voyelles intermédiaires qui traduisent l'évolution progressive du timbre de la voix dans 28 sections successives. Comme chaque section est associée à une voyelle centrale, les formants de chaque voyelle vont également caractériser fortement la section qui lui est propre. Les caractéristiques acoustiques de chaque voyelle constituent ainsi le fondement du processus compositionnel. Les tableaux suivants précisent les valeurs des fréquences centrales (F1 et F2 en Herz) des deux premiers formants de chaque voyelle.

Tableau 9

Les 28 sections, leurs voyelles et les fréquences centrales des deux premiers formants

Section	1	2	3	4	5	6	7	8	9	10	11	12	13	14	15	16	17	18
	I –													*love* – – – – – –				
Voyelle	ɑ	ɑ	a	æ	ɛ	e	ɪ	i	y	ʏ	ø	ɘ	ʌ	ɔ	ʌ	æ	ɛ	e
F2 (Hz)	881	979	1175	1469	1665	1861	2057	5569	1920	1746	1464	1316	1174	855	1088	1477	1567	1760
F1 (Hz)	587	587	585	636	440	342	293	261	261	305	392	440	523	505	544	587	495	311

Section	19	20	21	22	23	24	25	26	27	28
	you – – – – – – – – – – – – – – – – – –									
Voyelle	ɪ	y	ʏ	ø	ɘ	ʌ	ɔ	o	ʊ	u
F2 (Hz)	2017	1975	1661	1504	1308	570	440	392	370	270
F1 (Hz)	233	293	329	784	457	260	245	207	150	130

Ce type d'utilisation de la voix à travers ses composantes acoustiques avait déjà été employé dans la pièce *Le Son d'une voix* de François-Bernard Mâche (1964). A partir de la lecture à haute voix d'un poème de Clément Marot par le compositeur lui-même, un sonagramme de cet enregistrement avait été réalisé de façon à extraire le contenu spectral du matériau sonore et à l'intégrer dans le processus compositionnel. Dans *Les Chants de l'amour*, afin de situer les sons dans un registre plus adapté à l'expression musicale, la valeur de la fréquence centrale de chaque formant a été divisée par deux. Le nombre obtenu, une nouvelle fréquence, détermine alors une note. Ainsi, chaque section possède deux notes de référence correspondant aux deux premiers formants de la voyelle qui lui est associée. Dans la partition suivante, les hauteurs des notes sont exprimées en huitième de ton.

Document 22

Les notes correspondant aux 28 couples de formants

Si les 28 sections de la pièce se suivent parfois par juxtaposition, Gérard Grisey ménage une grande flexibilité dans les transitions employées. Deux sections consécutives peuvent être enchaînées :

— par juxtaposition ;
— par un silence ;
— par recouvrement partiel d'une section sur l'autre (par dépassement) ;
— par analogie de certaines caractéristiques ;
— par rupture ;
— par contraste ;
— par fusion.

Cette liste non exhaustive montre l'inventivité du compositeur et le soin avec lequel il enchaîne les différentes sections. Dans l'article « *Les Chants de l'amour,* a piece for computer generated tape and mixed choir[40] », Gérard Grisey cite la transition au chiffre 100 de la partition, entre la section 27 et la dernière section. Les deux sections sont reliées par une sorte de processus auto-génératif de la voix traitée, présente sur la bande : les harmoniques contenues dans la voix parlée deviennent, grâce à des filtres, des fréquences de résonance qui engendrent à leur tour un matériau vocal synthétique chanté et transposé dans un registre très aigu. Dans le cas d'une transition par dépassement, le troisième moment d'une section se prolonge et produit un passage particulièrement expressif. Mais il ne s'agit pas d'un paroxysme qui s'inscrit dans le processus formel global. Une transition par dépassement consiste plutôt en un développement inattendu qui fait dévier le processus de son trajet normal pendant une courte période.

Le rire général situé entre les sections 14 et 15 en constitue un exemple.

Document 23
Rire des femmes, section 14 , chiffre 57 page 46

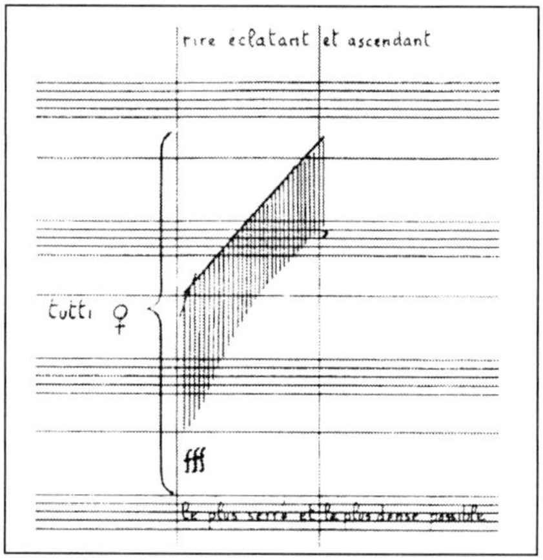

• 40 - Gérard Grisey, Jean-Baptiste Barrière, Pierre-François Baisnée, *op. cit.* , p. 218.

Les moments

Chacune des 28 sections obéit à une forme tripartite en trois moments successifs : une attaque, un corps et une extinction. Le principe de ce découpage temporel provient bien sûr de l'intérêt des compositeurs de l'école qu'il est convenu d'appeler « spectrale » pour l'intimité du phénomène sonore, musical ou non.

Tableau 10
Les moments

Moment I	**Moment II**	**Moment III**
Attaque	Corps	Extinction
Densité croissante	Densité décroissante	Densité stable
Dynamique	Dynamique	Statique

Le tableau ci-dessus montre que les deux premiers moments possèdent un caractère dynamique et une texture dont la densité croît puis décroît, le dernier moment étant plus inerte, construit sur des sons bruités, avec des silences interrompant le discours. La texture sonore dont la densité diminuait déjà pendant le deuxième moment, laisse alors place à une raréfaction des événements. Ce dernier moment peut être considéré comme « les résidus d'une combustion qui aurait eu lieu dans les deux premières parties[41] ». Chaque section comprend ainsi :

— une voyelle centrale tirée des 28 voyelles de la phrase « *I love you* » ;

— deux fréquences principales qui sont les deux fréquences centrales des deux premiers formants de la voyelle centrale ;

— trois moments successifs correspondant à l'évolution d'un son dans le temps.

Gérard Grisey a souvent élaboré l'architecture temporelle de sa musique selon des principes mathématiques. Les séries numériques engendrées par les relations des formants entre eux sont mises en corrélation avec les durées. En cela, l'influence des structures musicales de Stockhausen a sans doute été déterminante. Dans *Stimmung*[42], l'accord de neuvième de dominante construit sur la fondamentale *si*♭ détermine à la fois les hauteurs de référence, les durées et le schéma formel de l'œuvre. Il en est souvent de même chez les compositeurs spectraux. Comme l'écrit avec justesse Jérôme Baillet, l'écriture de la

• 41 - Gérard Grisey, Jean-Baptiste Barrière, Pierre-François Baisnée, *op. cit.*, p. 218.

• 42 - Karlheinz Stockhausen, *Stimmung* pour six vocalistes, Universal Edition, 1967.

musique spectrale [trouve] son origine et sa justification [dans un processus qui est] l'agrandissement spectrographique du son[43].

Les événements sont ainsi répartis dans le temps par relations homothétiques à un autre paramètre musical ou acoustique.

> Le spectre est à la fois une grille qui permet les opérations d'écriture et le matériau lui-même – le mode et le thème tout à la fois, pour introduire une comparaison risquée. C'est ainsi que la distinction forme-matériau va devenir caduque : le contenu tend à s'identifier au contenant. Selon l'angle de vue, le spectre va se métamorphoser en apparence mélodique (neumes), harmonique, voire rythmique dans certains cas extrêmes, ou prendre une apparence ambiguë[44].

Etant appliqués à des durées beaucoup plus longues que celles du son d'origine, les nombres issus des paramètres spectraux modifient l'échelle de perception du temps qui se démultiplie. Des points de vue plus ou moins proches changent l'échelle de la perception temporelle comme un zoom cinématographique modifie l'échelle spatiale :

> Ce qui retient mon attention, c'est la possibilité d'imaginer désormais des structures qui ne soient plus rivées à un seul type de perception. Les structures temporelles elles-mêmes acquièrent une plasticité relative au changement d'échelle. Ces échelles de proximité du son – auxquelles on pourra toujours substituer un continuum – créent une nouvelle dimension du son : la profondeur ou le degré de proximité. Plus encore, ce jeu de zoom avant-arrière peut à son tour devenir structurel et gérer une nouvelle dynamique des formes sonores relative à la densité spatiale des sons et à leur durée[45].

Grisey a corrélé les valeurs des fréquences centrales des deux premiers formants de chaque voyelle avec la durée des deux premiers moments de chaque section. Comme le montre le schéma suivant, une section possède ainsi une voyelle caractéristique dont les deux premiers formants génèrent la durée de ses deux premiers moments.

• 43 - Jérôme Baillet, *Aspects formels de la musique de Gérard Grisey*, DEA Musique et Musicologie du XXe siècle, EHESS, Direction Hugues Dufourt, 1995, p. 30.

• 44 - Tristan Murail, « Question de cibles », *Entretemps* , n° 8, Paris, 1989, pp. 147-172.

• 45 - Gérard Grisey, « Tempus ex machina », *Entretemps*, n°8, Paris, septembre 1989, p. 102.

Document 24

Correspondance fréquence / durée à l'intérieur d'une section

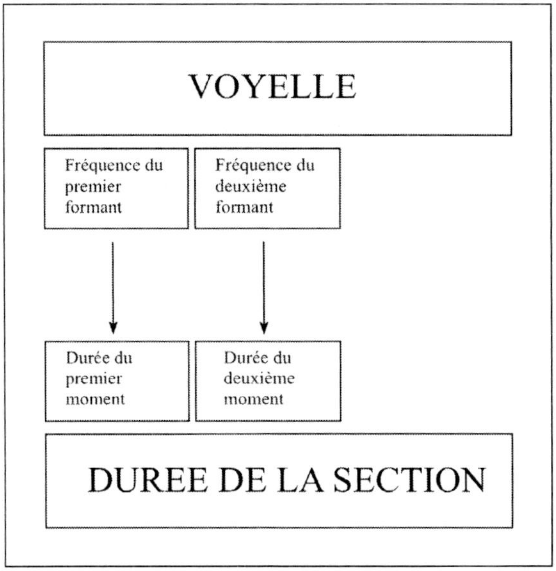

La corrélation entre les fréquences et les durées est négative : à un formant plus aigu correspond un moment plus court. L'histogramme ci-dessous illustre cette proportion inverse.

Document 25

Relation entre la fréquence centrale (F1 en Herz) du premier formant et la durée (M1 x 80 en secondes) du premier moment de chaque section[46]

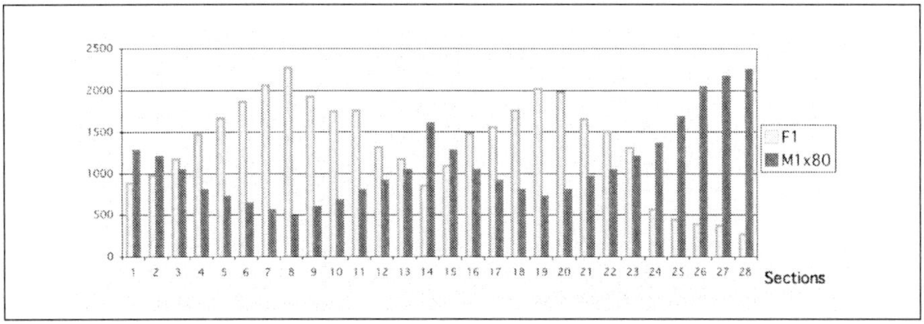

• 46 - La durée M1 de chaque section a été multipliée par 80 de façon à rendre le graphique lisible.

Si la durée des deux premiers moments de chaque section dépend de l'emplacement des formants dans le champ spectral, celle du troisième et dernier moment et en conséquence la durée de la section entière sont libres. Le troisième moment est bien un résidu des deux premiers.

Paroxysmes

La valeur propre de la fréquence centrale de chaque formant ne constitue pas le seul paramètre structurel. L'écart entre les fréquences centrales des deux premiers formants influe également sur la tension expressive par l'intermédiaire de l'ambitus de hauteur et par le choix des valeurs rythmiques. Deux paroxysmes expressifs apparaissent ainsi lorsque l'écart entre les deux premiers formants est élevé. Le graphique de la figure suivante met en évidence l'emplacement de ces deux paroxysmes, mais aussi des trois lieux de détente maximale.

Document 26

Ecarts entre les fréquences centrales des deux premiers formants

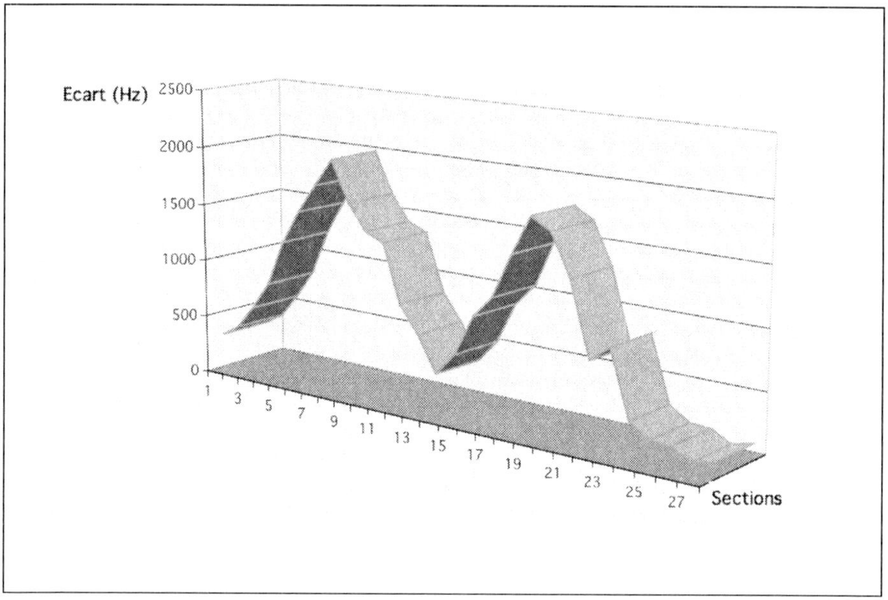

Par exemple, les voyelles des sections 14 et 27 pour lesquelles les deux premiers formants sont les plus proches fournissent des lieux d'endormissement, comme en témoignent les indications sur la partition :

> Toutes les voix ensommeillées, comme des bribes de rêves et de souvenirs : le chœur dort et rêve dans les ronflements de la machine[47].

Par contre, la voyelle de la section 8, qui correspond au premier sommet (2008 Hz) atteint par l'intervalle entre les fréquences centrales des deux premiers formants, génère un très large ambitus vocal et des valeurs rythmiques très variées. L'ambitus vocal est étendu à trois octaves. Les valeurs rythmiques extrêmes sont alors la triple croche en triolet et la noire. Mais ce paroxysme situé à la section 8 n'est pas le seul de la pièce. La section 19 (chiffres 80 à 85) est construite de nouveau sur une voyelle fermée qui possède également un écart important entre les fréquences centrales de ses deux premiers formants (1784 Hz). Les deux sections paroxystiques balisent l'ensemble de la forme en renforçant le passage de la première à la deuxième partie (« *you* »), mais aussi en soulignant le milieu de la première partie (« *I love* »). La structure de la pièce s'appuie donc doublement sur « *I love you* ». Tout d'abord, cette phrase détermine une forme binaire dont la principale articulation coïncide avec le début de « *you* ». Ensuite, la progression expressive se base sur l'analyse formantique de cette même phrase. La première partie connaît un premier paroxysme puis le début de la deuxième partie est mis en valeur par un second paroxysme. Les liens très étroits entre la volonté formalisatrice et l'émergence de sentiments parfois violents mettent la science du nombre au service de la poésie. Si le processus compositionnel est fortement influencé par l'analyse spectrale, Gérard Grisey s'est également appuyé sur deux autres phénomènes sonores : la texture musicale et les harmoniques issues d'une hyperfondamentale.

Les types de texture et l'hyperfondamentale

Sept types de texture, répertoriés dans le tableau suivant ont été définis par le compositeur. Ils sont utilisés dans les différentes sections. Si certains types peuvent apparaître comme élémentaires, ils prennent néanmoins tout leur sens par leur intégration à une nouvelle strate d'un processus formel complexe.

• 47 - Indication située sur la partition, section 27, chiffre 116, p. 86.

Tableau 11

Les sept types de texture

Type	A	B	C
Ecriture	polyphonique	homophonique	polyphonie de blocs homophoniques
Durées	polypériodiques différents tempi	Périodiques différents tempi	irrégulières ou périodiques
Accents	décélération	irrégularités	irrégularités
Texte	consonnes	langues (français, allemand, hongrois)	inventé incompréhensible
Style vocal	syllabique yodel	litanique	syllabique
Caractère	polyphonique et hétérogène grande densité	litanie antiphonique appel (bande)	délire rythmique de grande intensité, staccato (bande)

Type	D	E	F	G
Ecriture	polyphonie de blocs homophoniques	homophonique	homophonique	Polyphonique
Durées	apériodiques	périodiques	périodiques	polypériodiques
Accents	décélération irrégulière	décélération régulière	décélaration	décélération
Texte	amants mythiques (Roméo, Juliette...)	I love you, lovers love, 22 langues	sans consonne	consonnes
Style vocal	prosodique	parlé ou chanté	mélismatique	mélismatique
Caractère	mélodie formantique accords (chœur)	comme une berceuse	mélodique et stable	homogène

Par ailleurs, il existe des textures intermédiaires qui engendrent un processus de transformation graduelle. Par exemple, A' et A" sont des variantes de A qui rapproche cette dernière de B. La succession A A' A" A'" B B' B" B'" C C' C" produit ainsi une texture qui change peu à peu de manière fluide. Il existe en fait trois rotations imbriquées correspondant à chacun des trois moments. Comme le montre le tableau suivant, les trois permutations circulaires sont décalées dans le temps.

Tableau 12

Répartition des types de texture

Section	1	2	3	4	5	6	7	8	9	10	11	12	13	14	15	16	...
Moment 1	A'	A''	A'''	B	B'	B''	B'''	C	C'	C''	C'''	C''''	D	D'	D''	D'''	...
	→																→
Moment 2	F	F'	F''	G	G'	G''	G'''	A	A'	A''	A'''	A''''	B	B'	B''	B'''	...
								→									→
Moment 3	E	E'	E''	F	F'	F''	F'''	G	G'	G''	G'''	G''''	A	A'	A''	A'''	...
													→				→

Le départ de la série de textures dans le premier moment a lieu à la première section, à la section 8 qui est celle du premier paroxysme pour le deuxième moment, puis à la section 13, proche du lieu de l'endormissement central, dans le troisième moment. Vers la fin de la pièce, les transitions entre les textures apparaissent de plus en plus abruptes. Comme les sections présentent globalement la succession des 28 voyelles contenues dans la phrase « *I love you* », il existe donc deux mouvements simultanés : celui des types de texture et celui des voyelles.

L'hyperfondamentale et ses harmoniques

Une autre strate d'organisation formelle s'ajoute encore à celles déjà repérées. *Les Chants de l'amour* sont également basés sur une hyperfondamentale que sa fréquence très basse (5,67 Hz) rend inaudible. La valeur de cette fréquence la rapproche d'un rythme. Ici, la période (c'est-à-dire l'inverse de la fréquence 5,67 Hz) dure 176,37 ms. Le signal est donc théoriquement audible comme un rythme. Gérard Grisey attachait une grande importance aux correspondances entre hauteurs et durées. Les harmoniques impaires de rang 5 à 17 génèrent la structure harmonique de l'œuvre. Elles sont nommées H1 à H7 dans l'exemple suivant.

Document 27

Les sept fondamentales principales

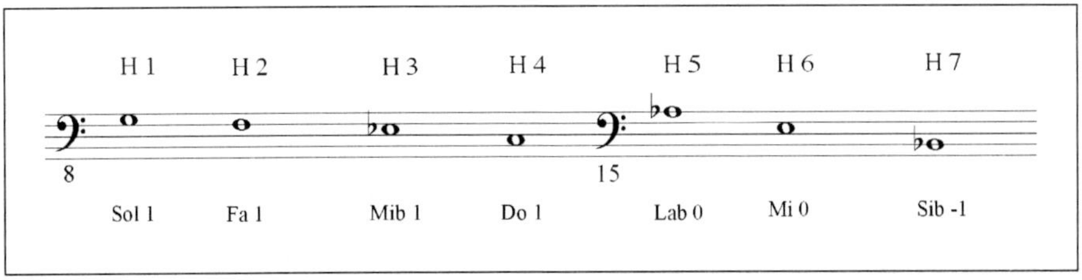

Ces notes situées dans l'extrême grave sont émises par la voix synthétique : par exemple, le *sol*1 est tenu pendant les sept premières sections et, après un silence, un *fa*1 est entonné au début de la section 8. Le parcours harmonique général est donc rendu cohérent par ces assises liées dans une relation harmonique inébranlable. Mais, pourquoi avoir utilisé ce système d'hyperfondamentale et d'harmoniques ? Par définition, l'évolution des formants de la phrase de référence « *I love you* » ne donne pas une suite de partiels appartenant à un même son, c'est-à-dire issus d'une même fondamentale. Par contre, les harmoniques déduites de l'hyperfondamentale par multiplication de la fréquence par un nombre entier permettent de baliser la pièce de piliers harmoniques appartenant à la même série harmonique. L'œuvre est ainsi architecturée sur un seul son virtuel dont la fondamentale serait cette « hyper-fondamentale » et dont les partiels sont les sept fondamentales décrites ici. *Les Chants de l'amour* font donc entendre dans une échelle de temps très élargie les éléments constitutifs d'un son. Il s'agit de l'un des principes fondateurs du courant de la musique spectrale. Gérard Grisey va plus loin que la simple utilisation verticale des caractéristiques des partiels des sons. De la même façon que les cinq dernières minutes de *Dérives* sont fondées sur les caractéristiques spectrales d'un *mi*b, procédé qu'il décrit comme la « projection » de la « structuration naturelle des sons[48] » dans l'espace dilaté et artificiel de l'orchestre, ici l'hyperfondamentale et les partiels produisent les structures nécessaires à la construction des *Chants de l'amour*. L'essentiel n'est pas une juxtaposition d'états spectraux, mais une continuité entre divers états sonores d'un même matériau vocal originaire. Des processus complexes permettent le passage progressif d'une identité sonore à une autre.

Le nombre ou le drame?

> [...] la musique se situe quelque part à un carrefour entre le délire et la structure, entre le nombre et le drame. Et, personnellement, je cherche cet équilibre[49].

Comment ne pas penser de nouveau à *Stimmung* de Stockhausen qui, sans électronique et avec six voix seulement, crée un univers poétique inouï? Si les effectifs et les techniques sont différents, l'œuvre de Stockhausen étant chantée *a capella*, les deux pièces se rejoignent cependant par l'attention portée aux voyelles, mais aussi par d'autres caractéristiques similaires. Dans *Stimmung*, des noms de Dieux sont évoqués tandis que l'œuvre de Grisey fait entendre des noms d'amants célèbres. Par ailleurs, à l'accord générique de neuvième de dominante qui structure harmoniquement la pièce de Stockhausen répond l'hyperfondamentale des *Chants de l'amour* qui, par l'intermédiaire de ses partiels, en fournit les piliers

---

• 48 - Gérard Grisey, « La musique : le devenir des sons », *op. cit.*, p. 127.

• 49 - Gérard Grisey, Andras David, *op. cit.*

harmoniques. Gérard Grisey va plus loin encore en construisant toute sa pièce sur les propriétés spectrales de ces voyelles. Tous les paramètres dépendent de l'évolution formantique de la sentence « *I love you* ». *Les Chants de l'amour* se différencient de la pièce de Stockhausen en annihilant tout mysticisme par le naturel vivifiant de cet immense éclat de rire. Les inspirations fortes et rauques se transforment rapidement en rires étouffés puis en éclat de rire généralisé. L'amour semble alors plus proche de la tendresse et de la naïveté enfantine que du monde des adultes. L'incongruité du ronflement, l'atmosphère onirique de la fin de la pièce renforcent encore cette impression. Depuis l'introduction pleine d'énergie, en passant par deux paroxysmes successifs, la musique évolue vers le sommeil et le rêve. L'introduction commençait pourtant sur un son violemment expulsé, très bref et très rauque, comme dans bien des mythes relatant la naissance de l'humanité. La voix synthétique constitue le « liquide amniotique[50] » dans lequel se développent les voix naturelles, la matrice d'où les voix humaines surgissent et vers qui elles se tournent en confiance. Mais la voix de la bande n'est pas seulement une entité extérieure aux interprètes du chœur. Elle interagit avec eux dans des relations changeantes et complexes. La machine se révèle également « miroir et projection de tous les fantasmes des voix humaines[51] ».

La logique du processus formel, au départ implacable, est submergée par les paroxysmes, les excès d'émotions incontrôlées ou les situations inattendues. Le processus d'écriture conçoit le son, non comme un simple réservoir de nombres, mais comme un organisme vivant. Les dernières années de la vie de Gérard Grisey connaîtront l'aboutissement des recherches des années 1980. Le texte de *L'icône paradoxale* (œuvre de Grisey de 1996 pour soprano, mezzo-soprano et grand orchestre) est issu du traité de perspective de Piero della Francesca (*Perspectiva pingendi*). La rigueur de la construction formelle chez le peintre toscan du quattrocento participe de l'harmonie du monde, où tout est architecture, y compris la figure humaine. Les préoccupations formelles du compositeur des *Chants de l'amour* ne sont pas sans rejoindre, à travers la jubilation du rire et le bercement du sommeil, les manifestations d'un humanisme raffiné.

Après l'analyse approfondie de certains aspects de ces deux œuvres importantes de la vocalité artificielle, la mise en évidence de leurs invariants et de leurs contrastes mène à une réflexion plus large sur une époque charnière : la première partie des années 1980 pendant laquelle l'outil informatique est devenu véritablement intéressant pour des compositeurs de haut niveau, aguerris à l'écriture complexe de la musique de leur siècle.

• 50 - Gérard Grisey, sans titre, note de programme, concert du 20 mars 1992, *op. cit.*, n. p.

• 51 - *Ibid.*

Convergences et éloignement

Mortuos Plango, Vivos Voco de Jonathan Harvey et *Les Chants de l'amour* de Gérard Grisey possèdent certains points communs, tant en ce qui concerne les outils informatiques que les matériaux utilisés ou les processus formels mis en œuvre. Pourtant, ces deux pièces divergent par plus d'un aspect. La première pièce est écrite pour bande seule alors que la seconde est mixte, et surtout, le rôle de la voix diffère sensiblement ainsi que son statut par rapport aux autres matériaux. Enfin, les conséquences esthétiques de l'utilisation d'un même outil informatique, fût-il aussi performant que CHANT, méritent d'être explorées, même si l'établissement de liens directs entre les circonstances de composition et le résultat musical reste délicat.

Le parcours de chacun des deux compositeurs et la situation des deux pièces dans leurs œuvres diffèrent. Jonathan Harvey, âgé de 41 ans au moment de la composition de *Mortuos Plango, Vivos Voco*, est alors un compositeur ayant déjà une grande expérience de l'écriture, notamment pour la voix dans la grande tradition de la musique vocale anglaise tout en étant profondément enraciné dans la culture musicale post-sérielle. La voix, métaphore de l'humanité, restera l'un de ses centres d'intérêt. Gérard Grisey, lui, encore trentenaire à l'époque de la composition des *Chants de l'amour*, est l'un des compositeurs de L'Itinéraire, noyau de la musique spectrale. Il s'intéresse surtout à la musique instrumentale et à un travail basé sur l'intimité du son, c'est-à-dire sur les partiels contenus dans le spectre du son. *Les Chants de l'amour* est son unique pièce exclusivement vocale et représente son unique incursion dans le domaine de la vocalité artificielle. Cette pièce fait donc figure d'œuvre expérimentale pour le compositeur dans la direction de la voix machinique. Par contre, l'œuvre de Jonathan Harvey est devenue un point de repère très important de la musique informatique, sans doute par la coexistence d'une technique compositionnelle de haut niveau et d'un aspect sonore séduisant et facilement accessible.

Au début des années 1980, l'Ircam dispose d'outils performants : l'analyse par FFT, le logiciel Music V de Max Mathews et le programme CHANT conçu à l'Ircam même. Ces outils couvrent l'ensemble du travail de composition en numérique, de l'analyse spectrale avec la transformée de Fourier rapide au mixage final en passant par la synthèse de la voix, sa transformation et de multiples manipulations sur les partiels. La particularité de ces outils est de pouvoir réaliser un contrôle extrêmement précis de tous les paramètres spectraux, même si les commandes sont effectuées en lignes de code textuelles dans des syntaxes difficiles d'accès pour des non-spécialistes et exigeant donc la collaboration d'assistants. Par ailleurs, les deux œuvres font appel à des textes en langue étrangère. *Mortuos Plango, Vivos Voco* utilise le texte latin gravé sur la cloche ténor de la cathédrale de

Winchester qui est une dédicace alors que *Les Chants de l'amour* déploie des textes en 22 langues différentes. Dans cette dernière pièce, deux langues vivantes sont privilégiées : l'anglais de la sentence « *I love you* » qui donne naissance à la forme et l'espagnol du roman *Rayuela.* D'un côté une langue morte et de l'autre côté des langues vivantes, mais à chaque fois une référence à l'universalité. Le latin est la langue de l'Eglise catholique et des textes canoniques ; les 22 langues de l'œuvre de Gérard Grisey tendent à l'universalité dans le monde contemporain. Mais les champs recouverts par les deux types de langues, la langue morte et les langues vivantes se réfèrent à deux positions complémentaires : une vision intemporelle d'une part, et un ancrage dans la contemporanéité d'autre part. Ce choix des langues reflète également deux versants de l'amour : le spirituel pour le compositeur anglais et le charnel chez le musicien français. De plus, les bandes des deux compositions ont nécessité la numérisation de voix naturelles. La pureté et l'unicité du propriétaire de la voix du jeune fils du compositeur de *Mortuos Plango, Vivos Voco* fait pendant à la multiplicité des locuteurs enregistrés pour *Les Chants de l'amour.* La première œuvre met en scène une seule langue universelle, l'enfance symbolise la pureté et la naïveté, mais aussi l'humanité dans son devenir et surtout le peuple des élus en référence à une religion du Livre. La seconde regroupe les peuples de la terre de façon plus laïque en les faisant entendre dans leur existence même et non dans leur idéal imaginé dans la foi du croyant. La voix enregistrée transmet dans les deux cas la part d'humanité qu'elle contient, qu'elle soit d'un ordre spirituel ou poétique.

Gérard Grisey fait partie du groupe de compositeurs à l'origine de L'Itinéraire et du courant spectral, mais il est difficile d'ignorer l'influence des procédés d'écriture issus de ce groupe sur Jonathan Harvey. Même si l'appellation de musique spectrale résume assez bien la préoccupation des compositeurs pour lesquels le timbre est pensé comme le résultat d'un spectre particulier, elle semble bien réductrice si elle n'est appliquée qu'à un groupe de compositeurs, en l'occurrence celui de L'Itinéraire. Surtout, cette dénomination de « spectraux » tend à opposer ce groupe aux compositeurs post-sériels dont l'écriture virtuose forme une syntaxe dans laquelle les recherches sur le contrepoint domine peu ou prou l'investigation sur le timbre. Cette opposition est fallacieuse pour Gérard Grisey et Jonathan Harvey. D'une part, les compositeurs spectraux, souvent formés à l'école post-sérielle, ont su nourrir leur écriture par une solide grammaire issue de la seconde école de Vienne. D'autre part, si Jonathan Harvey a travaillé avec le compositeur et théoricien de la musique sérielle Milton Babbitt et s'il n'est pas stricto sensu un compositeur spectral, son œuvre *Mortuos Plango, Vivos Voco* se rattache fortement à la pensée du spectralisme que Gérard Grisey décrit ainsi :

> Venue au monde dans les années soixante-quinze, curieusement à peu près en même temps que la géométrie fractale, la musique spectrale proposait une organisation for-

melle et un matériau sonore directement issus de la physique des sons tels que la science et l'accès à la microphonie nous les donnaient alors à découvrir[52].

Première constatation, la musique spectrale comme la musique post-sérielle sont fortement organisées par des processus de type logique. Les compositeurs spectraux s'appuient sur des données acoustiques fournies par les scientifiques et en déduisent des règles logiques charpentant leurs œuvres de la micro à la macro-architecture tandis que les post-sériels dénient les conséquences de l'acoustique du son dans la construction d'une échelle scalaire non-pondérée. Dans *Mortuos Plango, Vivos Voco*, Jonathan Harvey s'éloigne des leçons de Babbitt en structurant son œuvre sur l'analyse spectrale de la cloche et surtout en tirant les conséquences de cette analyse acoustique. Le spectre de la cloche possède une inharmonicité seulement relative. En effet, la répartition des partiels laisse apparaître une fondamentale *do*3 et ses harmoniques. Plus intéressant pour le compositeur, il existe une deuxième fondamentale *fa*3 et ses harmoniques. Les huit notes formant le pivot de chacune des huit sections sont l'expression de ces deux fondamentales. Ces notes sont choisies dans les premières harmoniques des deux fondamentales (*do, sol, fa, la, mi*b) et certaines de ces notes comme le *do* appartiennent aux deux séries harmoniques. L'enracinement spectral de Gérard Grisey ne doit pas faire oublier que pour la première et la dernière fois de sa carrière, il se consacre à la musique mixte et que, par ailleurs, le spectre générateur est tiré de la voix. L'ensemble des partiels ne va donc pas donner naissance à l'œuvre directement, mais, comme dans *Le Son d'une voix* de François-Bernard Mâche, œuvre datant de 1964, ce sont plus précisément les fréquences centrales des deux premiers formants de la phrase « *I love you* » qui participent au processus formel. Ce type d'utilisation de la voix à travers ses composantes acoustiques sera également utilisé dans *Temboctou* quelques années plus tard, en 1982, par Mâche, mais d'une façon différente :

> [...] j'ai articulé moi-même le texte, avec l'expression qui me semblait convenir, pour analyser ensuite ma voix, syllabe par syllabe, afin d'en dériver une version chantée[53].

Dans *Mortuos Plango, Vivos Voco* et *Les Chants de l'amour*, l'analyse spectrale a contribué à une mise en correspondance originale de la durée et de la hauteur. Selon un principe très différent de celui utilisé par des compositeurs comme Jean-Baptiste Barrière, qui prennent en compte le continuum entre hauteur et durée, Jonathan Harvey et Gérard Grisey ont établi une autre relation entre ces deux paramètres. Le premier a rendu inversement proportionnelle la durée de chacune

---

• 52 - Gérard Grisey, « Vous avez-dit spectral ? », *insit'*, n° 13, septembre 2000, p. 4.

• 53 - François-Bernard Mâche, « Polyphonies, Entretien avec François-Bernard Mâche », propos recueillis par Peter Szendy, in *Musique : Texte, Les cahiers de l'Ircam, Recherche et musique*, n° 6, Ircam-Centre Georges-Pompidou, 1994, p. 91.

des huit sections de *Mortuos Plango, Vivos Voco* avec la hauteur de la note génératrice qui lui est associée. De même, la durée du premier moment de chacune des 28 sections des *Chants de l'amour* est inversement proportionnelle à la hauteur du premier formant de la voyelle centrale de la section. Ce procédé ce retrouve également dans l'établissement de la durée du deuxième moment et du second formant de la voyelle.

La vocalité artificielle, sous ses deux aspects de voix synthétique et de voix naturelle transformée, s'inscrit de manière très différente dans les deux œuvres. La pièce de Gérard Grisey utilise à découvert la voix synthétisée par CHANT comme un support à l'édifice vocal. Elle est souvent située dans le grave et renforce les fondements harmoniques de l'ensemble vocal, elle en constitue également le substrat sonore sur lequel repose le chœur réel. La voix synthétique de *Mortuos Plango, Vivos Voco* n'est pas utilisée comme un support s'inscrivant dans la durée, mais comme un matériau fragmentaire. L'hybridation de la voix et de la cloche donne naissance à des sonorités inédites et ambiguës et participe comme timbre à l'écriture complexe de la texture sonore. Par ailleurs, les glissandi spectraux des troisième, quatrième et cinquième sections n'ont aucun équivalent dans *Les Chants de l'amour*. Curieusement, c'est le compositeur de l'école spectrale qui manipule le moins les spectres avec les outils informatiques mis à sa disposition. De même, les deux œuvres empruntent des voies différentes dans l'intégration des traitements de la voix naturelle. Jonathan Harvey, s'il multiplie les battues de cloche transposée par prolifération de façon à obtenir un véritable carillon, n'explore jamais ce procédé avec des fragments de voix synthétiques ou concrètes. Au contraire, l'atmosphère de recueillement tend souvent à privilégier l'individualité de la voix, même lors des mélismes virtuoses de la sixième section qui évoquent les vocalises d'une soprano coloraturе. Le seul passage où plusieurs parties vocales simultanées sont entendues est constitué par les accords de la septième section, mais sans une véritable écriture polyphonique. Au contraire, *Les Chants de l'amour* procèdent par la prolifération des voix concrètes jusqu'à la saturation d'une foule extrêmement dense tourbillonnant dans le dispositif électroacoustique comme autant d'amants virtuels de toute nationalité. Cette fois, ce n'est pas l'individualité et la pureté spirituelle qui sont évoquées, mais la puissance quasi-animale de l'amour terrestre qui envahit l'espace et déborde tout contrôle. A une voix éthérée qui se fait entendre dans l'œuvre de Jonathan Harvey paraît répondre le réalisme d'une foule cosmopolite.

Deux types de relations fondamentalement différentes entre matériaux apparaissent dans *Mortuos Plango, Vivos Voco* et dans *Les Chants de l'amour*. La première est intrinsèque alors que la deuxième est extrinsèque. Intrinsèques, les relations ménagées par Jonathan Harvey entre la voix naturelle, la cloche enregistrée et leurs avatars artificiels sont établies sur la constitution des spectres respectifs de ces timbres.

Les traitements sur les sons concrets et sur ceux générés par CHANT rapprochent sans cesse leurs composantes spectrales pour créer des zones dans lesquelles l'identité est volontairement rendue ambiguë. Le rôle de l'ordinateur fut d'abord de mémoriser toutes les composantes spectrales des sons analysés par la technique FFT. Par ailleurs, CHANT a permis de simuler des sons naturels proches de la voix et de la cloche. Des relations ont alors été établies à l'intérieur des sons puisque les enveloppes d'amplitude, de hauteur et l'emplacement des partiels de la voix synthétique sont parfois ceux empruntés à la cloche concrète. Les glissements progressifs entre spectres de natures différentes génèrent des zones transitoires particulièrement riches perceptivement par leur imprécision sémantique même. Les réflexions menées par Harvey[54] autour de la notion d'ambiguïté sont significatives à cet égard de l'intentionnalité de tels principes d'écriture. Le propos de Gérard Grisey ne rejoint pas en ce domaine celui du compositeur anglais. Dans *Les Chants de l'amour*, les relations entre la voix artificielle et les voix, enregistrées puis traitées, situées sur la bande d'une part, et les voix naturelles du chœur d'autre part sont de nature essentiellement extrinsèque. En effet, il n'y a pas de correspondances spectrales entre ces différents matériaux. Jamais le compositeur ne travaille sur des rapprochements ou des contrastes entre les paramètres acoustiques de toutes les voix, qu'elles soient virtuelles ou réelles. De même, la voix produite par le programme CHANT n'est à aucun moment influencée dans son allure spectrale par les voix naturelles enregistrées. Toutes les relations entre ces différents éléments concernent le processus formel. Certes, ce dernier est d'abord fondé sur l'analyse formantique de la sentence « *I love you* », mais il s'agit d'une relation entre un spectre et un schéma formel, donc d'une relation entre deux niveaux conceptuels différents, l'intérieur du son et la forme. Le lien avec le processus formel concerne aussi bien les 28 sections que les trois moments (leurs durées) à l'intérieur de chaque section et les deux paroxysmes (leur emplacement). Cette relation est donc bien extrinsèque.

Jonathan Harvey utilise volontiers l'expression « retourner la cloche comme un gant » pour désigner une mutation spectrale de la cloche dans *Mortuos Plango, Vivos Voco*. Pour une cloche, les partiels aigus décroissent beaucoup plus rapidement que les graves or le compositeur a parfois inversé artificiellement cette propriété. La métaphore du retournement peut aisément être généralisée et permettra d'ordonner quelques réflexions sur les conséquences esthétiques de la rencontre, dans les années 1990 entre approche spectrale et écriture de la vocalité artificielle.

• 54 - Jonathan Harvey, « The Mirror of Ambiguity », in *The language of Electroacoustic Music*, Londres, Mac Millan Press, 1986, p. 175-190.

Premier retournement : composition par l'analyse

Les outils technologiques utilisés pour donner le point de départ à la composition spectrale ne pourraient-ils pas servir au travail inverse ? L'ordinateur ayant calculé le spectre du matériau sonore à l'origine de la composition se transforme en instrument de synthèse et produit directement les sons utilisés dans l'œuvre. Le même outil convient aussi bien pour le travail préparatoire que pour la mise en œuvre de la pièce musicale. Cette fois, les appareils de mesure se métamorphosent en instruments de sculpture. Le mètre ruban devient burin. Avantage considérable, pour la première fois, la même technique est employée pour donner le point de départ de l'œuvre et pour la construire. Le compositeur se trouve face à des outils permettant à la fois de trouver le germe de l'œuvre, d'imaginer sa construction et d'achever sa réalisation. Le modèle de l'analyse/synthèse est exemplaire à cet égard, quelle que soit la méthode utilisée.

De plus, étudier les œuvres de compositeurs spectraux avec des outils d'analyse spectrale offre une approche particulièrement intéressante. Toutes proportions gardées, le musicologue travaille sur ces œuvres dans les conditions exactement inverses du compositeur. La déconstruction de l'œuvre fait intervenir les mêmes outils que sa construction. Certains processus analytiques sont particulièrement éclairants, comme ceux qui sont appliqués à l'ouverture et à la fermeture formantiques de la phrase « *I love you* » des *Chants de l'amour*, ou celui montrant le sonagramme d'un glissando spectral imaginé par Jonathan Harvey. Cependant, les lois de l'acoustique imposent d'elles-mêmes les limites de cette démarche. Par exemple, les amplitudes des partiels de même hauteur appartenant à deux sons différents s'additionnent. La séparation de ces deux sons n'est donc plus possible et la déconstruction s'arrête rapidement sur des agrégats de timbres.

Deuxième retournement : transitoires versus timbre

Pour Gérard Grisey,

> ce qui change radicalement dans la musique spectrale, c'est l'attitude du compositeur face aux faisceaux de forces constituant les sons et face au temps nécessaire à leur émergence. Dès son origine, elle se caractérise par une hypnose de la lenteur et par une véritable obsession de la continuité, du seuil, du transitoire et des formes dynamiques[55].

Pour les compositeurs spectraux, les transitoires deviennent le terreau fertile de leur imagination, une zone de tension qui met au jour des forces contradictoires en mouvement. Et pour en extraire toute la moelle, pour faire percevoir à l'auditeur toutes les subtilités de l'intimité spectrale de ces transitoires, il faut les ralentir. Prolonger leur vie permet d'en profiter à loisir. La composition porte

---

• 55 - Gérard Grisey, « Vous avez dit spectral ? », *art. cit.*, p. 5.

avant tout sur l'évolution d'un son à l'autre, d'un état spectral au suivant. Gérard Grisey précise :

> J'ai composé *Dérives* selon ce procédé, en me donnant des échelles de degrés de changement. [...] C'est un type d'écriture en creux. Je ne pense pas les objets avec lesquels j'écris. Je pense le rapport de dynamique d'un objet à l'autre[56].

Ralentir considérablement le temps, ne serait-ce que par l'étirement des sons, remet en cause la notion de pulsation, de temps strié au sens boulézien du terme. Le temps devient non seulement lisse, mais il perd également sa téléologie. La directionnalité de l'action vers un but est remplacée par l'ataraxie, l'absence d'un chemin clairement balisé et orienté vers le futur. Il faudrait donc prendre le temps de regarder le temps. Selon Danielle Cohen-Levinas,

> cette esthétique du degré zéro de changement implique une attention particulière portée à la qualité et à la quantité de ce qui change sous l'effet de la graduation[57].

Troisième retournement : forme/matériau

Habituellement, l'écriture consiste à choisir et à assembler des matériaux sonores. Mais la dialectique dans laquelle l'acte compositionnel remplit les fragments temporels de la forme avec du son se trouve ici inversée. Ce n'est plus la forme qui génère en quelque sorte le son par les choix qu'elle implique, c'est le son qui donne vie à la conception formelle en lui léguant sa microstructure. La musique savante renouvelle sans cesse les relations entre les différents paramètres du monde sonore. Les recherches sur le rythme de l'Ars Nova comme la polyphonie franco-flamande de la Renaissance montrent à quel degré de complexité peuvent atteindre ces relations concernant par exemple le temps et la hauteur. Le XXe siècle a encore systématisé les possibilités de contrôle en généralisant la série à tous les paramètres, en n'hésitant pas à recourir à des gammes non tempérées puis en étendant le travail compositionnel aux valeurs tirées du spectre. En 1985, Jean-Claude Risset fait remarquer[58] avec justesse qu'un pas supplémentaire a été franchi avec les ordinateurs en permettant aux musiciens occidentaux d'accéder à des méthodes automatisées de calcul de la forme, des structures hiérarchisées et combinatoires. La puissance de calcul disponible fait progresser le nombre et la finesse des contrôles exercés sur l'ensemble des variables disponibles, aussi bien du point de vue acoustique que sur le plan formel. Le compositeur est ainsi obligé d'analyser précisément

---

• 56 - Gérard Grisey, cité dans Danielle Cohen-Levinas, « Gérard Grisey : du spectralisme formalisé au spectralisme historicisé », *La Revue Musicale, L'Itinéraire*, quadruple numéro 421-422-423-424, 1991, p. 54.

• 57 - Danielle Cohen-Levinas, « Gérard Grisey : du spectralisme formalisé au spectralisme historicisé », *art. cit.*, p. 54.

sa perception et ce qu'il ressent, et de traduire ces deux éléments en données précises pour l'ordinateur. Pour Jonathan Harvey,

> on a le sentiment de contempler un miroir insolemment fidèle qui pose précisément les questions pertinentes[59].

Réciproquement, l'entrée des données issues de l'imaginaire du compositeur provoque une réponse sonore qui revient à ses oreilles. « On modifie un paramètre et on réagit émotionnellement au résultat[60]. » Les spectraux ne conçoivent donc pas la musique comme une exploration des couleurs instrumentales par leur perception extérieure, mais imaginent de renverser le processus de composition. Au lieu d'empiler des instruments pour obtenir des timbres, ils envisagent de partir des partiels contenus dans le son. Le colorisme issu des intuitions géniales de Berlioz ou de Messiaen est retourné comme un gant. Le compositeur ne part plus de l'extérieur, c'est-à-dire de la perception auditive du son par l'homme, mais de l'intérieur, des constituants internes du phénomène sonore extraits par la machine. Ce retournement entraîne une « congruence [...] parfaite[61] » selon l'expression d'Hugues Dufourt qui précise que l'œuvre spectrale est

> génétique, au sens où elle doit constamment réapproprier ses conditions à son propre procès, et trouver dans cette série d'intégrations la norme intérieure de son propre développement[62].

L'émergence d'une telle idée ne fut possible qu'à une seule condition : posséder des outils logiciels effectuant l'analyse de l'enveloppe spectrale. C'est le développement de l'électronique, de l'acoustique et de l'informatique qui a facilité la réalisation de spectrogrammes et de sonagrammes de plus en plus précis. Existerait-il donc une relation forte entre les outils technologiques utilisés et le résultat musical ? Peut-on en conclure qu'un modèle ou une méthode de synthèse induisent une esthétique ? C'est aller un peu vite. Certainement pas dans le cas de compositeurs faisant appel à des écritures sophistiquées et parfaitement contrôlées. Les outils doivent se mettre au service de la pensée du compositeur et non la remplacer par des effets sonores reconnaissables. Le prix à payer pour une telle correspondance entre outil et résultat sonore serait inéluctablement un appauvrissement du discours musical réduit au rang d'énoncé d'archétypes, ce qui ne suffit pas à créer un style musical. De plus, des outils innovants sont susceptibles d'enrichir encore

---

• 58 - *Cf.* Jean-Claude Risset, « Digital Techniques and Sound Structure in Music », in *Composers and the computer*, éditeur Curtis Roads, Los Altos, Californie, William Kaufman Inc., 1985, p. 114.

• 59 - Jonathan Harvey, « Le miroir de l'ambiguïté », *op. cit.*, p. 455.

• 60 - *Ibid.*

• 61 - Hugues Dufourt, « Musique spectrale », *Conséquences*, n° 7-8, 1986, p. 115.

• 62 - *Ibid.*, p. 114-115.

une écriture d'une grande exigence. A cet égard, ni Gérard Grisey, ni Jonathan Harvey ne peuvent être soupçonnés de mettre en avant la prouesse technologique au détriment de la qualité de l'écriture. Les approches spectrales de la vocalité artificielle débouchent sur une dialectique entre écriture parfaitement contrôlée et imagination poétique. D'une part, maîtriser la complexité des spectres sonores dans un discours musical cohérent suppose tout d'abord une analyse du signal extrêmement fine, puis l'enclenchement d'un processus compositionnel tirant parti à la fois des données brutes extraites du son et de la volonté du compositeur pour aboutir enfin à une œuvre dans laquelle tout ou partie des sons entendus sont artificiels. D'autre part, Gérard Grisey et Jonathan Harvey ont tenu à conserver leur liberté de créateur et d'artiste face aux rouages des nombres et de la machine. Prenant le contre-pied d'une musique hypothétique qui serait dénuée d'humanité, ils ont réussi à la doter de qualités irréductibles à l'analyse musicologique, d'un supplément d'âme. Chez Harvey, l'outil informatique mis au service de l'écriture spectrale est transcendé par les préoccupations spirituelles du compositeur. Pour lui, la musique n'est pas seulement un art des sons, elle est également une quête de spiritualité et les machines comme les procédés d'écriture sont des outils concrétisant son aboutissement. Les rapports de Grisey avec l'ordinateur sont différents et reflètent sans doute une conception de la musique plus interrogative que salvatrice. *Les Chants de l'amour* ressemblent à un immense corps bien organisé dont les rouages s'emportent par deux fois lors de deux paroxysmes quasi orgasmiques pour finalement se relâcher dans le rire ou sombrer dans le sommeil et le rêve. Là où Jonathan Harvey se tourne vers la spiritualité, Gérard Grisey interroge l'humanité. Mais les deux compositeurs se rejoignent dans une conception instrumentale de la technologie au service de leur pensée musicale. La voix machinique n'est pas une voix dé-naturée, elle déploie la voix au-delà de son spectre naturel pour se mettre au service d'un chant profondément humain. Dans les deux pièces, la vocalité artificielle acquiert une paradoxale humanité. Entre utopie rationaliste et élan poétique, *Mortuos Plango, Vivos Voco* et *Les Chants de l'amour* sont particulièrement représentatifs de cette conversation à trois entre spectre, voix et artificialité.

Des premières rencontres de la voix avec les technologies aux grandes œuvres nées de la diffusion des programmes informatiques et plus particulièrement de la spécialisation de certains d'entre eux, le renouvellement des outils et des modèles a été fondateur d'une nouvelle vocalité. Dans un monde artistique en pleine évolution, les recherches scientifiques et techniques ont nourri l'imaginaire des compositeurs prenant le risque de se lancer dans l'aventure de la technologie de la voix. L'irruption de l'électronique puis de l'informatique accélère encore les innovations en démocratisant petit à petit l'accès à des outils de plus en plus puissants. Très vite, l'enregistrement, les transformations et le montage ne sont plus les seules manipulations disponibles. Progressivement, il devient possible d'analyser le spectre de la voix et de la synthétiser. De nombreux modèles d'analyse et de simulation voient le jour et sont aussitôt appliqués dans des méthodes de plus en plus efficaces. Tout d'abord, des modèles tentent de produire la voix en créant un signal complexe *ex nihilo*, sans entrée vocale. C'est le cas de la synthèse additive et de la modulation de fréquence. Ensuite, d'autres modèles comme l'analyse/synthèse s'appuient sur une entrée vocale qui leur fournit les paramètres nécessaires à la simulation. Mais ils se servent non de la modélisation de la voix en général, mais d'une voix en particulier : celle qui est analysée. Puis des techniques, informatiques depuis les années 1970, d'application de ces modèles sont conçues par les scientifiques et aboutissent à la mise au point d'outils logiciels. Les compositeurs acquièrent alors une grande liberté dans la manipulation de la voix.

CHANT est particulièrement significatif puisque cet outil a été conçu en vue de la composition avec la voix chantée. Mais l'intérêt de Gérard Grisey et de Jonathan Harvey pour la vocalité artificielle en tant que timbre inouï n'est pas la seule particularité des œuvres présentées ici. Le travail d'écriture extrêmement fouillé à partir du spectre est également remarquable, tant en ce qui concerne la microforme que la forme générale. La mise en perspective de ces deux compositeurs a révélé la grande fécondité de l'alliance des avancées du post-sérialisme avec celles de l'école spectrale. La vocalité artificielle rend possible une subtile recherche de l'ambiguïté entre l'élément vocal avec d'autres timbres, comme celui de la cloche dans *Mortuos Plango, Vivos Voco*. La voix machinique assure également une fonction de support et de soutien des voix naturelles dans *Les Chants de l'amour*. Les relations de la voix machinique avec les autres matériaux sont donc extrêmement fructueuses. La souplesse donnée par la sophistication des outils informatiques favorise une véritable écriture du matériau vocal, quelle que soit son origine. Alors que le timbre est longtemps demeuré l'habillage d'un contenu, les technologies numériques ont généralisé et approfondi jusqu'à un point de non-retour un long processus évolutif commencé par Berlioz dans le domaine instrumental.

Enfin, quelques remarques s'imposent. En premier lieu, la démarche compositionnelle utilise l'ordinateur pour analyser, manipuler et synthétiser les sons, et le musicologue reprend encore le même principe d'analyse spectrographique pour comprendre « la genèse de la genèse ». L'informatique devient ainsi un lien précieux entre l'analyste et le créateur, lien sans doute encore incomplètement exploité. Autrement dit, dans le déploiement de la vocalité artificielle, le travail du compositeur possède non seulement une légitimité sémantique basée sur le texte comme dans d'autres musiques vocales, mais elle s'appuie également sur les caractéristiques formantiques du signal acoustique de la voix. En second lieu, la prise en compte du temps est modifiée puisque les outils informatiques analysent des transitoires et vont jusqu'à ralentir ou même inverser le temps. En dernier lieu, la dialectique entre forme et matériau ne se résume pas seulement à un remplissage de la première par le deuxième. La forme est elle-même générée par le matériau qui va à son tour lui donner une existence sonore.

Cette approche syntagmatique de la composition avec la vocalité artificielle aboutit ainsi à des réflexions d'un autre ordre qui ne tendent plus à la description de son évolution, mais interrogent les conséquences de l'utilisation d'une nouvelle possibilité d'expression créatrice. Cette fois, le cadre d'une étude génétique de la « composition avec la vocalité artificielle » vole en éclats pour féconder d'autres terres tout aussi fertiles et étendues, celles de l'imaginaire.

TROISIÈME PARTIE

De la création à l'imaginaire

Lorsque les conditions ont été réunies pour que se développe une nouvelle manière de concevoir la voix, les créateurs se sont emparés de ce matériau afin de le déployer dans leurs œuvres. Certains l'ont utilisé au sein de la poésie, d'autres à travers la musique concrète et au-delà dans les musiques électroacoustique et informatique. Utilisant d'abord des outils analogiques, les compositeurs ont cherché à explorer des territoires inouïs en s'affranchissant des limites de la voix naturelle, limites déjà repoussées par l'intégration de modes d'émission issus de civilisations non-occidentales. Dans leur volonté d'élargir encore le champ de la vocalité, ils se sont intéressés dès les années 1970 aux procédés numériques faisant appel de plus en plus massivement aux processus computationnels. Ainsi, l'informatique est devenue incontournable à partir des années 1980. Pourtant, étudier la vocalité artificielle des seuls points de vue de la technologie et de l'écriture musicale est insuffisant. La décrire comme un matériau sonore avec ses contraintes génériques et ses applications musicales n'est pas satisfaisant. Certes, la vocalité artificielle est née de la conjonction de facteurs culturels et scientifiques. Certes, des outils technologiques parfois spécifiques permettent de créer des sonorités proches de la voix. Certes, les techniques de composition ont intégré ce nouvel élément dans la texture musicale. Mais la vocalité artificielle fait également intervenir des éléments de langage musical dont certains sont communs à toutes les vocalités et d'autres spécifiques à l'artificialité. Toute voix interroge de multiples problématiques : nature et culture, corps et langage, parole et musique, individu et société, raison et poésie, etc. Le profond enracinement de la voix dans le corps et sa réalité acoustique restent à un niveau matériel, mais la vocalité change radicalement de statut en véhiculant l'abstraction langagière et surtout l'imagination artistique. De plus, elle exprime aussi bien la singularité d'un sujet particulier que l'esthétique de la culture de tout un peuple et, au-delà, la dimension universelle de l'humanité. La vocalité artificielle interpelle ainsi l'imaginaire, d'autant plus qu'elle élargit le champ de la vocalité naturelle et détourne les limites de la voix musicale.

Comme pour tous les genres vocaux, il convient d'abord de mettre en lumière les particularités du rapport de la musique au texte. En posant la question des spécificités du répertoire de la vocalité artificielle quant à ces relations, les grands bouleversements qu'a connus la musique au XXe siècle ne peuvent être ignorés. Le positionnement de la vocalité par rapport aux ruptures artistiques de ce siècle fait question. En conséquence, les notions de rupture et de continuité doivent être interrogées. Les technologies supportant la vocalité artificielle n'ont pas évolué de manière progressive et continue. D'importants progrès techniques ont été réalisés, provoquant plusieurs discontinuités dans l'histoire de la voix machinique. Ainsi, le passage au numérique a été une véritable révolution technique et une remise en question brutale de la compréhension des outils par les compositeurs. Mais ce séisme technologique pose la délicate question de l'existence d'un basculement esthétique et stylistique majeur. Plus précisément, le tournant de l'informatique a-t-il entraîné le renouvellement de la vocalité artificielle ? Autre phénomène de fracture, la crise de l'art au XXe siècle a mis à jour de profondes modifications de la représentation, et en particulier de celle du corps. L'éloignement du corps de la voix machinique semble répondre à un refus de la figuration dans l'abstraction. Or la vocalité artificielle se définit pourtant en référence à la voix naturelle. Cette dernière étant issue du corps, elle s'apparente à l'individu. La vocalité artificielle en constituerait-elle un portrait plus distancié ? Il faudra mettre en évidence cette dialectique entre sujet et portrait dans les œuvres faisant entendre la vocalité artificielle. La voix naturelle est irrémédiablement attachée au corps alors que la vocalité artificielle s'en détache et propose un matériau ni vraiment vocal, ni tout à fait dénué d'analogie avec la voix.

Plus largement, les zones frontières de la perception constituent la colonne vertébrale de la vocalité artificielle. Quelques compositeurs ont exploré les limites entre les différentes sonorités appartenant à la voix ou entre vocalité et non vocalité. De telles équivoques favorisent une expressivité subtile qui joue avec les contraintes de l'audition. De la même façon, la perception du déroulement du temps de la voix naturelle peut être troublée par dilatation, compression ou retournement, créant plus généralement des illusions sonores allant de l'effet spectaculaire le plus grossier à l'allusion la plus ténue.

Chapitre I

La voix de la machine, interprête d'un texte

Les procédés de transformation et de simulation de la voix induisent une remise en cause parfois radicale de la compréhension des paroles. Ainsi, les manipulations peuvent annihiler la différenciation entre voyelles et consonnes et détruire de ce fait toute notion de phonème et de langage articulé. Cependant, le sens des paroles reste souvent compréhensible et, en tout état de cause, le choix d'un texte par le compositeur n'est jamais indifférent. Par ailleurs, le sens peut demeurer alors que les paroles sont soulignées par des traitements appliqués sur le timbre, les hauteurs ou les durées. Ainsi, le compositeur choisit un texte puis élabore sa mise en musique, comme dans toutes les musiques vocales. La vocalité artificielle possède cependant une particularité essentielle : le caractère vocal du support des paroles devient lui-même un paramètre de l'écriture musicale. Le texte n'est plus proféré par une voix, mais par des sons qui peuvent rappeler la voix ou d'autres timbres dans des proportions variables. C'est pourquoi, le devenir du statut du matériau textuel dans les œuvres de la vocalité artificielle doit être interrogé.

Une première constatation s'impose : la vocalité artificielle ne s'appuie pas toujours sur un texte littéraire ou même sur des paroles appartenant à un langage articulé. Un niveau sémantique inférieur ou une vocalisation totalement dépourvue de sens peuvent ainsi participer à l'élaboration d'œuvres musicales en tant que moyen principal d'expression vocale. Mais le plus souvent, le matériau préexistant à l'œuvre musicale repose sur des sources littéraires soigneusement choisies par le compositeur, comme les écrits de Rabelais, Rimbaud ou Joyce. La jouissance des mots et des sonorités rapproche tous ces textes et explique sans doute en partie leur choix. D'autres pièces font appel à des paroles écrites spécialement. Elles sont alors conçues pour devenir le fondement de sonorités ressortissant de la vocalité artificielle. En conséquence, la question de la modification du rapport texte/musique est posée. Dans la musique vocale ne faisant pas appel à la vocalité artificielle, le texte est mis en musique puis devient un phénomène sonore lors de l'interprétation. Par contre, la vocalité artificielle utilise un deuxième niveau :

le texte déjà parlé ou chanté, c'est-à-dire déjà métamorphosé en flux sonore. Les relations entre le sens du texte et la musique peuvent néanmoins fonctionner. Les sons correspondant à des figuralismes ou à l'illustration du sens général ne seront plus produits uniquement par l'interprète, mais proviendront directement du travail du compositeur sur la matière sonore.

Voix primordiale

Il est aisé de constater que le texte littéraire n'est pas toujours présent dans les œuvres faisant appel à la vocalité artificielle. Dans ce cas, des niveaux moins élaborés d'expression vocale comme le rire, le cri inarticulé ou les halètements sont utilisés. Cette voix primordiale se caractérise par l'émission de sons qui, n'appartenant pas à un langage évolué, évoquent une époque antérieure à toute civilisation. Dans certaines recherches d'une vocalité novatrice au XXe siècle, l'art de chanter et la faculté de parler une langue sont abandonnés au profit d'une vocalisation dans laquelle les sons parasites rejetés par le langage articulé retrouvent une valeur culturelle, à défaut d'être sémantique. Le support textuel est donc inexistant dans les œuvres faisant appel à cette infra-voix, même si des indications écrites peuvent être rendues nécessaires pour aider les interprètes et pérenniser une œuvre à interpréter.

Plus généralement, la recherche incontournable du beau son et le refus de tout bruit parasite tend à s'estomper tout au long du XXe siècle. Pierre Albert Castanet affirme :

> il est intéressant de noter que jusqu'à la mort de Debussy, [...] la littérature musicale européenne s'est gentiment mise en quête de sonorités épurées, de dynamiques stabilisées, bref de « beaux sons »[1].

Plus loin, le même auteur précise que

> si le parasite affirme ses droits, revendique son statut et pervertit l'identité artistique avec légitimité, sincérité et ritualité, le bruit persiste à contaminer l'œuvre d'art [...][2].

La voix n'échappe pas à ce phénomène. Il faut rappeler que de nombreux artistes du XXe siècle ont tenté de mettre en valeur la voix primordiale, mais sans utiliser de dispositifs machiniques. Dès le *Manifeste du surréalisme* de 1909 de Marinetti puis dans l'*Arte dei rumori* de 1916 de Luigi Russolo, les bruits voisés ou non-voisés passent du statut de parasites de la parole à celui de matériau expressif. Quelques années plus tard, les dadaïstes ne négligeront pas ces sonorités surprenantes, mais il faudra encore attendre plusieurs décennies pour que certains compositeurs intè-

---

• 1 - Pierre Albert Castanet, *Tout est bruit pour qui a peur*, Paris, TUM/Michel de Maule, 1999, p. 28.

• 2 - *Ibid.*, p. 36.

grent la voix primordiale dans leurs œuvres musicales. Avec l'arrivée du jazz en France dans les années 1910, le public et les compositeurs s'habituent petit à petit à entendre des timbres plus rocailleux et des sons vocaux non répertoriés dans la musique européenne. L'utilisation des onomatopées non-figuratives ou de l'infra-voix (halètements, rire...) devient plus courante. Puis les années 1960 connaîtront un véritable foisonnement d'œuvres musicales mettant en musique la voix primordiale sans l'aide de l'électronique.

Dès 1959-1960, *Glossolalie* de Dieter Schnebel, pour récitants et instrumentistes, est l'une des premières pièces musicales à faire entendre une dissolution de la matière verbale. Plus esquissée que composée, l'œuvre nécessite la collaboration d'au moins quatre acteurs : deux ou trois comme récitants et un ou deux pour la manipulation de l'instrumentarium. La partition propose un certain nombre de matériaux et de règles pour les utiliser, laissant une part importante de travail compositionnel aux interprètes. Surtout, les distinctions entre son musical et bruit indésirable d'une part, et entre son instrumental et matériau vocal d'autre part n'ont plus la même importance que dans la grande tradition musicale occidentale. Parmi les très nombreuses réalisations explorant les modes de jeux vocaux singuliers sans l'apport de la vocalité artificielle pendant ces années-là, celles du couple formé par Luciano Berio et Cathy Berberian comptent parmi les plus importantes. Berio compose *Visage* en 1961, œuvre dans laquelle la voix dialogue avec une bande magnétique, et Cathy Berberian écrit *Stripsody* pour voix seule en 1966, pièce dont les inflexions sont parfois très proches de *Visage*, mais basée sur les onomatopées des comics américains. En 1985, une importante exposition de la Bibliothèque Publique d'Information du Centre Georges Pompidou s'articule autour de la relation entre la voix musicale européenne et les voix « d'ailleurs », c'est-à-dire non-occidentales ou non-travaillées. François-Bernard Mâche en rédige le catalogue pour la partie concernant la musique occidentale. Celui-ci se révèle une source précieuse, vu le caractère rétrospectif de l'exposition, des origines de la voix à ses derniers développements musicaux dans une approche englobant un grand nombre d'aspects de la voix primordiale comme le cri, le souffle et le rire. François-Bernard Mâche y écrit :

> pour la voix comme pour tous les autres moyens sonores, beaucoup de compositeurs sont en quête de sons complexes que le classicisme européen avait chassés de la musique[3].

Ces sons complexes peuvent justement se trouver dans la voix primordiale, dans les parasites de la parole ou du chant. Le même auteur continue en affirmant que

---

• 3 - François-Bernard Mâche, *La voix, maintenant et ailleurs*, notice de l'exposition « La voix, maintenant et ailleurs » de la Bibliothèque Publique d'Information du Centre Georges Pompidou en 1985, Paris, inédite, 1985, n. p.

> le son « pur » étant ressenti comme un pieux mensonge, le souffle et la rugosité de la voix (son « grain ») prennent parfois le pas sur le « beau chant » trop racoleur[4].

L'infra-voix est donc non seulement le moteur d'un élargissement des possibilités expressives de la voix musicale, mais elle se situe également en réaction par rapport à la voix travaillée. Mais qu'en est-il de cette voix primordiale dans le cadre de la vocalité artificielle ?

L'amplification électronique a ouvert de nouvelles recherches sur la voix primordiale en éliminant l'impératif de la puissance vocale. Elle a permis à des voix peu travaillées de se faire entendre des auditeurs, de pouvoir pérenniser des techniques vocales encore vivantes dans les musiques populaires et même de rendre possible le travail sur des bruits parasites existants autour de la vocalisation. La simple modification de l'intensité sonore ouvre de vastes perspectives pour les émissions vocales de faible amplitude sonore. Selon François-Bernard Mâche, « l'amplification microphonique a eu un rôle essentiel dans cette évolution du goût[5] ». Les contraintes de puissance vocale étant évitées, les sons parasites de faible niveau sonore peuvent être exploités musicalement, et le même auteur poursuit en écrivant que

> [...] les émissions rauques ou nasales que l'art du chant avait précisément évincées ont reconquis leur place dans la musique savante[6].

En 1949-1950, Pierre Schaeffer et Pierre Henry utilisent le halètement et le rire dans la *Symphonie pour un homme seul.* Les matériaux concrets comprennent des voix et des bruits, mais, contrairement à ce que laisse supposer le titre de l'œuvre, une voix de femme a été utilisée en complément de celle de l'homme. Ces matériaux sont enregistrés sur des disques souples puis ils sont manipulés, transformés et montés sur six tourne-disques. En réalité, Pierre Schaeffer avait déjà utilisé la voix concrète dans son *Etude aux casseroles*, mais il ne s'agissait alors que d'un essai, d'une expérience courte et peu élaborée. Cette fois, dans la *Symphonie pour un homme seul*, le travail avec Pierre Henry lui donne l'occasion d'aller beaucoup plus loin dans la conception d'une œuvre musicale. De plus, l'utilisation de la voix permet de s'éloigner des contours souvent mordants des bruits d'origine mécanique tout en retrouvant des textures sonores plus proches de l'organique, du vivant. François-Bernard Mâche affirme que dans la *Symphonie pour un homme seul*,

> la voix a été utilisée au même titre que toutes les autres sources sonores. La technique la libérait de ses limites naturelles de souffle et de tessiture[7]

• 4 - *Ibid.*

• 5 - *Ibid.*

• 6 - *Ibid.*

• 7 - *Ibid.*

et il ajoute que les manipulations subies par la voix naturelle, « tantôt rendaient manifeste son animalité, tantôt révélaient ses potentialités surhumaines[8]. »

Deux faits contradictoires tendraient donc à étendre le champ de la vocalité, en premier lieu l'acceptation de la part la plus primaire de l'homme sans aucun tabou culturel, en second lieu celle d'une sorte de niveau supérieur de l'humanité. Quoi qu'il en soit, la tradition musicale européenne n'utiliserait qu'une petite partie des possibilités expressives de la voix humaine. Pour Pierre Schaeffer :

> Un homme seul possède bien plus que les douze notes de la voix solfiée. Il crie, il siffle, il marche, il frappe du poing, il rit, il gémit. Son cœur bat, son souffle s'accélère, il prononce des appels et d'autres appels lui répondent. Rien ne fait plus écho à un cri solitaire que la clameur des foules[9].

Avant de quitter le studio de Schaeffer pour fonder son propre lieu de travail, Pierre Henry compose, en 1956, *Haut-voltage* qui fait entendre des éléments de vocalité artificielle à partir d'un infra-langage construit sur le souffle et proférant un langage simiesque imaginaire. Cette fois, Henry compose seul et sur des magnétophones dont les bandes magnétiques sont plus aisées à manipuler que les disques souples. Il est possible de les réenregistrer, de les découper avec de simples ciseaux et d'assembler les morceaux ainsi obtenus avec du papier collant. De plus, le rendu sonore est nettement supérieur à celui des disques souples. En 1960, les compositeurs du Studio di fonologia de la radio RAI de Milan s'intéressent à leur tour à la vocalité artificielle. Bruno Maderna y compose *Invenzione su una voce* en utilisant des phonèmes écrits par le poète Hans G. Helms. En plus des magnétophones, Maderna peut travailler avec des appareils capables d'appliquer aux signaux sonores des filtrages contrôlés et complexes. Dans le même studio, deux ans plus tard, il compose *Le rire* pour bande seule. Le matériau sonore est transformé selon les mêmes procédés que la voix dans *Invenzione su una voce*, mais cette fois, il s'agit de rires. Les transformations appliquées à ce document sonore original, notamment la durée très courte des fragments qui en sont extraits et le caractère très construit de la composition éloignent la pièce du comique pur suggéré par le titre. D'autres œuvres explorent plus précisément le souffle avec les facilités offertes par l'enregistrement magnétique, comme *Dahovi* pour bande seule qu'Ivo Malec compose au GRM en 1961. La pièce interroge les bruits de respiration et de souffle (*Dahovi* est un mot croate qui veut dire « souffles »). Deux années plus tard, les célèbres *Variations pour une porte et un soupir* sont composées par Pierre Henry dans son studio Apsome. Trois matériaux concrets participent à leur éla-

• 8 - *Ibid.*

• 9 - Pierre Schaeffer, *A la recherche d'une musique concrète*, Paris, Editions du Seuil, 1952, p. 55.

boration : le grincement d'une porte, un soupir comprenant une inspiration et une expiration et une sorte de soupir chanté obtenu par percussion d'une scie musicale. Ces éléments sont ensuite transformés, mélangés et placés dans une architecture musicale en utilisant toutes les ressources du processus compositionnel sur bande magnétique. Puis d'autres musiciens prolongeront cette exploration de la métaphore du souffle avec les technologies numériques, comme Daniel Arfib dans *Le Souffle du Doux*, l'une des premières œuvres entièrement composées avec Music V en France en 1979, puis reprise avec Max/MSP en 2000 de façon à pouvoir être synthétisée en temps réel.

C'est autour de l'écriture que s'est développée la musique européenne, lui permettant de construire une polyphonie sophistiquée puis une architecture harmonique complexe. Mais cette spécialisation a du même coup limité l'utilisation de timbres non-harmoniques. Les sons bruités se sont ainsi trouvés rejetés au rang de parasites, mis à part quelques percussions comme les cymbales ou la caisse claire. Au XXe siècle, l'importance des dimensions contrapuntiques et harmoniques ayant été remise en cause, le prestige des instruments de musique hérités de la tradition de la musique savante occidentale a fléchi. Par ailleurs, l'apparition de l'amplification, de l'enregistrement et d'une nouvelle écriture manipulant directement les sons et non plus des symboles de notation a contribué à la résurgence des pratiques vocales oubliées et des sons longtemps considérés comme impropres à l'expression musicale. Les arts plastiques, à travers les *ready-made* de Duchamp, de l'*Arte povera* italien et du surréalisme ont également favorisé cette reconnaissance de la valeur intrinsèque de tout phénomène sonore. De leur côté, le bruitisme italien, la poésie sonore et la musique concrète ont ouvert le domaine de la voix primordiale aux compositeurs. Utilisée comme une sonde fouillant les profondeurs de l'expression musicale, cette voix, d'abord considérée comme musicalement inutilisable, est devenue un matériau acceptable pour les artistes occidentaux. Hors du texte, les développements de la vocalité artificielle ont favorisé l'épanouissement d'une infra-voix musicale. Par contre, lorsque l'œuvre musicale s'appuie sur des éléments textuels, qu'ils soient d'ordre documentaire ou littéraire, la vocalité artificielle se déploie sur un terreau complètement différent de la voix primordiale, elle s'épanouit à partir de ce qu'il est convenu d'appeler le langage évolué.

Du quotidien à l'histoire

Les grands textes littéraires ne sont pas les seules sources de la vocalité artificielle utilisant le langage articulé. Des enregistrements issus de reportages, de documents pris sur le vif peuvent acquérir un statut de témoignage historique ou de fragments sonores de la vie domestique ou professionnelle. Les compositeurs les intègrent dans leurs œuvres en les manipulant selon différents processus, depuis des modifications peu sensibles jusqu'à les rendre méconnaissables. D'un art de la banalité s'appuyant sur des enregistrements de la vie quotidienne à la parole exacerbée d'un dictateur ou aux bribes de textes plus ou moins compréhensibles, la vocalité artificielle se sert du langage articulé pour le détourner aussitôt.

En 1969, pour *Music promenade*, Luc Ferrari utilise des fragments de musique militaire, des sirènes d'usine, des bribes de conversation et de rires féminins, des discours politiques pris sur le vif dans plusieurs pays et d'autres sons concrets. Le compositeur a ensuite recours à quatre magnétophones pour provoquer des télescopages entre ces différentes sources. Puis il reprend le même principe de façon plus intimiste dans la série des *Presque rien*. Pour *Presque rien n°1, le lever du jour au bord de la mer* de 1970, Ferrari a placé ses micros sur le rebord de sa fenêtre, face à la mer Adriatique. Le travail en studio consiste ensuite à retoucher légèrement l'enregistrement pour le magnifier. En 1977, *Presque rien n°2, ainsi continue la nuit dans ma tête multiple* est conçu à partir d'un microphone mobile porté par Luc Ferrari se promenant avec sa compagne Brunhild. Ils déambulent tout en commentant dans un mi-voix introspectif ce qu'ils observent autour d'eux. Enfin, le *Presque rien avec filles* de 1989 fait entendre des jeunes filles dont les voix ont été enregistrées dans la campagne toscane et dans une forêt d'Alsace. L'absence d'événement rend l'esthétique presque beckettienne. Ici, la narration d'une promenade dans la nature se transforme en un voyage intérieur. Seuls quelques « rehauts » de traitements numériques rappellent discrètement l'intervention du compositeur. Luc Ferrari puise principalement sa source d'inspiration dans des situations de reportages documentaires en extérieur, matériaux très peu manipulés ultérieurement. Il en est venu à adopter comme forme musicale le principe de promenades, prétextes à des rencontres sonores avec la nature ou des personnes inconnues.

Au contraire, Paul Lansky s'intéresse à son environnement familier enregistré dans son intimité quotidienne. Pour le compositeur, ces prises de son constituent une matière sonore suffisamment pertinente pour devenir la source d'une composition :

> quelquefois, quand à la limite de la conscience, peut-être juste en s'endormant ou même dans un rêve éveillé, les sons familiers perdent leur apparence habituelle et prennent une nouvelle signification[10].

En 1988, Lansky compose *Smalltalk* à partir d'une conversation qu'il a enregistrée entre lui-même et sa femme Hannah MacKay. Le dialogue est ensuite traité dans une série de filtres correspondant à des cordes pincées accordées sur différents accords diatoniques. Chaque pincement de corde laisse passer un fragment de

---

• 10 - Paul Lansky, http://silvertone.princeton.edu/~paul/liner_notes/smalltalk.html, traduction de l'auteur.

parole, comme le ferait un détecteur de seuil. Le compositeur se souvient de conversations entre ses parents dans la voiture familiale pendant lesquelles les voix se mélangeaient avec le bruit de la route. Le dialogue devient ainsi une sorte de son hypnotique entendu dans un état de rêve éveillé. Derrière la conversation transformée, le compositeur a placé des sons tenus provenant de l'enregistrement d'une chorale, ces pédales harmoniques établissant une continuité sous-jacente au flot de la conversation. Lors des pauses ménagées dans la conversation entre les deux personnages, le substrat harmonique émerge à découvert et vit par lui-même. Remarquant que le résultat dépend beaucoup des qualités sonores de la langue anglaise, Lansky tente une expérience similaire un an plus tard avec une langue très différente : le chinois. Dans *Late August*, composée en 1989, la conversation se déroule entre deux amis chinois, jeunes étudiants en informatique de l'université de Princeton dans laquelle enseigne le compositeur américain. L'année suivante, il s'intéresse cette fois aux voix d'enfants en enregistrant ses deux jeunes fils pour composer *Table's Clear*. Dans cette pièce, les voix deviennent une « texture virtuose surhumaine qui possède des attaques proches de celles de la musique de Gamelan[11]. » La déformation des voix peut devenir si extrême que la vocalité du son résultant, c'est-à-dire sa qualité vocale, disparaît tout à fait. Pour Paul Lansky,

> le processus est analogue à l'agrandissement des pixels dans une photographie en couleur jusqu'à ce que les formes familières deviennent des carrés abstraits[12].

Mais l'annihilation de l'élément vocal dans la perception n'est pas complète. Au contraire, le compositeur affirme que sa musique possède des relations avec le cinéma puisqu'elle

> encourage l'auditeur à imaginer visuellement les créateurs des sources sonores et à construire une sorte de réalité virtuelle qui accueillera cette vision[13].

Les personnages enregistrés doivent encore posséder suffisamment d'existence dans la pièce achevée pour suggérer à l'auditeur une scène jouée à plusieurs.

Au-delà de la captation de conversations, c'est à une véritable mise en abîme que se livre Michel Redolfi en 1991 dans *Portrait de Jean-Paul Celea avec contrebasse*. En effet, cette pièce utilise un enregistrement d'une séance de répétition en studio avec le contrebassiste Jean-Paul Celea. L'intimité du travail de préparation des musiciens devient le sujet de l'œuvre achevée. La voix du contrebassiste apparaît, captée sans précaution dans l'élan du travail en répétition : « ... je suis trop coincé, j'peux plus jouer, là... », phrase entendue sans traitement à 30" du début

---

• 11 - Paul Lansky, http://www.electrocd.com/cat.e/bridge_9117.pis.html, traduction de l'auteur.

• 12 - Paul Lansky, http://www.music.princeton.edu/~paul/liner_notes/smalltalk.html, *loc. cit.*

• 13 - Paul Lansky, http://www.electrocd.com/cat.e/bridge_9117.pis.html, *loc. cit.*

de l'œuvre. L'enregistrement sur le vif d'une séance de répétition en studio avec une chanteuse est une situation très proche de la précédente et a donné naissance à *The sea-maid's music* de Jean Schwarz. Cette fois, la voix est légèrement traitée avec le dispositif Syter du GRM. Celle d'Elise Caron subit par exemple des échos au début de la troisième partie intitulée *à Cathy*. Enfin, lointaines héritières du film sans image *Wochende* de Walter Ruttmann, les *Fréquences de Barcelone* du compositeur et créateur sonore argentin Mario Verandi ont été réalisées en 1997 à l'université de Birmingham et dans les studios de La Muse en Circuit. Dans cet exemple récent de *Hörspiel*, les voix subissent, intégrées aux séquences prises sur le vif, un montage polyphonique complexe. Le flux d'images sonores fragmentaires et l'amalgame entre la banalité et la singularité de chaque voix évoquent les mouvements des corps dans la ville, parfois en masses indifférenciées, parfois individualisés et identifiables.

Dans la musique acousmatique, le son entendu est par définition séparé de sa source et détaché de toute reconnaissance de cette source, de ce qui lui a donné naissance. En opposition, le paysage sonore peut se définir comme un ensemble de sons dont l'origine déterminée par le contexte social, psychologique et matériel est parfaitement reconnue par l'auditeur. L'acousmatique illustre une compréhension du « texte sonore » seul, le paysage sonore assume la reconnaissance du contexte qui balise et étaye un réseau complexe de significations. Dès la prise de son initiale, le compositeur a la possibilité de manifester le désir de se situer dans l'un ou l'autre domaine, consciemment ou non. Barry Truax va jusqu'à estimer que la composition à paysage sonore tend vers un but ultime : « réconcilier et réintégrer l'auditeur avec l'environnement dans un rapport écologique équilibré[14] ». Cette affirmation sans doute trop peu nuancée montre à quel point la reconnaissance par l'auditeur d'éléments sonores appartenant à son réseau d'associations perceptives fait partie intégrante de la composition électroacoustique et de sa réception. Il n'en reste pas moins que celui qui écoute aura ou n'aura pas la perception du contexte selon le degré de similarité entre sa mémoire auditive et celle du compositeur. La tentative d'établir un « cinéma pour l'oreille » crée une trame narrative ou dramaturgique qui rapproche le paysage sonore de la musique à programme. Mais l'enregistrement réalisé dans un lieu public peut sortir de la banalité en prenant une autre dimension lorsque la voix d'un personnage historique se fait entendre. Cette fois, le contexte devient significativement évocateur pour tout auditeur. Les proches du compositeur ne sont plus les seuls à être concernés par

• 14 - Barry Truax, « Le symbolisme électroacoustique dans *Powers of Two : The Artist* », traduction de l'anglais par Justice Olsson, in *Analyse en musique électroacoustique, Actes de l'Académie Internationale de Musique Electroacoustique de Bourges de 1996*, Actes II, Bourges, Mnémosyne, 1997, p. 190.

les voix enregistrées, mais chacun est interpellé par les événements liés à la source vocale. Ainsi, le choix d'un sujet politiquement engagé impose au compositeur une prise de position qui influence sa démarche. Les manipulations subies par un tel matériau produisent une vocalité artificielle dont les caractéristiques perdent leur neutralité en regard de son contenu sémantique et dramatique.

Membre du parti communiste italien dès 1952[15], Luigi Nono va consacrer de nombreuses œuvres à son engagement politique. Témoin d'une société injuste et destructrice, son opéra en deux actes et 11 tableaux, *Intolleranza 60*, sur des textes de Brecht, Eluard, Sartre et Maïakovski, est écrit en protestation contre les politiques impérialistes et les iniquités sociales. Dans le même temps, son travail en studio l'amène à introduire de nouveaux matériaux, notamment des documents sonores pré-enregistrés et modifiés électroniquement. Engagement politique et recherche de nouvelles sonorités donnent naissance à des œuvres fortement marquées par la technologie. Il consacre alors une grande partie de son activité créatrice à la musique électroacoustique. Le matériau concret très engagé politiquement relate le plus souvent des sujets sociaux en prise directe avec l'actualité. En1964, *Fabriccata illuminata*, pour voix et bande, est dédiée aux ouvriers en grève de Gênes. La bande restitue cet univers dans un paysage sonore oppressant, une dramaturgie de l'existence humaine dans le monde industriel. Deux ans plus tard, *A Floresta e Jovem e cheja de Vida* pour bande magnétique, voix, clarinette et percussion est dédiée au Front de libération du Viêt-nam. En 1968, le compositeur refuse de participer à la Biennale de Venise. Contre cet événement institutionnel, il compose l'année suivante *Non consumio Marx*, montage de slogans et de sons électroniques. La même année, dans *Contrappunto dialettico alla mente* pour bande seule, œuvre inspirée d'une comédie madrigalesque du compositeur et poète bolognais Adriano Banchieri[16], Nono évoque avec ironie le contrepoint improvisé sur une basse continue, tel qu'il se pratiquait à l'époque de Banchieri. La voix humaine est enrichie par des procédés électroniques tandis que les matériaux documentaires revêtent une importance capitale. Chacun des quatre mouvements fait entendre un traitement différent du texte et de la voix.

— Le premier contient des vocalises criées, murmurées, déclamées et chantées, des fragments de poèmes de la noire américaine Sonia Sánchez sur l'assassinat de Malcom X et des enregistrements documentaires sur Venise avec des bruits d'eau et de marchés populaires.

• 15 - Il sera élu en 1975 au Comité central du parti communiste italien.

• 16 - *Il festino nella sera di giovendi grasso avanti cena* (Le Festin du jeudi gras avant le repas du soir), 1608.

— Le deuxième mouvement repose sur des poésies expérimentales de Nanni Balestrini[17]. Les sons vocaux sont déformés de façon menaçante et mettent en relief le mot « *distruggere* » (détruire).

— Dans le troisième, également fondé sur des textes de Balestrini, une phrase prononcée par une voix de femme est métamorphosée en une sorte de gazouillement d'oiseaux par augmentation de la vitesse de lecture de la bande magnétique.

— Dans le quatrième et dernier mouvement, les matériaux précédemment utilisés se superposent avec des sons électroniques et le texte d'un tract militant contre la guerre du Vietnam.

Cette pièce, dans laquelle la vocalité artificielle devient le porte parole de convictions politiques très fortes, est dédiée à Douglas Bravo, le chef du Front National de Libération du Vénézuela. En 1971-1972, la bande magnétique de *Como una ola de fuerza y luz*[18] comprend des éléments vocaux, des sons électroniques et de piano. Le matériau vocal est fondé sur quelques vers du poète argentin Julio Huasi écrits en hommage à Lusiano Cruz, le dirigeant du MIR[19] mort accidentellement au Chili pendant la composition de l'œuvre.

Pendant longtemps, les textes choisis par Nono ont témoigné de ses certitudes et de ses convictions marxistes. Mais à partir des années 1970, il rompt avec cette forte pensée inspiratrice sans rejeter pour autant ses œuvres antérieures. La fragmentation croissante de la seconde moitié de son *Prometeo* (1984) ne signifie pas une dissolution dans le chaos, mais au contraire une diffraction de la pensée et une prolifération de l'écoute. La pièce est une véritable « tragédie de l'écoute ». En recherche permanente sur des chemins multiples et escarpés, Nono procède à un retournement de l'importance des paramètres musicaux, la hauteur et les durées laissant la place à un nouvel espace sonore. Des sons vocaux et instrumentaux modifiés en temps-réel et projetés dans l'espace caractérisent un drame renonçant à la dimension visuelle de la scène et à la narration linéaire. *Prometeo* est symptomatique de l'attrait du compositeur pour des espaces acoustiques et des types d'écoute nouveaux. Chez d'autres, l'engagement politique peut également prendre la forme d'une dissolution de la parole abhorrée, illustrant ainsi le combat contre une idéologie.

En 1996, la voix de Staline est le matériau original de *Stalin's lecture at the Kitchen* du Hollandais Paul Panhuysen. Cette fois, la substance vocale est issue d'un document historique ayant valeur de témoignage. Loin de la banalité recherchée des promenades dans la nature ou des enregistrements de l'intimité domestique

---

• 17 - Poète, romancier et plasticien italien né en 1935. Il a dirigé plusieurs revues littéraires et culturelles.

• 18 - Pour soprano, piano, orchestre et bande.

• 19 - Mouvement de la Gauche Révolutionnaire.

ou du studio, la source sonore prend une résonance universelle et dramatique. Le choix du compositeur s'est porté sur une série de disques 78 tours datant de 1937. Dans ces enregistrements, le discours de Staline s'adresse à une commission chargée d'établir une nouvelle constitution pour l'URSS. La harangue est violemment proférée et des applaudissements la ponctuent. Retenir un tel matériau témoigne d'une esthétique de l'exacerbation et de la violence. A partir de cette source sonore, le compositeur imagine une esthétique musicale de la confusion générée par le dispositif de transformation. A une idéologie meurtrière et insensée semble répondre une vocalité artificielle inextricable. Par l'intermédiaire du « galvanos », un dispositif inventé et construit à partir de galvanomètres par Panhuysen, le dictateur semble muselé par les modifications subies par le son de sa propre voix. Quelques appareils suffisent à le priver du pouvoir fanatisant de l'orateur sur les foules. Paul Panhuysen a également utilisé le galvanos pour créer des œuvres à partir d'un enregistrement lyrique pour *Aïda*, de voix chuchotées pour *Humming*, d'une voix de femme parasitée par des bruits de voiture dans *Coming*.

Si les installations de Panhuysen font appel à une technologie rudimentaire et peu contrôlable dans ses effets, il n'en est pas de même des *Machinations* de Georges Aperghis. Quatre femmes sont assises chacune derrière une table, face au public. Au-dessus de leurs têtes, quatre écrans vidéo projettent principalement les images de leurs mains qui manipulent des objets hétéroclites. D'après le compositeur,

> leurs voix prononcent des phonèmes, ancêtres de la parole humaine qui se composent peu à peu en contrepoint et forment selon les différentes « mixtures » des langues[20].

Comme dans beaucoup d'œuvres d'Aperghis, la matière sonore s'organise parfois en discours éphémères et hésitants, ponctués de bruits parasites. La langue issue des agglomérats de phonèmes semble suggérer « une petite histoire concise et imaginaire de la naissance des langues et d'affects qui y sont liés[21]. » De même, les objets manipulés par les quatre femmes sont « connus pour avoir accompagné la vie des hommes depuis toujours [...][22]. » Sur le côté de la scène, regardant ces quatre femmes et placé de côté pour le public, se tient un homme face à un ordinateur. Il observe leurs gestes et intervient sur leurs voix et sur les images projetées. Selon Aperghis, il

> manipule leur voix, leur phrasé, accentue tel ou tel paramètre de leur flux sonore, partant de leurs propres voix, déclenche des tempêtes, rivalise de virtuosité avec elles, etc.[23]

• 20 - Georges Aperghis, programme du concert du jeudi 8 novembre 2001 à l'Espace de projection de l'Ircam, p. 2.

• 21 - *Ibid.*

• 22 - *Ibid.*

• 23 - *Ibid.*

Les voix deviennent des trames continues ou discontinues. François Regnault qui a collaboré avec le compositeur pour le texte de cette œuvre, précise que

> si *Machinations* « raconte » quelque chose, c'est par exemple une histoire de continu et de discontinu. A ses « diseuses », [le compositeur] fait faire des choses glauques, aqueuses, visqueuses – donc continues. Une sorte de colle des substances. A l'inverse, il y a parfois des effets d'insectes. Tac, tac, tac..., discontinu comme les cigales[24].

Le compositeur favorise les situations ambiguës, comme dans la situation qu'il décrit lui-même :

> il y a d'abord une grande foule de phonèmes que l'on ne reconnaît pas, parce qu'ils sont filtrés pour ne laisser sortir que certaines consonnes; puis, peu à peu, le filtre s'en va et l'on découvre qu'il y a des voyelles à nouveau [...][25].

Plus loin, Georges Aperghis précise que dans ce type de processus, les voix « deviennent plus naturelles et elles finissent dans la bouche d'une femme dont on s'aperçoit qu'elle était en train de parler depuis le début[26]. » Enfin, il précise que « c'est ce va-et-vient qui [l']intéresse[27]. »

Le choix d'un matériau sonore aussi brut que la prise de son sur le vif entraîne une prise de position esthétique et parfois même une remise en cause de la position de l'artiste face à la notion d'œuvre d'art. Le quotidien d'un lieu ou de la vie domestique, l'exotisme d'une ambiance sonore et de ses voix aux intonations étrangères n'incitent pas les compositeurs à explorer toutes les ressources de la vocalité artificielle quant à ses possibilités de travestissement du matériau vocal. Au contraire, ils semblent laisser les voix s'exprimer naturellement dans leur milieu tout en soulignant leur intimité. Paul Lansky, en transformant plus profondément les voix naturelles, met quant à lui en valeur le souvenir de sons familiers et l'imaginaire qui leur est associé. Lorsque la réminiscence devient douloureuse, lorsque les références à la violence verbale d'un dictateur se font entendre, alors le créateur ne peut que museler la voix honnie par des transformations sonores radicales. L'utilisation de prises de sons de type documentaire pour alimenter la vocalité artificielle participe à la valorisation du réel dans l'art du XXe siècle à la suite des *ready-made* de Duchamp. La réalité change de statut et acquiert celui d'œuvre d'art dès

---

• 24 - François Regnault, « La fabrique des *Machinations* », dialogue entre Georges Aperghis et François Regnault, propos recueillis par Peter Szendy en mai 2000, in programme du concert du jeudi 8 novembre 2001 à l'Espace de projection de l'Ircam, p. 7. Reproduit dans la notice du disque *Machinations*, CD, Una corda, 472 916-2, 2003, p. 12-13.

• 25 - Georges Aperghis, *Machinations de Georges Aperghis*, textes rassemblés par Peter Szendy, Paris, L'Harmattan, Ircam - Centre Pompidou, 2001, p. 20.

• 26 - *Ibid.*

• 27 - *Ibid.*

qu'elle est soumise à un processus de captation. Marcel Duchamp considère l'introduction d'un objet quelconque à l'intérieur d'un musée comme action suffisante pour en changer la signification. L'enregistrement d'un phénomène sonore anodin musicalement et sa translation dans une œuvre musicale en modifie le statut sinon l'aspect. Le compositeur s'applique à métamorphoser l'événement sonore, à en modifier l'apparence sonore selon le processus créatif mis en œuvre. Mais la fixation de la voix dans un enregistrement la déplace déjà dans le domaine de la vocalité artificielle. Le niveau le plus simple de la langue est celui de la transmission des informations indispensables à la vie de tous les jours. A l'autre extrémité, la langue devient le véhicule d'un domaine essentiel de la création : la littérature. Oralisés, les grands textes littéraires ont nourri l'imaginaire des compositeurs de la vocalité artificielle comme ils ont ensemencé la musique vocale de tous les temps.

Textes littéraires

Mais il ne s'agit pas d'opposer ici l'oralité au texte écrit puisque la vocalité artificielle se fonde sur la voix en tant que phénomène sonore. Par conséquent, le texte ne devient donc un matériau que par l'intermédiaire de sa vocalisation. A l'inverse, la validité culturelle d'une œuvre appartenant au champ de la littérature ou d'un texte écrit spécialement par un écrivain se transmet à la voix qui la porte. Dans quelle mesure le choix d'un texte peut-il influencer son traitement dans le cadre de la vocalité artificielle ? Tout d'abord, le choix des œuvres littéraires convoquées comme support de la vocalité artificielle révèle une culture souvent vaste, solide et très étendue dans le temps, dans les genres abordés et dans les styles retenus. Ensuite, les particularités de la vocalité artificielle ne sont pas sans influence sur les rapports qu'entretiennent les musiciens avec la littérature. Parmi les écrivains dont les œuvres ont été mises à profit par les compositeurs, trois grands noms de la littérature apparaissent comme des figures tutélaires de la vocalité artificielle : Rabelais, Rimbaud et Joyce.

Sur un texte tiré de l'ouvrage de Rabelais, *Le Quart livre*, Pierre Schaeffer compose en 1952 *Les paroles dégelées*. A la fantaisie quasi-prophétique de Rabelais, le fondateur de la musique concrète ajoute quelques touches musicales. L'esthétique des débuts de la musique concrète se retrouve dans l'effet de sillon fermé qui apparaît à 1'59" et à 2'17", la voix étant également transposée et accélérée par augmentation de la vitesse de lecture. Le texte a été déclamé, enregistré, puis des ponctuations illustratives ont été intercalées par collage. L'intérêt de ces interventions reste le plus souvent anecdotique. Le procédé retenu se rapproche de celui utilisé dans l'art de la bande dessinée. Par exemple, l'insertion d'éléments sonores concrets remplace les phylactères. A 3'34", les « tambours et fifres » du texte de Rabelais sont accompagnés de sons de tambours et de fifres.

Si l'humour désabusé de Pierre Schaeffer fait merveille dans cette petite pièce expérimentale des débuts de la vocalité artificielle, d'autres compositeurs se sont impliqués différemment dans une littérature moins truculente. *Une Saison en enfer*, œuvre mixte de 1979-1980 de Gilbert Amy[28], met en œuvre un choix de fragments du poème éponyme en prose de Rimbaud. Tenant celui-ci « pour l'un des textes les plus riches de la poésie et même de la littérature française[29] », le compositeur ajoute que « tout ce qui touche à l'humain et au divin s'y trouve dans le désordre visionnaire, mais construit, d'un maître de la langue[30] ». Jean Thibaudeau a concentré le texte de Rimbaud en supprimant toute glose[31]. Il a ainsi renforcé l'aspect mystérieux en gardant les « fenêtres ouvertes[32] ». Le découpage de l'écrivain s'arrête à la fin des *Délires II* sur les mots : « Je sais aujourd'hui saluer la beauté », achevant ainsi l'œuvre sur une réponse ambiguë au cri désespéré entendu au début : « Un soir, j'ai assis la Beauté sur mes genoux. – Et je l'ai trouvée amère. – Et je l'ai injuriée. » Les textes suivant les *Délires* forment un écho apaisé au profond désespoir et aux rêves exacerbés déjà exposés par le poète. Le choix de Jean Thibaudeau évite au compositeur l'emploi de fragments textuels peu différents sémantiquement de ceux qui sont entendus précédemment. Ainsi, la forme générale du poème devient plus aisément perceptible. La narration ne suit pas un ordre chronologique des événements, même si l'inspiration est d'ordre autobiographique. Par ailleurs, le sens du texte n'est pas univoque. Il peut être interprété comme une succession de visions amèrement ironiques sur la vie du poète ou comme la quête de la rédemption, en partie achevée. Le compositeur ne prend pas position, mais propose une lecture de l'œuvre de Rimbaud. Le cheminement de Gilbert Amy dans le texte poétique est personnel et empreint de liberté. Il a également évité la lecture des études sur Rimbaud et sa poésie de façon à conserver une certaine fraîcheur dans sa perception d'*Une Saison en enfer*. S'écartant d'une simple « mise en musique » du texte, le compositeur affirme :

> c'est donc à une mise dans le temps – un temps musical – du poème que je me suis livré ; également, si l'on veut, à une mise en résonance très multiple des fragments du poème les moins rebelles[33].

• 28 - *Cf.* Bruno Bossis, « *Une Saison en enfer* de Gilbert Amy, une lecture musicale d'Arthur Rimbaud », *Musurgia*, à paraître.

• 29 - Programme de la création, n. d., n. p.

• 30 - *Ibid.*

• 31 - En réalité, Gilbert Amy n'a pas suivi à la lettre les détails du découpage proposé par Jean Thibaudeau.

• 32 - Entretien personnel avec le compositeur à son domicile le 14 juin 2004.

• 33 - Programme de la création, n. d., n. p.

Parfois chantées, souvent parlées, les voix représentent un matériau essentiel d'*Une Saison en enfer*. Le texte parlé est interprété par trois voix différentes. Le narrateur est représenté par une voix masculine, celle de l'homme Rimbaud. L'acteur Michel Hermon et plus occasionnellement Jean Thibaudeau ont prêté leurs voix pour ce versant masculin du personnage. La partie féminine de la personnalité du poète, et au-delà de toute humanité, est interprétée par l'actrice Nelly Borgeaud. Cette voix est notamment présente dans *Vierge folle* qui aborde ce thème de la féminité. Enfin, la voix de l'enfant évoque le bonheur naïf de l'enfance décrit et désespérément recherché par le poète. Cette partie est tenue par une jeune femme à la voix enfantine, Eweda Malapa. Le compositeur précise :

> suivant les séquences, le poème est distribué entre les trois voix représentant, à mes yeux, les trois faces de l'enfant-poète-homme Rimbaud (voix d'enfant, de femme, d'homme). A ces trois voix principales confiées à des comédiens, s'ajoute épisodiquement celle de l'écrivain Jean Thibaudeau qui m'a aidé dans le découpage et la mise en place des textes[34].

La multiplication des voix scandées à la manière des tragédies grecques dramatise le discours, par exemple dans *Délires I* sur les mots « soif, cris, danse » (30'28, p. 34 de la partition). Sur la bande, la diffraction de la voix n'est jamais obtenue par l'ajout d'une copie du fragment qui vient d'être entendu. Le compositeur et Yann Geslin[35] ont pris soin de réaliser et de conserver différentes prises de façon à disposer de plusieurs versions de chaque motif qui ont ensuite été collées les unes à la suite des autres. L'aspect mécanique de l'écho est ainsi évité. Gilbert Amy souligne que

> ces voix sont traitées tantôt de façon linéaire, tantôt de manière chorale et polyphonique, tantôt encore, de manière fortement distordue par des procédés électroniques[36].

Les transformations subies par la voix d'homme parlée dans *La nuit de l'enfer* à partir de 22'38 (p. 29) sont caractéristiques du travail en studio. Les effets analogiques disponibles au GRM, notamment le *flanger*, servent magistralement le texte. Ce traitement déforme considérablement la voix. Par ailleurs, le chœur de Radio France a enregistré un grand nombre de courts fragments, des accords, des tenues, des voyelles séparées ou mélangées, etc. Dans *Délires II*, un tuilage réalisé sur les magnétophones du studio permet de rendre progressifs les changements d'harmonie des parties chorales (à partir de 36'55, p. 51). Si dans la première partie de l'œuvre, la bande fait entendre des voix parlées sans aucune expression

---

• 34 - *Ibid.*

• 35 - Alors jeune compositeur du GRM, Yann Geslin a apporté une aide technique à Gilbert Amy.

• 36 - *Ibid.*

particulière, plus tard, celles-ci deviennent peu à peu plus expressives et migrent de la bande à la scène. Dans le programme de la création, le compositeur indique que

> dans la dernière partie, la voix se fait chant, en miroir du poème dit : une voix de soprano et une voix d'enfant « en direct », mêlées à des fragments de chœur enregistrés[37].

Document 1

Ambitus des deux voix chantées en direct

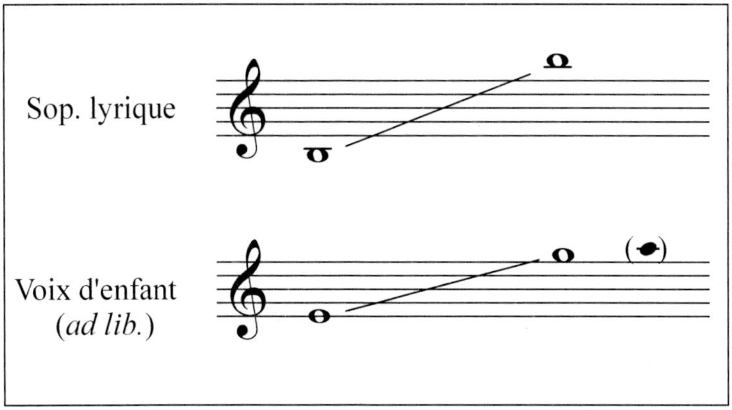

Si la bande et le texte qu'elle contient constituent un cadre temporel strict, il n'en est pas toujours de même pour la partition interprétée en direct par le percussionniste et le pianiste. Pour ces deux instrumentistes, Gilbert Amy a écrit une musique plus souple avec un ensemble de percussions très développé. Les instruments sont répartis en trois groupes : les bois, les métaux et les peaux. Le tableau suivant montre la richesse de cette instrumentarium des percussions et l'importance de la sollicitation du pianiste.

• 37 - *Ibid.*

Tableau 1

Nomenclature des instruments

PIANISTE	PERCUSSIONNISTE		
	PEAUX	MÉTAUX	BOIS
1 piano de concert	5 bongos	1 triangle	1 xylophone
1 pianino			
ou petit clavicorde (« toy-piano »)	1 caisse claire (posée sur Tom)	des cymbalettes	1 marimba
1 célesta	1 tumba (*ad libitum*)	1 petite cymbale chinoise (sur pied) ou high-hat	5 wood-blocks
1 zarb (taille moyenne)	3 toms	3 cymbales cloutées (sur pied)	6 temple blocs
1 arbre à cymbales	1 timbale à pédale	2 cymbales (sur pied)	des maracas
2 crotales	2 grosses caisses (1 symphonique, 1 à pied)	2 gongs à glissandos (petite taille)	1 tom en bois
1 flexaton	1 zarb (grande taille)	6 gongs à mamelons	1 guiro
1 grand tam-tam		1 métallophone (à tubes carrés)	1 wood-chime
1 fouet		1 vibraphone (avec archet)	
1 paire de wood-blocks		2 bols japonais	
		1 glockenspiel	
		7 cencerros (cloches à vache)	
		2 tam-tams	

La partie électroacoustique a été réalisée sur huit pistes aux studios de l'INA-GRM en 1979. Les appareils utilisés étaient des boîtiers électroniques spécialisés dans le traitement des sons : un harmoniseur, des filtres, des boîtes de réverbération et des magnétophones analogiques. Le synthétiseur inventé par Francis Coupigny au GRM a permis d'insérer des sons totalement artificiels, mais situés en dehors du champ de la vocalité. En mai 1991, l'ensemble a été remixé en numérique à partir des éléments originaux.

L'œuvre comprend huit parties construites sur des extraits du texte de Rimbaud :

— « *Jadis si je me souviens bien…* »
— *Mauvais sang*
— *Soli piano/percussions*
— *La nuit de l'enfer*
— *Cadence de piano solo*
— *Délires I :* « *Vierge folle* »
— *Délires II :* « *Alchimie du verbe* »
— « *Ô Saisons, Ô châteaux…* »

A 21'57 (p. 29), commence la seule « œuvre » électroacoustique non mixte que Gilbert Amy a jamais composée. Cette fois, la voix a été enregistrée avec beaucoup d'expressivité puis déformée par le *flanger*. Le paysage sonore évoque, autour de boucles de cloches sur des *ré*♭ attaqués irrégulièrement, une nuit apocalyptique pendant laquelle la « soif » étrangle le narrateur et le disloque. La gorge du comédien semble asséchée, brûlée (« les entrailles me brûlent […] Je meurs de soif », p. 29-30). La souffrance du poète s'exprime à travers une voix défigurée (« La violence du venin tord mes membres, me rend difforme, me terrasse », p. 29). Pourtant, Gilbert Amy échappe à la facilité du procédé en évitant de systématiser les correspondances entre la dimension sémantique et l'élaboration électroacoustique. L'effet électroacoustique acquiert ainsi une dimension plus universelle. La voix granuleuse évoque l'homme aux prises avec « Satan, Ferdinand », symbolisé par la clochette infernale[38] spatialisée dans toute la salle de concert comme un feu follet. La voix est tellement déformée après les mots « j'ai avalé une fameuse gorgée de poison », qu'elle devient incompréhensible, puis elle est rendue littéralement monstrueuse par les distorsions qu'elle subit : « Pitié, Seigneur, j'ai peur… » Le climax de l'œuvre est atteint dans la même partie sur les paroles : « l'enfer de la caresse; un concert d'enfers… ». Enfin, le percussionniste et le pianiste annoncent la partie suivante *Délires II* en criant respectivement « Alchimie du verbe » et « Délires II » (36'39, p. 50) alors que le piano énonce en batterie l'accord de six notes de la

---

• 38 - Ce motif sonore a été découvert par hasard dans le studio du GRM lors des manipulations électroacoustiques menées avec Yann Geslin.

scène du suicide de Wozzeck (Acte III, scène 4, mes. 220 *sq.*) avec un *la* ajouté à la basse[39].

Document 2

Accord de *Wozzeck* et son occurrence chez Gilbert Amy

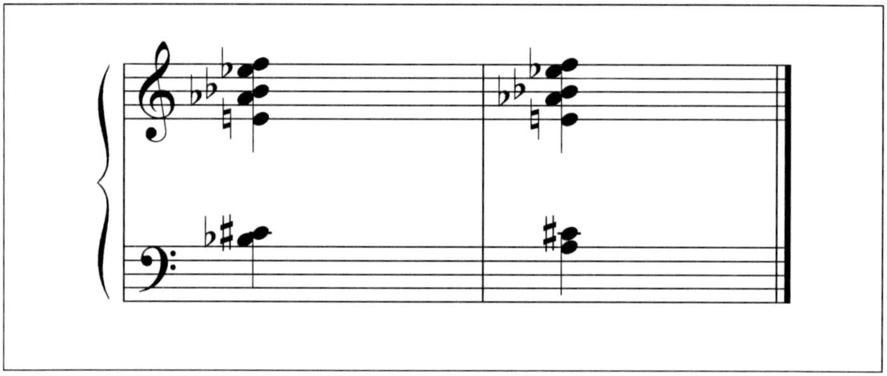

Les accords joués par le piano enregistré sont réitérés en batterie par le piano joué en direct, nouvel exemple de fusion entre le monde de la bande et celui de la scène, la percussion colorant ce syncrétisme. Les deux vers tirés de la chanson « Loin des oiseaux [...] » (38'10, p. 53) est un insert, un « refrain niais », une parenthèse naïve chantée par la voix d'enfant en direct. Cette comptine est accompagnée par un pianino[40]. Aussitôt après (mes. 16, p. 54), la voix d'enfant chante les deux premiers vers de *La Chanson de la plus haute tour*, cette fois sur un accompagnement de marimba et de glockenspiel. Un extrait de la chanson *Faim* est alors entendu avec le pianino avant le retour de la chanson précédente. Les trois mélodies naïves forment ainsi une sorte d'album de photos sépias, évocatrices d'une enfance au bonheur passé. Commence ensuite un épuisement de la texture sonore qui aboutit à deux *mi*b simultanés. Sur la bande, il s'agit d'une voix d'homme transposée[41] alors que la soprano murmure quelques paroles deux octaves plus haut.

• 39 - En réalité, le compositeur a intuitivement trouvé cet accord et l'a ensuite analysé comme très proche de celui qui est formé par les six notes sur lesquelles se développe la scène 4 de l'acte III du *Wozzeck* de Berg.

• 40 - Des essais furent tentés par Gilbert Amy avec un piano, un clavicorde et un piano d'enfant, mais le résultat désiré n'a été obtenu qu'avec ce type de piano. Le compositeur précise que le pianino donne un effet de « ville de province avec ses vieux pianos désaccordés utilisés par les jeunes filles, comme dans le Charleville-Mézières du jeune Rimbaud ». Entretien personnel avec le compositeur à son domicile le 28 juin 2004.

• 41 - Par le ralentissement de moitié de la vitesse de défilement d'une bande magnétique en studio.

Ce *mi*b anticipe la finale de la mélodie de plain-chant qui clôt l'œuvre dans une atmosphère pacifiée. Dans son poème, Rimbaud affirme : « Le Bonheur! [...] m'avertissait au chant du coq, — *ad matutinum*, au *Christus venit* ». Evoquant cette référence religieuse, Gilbert Amy a choisi la mélodie modale du *Christus natus est nobis* de l'invitatoire des matines de la nuit de Noël. Prolongeant le texte poétique, l'antienne en mode de *ré* sur *mi*b est énoncée pour la première fois par les cencerros (42'15, p. 56), avant d'être reprise par les voix en murmurant.

Document 3

Le *Christus natus est nobis* aux cencerros, 42'15, p. 56

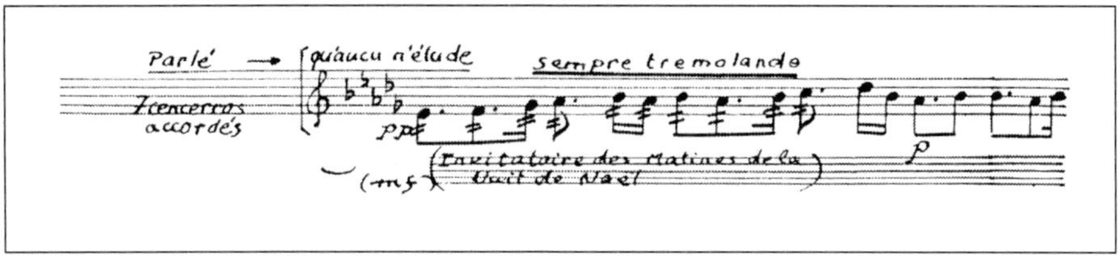

Sous quelques notes de célesta, instrument évoquant ici la félicité divine, la nouvelle note pivot *fa* devient bientôt *la*b et l'œuvre se termine sur la rédemption suggérée par un chœur enregistré rappelant les voix graves des moines tibétains. Pour obtenir cette texture sonore, les voix du chœur de Radio France ont été ralenties et transposées électroniquement dans l'extrême grave. Une voix de soprano chantée en direct, sans aucune altération, conclut : « Cela s'est passé. Je sais aujourd'hui saluer la beauté. » Le zarb rappelle alors le début de l'œuvre dans laquelle l'exemple singulier de l'enfance du poète s'élargissait à la destinée universelle de l'humanité.

Le texte poétique ressort d'une narration et d'un récit autobiographique. Mais l'œuvre musicale ne peut se définir comme un opéra[42]. A l'époque de la composition, l'opéra semblait un genre peu enclin à se renouveler. Par exemple, les œuvres lyriques de Hans Werner Henze étaient porteuses d'un esprit trop conservateur au goût de Gilbert Amy[43] qui redoutait le statisme sur scène, conséquence de la mise en musique de textes trop peu dramatiques. Par ailleurs, le compositeur d'*Une Saison en enfer* désirait une écriture mieux contrôlée que celle du « théâtre musical » alors très en vogue, tout en recherchant les moyens d'obtenir si nécessaire

• 42 - Elle est également très éloignée des genres de l'oratorio, de la cantate profane ou de la mélodie française.

• 43 - Entretien personnel avec le compositeur à son domicile le 28 juin 2004.

une part d'ambiguïté dans la compréhension du texte par l'auditeur. Sur la poésie en prose qui possède ses propres gloses, la musique de Gilbert Amy n'est pas à proprement parler une mise en musique du texte de Rimbaud. Elle parcourt différents paysages psychologiques, dans une évocation d'atmosphères différentes. Le compositeur ne suit pas le texte linéairement, procède encore moins par une illustration mot à mot. Il se sert librement du texte. Pour Gilbert Amy, il s'agit d'une « lecture de Rimbaud, pas d'une déconstruction[44] ». Le monde artificiel et différé de la bande et l'univers naturel et immédiat des voix chantées et des deux instrumentistes s'interpénètrent souvent jusqu'à transcender l'espace, le temps et le timbre dans une esthétique de l'ambiguïté. Les percussions forment le lien entre le piano, parfois détourné de son mode de jeu habituel, et la bande électroacoustique, contenant aussi bien des sons percussifs que des voix ou du piano. Le mystère rimbaldien jamais résolu se prolonge dans le chatoiement et la vibration des timbres dans lesquels cohabitent l'humanité, la lutherie acoustique et la machine, entre racines primordiales et avancées technologiques. Sans cesse, l'attitude du poète oscille entre une ironie désespérée et l'espoir d'une rédemption par la religion, entre sauvagerie primitive et bonheur d'une enfance baignée de tendresse. L'enfer et le ciel s'ouvrent devant les pas du poète qui ne choisit pas, restant dans l'inachèvement de ces guillemets initiaux jamais refermés. Jamais la lecture du compositeur n'est univoque. Au contraire, l'ensemble de la pièce suggère une compréhension multiple de la poésie, entre rédemption, terreur devant un désespoir ne pouvant mener qu'au suicide et nostalgie d'une enfance perdue. Gilbert Amy précise que son œuvre est

> une lecture orientée par rapport à la naissance du chant, comme si le chant sortait de la côte d'Eve[45].

Les évolutions des caractéristiques de la vocalité artificielle mettent ainsi en évidence le cheminement de l'enfer à la beauté. Le territoire rimbaldien est parcouru par le compositeur dans une tension visionnaire élaborée en grande partie sur l'imaginaire propre aux transformations de la voix naturelle au sein de la vocalité artificielle. La voix machinique se met au service de l'univers d'un poète de 19 ans. La vocalité artificielle élaborée par Gilbert Amy évite le figuralisme schaefferien. Au contraire, c'est le drame du poète qui est projeté vers l'auditeur, et non une quelconque illustration de quelques-uns de ses mots. Il faut également souligner que si la langue de Rimbaud est poétique, elle demeure néanmoins compréhensible et ne remet pas totalement en cause le sens des mots ou leur organisation au sein des phrases. Ce n'est pas toujours le cas dans la littérature sur laquelle la vocalité artificielle prend appui.

• 44 - *Ibid.*

• 45 - *Ibid.*

Pour appréhender une réalité au-delà de la conscience, James Joyce a mis en œuvre dans ses écrits des moyens linguistiques originaux. En hommage à l'écrivain irlandais[46], *Thema, omaggio a Joyce*, composée en 1958 par Luciano Berio, considère le chapitre XI du roman labyrinthique *Ulysse* comme un matériau sonore[47] comprenant des phonèmes. Cette fois, le texte original de l'écrivain remet en cause le rôle sémantique de la langue et la linéarité du récit. De plus, les traductions françaises et italiennes sont mises à contribution par le compositeur sans que jamais l'anglais ne domine. Luciano Berio semble ne pas avoir voulu opposer ni fondre la littérature et la musique mais il a sans doute cherché à créer une continuité, une transition imperceptible entre les deux arts. Le chapitre XI commence par un passage onomatopéique « *Bronze by gold heard the hoofirons, steelyringing Imperthnthn, thnthn* ». Ces onomatopées facilitent le travail d'intégration des mots à la musique car la régression de la langue structurée à des paroles non signifiantes rapproche littérature et musique d'une manière originale. En effet, de multiples transformations de la voix achèvent le processus de décomposition amorcé par Joyce. Elles construisent une structure labyrinthique formée par les fragments du texte et en rapport avec l'idée structurelle du roman. Plus précisément, les différents fragments de la voix sont pensés comme autant de gestes musicaux. Ainsi, les phrases atomisées, les paroles éclatées, les phonèmes isolés, les consonnes dissociées servent la production d'une texture sonore plus musicale que textuelle. Les caractéristiques des fragments vocaux sont modifiées en termes de glissando, staccato, trémolo, puis les sons résultants sont agencés polyphoniquement. Les traitements comme les filtres achèvent ensuite la « musicalisation » de la parole et des sons purement électroniques sont ajoutés[48]. Le langage est ainsi doublement réapproprié, une première fois par Joyce et une deuxième fois par Luciano Berio. L'écrivain invente son propre langage à partir de plusieurs langues en faisant glisser le sens des mots dans un jeu sémantique et grammatical, créant une écriture en métamorphose permanente. Le musicien part de ce texte pour franchir une nouvelle étape dans le labyrinthe du langage jusqu'à faire oublier le texte littéraire au profit

• 46 - Joyce a également inspiré *Roaratorio* (1980) de John Cage. Pour cette œuvre, le compositeur américain a enregistré l'ambiance sonore des lieux cités dans *Finnegans Wake* et illustre musicalement les sons qui y sont décrits par l'écrivain irlandais. Beaucoup plus tardive, la pièce de Florence Baschet, *Alma Luvia* (1994) est basée sur le même roman de James Joyce.

• 47 - La voix est celle de la cantatrice américaine Cathy Berberian, épouse, fidèle collaboratrice et interprète de nombreuses œuvres du compositeur.

• 48 - D'autres écrivains comme Beckett dans *Odyssey* de Roger Reynolds et *Not I* de Heinz Holliger, Shakespeare (*Songe d'une nuit d'été*) dans *The sea-maid's music* de Jean Schwarz, Sade et Guy Debord dans *In girum imus nocte et consumimur igni* de Brice Pauset ont nourri la vocalité artificielle. A chaque fois, le monde de l'écrivain influence, notamment par l'intermédiaire des transformations électroniques de la voix, l'esthétique de l'œuvre musicale.

d'une trame essentiellement musicale. Par l'entremise de la vocalité artificielle, le texte devient musique. Pourtant, le rapport texte/musique ne réside pas toujours uniquement dans cette transmutation, il dépend parfois de la relation qui s'installe entre les deux créateurs, l'écrivain et le compositeur.

Un nouveau rapport texte/musique

Ainsi, Emmanuel Hocquard a écrit des textes spécialement pour l'œuvre de Philippe Manoury : *En écho*, composée en 1993 et 1994 pour soprano soliste et dispositif électronique. Le compositeur y poursuit son exploration de l'interaction en temps réel entre un interprète soliste et un dispositif électronique. *En écho* prolonge des recherches menées dans *Jupiter* (1987) pour flûte et électronique en temps réel, *Pluton* (1988) pour piano midi et électronique en temps réel, et *Neptune* (1991) pour trois percussionnistes et électronique en temps réel. Manoury explique son choix d'un texte spécifique dans un commentaire particulièrement éclairant sur la collaboration entre un compositeur et un écrivain :

> Plutôt que d'utiliser des textes déjà écrits et achevés, l'idée d'une collaboration active avec un écrivain m'a semblé plus fructueuse. C'est dans cet esprit qu'Emmanuel Hocquard et moi-même avons envisagé notre travail. Les textes qu'il m'a fournis sont un matériau poétique que j'ai travaillé en fonction des impératifs qui me guidaient dans la composition. Si toutes les phrases sont bien d'Emmanuel Hocquard, le texte dans la version actuelle est un choix que j'ai effectué parmi un matériau plus vaste. Le travail sur un texte peut donner naissance à de nouvelles idées comme l'écoute d'un matériau chanté peut influencer l'écriture de textes à venir. Rien n'a été défini a priori, si ce n'est que les textes doivent avoir une thématique générale mettant en situation une relation érotique[49].

Sept textes poétiques ont été retenus par Philippe Manoury. Le personnage, une jeune fille y évoque de manière désordonnée les émois de son corps. La voix de la chanteuse est suivie en temps réel par le dispositif informatique et va permettre le contrôle synchronisé de la synthèse ou du traitement du signal, même si le processus est très difficile à mener à bien techniquement puisque son spectre est très riche et instable. Le rapport texte/musique est étoffé par rapport au chant traditionnel. En effet, la machine permet de transformer la voix, de la dédoubler, créant ainsi de nouvelles polysémies non contenues dans le texte lui-même. Pourtant, le compositeur a tenu à ce que tous les mots chantés soient compréhensibles. Aucune vocalise n'apparaît, mais un style syllabique est utilisé du début à la fin de l'œuvre. Par ailleurs, plusieurs illustrations sonores d'éléments textuels sont

---

• 49 - Philippe Manoury, commentaire du compositeur sur *En écho*, in livret du disque *En écho, Neptune*, CD, Accord, Musica, 206762, 1993-1994, p. 4.

entendues. Par exemple, dans la quatrième section, un son échantillonné de moteur d'appareil photo est audible alors que la jeune fille évoque les photographies que l'homme prend d'elle. Dans la septième et dernière section intitulée *La table*, les transformations de la voix sont une composante du style musical développé par le compositeur. Cette section comprend cinq parties dans lesquelles les échos des échantillonneurs répondent à la voix en la dédoublant. Selon Alain Bonardi[50], l'écho de la voix de la chanteuse suggère l'inaccessibilité de la personnalité de la jeune fille, qui s'esquive par des doubles électroniques. La section s'achève sur une configuration en trio déjà présente dans sa troisième partie. Le discours se raréfie et se ralentit peu à peu. Ce travail en commun de l'écrivain et du compositeur n'est pas sans rappeler la collaboration active du même compositeur avec Michel Deutsch pour le texte et avec Pierre Strosser pour la mise en scène lors de l'élaboration de l'opéra *60e Parallèle*. La recherche d'une relation sensible entre le texte et la musique rejoint la volonté d'établir des réseaux de contrôles à partir du suivi de phénomènes aussi complexes que l'analyse du contenu énergétique du spectre de la voix et la reconnaissance de phonèmes ou de mots. Le travail de Philippe Manoury est à cet égard important. Les compositeurs intéressés par la vocalité artificielle ont été amenés à réenvisager le rapport entre le texte et la musique. Ont-ils développé une esthétique de la figuration en illustrant le sens de certains mots comme les madrigalistes italiens Luca Marenzio ou Claudio Monteverdi, ou ainsi que Jean-Sébastien Bach dans ses cantates ? Ont-ils imaginé un décor sonore servant d'écrin au sens général d'un texte ou d'un fragment de texte, une sorte de « cinématographie sonore » ? Les progrès de la technologie ne les ont-ils pas incités à transformer la voix en un matériau sonore, rejoignant par là une esthétique de l'investigation du son ?

Dans l'*Apocalypse de Jean* de Pierre Henry, la musique se fait souvent illustration du sens des mots sans création d'une nouvelle couche sémantique. La signification n'est pas détournée ou enrichie, prolongée par une allusion ou une signification différentes ou plus générales. Le compositeur propose une symbolique sonore tout en s'abstenant d'une interprétation métaphysique. Créée le 30 octobre 1968 au Théâtre de la Musique à Paris, l'*Apocalypse de Jean* de Pierre Henry est une commande du Ministère des Affaires Culturelles de l'époque. L'œuvre possède le sous-titre d'« Oratorio électronique », en référence au genre de l'oratorio, musique religieuse vocale narrative ne donnant pas lieu à une représentation scénique[51]. Le dispositif vocal est très réduit puisqu'il ne comprend qu'un récitant

• 50 - Alain Bonardi, *Analyse de* En écho *de Philippe Manoury*, analyse hypermédia, Paris, médiathèque de l'Ircam, départements Valorisation et Pédagogie de l'Ircam, 2000, consultation interne uniquement.

• 51 - *La Transfiguration* de Messiaen et le *Dies Irae* de Krzysztof Penderecki sont presque contemporains de l'*Apocalypse de Jean* de Pierre Henry.

psalmodiant le texte de Saint Jean. Mais cette psalmodie est théâtralisée par une prise de son si proche que des bruits de glotte sont audibles. Si la voix est peu transformée dans son timbre, elle est multipliée artificiellement en ensembles homophones et polyphoniques jusqu'à devenir une foule. L'*Apocalypse de Jean* comprend cinq grandes parties intitulées *Premier Temps*, *Deuxième Temps* etc., et divisées en « séquences » numérotées en continu de un à vingt. Deux exemples précis situés respectivement à la fin du *Premier Temps* et au début du *Deuxième Temps* mettent en évidence la symbolique utilisée par Pierre Henry. Deux minutes après le début de la quatrième séquence : *Le Livre*, la voix multipliée par les transformations électroniques devient la rumeur des 24 vieillards qui se prosternent devant le Livre. Le texte parlé de la cinquième séquence « et l'enfer les suivait » est proféré par la voix du récitant déformée par un effet de *flanger*, soulignant par cette violente distorsion de la voix l'horreur de l'enfer. Ce traitement suggestif n'est pas sans rappeler le traitement des voix d'*Une Saison en enfer* de Gilbert Amy. Mais ici, la symbolique naïve provient en droite ligne de l'art des vitraux, des fresques et des gargouilles des cathédrales, livres d'image où les fidèles souvent illettrés pouvaient « lire » la vie des grands personnages de la tradition. Michel Chion, s'exprimant sur l'*Apocalypse de Jean* de Pierre Henry, précise :

> Conçue dans l'esthétique à la fois naïve et raffinée d'un grand livre d'enluminures, alternant le spectaculaire et l'austérité, l'œuvre a pu déconcerter certains par son parti pris « illustratif » : cataclysmes et sirènes pour évoquer les fléaux tombés du ciel, galops électroniques pour la chevauchée des Quatre cavaliers, cris et rugissements pour les « Bêtes » (tout un bestiaire). Pourtant, à une ou deux exceptions près, l'œuvre n'utilise aucun son réaliste brut. Tout est recréé, stylisé, épuré[52].

De la même façon que les figures du Moyen Âge interprètent librement les personnages par des formes et des couleurs, par un style souvent original, le compositeur évite un réalisme trop direct. Les tableaux successifs forment une œuvre ample dont la profusion de détails ne cache jamais la fermeté de l'architecture. La voix du récitant, multipliée à plusieurs reprises jusqu'à l'opacité sémantique, conduit fermement l'auditeur à travers un « grand spectacle auriculaire[53] ». Les figures sonores répondent à l'esthétique naïve des images.

D'autres compositeurs ont élaboré une esthétique sonore plus distanciée de la dimension sémantique d'un élément ponctuel du texte. Ils ont développé une véritable « cinématographie sonore » par la mise en valeur du sens global du texte. La voix en tant que phénomène sonore devient ainsi un élément essentiel d'une nouvelle dramaturgie. S'éloignant du figuralisme ponctuel de l'*Apocalypse de Jean*

• 52 - Michel Chion, « *Apocalypse de Jean* », in *Larousse de la musique*, Paris, Larousse, 1982, p. 55.

• 53 - *Ibid.*

dans laquelle les mots les plus importants sont soulignés par des fragments sonores signifiants, l'œuvre radiophonique *Golgot(h)a*[54] a été composée en 1990 par Walter Boudreau. Elle s'attache à décrire musicalement le chemin de croix de Jésus sur un texte de Raoul Duguay. Comme l'*Apocalypse de Jean*, *Golgot(h)a* est une œuvre religieuse qui induit une très forte charge dramatique et émotionnelle. Cette fois, la vocalité artificielle participe à la narration en faisant entendre une voix transformée qui décrit une action. Mais ce ne sont plus des éléments sonores ajoutés, comme des sirènes, des galops ou des cris de bêtes, qui viennent illustrer le texte en le ponctuant d'éléments externes et illustratifs. Dans *Golgot(h)a*, la voix des protagonistes est présente, fait vivre un drame et donne lieu à des transformations artificielles qui en renforcent la puissance expressive. Walter Boudreau précise ainsi les cadres de son interprétation de la Passion :

> Bien que je ne sois pas religieux, le chemin de croix, pour moi, est la plus intense représentation du drame d'un être humain devant l'inéluctable. Ce long tunnel, d'une grande noirceur, est la marche funèbre d'un homme condamné à un supplice abominable, la crucifixion[55].

Dans la première section « Jésus est condamné à mort » la violence et la crudité du texte : « Eeeark ! JUDAS ! Tu m'as baisé ! [...] Claq(ue) ! Cogn(e) ! Crach(e) ! Baf(fe) ! Frap(pe) ! Fes(se) ! Aouch ! » ne sont pas illustrées par des bruits correspondant au sens de chaque mot, mais elles sont multipliées au sein même de la voix par une distorsion très marquée. Dans l'*Apocalypse de Jean*, l'effet de *flanger* était déjà utilisé, mais beaucoup plus ponctuellement sur le mot « enfer ». Dans les deux cas, le texte reste compréhensible mais la voix devient terrifiante. Une fois de plus, le même procédé de distorsion est associé à l'horreur. La violence du texte est portée à son comble par la transformation de la voix. Le compositeur cherche à mettre en relation les paramètres du traitement de la voix avec le sens du texte. Le processus lié à la vocalité artificielle rejoint celui de la mise en évidence d'éléments sémantiques par la nature de la ligne mélodique de la voix et de l'accompagnement instrumental dans la plupart des musiques vocales. La vocalité artificielle va plus loin en ajoutant une nouvelle dimension expressive mise à la disposition des compositeurs. Le timbre de la voix peut être manipulé, devenir un nouveau moyen expressif et nourrir l'imaginaire. La voix se métamorphose

---

• 54 - L'effectif instrumental réunit deux trompettes, deux cors, un tuba, un orgue et des percussions. Une voix solo et un chœur mixte sont échantillonnés puis transformés par des effets comme la distorsion (le plus souvent un *flanger*), l'écho et le filtrage sélectif. Toute la musique de *Golgot(h)a* a été composée à partir du matériau formé par un répons à quatre voix du compositeur espagnol Tomas Luis de Vittoria (1548-1611) : *Tradiderunt Me In Manus Implorum.*

• 55 - Walter Boudreau, sans titre, notice du disque *Atlantide, Golgot(h)a*, CD, Sonart, IMSO 9201, 1992, n. p.

alors en un matériau sonore dont les caractéristiques ne sont pas fixées par les contraintes naturelles physiologiques et acoustiques, ce matériau étant aussi malléable que le permettent les outils technologiques mis en œuvre. Les contraintes liées à la vocalité ne proviennent donc plus des mêmes causes, d'abord liées aux limites de la nature, elles ne sont plus bornées que par les frontières de l'artifice, par les limites des machines, frontières sans cesse repoussées par les progrès des sciences et des techniques.

La voix considérée non seulement comme porteuse de paroles à contenu sémantique, mais aussi comme un signal acoustique acquiert un nouveau statut : celui de matériau sonore. La construction du langage, les mots et la syntaxe sont mis sur un plan secondaire au profit d'une musique induite par le spectre fréquentiel et le signal acoustique d'origine vocale. Puis les transformations artificielles subies par ces paramètres musicalisent la voix. Si la plupart des œuvres appartenant au corpus de la vocalité artificielle ne sont pas sans interroger la voix comme élément sonore, la recherche d'une voix considérée comme matériau sonore est l'une des caractéristiques principales d'*Interphone* de Michel Decoust pour bande seule, pièce créée le 29 septembre 1977 à l'Ircam. Le poème de Claude Minière n'y est pas seulement mis en musique, mais il peut aussi être considéré comme un véritable générateur d'enveloppe. Très court, il est empreint de mystère :

> Triangles miroirs du ciel son tam-tam
> des régates : les pierres alignées
> Symétrie
> Il semble impossible ici de COMMETTRE
> Maintenant le souvenir perle[56].

Ce poème découvert par le compositeur un an plus tôt, a été déclamé et chanté en studio par Irène Jarsky et enregistré sous forme numérique. A partir de ce matériau, le compositeur a construit une œuvre entièrement réalisée sur l'ordinateur PDP 10 de l'Ircam et avec le logiciel Music V. *Interphone* précède de trois ans la composition de *Mortuos Plango, Vivos Voco* de Jonathan Harvey à l'Ircam avec notamment ce même outil informatique. Pour Michel Decoust, « la lecture du poème est l'élément compositionnel essentiel[57]. » Il ajoute qu'il a choisi la vocalisation « pour révéler les propriétés sonores essentielles du texte[58] » qui offre par son enregistrement vocal

• 56 - Claude Minière, poème extrait de l'*Application des lectrices aux champs*, Editions du Seuil, Paris, 1968.

• 57 - Michel Decoust, « Michel Decoust. Interphone (1977) », traduction de l'auteur, notice du disque *Computer Music Currents 4*, CD, Wergo, WER 2024-50, 1989, p. 5.

• 58 - *Ibid.*

> la respiration, le rythme de la voix, suggérant ainsi à la pièce une structure [organisée] autour d'une fissure centrale[59].

Dans *Interphone*, la démarche créatrice est double : en premier lieu, les sons vocaux naturels enregistrés sont transformés par l'ordinateur et, en second lieu, les sons synthétiques sont influencés par l'analyse acoustique de la voix. La voix « musicalisée » devient instrumentale tandis que l'instrument électronique acquiert une qualité vocale. Par exemple, la dernière phrase du poème « Maintenant le souvenir perle », chuchotée, est synchronisée sur une mélodie de sons synthétiques. Le signal vocal a constitué pour le compositeur un réservoir de possibilités sonores dans lequel il a puisé certaines variations des paramètres acoustiques. Plus précisément, la fréquence fondamentale et l'enveloppe d'amplitude des sons entièrement créés par l'ordinateur évoluent en suivant les variations des paramètres de la voix. Il existe une sorte de diaphonie, « d'interphonie » entre les sons concrets et les sons synthétiques, notion qui a donné son titre à l'œuvre. Par exemple, sur les trois premiers substantifs du poème : « triangle, miroir, ciel », l'intonation (la fréquence fondamentale), et la prononciation (la répartition des formants dans le spectre des fréquences), n'ont pas été retenues dans le processus compositionnel réalisé sur l'ordinateur. Par contre, l'intensité de la voix (son amplitude acoustique), commande la hauteur des sons synthétiques produits par le programme Music V. Tout d'abord, les variations d'amplitude sont extraites de la voix enregistrée puis le signal résultant est appliqué sur l'entrée réglant la valeur de la fréquence d'un oscillateur logiciel de Music V. Aux valeurs faibles de l'amplitude de la voix correspondent des fréquences graves, et les amplitudes fortes génèrent des sons aigus. Au-delà du croisement des caractéristiques acoustiques de la voix, les valeurs extraites de cette dernière conduisent à paramétrer des signaux non-vocaux. Le croisement est donc double : entre les paramètres et entre les types de signaux. Plus généralement, ce n'est plus seulement le sens du texte qui génère la conduite de la musique comme dans l'*Apocalypse de Jean* de Pierre Henry et *Golgot(h)a* de Walter Boudreau, mais l'allure physique du signal acoustique projetant le texte. La voix s'enrichit alors de nouvelles possibilités expressives. La manipulation de la voix devient non seulement un voyage dans les mots, mais aussi dans le timbre des mots. La force expressive de cette nouvelle vocalité prend sa source au cœur de la voix. Cette énergie est d'autant plus forte que la voix n'est pas un élément sonore anodin.

Dans le champ de la vocalité artificielle, la mise en musique du texte, d'origine littéraire ou non, obéit à trois grands principes : une symbolique du mot, une

---

• 59 - *Ibid.*

interprétation du sens global du texte, une prise en compte de sa valeur acoustique. Bien entendu, les compositeurs ne conçoivent pas leurs œuvres dans des catégories fermées. Comme art, la création est par essence rebelle à l'enclos d'un genre ou d'une esthétique fixée par avance. Toute œuvre s'inscrit après coup dans une direction stylistique principale qui n'exclut pas d'autres influences, l'art se nourrissant de ces attractions multiples et croisées. Cette complexité sort magnifiée de la manipulation de la voix en tant que matériau sonore. En effet, ce ne sont plus seulement l'écriture, les genres et les styles qui jaillissent de l'imaginaire des compositeurs, mais aussi la définition même de l'instrumentarium. Les instruments, les bruits et les voix se confondent dans une véritable écriture du timbre. Les limites de la catégorie du son vocal ne sont plus aussi nettes que dans l'opposition traditionnelle entre bruit, voix et instrument. La vocalité artificielle estompe ainsi les frontières entre la musique vocale et la musique instrumentale. De l'ordre défini par des typologies aisément classables et facilement reconnaissables à l'oreille, les musiciens prennent tous les risques d'une entière liberté en investissant un domaine dans lequel la composition s'étend au matériau. L'appréciation du timbre n'est plus une quantité discrète, comprenant des valeurs séparées, mais présente une surface lisse, dépourvue de discontinuité. Ce principe du continuum est également perceptible dans d'autres domaines comme celui des technologies, et plus largement dans la périodisation des styles musicaux. Entre rupture et continuité, la vocalité artificielle s'affirme comme un élément favorisant la remise en cause des catégorisations.

Chapitre 2

Technnologie, rupture, continuité

La vocalité artificielle est au centre de plusieurs réseaux de discontinuités. Tout d'abord, les évolutions de la technologie ne peuvent se réduire à une avancée linéaire et continue du progrès, et les lieux communs de l'effacement d'une technologie par une autre doivent être revisités à la lumière des œuvres qui en sont issues. Le bel ordonnancement constitué à partir des réalités technologiques ne suffit pas à dessiner entièrement la carte de l'espace musical. *A contrario*, la vocalité artificielle cicatrisant la discontinuité entre la musique instrumentale et la musique vocale, surgit la question de la validité de la différenciation des genres musicaux. Traditionnellement, beaucoup de genres musicaux, comme la sonate ou la symphonie d'une part, la mélodie française, la messe ou l'opéra d'autre part, se définissent au moins en partie par leurs effectifs instrumental et vocal. Mais si les timbres n'obéissent plus à la même typologie, certaines frontières étant abolies entre voix, bruit et instrument, notamment par la vocalité artificielle, alors le musicologue peut se demander comment rebâtir un terrain bouleversé par l'irruption de sons difficilement classables.

Plus largement, les notions de rupture et de continuité convoquent la problématique des relations qu'entretient la création artistique dans le domaine de la vocalité artificielle avec les outils qui en sont les leviers intrinsèquement indispensables. Entre les différentes générations technologiques, l'évolution des outils mis à la disposition des compositeurs a connu des sauts non pas quantitatifs, mais qualitatifs. Par exemple, si les moyens d'enregistrement analogiques se sont constamment améliorés depuis le début du phonographe au XIXe siècle jusqu'aux magnétophones multipistes des studios dans les années 1980, le passage à l'échantillonnage numérique a bouleversé le principe même de l'enregistrement. D'autres phénomènes de rupture technologique ont existé et il est indispensable de se demander si, dans le champ de la voix machinique, ces révolutions ont entraîné l'émergence de caractéristiques stylistiques radicalement nouvelles, une sorte d'avant-garde esthétique se constituant alors. Entre les contraintes engendrées par la référence à la voix naturelle ou par les limites technologiques, et la constatation de l'existence de similarités transversales entre les œuvres issues de genres et de technologies pourtant différents a priori, il convient tout d'abord d'établir un point d'appui, celui de la technologie, afin d'amorcer l'étude des phénomènes de fractures et de continuité qui parcourent la vocalité artificielle.

Des révolutions technologiques dans l'art

Incontestablement, la machine représente l'un des fondements de la vocalité artificielle. Cette constatation entraîne plusieurs conséquences non dénuées d'importance pour les compositeurs qui se sont intéressés à la voix machinique. La première concerne le rapport entre la disponibilité de ces machines et l'organisation économique dont elles sont issues. Si la construction des instruments de musique est longtemps restée dans le domaine artisanal, l'élaboration d'appareils électroniques analogiques ou numériques et leur sophistication croissante a demandé de plus en plus de moyens financiers. Les composants et les principes utilisés dans la « lutherie électronique[1] » ont très rarement été inventés spécifiquement pour la musique. Ils sont issus directement des industries civile et militaire. Pourtant, les compositeurs de la vocalité artificielle ne peuvent exercer leur art qu'à la condition de disposer de technologies dont les progrès sont liés à des éléments extérieurs au monde de l'art. La deuxième conséquence de l'utilisation *sine qua non* des machines réside dans le lien étroit qui existe entre un domaine artistique et la science ou ses applications technologiques. Les rapports entre l'art et les technologies forment un élément important de la culture à partir de la deuxième moitié du XXe siècle. La technologie et par incidence la vocalité artificielle se situent donc à la charnière entre le monde économique industriel et la création artistique.

Selon Franck Pecquet et Makis Solomos, « la musique est un art "technique" par excellence[2]. » Précisant leur pensée, ces deux auteurs établissent le lien étroit qui existe entre la technique musicale et la technologie. Ils ajoutent que la première « s'inscrit en partie dans le spécifiquement musical[3] » alors que la seconde « relève

---

• 1 - Expression utilisée par Marc Battier dans son article « Les polarités de la lutherie électronique », in *Méthodes nouvelles, musiques nouvelles, Musicologie et création*, sous la direction de Márta Grabócz, Strasbourg, Presses Universitaires de Strasbourg, 1999, p. 307-318.

• 2 - Franck Pecquet, Makis Solomos, « Musique, technique et technologie. Quelques remarques musicologico-éthiques », in *Actes des Troisièmes Journées d'Informatique Musicale*, Les Cahiers du GREYC, n° 4, Caen, 1996, p. 192.

• 3 - *Ibid.*

de la sphère générale de production[4] ». Ainsi, toute musique qui intègre des processus utilisant des appareils technologiques n'est plus seulement un art qui possède sa propre technique, mais devient dépendante des progrès scientifiques et des recherches menées par les grandes industries. Par définition, la vocalité artificielle, à travers les appareils qu'elle mobilise, est exemplaire de cette problématique rapprochant l'art, la technologie et l'industrie. Or ces technologies ne sont que rarement spécifiquement musicales. Et lorsque des composants électroniques comme les convertisseurs numérique/analogique ou les processeurs de signaux concernent plus directement la musique, ils ne sont en aucun cas spécialisés pour la composition ou l'interprétation de musique instrumentale ou vocale. Leur utilisation est au contraire très générale et touche aussi bien l'industrie du son que la musique savante ou la musique populaire. Pour Philippe Manoury, « il y a un domaine industriel qui [le] concerne tout particulièrement, c'est celui de l'informatique[5]. » Et il ajoute que les appareils utilisés dans la musique populaire « proviennent de méthodes [qu'il a] utilisées voici près de vingt ans[6]. » Il faut remarquer que, dès le début de l'enregistrement sonore, le phonographe n'était pas un appareil dédié à une utilisation artistique, même si Apollinaire en vit presque immédiatement l'intérêt. L'enregistreur offrait une possibilité technique sans définir un type d'utilisateur. D'une façon encore plus évidente, l'ordinateur a presque totalement découplé les caractéristiques techniques du mode d'utilisation. L'informatique fournit de multiples applications, il s'agit d'un outil polyvalent et universel. Ainsi, Lejaren Hiller ou Max Mathews ont mis à profit les possibilités préexistantes de l'informatique pour enrichir le domaine musical. Plus exactement, Mathews a été recruté par les laboratoires Bell pour faire progresser la technologie des télécommunications, ces laboratoires n'ayant pas pour vocation la création musicale. De manière générale, la vocalité artificielle prend donc sa source dans une technologie qui ne lui était pas destinée directement et qui est presque entièrement contrôlée par le monde industriel. Or la finalité de ce dernier n'est pas de faciliter l'émergence de créations artistiques originales et difficiles d'accès, mais de produire en masse des marchandises pour un profit maximum. Son évolution dépend donc des relations de plus en plus étroites qui s'établissent entre les progrès technologiques et les recherches menées par les grandes entreprises.

• 4 - *Ibid.*

• 5 - Philippe Manoury, « réponse à un questionnaire », in *La Note et le son, Ecrits et entretiens, 1981-1998*, Paris, L'Itinéraire, L'Harmattan, 1998, p. 268. Le questionnaire est daté de 1989, mais son origine n'est pas précisé.

• 6 - *Ibid.*

L'adhésion du grand public à des musiques contrôlées par de grands groupes industriels concepteurs de machines, éditeurs d'enregistrements commerciaux, et maintenant diffuseurs de musique via l'Internet ne doit pas cacher le profond désintérêt de ce même public pour de nombreuses pièces de musiques électroacoustique et informatique. Les rapports entre l'art et l'industrie ne peuvent pourtant pas se résumer brièvement en une prise en main du premier par la seconde. La question est plus complexe et met en jeu le divorce existant entre les cultures savantes et populaires. Elle implique également les flux financiers opposés concernant ces deux modes de représentation de l'art. Si la musique populaire engendre des bénéfices importants, les institutions qui facilitent la production et la diffusion des musiques électroacoustique et informatique (non-populaires) sont bien souvent étatiques, subventionnées ou commanditées. La circulation de l'argent s'inverse alors que les machines utilisées sont souvent identiques. La première rupture entre les deux types de culture est donc financière. Elle n'est pas technologique. La seconde concerne les modèles esthétiques qui sont liés aux flux économiques et divergent jusqu'à l'incompréhension. Cette dernière est toutefois tempérée par des tentatives d'hybridation et d'ouverture. L'exposition *Sonic Process* qui s'est tenue au Centre Georges Pompidou à Paris du 16 octobre 2002 au 6 janvier 2003 est révélatrice de cette démarche non dénuée du danger de récupération ou de démagogie. Pour Christine van Assche, Commissaire de cette exposition, il ne s'agit plus de composition musicale, mais de recouvrir

> les recherches effectuées soit dans un domaine purement sonore, soit dans l'expérimentation musicale[7].

Par ailleurs, le rôle des réseaux numériques est sans doute important dans la circulation des cultures et leur hybridation. Elle affirme aussi que

> l'univers d'Internet nous confronte ainsi à une vision très « rhizomorphique » de l'esthétique et à une « déterritorialisation » de nos connaissances esthético-géographiques[8].

Malheureusement, le résultat musical de tels principes ressort le plus souvent d'un affadissement et d'une standardisation des cultures dans une perspective industrielle d'agrandissement de l'échelle des marchés plutôt que d'un enrichissement mutuel, et cette exposition l'a malheureusement mis en évidence. En effet, la vocalité artificielle y était principalement représentée par l'esthétique de la musique commerciale privilégiant des effets standardisés et bruyants à une véritable

---

• 7 - Christine van Assche, « Sonic Process. Une nouvelle géographie de sons », in *Sonic Process*, catalogue de l'exposition « Sonic Process » du Centre Georges Pompidou à Paris du 16 octobre 2002 au 6 janvier 2003, Paris, Editions du Centre Pompidou, 2002, p. 15.

• 8 - *Ibid.*

écriture musicale. Les milieux industriels sont ainsi devenus des acteurs incontournables de la vocalité artificielle dans de nombreux courants artistiques contemporains. Les musiciens populaires utilisent le plus souvent les sons et les possibilités offertes par les outils commerciaux sans avoir la possibilité d'innover. Karlheinz Stockhausen, lorsqu'il rencontre ces musiciens, leur « suggère toujours qu'ils fassent leur propre matériau sonore[9] ». Les effets standardisés, les logiciels modulaires et les séquenceurs spécialisés dans les mises en boucle induisent très fortement une esthétique répandue et peu variée. La vocalité artificielle n'échappe pas à ce processus de nivellement. Les artisans du passé s'inspiraient de modèles échangés dans le monde occidental dans son ensemble, mais la transmission du savoir et du savoir-faire restait lente et le plus souvent de personne à personne, de maître à élève. L'industrie moderne fonctionne différemment. La rapidité de circulation des biens, des personnes et des idées s'est considérablement accrue pour devenir quasi instantanée dans la dématérialisation du travail et des brevets grâce aux procédés numériques. Pourtant le travail de petites équipes au niveau local s'est développé ces dernières années par l'utilisation de *Home studios* de plus en plus performants et de moins en moins onéreux. De même, la globalisation tant mise en avant de nos jours ne doit pas faire oublier les possibilités désormais offertes à des groupes ou des créateurs isolés de produire et de faire connaître leur musique sur l'Internet. Noyée dans le flux de la production industrielle, la vocalité artificielle épouse des courants difficiles à circonscrire tant les activités spéculatives, au sens intellectuel du terme, que technologisantes et économiques sont imbriquées. L'appréhension du rapport entre l'art et la technologie sous un angle plus aiguisé culturellement repousse au second plan la prise en compte des réalités économiques. Comme l'écrit avec justesse Luc Rondeleux, « L'art et la science ont en commun d'interroger la nature [...][10] ». L'orientation des recherches scientifiques comme celles ayant trait aux domaines artistiques visent en effet à mieux connaître les phénomènes qui nous entourent de façon à fournir des paradigmes pertinents. Ces paradigmes ouvrent l'exploration de nouveaux territoires de la connaissance ou de la création artistique. Néanmoins, le même auteur souligne que ces deux champs de recherche ne peuvent se rejoindre totalement puisque la science « explore la matière organisée[11] »

• 9 - Karlheinz Stockhausen, *Les Chemins de la Musique, 50 ans de création au studio de musique électronique de Cologne*, interview en français par Evelyne Gayou et Philippe Langlois, émission de la radio France-Culture, rediffusion du 17 mars au 21 mars 2003.

• 10 - Luc Rondeleux, *Incidences des représentations numériques sur l'évolution du langage musical en France et aux Etats-Unis, (1957-1982 : de la première synthèse numérique au protocole MIDI, vingt-cinq années de bouleversements dans l'expérimentation musicale)*, Doctorat en Musique et Musicologie du XXe siècle, direction Hugues Dufourt, EHESS, 2 tomes, 1995, p. 472.

• 11 - *Ibid.*

alors que l'art s'intéresse à « une connaissance purement intuitive[12] ». Les évolutions de ces deux domaines possèdent donc des points de rencontre, mais ne peuvent être considérées comme parfaitement « concomitantes[13] ».

Plus spécifiquement, la vocalité artificielle balise un domaine dans lequel des compositeurs prennent appui à la fois sur le développement de la connaissance scientifique des lois de la nature et sur des intuitions artistiques. Les lois de la nature concernent aussi bien le fonctionnement de la voix naturelle, référence obligée de la vocalité artificielle, et les avancées scientifiques, créatrices de nouvelles technologies. Par contre, les intuitions artistiques recouvrent les mystères de l'acte créateur et de la perception de l'œuvre. En éloignant la voix de sa nature première, de son attachement à un individu précis, la vocalité artificielle expérimente la frontière mouvante entre l'universel et le particulier, définissant ainsi une nouvelle continuité entre la science à la recherche d'universaux et le particularisme d'une voix humaine. Etablissant un parallèle entre le Bauhaus et l'Ircam, les réflexions de Christian Cheyrezy renforcent et incarnent cette idée de l'union de l'art et de la science, ou plutôt de l'art et de la technologie. Pour lui, cette convergence est nourrie en partie par

> l'utilisation repensée de nouveaux matériaux, en donnant à la machine et à ses produits un contenu de réalité[14].

Cet auteur souligne, en citant l'architecte Walter Gropius, le fondateur du Bauhaus, que les nouveaux matériaux de construction comme le béton, le verre et l'acier qui ont plus de rigidité, autorisent la réalisation d'ouvrages suspendus qui défient les lois de la pesanteur. Par ailleurs, la collaboration étroite entre scientifiques, musiciens et ingénieurs voulue par Pierre Boulez à l'Ircam met l'exploration du matériau sonore au service d'un renouvellement de la pensée compositionnelle. Le projet CHANT amorcé dès 1979 par Xavier Rodet est un exemple de cette mutualisation des énergies entre les scientifiques et les musiciens afin d'aboutir à des timbres vocaux transcendant les séparations entre voix et instrument, entre incarnation et machinisme. Ainsi, loin de constituer un facteur de rupture, l'émergence de la vocalité artificielle participe au contraire à l'établissement de passerelles entre différents domaines musicaux et plus généralement entre le champ de la connaissance, aussi bien scientifique que technique, et une zone plus difficile à appréhender : celle de la création artistique. La vocalité artificielle favorise également un autre type de rapprochement : la continuité

• 12 - *Ibid.*

• 13 - *Ibid.*

• 14 - Christian Cheyrezy, « " L'art et la technologie, nouvelle unité " (W. Gropius) ? », *Musique en Jeu*, n° 18, 1975, p. 12.

plus ou moins marquée entre différents procédés de traitement et de synthèse de la voix.

Une première constatation s'impose : la détermination des frontières entre les domaines de la synthèse et du traitement reste difficile. La délimitation est nette lorsque le traitement consiste par exemple à lire le fichier numérique en rétrogradation, c'est-à-dire de la fin vers le début, provoquant ainsi un retournement temporel. Par contre, lorsque le processus est basé sur un parcours commençant par une analyse qui permet d'extraire les paramètres de l'événement sonore et leur évolution, se poursuivant par une modification de ces paramètres et se terminant enfin par une synthèse réalisée à partir de ces paramètres modifiés, le traitement du son intègre alors un processus de synthèse. Les deux concepts ne peuvent être conçus comme deux ensembles disjoints. Transformation et simulation ne constituent pas deux catégories nettement dissociées. Scientifiquement et techniquement, il est impossible de séparer avec rigueur l'idée de synthèse de la voix et celle de transformation d'une voix préexistante. Par conséquent, il faut rejeter une classification séparant musicalement et esthétiquement la voix synthétique de la voix transformée. Une fois de plus, une continuité entre différents concepts utilisés dans le cadre de la vocalité artificielle se révèle inéluctable.

L'élargissement des possibilités de manipulation du spectre offertes aux compositeurs par les technologies numériques leur donne accès à un monde sonore qui rend très difficile, voire impossible une taxinomie des timbres. La puissance de la technologie empêche la congruence de cette dernière avec une esthétique musicale. En effet, plus l'outil est performant, mieux le compositeur et ses assistants le maîtrisent dans le cadre d'une musique complexe, et moins les effets sonores sont stéréotypés. Ce n'est pas le cas dans la musique populaire qui se contente le plus souvent d'une utilisation minimaliste d'outils en partie préprogrammés. Malgré les efforts historiques de Pierre Schaeffer, il devient de plus en plus périlleux d'établir un « solfège de l'objet sonore » à l'intention des compositeurs de musiques électroacoustique et informatique. Il n'existe pas d'équivalent dans le monde de ces musiques de la typologie des instruments traditionnels. S'il est aisé de différencier le son d'un hautbois de celui d'un violon ou même d'une clarinette, c'est-à-dire quelle en est l'origine, il est beaucoup plus difficile de déterminer précisément comment a été conçu un timbre électroacoustique qui demeure le plus souvent « acousmatique » au sens premier du terme. Même dans le cas d'un son concret modifié, il est le plus souvent impossible de reconstituer son mode de production. Plusieurs outils sont presque toujours utilisés successivement, certains ont été éphémères ou ont été détournés par le compositeur. La vocalité artificielle échappe souvent à toute reconnaissance de son mode de production, surtout depuis l'émergence du son numérique. Les technologies numériques sont éminemment malléables et protéiformes. A propos des arts, Edmond Couchot parle du numérique comme d'une technologie « totalement transversale[15] ». Et il précise :

> Transversale au langage et à la technique, elle réunit ces deux formes de pensée dans le même creuset. Elle est transversale à la quasi-totalité des techniques, elle est transversale à tous les médias, espèces d'images et de sons, transversale encore à tous les modes de diffusion et de circulation des informations[16].

Edmond Couchot établit ainsi l'idée d'une neutralité absolue des données par rapport au contenu qu'elles contiennent, le même type de données étant à même de véhiculer des sons, des images fixes ou animées, du texte ou tout autre contenu. La continuité entre les sons de la vocalité naturelle ou artificielle, entre les sons instrumentaux, les bruits et les sons vocaux, entre la musique et une autre activité artistique est absolue au niveau des éléments binaires. Seule leur organisation intrinsèque en trames temporelles différencie leur objet. Dans le cas de la composition musicale, Philippe Manoury précise que

> pour un processeur, toute valeur détectée dans un signal acoustique peut être paramétrée de manière numérique. Pour lui, toutes ces valeurs numériques sont égales [...]. C'est au compositeur d'en déterminer une hiérarchie et d'en déduire une structure de relations[17].

Par ailleurs, la rupture est totale entre l'analogique qui opère sur des données continues et le numérique qui travaille sur des valeurs discrètes. La représentation numérique est discontinue. D'une part, les données, des sons continus par exemple, deviennent des suites de nombres sans solution de continuité. De même qu'une image numérisée devient une matrice de pixels, de même, un son digitalisé n'est plus qu'une succession d'échantillons. D'autre part, le numérique procède par opérations logiques successives, par calcul sur des nombres. Le passage entre l'analogique – c'est-à-dire une représentation très proche du monde réel – et le numérique est donc extrêmement important et forme une rupture brutale dans le principe de la représentation auditive ou visuelle.

Cette rupture brutale n'implique pas une fracture vive de la perception de l'objet représenté. Tout d'abord, depuis les origines de l'art et de la musique numériques, le travail des chercheurs a surtout consisté à faire oublier au spectateur ou à l'auditeur la technologie employée. Un indice de la qualité de l'outil numérique est de ne pas être perçu comme tel. Beaucoup de recherches scientifiques sur le son

---

• 15 - Edmond Couchot, « Pour une pensée de la transversalité » in *Dialogues sur l'art et la technologie*, sous la direction de François Soulages, Paris, L'Harmattan, 2001, p. 150.

• 16 - *Ibid.*

• 17 - Philippe Manoury, « Les partitions virtuelles » in *La Note et le son, Ecrits et entretiens, 1981-1998, op. cit.*, 1998, p. 82.

numérique ont porté sur l'amélioration de l'échantillonnage, du codage numérique, de l'analyse spectrale et de la synthèse. Les évolutions technologiques se sont ainsi traduites par une augmentation de la fréquence et de la profondeur d'échantillonnage[18]. Il est également remarquable que le principe de l'enregistrement d'un son et un grand nombre des transformations proposées par les effets numériques existaient déjà avec les technologies analogiques. La lecture en boucle de fragments sonores vient du fameux sillon fermé de Pierre Schaeffer, la lecture rétrograde était alors obtenue par l'inversion de la rotation du disque souple. Même les modifications indépendantes de la hauteur et de la durée sont issues de la machine de Dennis Gabor datant de 1946. L'évolution vers la vocalité numérique se traduit donc par une extension des possibilités de traitement et de synthèse, jusqu'au spectaculaire chœur virtuel développé à l'Ircam avec PSOLA. Il ne s'agit pas d'une révolution de l'apparence sonore, aucune véritable rupture esthétique ne peut être démontrée. Certains compositeurs ont d'ailleurs poursuivi leur travail avec des outils analogiques.

Deux représentants de la vocalité artificielle ont résolument continué à utiliser les magnétophones analogiques : Pierre Henry et Michel Chion. Ces deux compositeurs n'utilisent pas les possibilités de l'informatique musicale. Leur écriture ne s'est jamais orientée vers des manipulations pour lesquelles l'usage des outils numériques aurait été plus efficace. Leur langage est principalement basé sur la transformation par transposition, par élongation ou compression temporelle, par distorsion de la voix enregistrée. Toutes ces fonctionnalités existent dans les outils analogiques et les magnétophones permettent un grand nombre de possibilités de traitement de la voix avec une qualité satisfaisante. Il est cependant difficile de déterminer si l'esthétique d'une œuvre ou d'un compositeur est une cause ou une conséquence du travail avec des outils analogiques. Des usages détournés des magnétophones à bande élargissent d'ailleurs les possibilités de ces machines. Par exemple, il est possible d'éloigner la bande des têtes de lecture en la poussant avec une allumette ou de faire varier la vitesse de lecture en desserrant le galet presseur qui comprime la bande sur le cabestan d'entraînement et en freinant ou en accélérant le déroulement de la bande à la main. Les possibilités sont nombreuses et surtout, le geste du compositeur est direct et intuitif. La bibliothèque sonore accumulée par Pierre Henry sur des bandes magnétiques est tellement considérable que son transfert numérique supposerait un énorme travail, long et fastidieux. De son côté, Michel Chion affirme que si le montage s'avérait difficile avec le disque

• 18 - De 8 kHz et 8 bits des premières transmissions téléphoniques numériques, ces valeurs sont passées progressivement à 44,1 kHz et 16 bits pour les CD. Des valeurs de 96 kHz et 24 bits ou plus sont maintenant utilisées dans les dispositifs d'informatique musicale.

souple, « tout est déjà possible[19] » au moment de l'arrivée des magnétophones. Il ajoute un peu plus loin que « ce ne sera pas l'apparition d'un support nouveau qui pourra être déterminante[20]. » Pour lui, un ensemble d'appareils

> ne suffit pas à définir une technique, tout comme la technique d'un peintre ne se réduit pas au catalogue des pinceaux, des pigments et des supports qu'il emploie [...][21].

Lors d'un séminaire du GRM en 2002 à Paris[22], Michel Chion soutient qu'avec le numérique, « rien n'a changé » et que l'utilisation du numérique introduit « un chantage à la cause », voulant dire par là que la qualité d'une œuvre ne peut être décrétée par la sophistication des outils qui l'ont fait naître. Peu enclin à l'apprentissage des techniques numériques, Michel Chion reste très prudent quant au traitement de la voix de façon à respecter la « beauté de la voix humaine » et par « refus du texte en charpie ». En effet, il se contente souvent de modifier les voix en approchant plus ou moins le micro pendant l'enregistrement. Dans son *Requiem*, un

> trajet formel est dessiné par la succession de nombreux personnages vocaux, leur timbre, leur intonation, leur rapport au texte[23].

Plus généralement, le compositeur refuse au timbre toute valeur musicale permettant d'envisager un processus formel, même local :

> aucune relation d'ordre, au sens mathématique (condition de l'effet mélodique), n'est possible entre trois timbres différents, entre trois couleurs sonores[24].

Par ailleurs, les défauts d'un magnétophone, d'un début ou d'un arrêt, les limites de l'enregistrement analogique, sont parfois conservés intentionnellement. La fixation du son est pour Michel Chion la véritable caractéristique établissant une rupture très nette entre la musique sur support et toute autre musique. Pour lui, ce n'est pas la technique utilisée pour enregistrer qui est prégnante, elle peut être analogique ou digitale, c'est la notion d'enregistrement du son, de la fixation de la voix par exemple qui introduit un élément supplémentaire dans l'écriture musicale.

Etablir une relation causale entre la rupture technologique créée par la révolution numérique et une véritable fracture esthétique semble donc périlleux. En

---

• 19 - Michel Chion, *L'art des sons fixés ou La Musique Concrètement*, Fontaine (38), Metamkine, Nota-Bene, Sono-Concept, 1991, p. 44.

• 20 - *Ibid.*

• 21 - *Ibid.*

• 22 - Séminaire du mercredi 27 mars 2002, Paris, GRM, inédit.

• 23 - Michel Chion, sans titre, notice du disque *Requiem*, disque vinyle 30 cm, Harmonia Mundi, collection INA-GRM, HM 50 AM 689.05, 1978, n. p.

• 24 - Michel Chion, « La dissolution de la notion de timbre », *Analyse Musicale*, 2ème trimestre 1986, p. 7.

réalité, les fonctionnalités musicales s'étendent à l'analyse/synthèse, la synthèse et le suivi en temps réel tout en conservant les nombreuses possibilités déjà présentes dans les appareils analogiques. Plus largement, écouter une œuvre dans laquelle le compositeur a introduit la vocalité artificielle n'implique pas obligatoirement la reconnaissance immédiate du procédé technologique employé. Une voix réverbérée ou filtrée ne signifie pas un recours systématique au numérique. D'un point de vue musical, le numérique améliore et étend considérablement les ressources de l'analogique, notamment dans une approche spectrale. Les années 1980 sont exemplaires à cet égard, mais il serait imprudent de parler de rupture nette, de révolution de l'esthétique de la vocalité artificielle. En réalité, l'évolution esthétique enjambe la révolution numérique, elle s'avère continue sur une large échelle, les possibilités offertes par les outils numériques englobant celles données auparavant par l'analogique. Mais il ne faut pas oublier que la vocalité artificielle n'est pas seulement impliquée par les basculements technologiques successifs, elle interroge également les bouleversements qu'ont connus les genres musicaux au XXe siècle.

Les grands genres musicaux revisités

Il est inutile de rappeler ici comment les progrès de l'anticléricalisme puis de l'athéisme ont affaibli l'influence chrétienne dans la culture occidentale à partir de la fin du XIXe siècle, culture marquée par le triomphe de la science, de la technologie et du positivisme. Pourtant, le refus du marxisme et du fascisme comme la crise de la spiritualité au milieu du XXe siècle ont favorisé le maintien d'une expression spirituelle dans la société et plus particulièrement dans la musique contemporaine. Oratorios, messes et passions, genres d'expression essentiellement vocale, ont été illustrés par nombre de compositeurs comme Stravinsky, Honegger ou Messiaen. Même si la culture du XXe siècle a été globalement laïque, les convulsions politiques et intellectuelles ont suscité un renouveau, sinon de la pratique d'une religion, du moins d'un questionnement spirituel. Par exemple, la pensée de Jonathan Harvey se situe en dehors d'une religion précise, au-delà du christianisme et du bouddhisme sans en rejeter les traditions. Pour le compositeur, qui a consacré un livre à sa quête de la spiritualité[25], l'auditeur de *Mortuos Plango, Vivos Voco* doit être enveloppé dans une atmosphère spirituelle. Pour Harvey,

> dans une bonne projection sonore, les auditeurs devraient sentir par moments que la cloche les entoure [...] tandis que le garçon est mobile, volant comme un esprit libre[26].

• 25 - Jonathan Harvey, *In Quest of Spirit*, Berkeley, University of California Press, 1999.

• 26 - *Ibid.*, p. 60-61.

La voix du jeune garçon, incarnation de la pureté, semble évoluer dans les airs, être protégée et englobée par la cloche, symbole chrétien. La cloche représente aussi les morts lorsqu'elle les pleure (« *Mortuos Plango* »), tandis que la voix du jeune garçon est bien vivante, comme les vivants lorsque la cloche les appelle (« *Vivos Voco* ») à la prière. Le compositeur précise que « la cloche "morte" est les *mortuos*, le garçon "vivant" est les *vivos*. Ils sont un[27]. » Il est remarquable de constater que le principe d'unicité (spirituelle) entre les vivants et les morts, symbolisé par l'hybridation musicale de la cloche et de la vocalité artificielle, est également présent dans la rencontre (stylistique) du sérialisme et du spectralisme.

L'unification de sons vocaux et de sons non-vocaux est également présente dans le *Gesang der Jünglinge* de Karlheinz Stockhausen. Plus impliquée dans le christianisme que l'œuvre de Jonathan Harvey évoquée précédemment, cette pièce ne doit pas faire oublier la dimension cosmique de la spiritualité du compositeur. Le « chemin dirigé vers la lumière de la connaissance est le reflet de la foi mystique du musicien[28] ». Mais cette volonté de transcendance n'est pas contradictoire avec l'intérêt du jeune compositeur d'alors pour la musique sérielle et sa combinatoire. La pensée de Stockhausen n'est pas seulement une illumination spiritualiste. La dimension sacrée et visionnaire se nourrit d'une structure forte, le mythe se construit autour d'une solide charpente. Sa pensée est fondamentalement dialectique : l'inconnu et le connu, l'au-delà et l'humain, l'intuition et le calcul. Sa musique serait donc d'essence universelle. Parcourant l'espace interstellaire à la recherche de la lumière absolue, elle est, pour le compositeur « un vaisseau rapide vers le divin[29] ». Mais la pensée de Stockhausen, déjà présente dans la vocalité artificielle de *Gesang der Jünglinge*, ne peut se résumer à un fil conducteur qui serait la conquête d'une transcendance improbable. L'œuvre du compositeur s'est développée à partir de son expérience sérielle puis a été jalonnée d'innovations successives. Toujours maîtrisée, ne sombrant jamais dans l'impasse stylistique et se renouvelant sans cesse, sa musique réunit à la fois le rêve et l'intellect dans un univers spirituel très dense. Elle n'a cessé d'être le confluent entre la naïveté du petit enfant devant le merveilleux et une réflexion approfondie sur les enjeux compositionnels.

La foi de Pierre Henry s'exprime plus simplement dans l'*Apocalypse de Jean* et dans la *Messe de Liverpool*. La symbolique sonore développée dans la première

---

• 27 - *Ibid.*, p. 61.

• 28 - Michel Rigoni, *Stockhausen… un vaisseau lancé vers le ciel*, Lillebonne, Millénaire III, 1998, p. 18.

• 29 - Karlheinz Stockhausen, formule citée et traduite en français in Herbert Henck, « Le Klavierstück IX de Stockhausen : considérations analytiques », traduit de l'allemand par Vincent Barras et Daniel Haefliger, *Contrechamps*, n° 9, 1988, p. 189. Edition originale en allemand in *Vier Kriterien der Elektronischen Musik*, tiré à part de *Selbstdarstellung - Künstler über sich*, Düsseldorf, éditions Wulf Herzogenrath, n. d., p. 34.

œuvre rejette toute spéculation métaphysique tout en prenant appui sur le texte visionnaire de l'apôtre Jean. La vocalité artificielle est ici directement impliquée dans des images tenant plus de figures naïves que d'une réflexion intellectuelle. Le titre de la *Messe de Liverpool* suggère cette fois une appartenance à la musique liturgique, et pourtant le compositeur se libère des traditions formelles et stylistiques de plus de quinze siècles concernant ce genre. De la même manière que dans l'*Apocalypse de Jean*, Pierre Henry, selon Maurice Fleuret,

> est revenu aux sources, c'est-à-dire au texte, en servant l'esprit et la lettre, l'esprit par la lettre, en prenant la lettre elle-même « au pied de la lettre » [...][30].

Le même auteur précise que dans le Sanctus, « l'éructation phonétique atteint son paroxysme, dans un délire rageur qui renoue avec les fêtes primitives[31]. » C'est ici que réside la clé de la vocalité artificielle chez Pierre Henry : cette double tension entre le futur et le passé. Futuriste, la *Messe de Liverpool* l'est assurément par l'éclatement, la pulvérisation et le télescopage des mots dans une matière sonore sans cesse renouvelée prenant appui sur une vocalité artificielle débridée. Primitive, l'œuvre retourne aux sources de la chrétienté en mettant à bas les traditions accumulées par le dogme. Elle puise également sa force dans la voix archaïque des premiers âges de l'humanité, lorsque le langage articulé n'était encore qu'en devenir. Pour Maurice Fleuret, la tension continuelle

> est un véritable exercice mystique de l'étourdissement proche du délire et qui mène à l'extase, à une fantastique vision d'unité[32].

La vocalité artificielle est également un moyen de sortir résolument des canons du genre de la musique religieuse. Pour Tom Aconito, l'auteur du texte de la *Messe à l'usage des vieillards* de Denis Dufour, « la religion dont il s'agit ici n'est pas celle de notre bonne église apostolique et romaine[33] ». Le même auteur précise plus loin que, comme dans le Zen, cette messe permet

> de contempler notre vrai visage, et que cette contemplation est comme une vision de nous-même à partir de la tombe [...][34].

Contrairement à la messe de Pierre Henry, la pièce de Denis Dufour ne met pas en jeu d'éléments vocaux spectaculaires. Les voix des cinq vieillards sont calmes

---

• 30 - Maurice Fleuret, sans titre, notice du disque *Messe de Liverpool*, CD, Mantra 023, WM 330, 1988, p. 2.

• 31 - *Ibid.*, p. 3.

• 32 - *Ibid.*, p. 4.

• 33 - Tom Aconito, sans titre, notice du disque *Denis Dufour, Bocalises, Suite bleue, Messe à l'usage des vieillards*, CD, INA-GRM, Accord, 202222, MU 750, 1992, p. 8.

• 34 - *Ibid.*, p. 9.

et improvisent des paroles banales, des souvenirs nostalgiques et désabusés. Une phrase de Tom Aconito entendue dans le Sanctus semble donner l'une des clés de cette étrange musique religieuse : « Croire en Dieu ne sert à rien si on ne sait pas qui on est vraiment[35]. » Il faut d'abord se connaître pour aller à la rencontre de la vie et de la religion. Cette messe n'est pas liturgique. Plus qu'une œuvre religieuse, elle est avant tout humaine. Pour Jean-Christophe Thomas, ce qui peut frapper à l'écoute de cette pièce, « c'est le sentiment de gratuité, d'insolence de la mise ensemble des ingrédients superposés [...][36]. » La placidité des voix et le peu de transformations qu'elles subissent traduisent un surprenant détournement de la musique liturgique. La vocalité artificielle prend part à l'ouverture du genre de la musique religieuse sur une spiritualité unificatrice chez Harvey, cosmique chez Stockhausen, primitive chez Henry et provocatrice chez Dufour. Mais par sa puissance expressive nouvelle et la liberté qu'elle procure aux compositeurs, la vocalité artificielle participe également à la remise en cause de genres profondément enracinés dans la tradition : la musique religieuse et l'opéra.

« Sans nul doute, l'opéra est un théâtre, mais il relève aussi du spectacle[37]. » Lorsque Catherine Kintzler oppose le théâtre au spectacle dans l'opéra français de l'âge classique, elle met en valeur deux caractéristiques du genre de l'opéra : il forme un récit chanté constitué d'une suite d'actions représentées sur une scène et comporte des épisodes spectaculaires qui s'éloignent de la continuité du récit, comme les ballets ou les airs. Le même auteur se demande ensuite :

> [...] si la musique est du côté du théâtre ou du côté du spectacle : à l'opéra, la musique est-elle une chose que l'on montre[38] ?

Détourner le propos de Catherine Kintzler permet d'interroger l'intégration de la vocalité artificielle dans l'opéra contemporain : est-elle un moyen de renforcer l'expression du récit ou un élément spectaculaire issu de la fascination pour la technologie comme la période baroque s'adonnait au merveilleux des machines ?

La première expérience de musique concrète à l'opéra a lieu le 20 juillet 1951 dans la salle de l'Empire à Paris. Ce jour-là, l'œuvre *Toute la lyre*, d'abord appelée *Orphée* et qui deviendra pour la postérité *Orphée 51*, est représentée. Le rideau s'ouvre sur Maria Ferès, seule sur le plateau accompagnée d'une musique concrète. Pour la première fois, un récit dramatique n'est plus accompagné par des instru-

---

• 35 - Tom Aconito, texte pour la *Messe à l'usage des vieillards de Denis Dufour.*

• 36 - Jean-Christophe Thomas, sans titre, notice du disque *Denis Dufour, Bocalises, Suite bleue, Messe à l'usage des vieillards*, CD, INA-GRM, Accord, 202222, MU 750, 1992, p. 11.

• 37 - Catherine Kintzler, « L'opéra : théâtre ou spectacle ? », in *Récit et représentation musicale*, Textes réunis et présentés par Danielle Cohen-Levinas, Paris, L'Itinéraire, L'Harmattan, 2002, p. 115.

• 38 - *Ibid.*

ments. La vocalité artificielle est absente, mais le commentaire de Pierre Schaeffer, le compositeur de cette œuvre, est particulièrement intéressant.

> […] *Orphée*, en quoi l'on attendait un nouvel opéra, parut manquer d'audace. Effectivement, malgré la musique concrète, tout se passait comme à l'opéra[39].

S'interrogeant sur l'intérêt d'un opéra concret, les réactions se divisaient en deux camps.

> Certains nous trouvaient trop éloignés de la musique traditionnelle ; d'autres au contraire, comme Messiaen et Henri Michaux, nous conseillaient l'originalité absolue, et de trancher toute adhérence à la musique traditionnelle[40].

Le compositeur précise encore que « Messiaen était choqué par la continuité de la voix humaine accompagnée par une musique concrète[41]. » Remplacer les voix naturelles par des voix machiniques aurait permis une plus grande homogénéité en ne juxtaposant pas brutalement deux éléments aussi différents. Deux ans après cette expérience, Henry rejoignit Schaeffer pour un opéra de grande dimension, *Orphée 53*, mais toujours sans vocalité artificielle.

En 1986, l'opéra *The Mask of Orpheus* de Sir Harrison Birtwistle reprend le mythe d'Orphée, mais en introduisant la vocalité artificielle grâce au programme CHANT de l'Ircam. A l'occasion de cet opéra en trois actes durant plus de trois heures, le compositeur s'intéresse à la naissance du son et de la parole. Dans le livret de Peter Zinovieff, les dieux inventent petit à petit la parole à partir des premiers cris. Cette fois, l'articulation entre le récit, la musique et le spectacle acquiert une cohérence qui faisait défaut à l'opéra de Pierre Schaeffer. Pourtant, selon Michael Hall, le compositeur

> ne pense pas que ce soit un opéra. Il n'utilise pas nécessairement le chant pour faire avancer le récit. Il utilise la danse, la pantomime et bien d'autres éléments[42].

Parmi ces éléments figure la musique électronique que Birtwistle composa pendant deux ans de façon intermittente à l'Ircam. Une dizaine d'années plus tard, les progrès de la technologie permettent à Alejandro Viñao d'intégrer les transformations de la voix à son opéra de chambre *Rashomon, the opera*. Ecrit pour cinq chanteurs, chœur et bande, il a été composé entre 1995 et 1999 d'après une nouvelle de Ryunosuk Akutagawamet. Dans les scènes 4 et 5, les protagonistes se succèdent pour narrer leur version d'un drame, mais ces versions sont différentes et incom-

---

• 39 - Pierre Schaeffer, *A la recherche d'une musique concrète*, *op. cit.*, p. 110.

• 40 - *Ibid.*, p. 111.

• 41 - *Ibid.*

• 42 - Michael Hall, « *The Mask of Orpheus* », in *Kobbé, Tout l'opéra*, Paris, Robert Laffont, édition consultée : 1991, p. 1042.

patibles entre elles. Cette scène utilise avec une efficacité dramatique étonnante les transformations progressives du timbre de la voix jusqu'à l'obtention d'un matériau très éloigné de toute vocalité. Par exemple, dans la scène 4, la voix de la soprano se transforme fréquemment en un son synthétique figé, suggérant la terreur ressentie par la femme violée. Cette fois, la vocalité artificielle amène une autre forme de continuité : celle existant entre le timbre vocal et le timbre instrumental. Allant plus loin, *L'Amour de loin* de Kaija Saariaho, créé en 2000, introduit pour la première fois dans une œuvre lyrique la notion de relation entre le timbre et l'harmonie. La continuité conceptuelle apportée par la vocalité artificielle englobe la dimension harmonique. Le principe de fusion entre timbre et harmonie issu de l'école spectrale permet d'obtenir, pour Marc Battier, « un discours fluide et souple dans lequel les champs harmoniques se fondent les uns aux autres[43]. » Le timbre d'un son vocal est rendu homogène avec le contexte harmonique produit par des instruments traditionnels.

Un dernier élément de cohérence dramaturgique sera déployé dans l'opéra *K.* de Philippe Manoury, créé en mars 2001 à Paris. En effet, le dispositif de spatialisation des chœurs virtuels n'est pas un élément spectaculaire ajouté à l'opéra. Il fait partie de la dramaturgie en faisant vivre au spectateur la sensation d'enveloppement et d'étouffement vécue par le héros de Kafka. Selon Alain Poirier,

> l'électronique est sollicitée pour créer une profondeur, et accentuer par là même la pression exercée sur K., avec la rumeur de la foule au tribunal (bruits de foule diffusés dans la salle), et plus encore dans la scène de la cathédrale où les chœurs synthétisés produisent un relief supplémentaire [...][44].

Ainsi, le théâtre et le spectacle ne sont plus des épisodes narratifs et divertissants juxtaposés, mais ils se fondent en un tout indissociable qui se construit à partir du livret et de l'interprétation de celui-ci par le compositeur. La vocalité artificielle participe à cette mise en cohérence du genre lyrique en renforçant la continuité interne entre différents éléments de la musique et du récit. La sphère de l'opéra moderne, affirme Catherine Kintzler, est

> celle que l'on écoute parce que ce qui s'y passe n'est pas réductible à une décoration, à un commentaire, à une coloration, ou à une enfilade de situations[45].

Entre récit et représentation musicale et scénique, la vocalité artificielle se projette dans une cohérence dramatique de haut niveau.

• 43 - Marc Battier, « L'opéra et les technologies du son artificiel », *Analyse musicale*, n° 45, novembre 2002, p. 28.

• 44 - Alain Poirier, « K. ou la loi comme frontière entre le virtuel et le réel », in *K.*, programme de l'opéra, Paris, Opéra national de Paris, 23 mars 2001, p. 38.

• 45 - Catherine Kintzler, *op. cit.*, p. 124.

En dehors de la musique savante, la vocalité artificielle a envahi l'espace des musiques populaires, même si ce mouvement a été tardif en raison de la complexité et du coût des technologies employées pendant de nombreuses années. Mais comment définir ces deux domaines ? Makis Solomos fait remarquer

> l'extrême confusion qui règne, en ce début du XXIe siècle, quant à la pluralité des contenus que peuvent prendre les expressions telles que musiques « savantes » et musiques « populaires »[46].

Il ne s'agit pas de résoudre ici cette difficulté. La musique savante sera définie comme une musique que la complexité éloigne des mass-médias. Il faut cependant remarquer que le champ des possibilités créatives s'étant considérablement élargi grâce aux nouveaux outils technologiques, la notion de frontière entre les styles et les genres s'émousse. A partir de la fin des années 1960, les musiciens populaires de la mouvance rock s'intéressent aux instruments électroniques inventés pour la musique savante, mais sans jamais s'en approprier les modes de jeu. Les synthétiseurs deviennent des instruments industriels préprogrammés seulement aptes à produire des sonorités standardisés. Réciproquement, des compositeurs utilisent ces appareils industriels, destinés avant tout à la musique populaire, dans des œuvres de musique savante. Par exemple, dans le domaine de la vocalité artificielle, le trompettiste de jazz américain Dexter Morrill a utilisé en 1995 un processeur numérique industriel en temps réel dans ses quatre *Sea Songs.* Mais contrairement à ce qu'auraient sans doute fait des musiciens populaires, le compositeur a noté soigneusement tous les réglages de l'appareil programmé par ses soins. De plus, les transformations de la voix de la chanteuse font appel à une technique de composition, à une écriture musicale assumée et maîtrisée par le compositeur. De la même façon, les *Three Songs for Electronic Voice* de Brian Reinbolt, enregistrées en 1996, utilisent un synthétiseur vocal commercial, le GI 256. Si les figures rythmiques omniprésentes sont la caractéristique principale de ces trois pièces, la première, intitulée *Descartes,* met en valeur le synthétiseur vocal sur la sentence bien connue du philosophe traduite du latin en anglais : « *I think therefore I am* ». La texture vocale est soutenue par une fondation rythmique très répétitive et inspirée de la musique populaire. La troisième et dernière pièce de la série, *Brain Monkey,* fait entendre la voix synthétique dans le style du rap. La voix machinique s'immisce ainsi à la frontière de la musique savante et de la musique populaire.

Loin de se réduire à une rupture esthétique entre la voix naturelle et la voix transformée ou synthétique, les conséquences du développement de la vocalité

• 46 - Makis Solomos, « Le "savant" et le "populaire", le postmodernisme et la mondialisation », *Musurgia,* volume IX/1, 2002, p. 75.

artificielle attestent de multiples réseaux d'influences. La voix machinique transcende les frontières poreuses des genres musicaux et participe à leur rapprochement. Ainsi, les notions de musique religieuse, de théâtre lyrique ou de musique savante doivent être repensées à la lumière de nouvelles cohérences esthétiques qui se font jour et qui dépassent souvent les traditionnelles dichotomies. Plus généralement, si l'idée d'une avant-garde technologique de la voix machinique conserve toute sa pertinence, le concept de post-modernité identifie clairement le doute existant sur une possibilité de rupture dans l'évolution esthétique de la vocalité artificielle.

Avant-garde technologique et esthétique de la rupture

Enrichissement du matériau vocal, bouleversement des rapports entre compositeur et interprète, c'est la conception même de la vocalité qui est radicalement transformée lorsque la voix machinique se développe. Les compositeurs passionnés par ces nouvelles possibilités s'approprient alors les technologies les plus modernes, avec les difficultés inhérentes aux appareils expérimentaux. Le 28 avril 1950, Pierre Schaeffer écrit dans son journal :

> le câblage des nouveaux appareils, dont le « phonogène » est à peine terminé. Rodage difficile : une panne à chaque manipulation[47].

Quelques jours plus tôt, le 24 avril, le compositeur avouait une

> mauvaise humeur générale au studio. [Il est] excédé. Sous prétexte que les magnétophones sont d'un type spécial, on a oublié d'y prévoir les ventilateurs [...][48].

A la même époque, il met déjà en doute l'avenir des « grossiers phonogènes » et s'intéresse déjà aux

> machines de la cybernétique [qui] permettront le jeu infini des combinaisons numériques complexes qui sont la clé de tous les phénomènes musicaux[49].

Et il affirme à propos des premières machines à lire à voix haute : « ce sont les premières machines vraiment parlantes[50]. » De son côté, lorsque Karlheinz Stockhausen commence à collaborer avec le studio de Cologne en 1953, il constate que

• 47 - Pierre Schaeffer, *A la recherche d'une musique concrète*, *op. cit.*, p. 97.
• 48 - *Ibid.*, p. 96.
• 49 - *Ibid.*, p. 119.
• 50 - *Ibid.*

> des instruments électroniques tels le "melochord" et le "trautonium" figuraient parmi les sources sonores mises à disposition [...][51].

Mais il ajoute aussitôt que

> nous y eûmes recours dans un premier temps, puis les abandonnâmes, après que la notion d'une synthèse du son se fut imposée[52].

La première mesure que Stockhausen prend en arrivant à Cologne est d'installer « un véritable studio ». Puis, lorsqu'il succède à Herbert Eimert en 1963 à la tête du studio, il s'empresse de renouveler les appareils et d'obtenir une machine de Springer pour modifier indépendamment les hauteurs et les durées, ainsi qu'un dispositif de spatialisation du son. Aucun compositeur intéressé par la vocalité artificielle n'imagine alors la possibilité de négliger les nouveautés techniques pour faire évoluer l'esthétique de la voix. Tous ont hâte d'améliorer leurs outils et de les utiliser comme éléments de leur approche musicale. Le cheminement des technologies de la vocalité artificielle et celui de ses applications musicales sont alors parallèles. Mais des compositeurs finissent par s'interroger sur les relations entre l'art et la science. Dans un texte paru après sa disparition, Gérard Grisey affirme qu'il

> [s']éloigne lentement de cette confiance sereine en la science que nous offraient les années 70 et 80 et qui nous berçait dans l'utopie d'un Art-Science enfin retrouvé. L'ordinateur est certes un outil sans précédent dans l'histoire musicale mais la pléthore de sons et l'étendue presque illimitée de nos gammes n'engendrent pas nécessairement des solutions viables à long terme[53].

Par ailleurs, l'émergence du post-modernisme à la fin du XXe siècle met en évidence la méfiance de plus en plus grande vis-à-vis de toute volonté affichée de rupture radicale. Pourtant, des compositeurs comme Philippe Manoury, Marco Stroppa ou Kaija Saariaho adhèrent à l'évolution technologique et sont même demandeurs de nouvelles caractéristiques. Pour Manoury,

> un compositeur se doit de transcender les moyens mis à sa disposition. Il n'est jamais satisfait de ce qu'on lui offre. Cette insatisfaction fait progresser les environnements[54].

Mais d'autres compositeurs, comme Pierre Henry et Michel Chion, ne sont pas tentés par les outils numériques. D'autres, comme Pascal Dusapin et Eric

---

• 51 - Karlheinz Stockhausen, « Musique électronique », traduction de l'allemand par Sylvie Raphoz, *Contrechamps*, n° 9, p. 68. Première parution en allemand sous le titre « Elektronische und Instrumentale Musik », *die Reihe*, n° 5, 1959.

• 52 - *Ibid.*

• 53 - Gérard Grisey, « Revenir à l'école du presque rien », in Danielle Cohen-Levinas, *Causeries sur la musique. Entretiens avec des compositeurs*, Paris, L'Itinéraire, L'Harmattan, 1999.

• 54 - Philippe Manoury, *La Note et le son, Ecrits et entretiens, 1981-1998, op. cit.*, p. 347.

Tanguy, n'utilisent pas les manipulations touchant à la vocalité artificielle malgré l'engouement de leur génération pour les nouvelles technologies dans la vie sociale. D'une manière générale, les créateurs ne sont pas si nombreux à s'intéresser immédiatement et avec enthousiasme aux avancées de la science et de la technique.

A partir de ces quelques constatations, l'hypothèse d'un modèle historique de la vocalité artificielle reliant fortement les grandes étapes des progrès technologiques avec une évolution de l'esthétique ancrée sur ces avancées discontinues ne serait pas valide. Par ailleurs, le dernier quart du XXe siècle correspond davantage à une fin des avant-gardes artistiques et à l'émergence du post-modernisme – c'est-à-dire à l'utilisation d'éléments du passé dans l'art contemporain – qu'à une idée de rupture. Pour Marc Jimenez, dans la première moitié du siècle,

> les avant-gardes se succèdent rapidement et [...] chaque mouvement se veut plus progressiste que le précédent [...][55].

Plus loin, le même auteur affirme que

> le post-modernisme se répand rapidement dans les années 1980 dans toute la sphère intellectuelle, culturelle et artistique où il devient synonyme de rupture avec les Lumières et de critique de la modernité[56].

La technologie la plus révolutionnaire née de l'expansion des ordinateurs serait donc à contre-courant de la notion d'avant-garde esthétique. L'évolution technologique n'a jamais cessé d'être orientée vers des applications de plus en plus extraordinaires, le respect de la loi de Moore[57] en témoigne.

A contrario, l'art a connu un renversement idéologique dans le XXe siècle finissant. Michaël Levinas affirme que « les éboulements idéologiques de cette fin de siècle sont cruels. [...] Le mot "contemporain" devient péjoratif[58]. » Plus loin, il continue en précisant que tous les compositeurs et toutes les œuvres sont concernés par « la perversion expérimentale qui mépriserait le public avec le soutien des fonds de ce même public[59]. » Dans la livraison de juillet 1993 de la revue Esprit, Claude Glayman souligne quant à lui

---

• 55 - Marc Jimenez, *L'Esthétique contemporaine*, Paris, Klincksieck, 1999, p. 39.

• 56 - *Ibid.*, p. 62.

• 57 - Dès 1965, Gordon Moore, cofondateur avec Bob Noyce de la firme Intel, constatait que la capacité des microprocesseurs (c'est-à-dire, en fait, le nombre de transistors sur une surface donnée d'un circuit intégré), doublait pendant une période de temps constante. Cette constatation, connue désormais sous le nom de « loi de Moore », a continué de se vérifier depuis lors, la durée observée de la période de doublement étant de 18 mois environ.

• 58 - Michaël Levinas, « Le frisson de Mallarmé. Le compositeur trouvère », in *La création après la musique contemporaine*, textes réunis et présentés par Danielle Cohen-Levinas, Paris, L'Itinéraire, L'Harmattan, 1999, p. 16.

• 59 - *Ibid.*, p. 17.

> [qu'] avec les années 1980, et surtout le début de la décennie 1990, il se produit comme un mouvement de balancier : l'avant-garde [...] est rejetée, oubliée, sinon honnie[60].

En réalité, le paradigme de la vocalité se révèle exemplaire de la post-modernité. La réaction aux dogmes du modernisme architectural débouche sur l'éclectisme bien connu de l'*AT & T Building*[61] de Philip Johnson. En 1978, l'architecte américain, pourtant théoricien du « style international », juche un gratte-ciel sur une base ressemblant à une chapelle florentine de style Renaissance tout en couronnant cet immeuble d'un fronton néo-classique. La liberté innovatrice et la fantaisie du créateur deviennent les seules lois reconnues. De la même façon, les compositeurs de la fin du siècle intègrent la vocalité artificielle dans leur langage musical sans exclusive, comme un enrichissement possible. La voix machinique n'est plus une utopie, un « non lieu ». Elle existe, mais elle n'exclut ni la voix naturelle comme dans les opéras de Philippe Manoury, de Kaija Saariaho ou d'Alejandro Viñao, ni l'utilisation de technologies qui passent pour obsolètes comme dans les œuvres récentes de Pierre Henry.

L'historicisation de la vocalité artificielle, c'est-à-dire le recul apporté par cinquante ans d'existence, contribue à la dissocier de l'idée d'avant-garde. La voix de robot, comme celle de l'ordinateur Hal 9000 chantant *A Bicycle Built for Two*[62] dans le film *2001 : L'Odyssée de l'espace* (1968) de Stanley Kubrick, n'est plus porteuse de l'image d'un futur technologique, mais au contraire de la difficulté de synthétiser la voix humaine au début des années 1960. De la même façon, le procédé de l'enregistrement qui semblait magique aux auditeurs du XIXe siècle ne surprend plus. Mieux, la voix de Sacha Guitry qui apparaît en 1948 dans l'*Etude aux casseroles* de Pierre Schaeffer ou celle de Caruso dans *Any Resemblance Is Purely Coincidental*[63] de Charles Dodge évoquent le passé.

• 60 - Claude Glayman, « Repères sur la musique contemporaine », *Esprit*, n° 193, juillet 1993, p. 135.

• 61 - L'*AT & T Building* (devenu depuis le *Sony Building*) est situé dans la 56e rue à New York. Il a été construit en 1978.

• 62 - John Kelly et Carol Lochbaum travaillèrent aux Bell Telephone Laboratories au début des années 1960 sur l'adaptation d'un modèle physique de la voix humaine sur un ordinateur. Leur travail a été appliqué dans l'adaptation par Max Mathews de la chanson *Daisy Bell (A Bicycle Built for Two)* de Harry Dacre, 1892, adaptation enregistrée sur le disque *Music from Mathematics* produit par Max Mathews en 1960. Dans le film de Stanley Kubrick, elle est chantée par Hal lorsqu'il régresse « jusqu'à ses premiers jours ». Arthur C. Clark entendit cette voix synthétique lors d'une visite dans les laboratoires Bell. Trente ans plus tard, Larry Austin a enregistré la voix de Max Mathews sur les différentes syllabes des paroles de la chanson, a reconstitué *Daisy Bell* à partir de ces fragments vocaux puis a intégré cet hommage à sa pièce *Max Mathews Episode* (1989).

• 63 - A partir d'un enregistrement de *Vesti la giubba de I Pagliacci* de Ruggero Leoncavallo par Caruso en 1907, Charle Dodge maintient le cadre de l'aria en créant un accompagnement de

Par contre, dans les chœurs virtuels de *K.*, Philippe Manoury ne donne pas à entendre une représentation de science-fiction. Dans cet opéra, la technologie se met au service d'un drame du XIXᵉ siècle. Paradoxalement, une voix machinique à l'apparence parfaitement naturelle est une réussite. Mais ce paradoxe de la réalité virtuelle ne doit pas faire oublier l'intérêt de telles voix dans un processus contrôlé d'écriture musicale. Le compositeur n'imite pas seulement le mieux possible la voix naturelle, mais il en interroge et en repousse les limites. D'autres conséquences de l'utilisation de la vocalité artificielle par les compositeurs ne peuvent être ignorées. Elles relèvent du domaine de la communication, et l'imprimerie en offre une saisissante métaphore.

De même que l'apparition de l'imprimerie influença de manière contradictoire la poésie par unification et individualisation, l'irruption de la vocalité artificielle provoque deux conséquences opposées. Mais il faut rappeler tout d'abord que la voix comme l'écriture est un moyen de communication et traduit le langage en signes transmissibles et reconnaissables. Comme l'écriture peut être manuelle, issue du mouvement de la main, ou mécanisée par l'imprimerie, la voix peut surgir de la bouche du locuteur ou être machinique en étant transformée ou synthétisée par un dispositif extérieur au corps. L'imprimerie a permis à la fois une homogénéisation des contenus culturels et la possibilité pour un créateur de se faire connaître à un plus grand nombre de personnes. L'imprimerie eut sans doute pour conséquence lointaine de faire perdre petit à petit la notion de la calligraphie, de l'individualité de l'écriture, de freiner le développement des poésies régionales et, plus largement, aboutit à la disparition de langues et de dialectes spécifiques à un terroir. De la même façon, la vocalité artificielle, par sa distanciation du corps et par la facilité avec laquelle elle peut être fixée, reproduite et transmise à distance depuis l'époque pionnière du phonographe et des premiers téléphones, ne peut que niveler la personnalité émergeant de chaque voix, reconnaissable entre toutes et ne pouvant être associée qu'à un individu. Plus largement, la diffusion à grande échelle d'un texte imprimé ou d'une voix enregistrée aboutit sans doute à une culture de masse standardisée et réduite à une sorte de « plus grand commun dénominateur ». Mais le phénomène bien connu de la mondialisation économique appliqué aux produits culturels considérés comme des marchandises et des biens de consommations ne doit pas masquer l'élargissement de la diffusion de cultures plus intellectuelles ou élitistes. Pour le poète sonore Henri Chopin,

---

piano. Conçue en 1980 à l'université de l'état d'Utah puis au Center for Computer Music du Brooklyn College de la City University de New York à partir de la technique d'analyse synthèse par LPC, l'œuvre a été enregistrée sur le disque *Any Resemblance Is Purely Coincidental: Music of Charles Dodge*, CD, New Albion Records, NA 043 CD, 1992.

> l'accroissement des machines électroniques fait naître un art paranational, extranational, grâce aux nouveaux moyens de transmission que rien ni personne ne pourra plus désormais arrêter[64].

Le même auteur continue en précisant que « nous assistons pour la première fois au monde à la personnalisation de chaque voix[65]. » En effet, les nouvelles technologies ne se contentent pas de rendre probable un nivellement vers le bas et une dépersonnalisation, elles ont également le rôle paradoxal de renforcer les possibilités de communication d'un individu ou d'une musique minoritaire vers un très grand nombre de personnes. Henri Chopin pensait aux possibilités offertes par l'enregistrement sur support économique. Pourquoi ne pas étendre cette réflexion aux moyens technologiques contemporains ? Mieux que l'imprimerie, les réseaux numériques permettent à un créateur de diffuser son œuvre de manière simple et immédiate. Mais comme elle, celui qui reçoit l'information doit nécessairement avoir accès à la technologie servant de support à la diffusion, hier du livre, aujourd'hui des fichiers informatiques.

Cependant, la vocalité artificielle ne se réduit pas à une imprimerie de la voix naturelle. Elle contient une part de l'individu ou tout au moins son souvenir. *Memory Pages* (1994) de Paul Lansky est une rêverie dans laquelle les voix de Hannah MacKay, sa femme, et de lui-même partagent des souvenirs et méditent sur la mémoire et le temps qui passe. Entre paroles compréhensibles et texture à caractère vocal, *Memory Pages* est paradigmatique de la présence de cette part de l'individu. Pour le compositeur, qui évoque le goût de la madeleine pour Marcel Proust qui « inondait sa conscience des souvenirs de Combray[66] », entendre un son connu provoque

> une telle sensation qu'inévitablement elle nous remue profondément, mais nous ne pouvons jamais la partager[67].

Comme tout phénomène vocal, la vocalité artificielle est susceptible de véhiculer des affects, ne serait-ce que par réaction à l'étrangeté d'une voix synthétique. Dans le cadre d'une composition musicale, la vocalité artificielle est également partie prenante dans une esthétique, plus précisément dans un langage musical et dans une forme. Par-delà un moyen de communication, elle est une création artistique. Plus que l'imprimerie, plus qu'une écriture machinique, la vocalité artificielle ne

---

• 64 - Henri Chopin, *Poésie sonore internationale*, sous la direction d'Henri Chopin, Paris, Jean-Michel Place, 1979, p. 41.

• 65 - *Ibid.*

• 66 - Paul Lansky, sans titre, notice du disque *Paul lansky: More Than Idle Chatter*, CD, Bridge Records, Bridge BCD 9050, 1994, n. p.

• 67 - *Ibid.*

peut se réduire à un ensemble de procédés techniques, elle projette d'un individu son portrait imaginaire.

Chapitre 3

Entre figuration et défiguration

La vocalité artificielle peut être un simple enregistrement sonore d'une voix individuelle. Alors, de même que le photographe place son appareil, cadre et dispose ses éclairages, de même le compositeur place son micro et tente de contrôler l'ambiance acoustique qui mettra en valeur cette voix. Plus proche du portrait peint, la vocalité artificielle peut également être le résultat d'un cycle comprenant d'abord une analyse acoustique d'une voix existante, l'interprétation de cette analyse puis la synthèse. Enfin, la voix synthétique correspond au portrait d'une personnage imaginaire. Pour toutes ces raisons, la métaphore de la vocalité artificielle, portrait musical de la voix mérite de retenir l'attention. Rassemblant un ensemble de manifestations sonores faisant appel à des techniques indépendantes du corps, à des machines non-physiologiques, la vocalité artificielle rappelle pourtant la voix humaine. Que le lien soit fort ou ténu, la vocalité artificielle est définie par ses deux termes. Elle est à la fois issue de machines, mais elle est également en rapport avec l'individu. Elle en brosse le portrait et en dévoile la singularité en le mettant en scène. Totalement machinique, sans rapport avec un modèle de chair ou plus ou moins artificielle jusqu'à la synthèse *ex nihilo*, elle crée un nouveau rapport à la voix dont la mise en perspective s'impose. La vocalité artificielle prend ses distances vis-à-vis du locuteur comme le portrait pictural est une interprétation du modèle. Le savoir-faire du compositeur répond alors à l'art du peintre, et un simulacre, une apparence sensible se donnent parfois pour la réalité.

Du côté du modèle portraituré

La distance entre le portrait et son modèle, entre la vocalité artificielle et la voix naturelle peut-elle être mesurée à l'aune de la démarche du portraitiste ? Existe-t-il une dialectique entre vocalité artificielle et voix humaine ? Et de quel ordre serait cette dialectique ? Esthétique ? Stylistique ? Ou simplement induite par l'évolution technologique ? En résumé, l'irruption de la vocalité artificielle a-t-elle donné lieu à l'émergence de nouveaux enjeux pour le compositeur ? Si les sources ne manquent pas pour étudier les contraintes physiologiques, acoustiques et technologiques de la voix machinique, les compositeurs et les musicologues sont encore presque totalement absents de la réflexion sur ses enjeux esthétiques. Du modèle à son portrait, la métaphore picturale fournit un fil conducteur renforcé et prolongé par la dialectique qui lui est associée. Tout modèle peut se définir comme une source servant d'objet d'imitation afin de générer ou reproduire quelque chose. Il est stochastique chez Xenakis, algorithmique chez Pierre Barbaud, timbrique pour les compositeurs spectraux, tiré de la nature chez Messiaen et Mâche. Les techniques de synthèse s'appuient sur des modèles. Pourtant, il ne s'agit plus ici de modèles techniques, mais de sujets au sens pictural. Le concept même de vocalité artificielle renvoie à l'idée de modèle. Dans l'art du portrait, le modèle est la personne qui pose devant le peintre. A travers sa simplification exemplaire, le résultat devient un prototype primordial, un archétype. En paraphrasant René Magritte, il faudrait décrire le portrait par la sentence : « Ceci n'est pas le modèle ». Mais quels sont les modèles choisis par les compositeurs ?

Tout d'abord, le compositeur peut enregistrer les voix de ses proches et leur rendre hommage en leur donnant le statut de source privilégiée. Paul Lansky a très souvent utilisé la voix de son épouse Hannah MacKay dans ses œuvres. Sur le seul disque *Paul Lansky: More Than Idle Chatter*[1], cinq des six pièces enregistrées font appel à cette voix, dont le triptyque *Idle Chatter*, *just_more_idle_chatter*, et *Notjustmoreidlechatter*. Dans la notice du disque, le compositeur précise que ces trois pièces « explorent le même territoire de différents points de vue[2]. » Les mots utilisés par le compositeur montrent combien la métaphore du portrait se révèle pertinente. Musicalement, ces trois points de vue correspondent à autant de portraits sonores de la voix. Pour Paul Lansky,

> le bavardage incohérent de *Idle Chatter* est réellement un prétexte pour créer une pièce complexe [...][3].

La confusion apportée par la granulation amène l'auditeur à « essayer vainement de se figurer ce qui se passe[4]. » Le point de vue retenu ne permet pas à l'auditeur-spectateur de reconnaître le sujet ni le sens de son expression. Le portrait est totalement brouillé. Surpris « par le fait que très peu de personnes

---

• 1 - Paul Lansky, *Paul Lansky: More Than Idle Chatter*, CD, Bridge Records, Bridge BCD 9050, 1994.

• 2 - Paul Lansky, notice, *loc. cit.*, n. p.

• 3 - *Ibid.*

• 4 - *Ibid.*

entendaient les mêmes choses dans la pièce[5] », le compositeur poursuit l'expérience dans sa deuxième pièce, mais en introduisant une harmonie plus complexe et des chanteurs en arrière-plan. Une fois encore, le vocabulaire utilisé convient à la métaphore visuelle. La figure brouillée de Hannah MacKay se détache sur un fond sonore constitué par un ensemble de personnages. Enfin, la troisième pièce du triptyque rend momentanément la figure compréhensible sur un chœur qui a « compris comment chanter en contrepoint[6]. » Dans le même disque, *Memory Pages* fait entendre un portrait des époux Lansky. Cette fois, le portrait musical devient le support d'une mémoire quelque peu imprécise. Le traitement musical par la synthèse granulaire troublant la compréhension des paroles et l'individualité des voix. Les personnes proches sont bien évidemment importantes du point de vue affectif. Cette prégnance de certaines voix n'est sans doute pas étrangère au choix de Dominic Harvey, le jeune fils de Jonathan Harvey, dans *Mortuos Plango, Vivos Voco.* Mais cette fois, le portrait n'est plus seulement celui d'une personne. Il s'élève à la notion plus archétypale de la pureté enfantine, représentant elle-même l'élan vers la spiritualité.

Une autre voix d'enfant, celle de la petite fille de *Ton corps est une surprise*, la neuvième pièce des *Douze mélodies acousmatiques* (1988) de Denis Dufour, atteste d'une approche radicalement différente. Cette fois, le compositeur manie avec humour l'art de détourner la question acousmatique. Selon Michèle Tosi, « figure allégorique, elle révèle, sous son frais babil, les secrets de la quête acousmatique[7] ». En effet, les paroles de l'enfant semblent indiquer qu'elle cherche à prononcer les mots « la musique acousmatique ». Lorsqu'elle y arrive enfin, c'est pour dire : « on voit rien ». Pour le compositeur, « est ainsi symbolisée la difficulté qu'il y a à accepter un univers sonore [...] sans le connaître[8]. » La métaphore illustre le mystère inhérent à la musique acousmatique, une musique dont l'origine des sons n'est pas connue. Il faut cependant remarquer que la vocalité artificielle ne se confond pas toujours avec une absence systématique de la personne parlant ou chantant. Lorsque le traitement de la voix est assuré en temps réel, la distanciation n'est plus sur le même mode. Par exemple, en 1977, dans sa pièce, *Voix dans un vaisseau d'airain, "Chant en escalier"*, Michaël Levinas fait résonner une voix chantée de soprano dans un piano. Un système d'amplification permet la mise en évidence des phénomènes de résonance par sympathie. Le compositeur fait référence aux vases d'airain qui étaient placés face à la scène des théâtres antiques. « Ils devaient

---

• 5 - *Ibid.*

• 6 - *Ibid.*

• 7 - Michèle Tosi, sans titre, notice du disque *Denis Dufour, Dix portraits*, CD, Motus, M 197 002, 1997, p. 14-15.

• 8 - Denis Dufour, sans titre, notice du disque *Denis Dufour, Dix portraits, loc. cit.*

recevoir le son rendu vibrant par sympathie et le renvoyer vers le public[9]. » Michaël Levinas poursuit en assurant que

> l'espace qui se créé autour de la voix transforme la chanteuse en actrice. La respiration qui enfle ses phrases, accompagnée de souffles devrait évoquer l'emphase de Saint-John Perse[10].

La voix est théâtralisée par le dispositif mis en place, et le traitement a lieu instantanément devant le public. Plus tard, le principe de la transformation des sons au fur et à mesure de leur apparition, facilitée par les machines numériques, prendra le nom de « temps réel ». Le dispositif en temps réel développé en 1993 et 1994 à la demande et avec la participation de Philippe Manoury pour suivre et transformer la voix d'une soprano dans *En écho* est beaucoup plus sophistiqué techniquement. Cette fois, un ordinateur réagit en temps réel aux sollicitations de la voix de la chanteuse. Le suivi automatique de la voix

> consiste, dans certains cas, à pouvoir synchroniser le processeur sur des sons chantés, et dans d'autres, à détecter certains traits caractéristiques de l'émission vocale [...][11].

Un an plus tard, dans ses *Sea Songs*, Dexter Morrill laisse la soprano contrôler en temps réel les transformations appliquées à sa voix en utilisant cette fois une interface manuelle, le Radio-Baton de Max Mathews. Dans les deux cas, la soprano est présente en même temps que sa voix modifiée. Pour reprendre la métaphore du portrait, le spectateur regarde à la fois le modèle à partir duquel le portrait est réalisé et le portrait lui-même. La voix naturelle peut cependant être entièrement masquée par son image transformée, le rapport entre les deux dépendant *in fine* de la volonté du compositeur.

Une mise en abîme vient immédiatement à l'esprit. Elle consiste à portraiturer le portrait. Dans une école de peinture, le modèle peut aussi être le tableau ou le plâtre que les étudiants imitent, sorte de méta-portrait. Dans le cas du buste en plâtre, imitation d'un antique, ou d'une copie de tableau, la mise en abîme est double. Le modèle vivant est représenté sur l'œuvre d'art qui est ensuite copiée une première fois, puis cette copie sert de modèle pour l'apprentissage des techniques de la peinture ou de la sculpture. Le portrait sonore du portrait sonore est le principe retenu par Alvin Lucier dans *I am sitting in a room* (1969-1970). Assis dans une pièce, le compositeur enregistre tout d'abord sur un magnétophone un

---

• 9 - Michaël Levinas, *Le compositeur trouvère. Ecrits et entretiens (1982-2002)*, textes réunis et annotés par Pierre Albert Castanet et Danielle Cohen-Levinas, Paris, L'Itinéraire, L'Harmattan, 2002, p. 385.

• 10 - *Ibid.*, p. 386.

• 11 - Philippe Manoury, commentaire du compositeur sur *En écho*, sans titre, notice du disque *Philippe Manoury, Neptune, En écho*, *op. cit.*, p. 4.

court texte expliquant sa démarche. Il diffuse ensuite cet enregistrement dans la même pièce tout en enregistrant le résultat sonore sur un deuxième magnétophone. Les résonances de la pièce déforment légèrement ce deuxième enregistrement. La même manipulation est réalisée 32 fois de suite, les résonances du local prenant de plus en plus d'importance dans cet enregistrement répété. La modification apportée par chaque nouvelle étape, de chaque nouveau portrait du portrait précédent entraîne finalement la complète dissolution des paroles. L'œuvre est ensuite constituée de la succession de ces fragments sonores qui évoluent progressivement de la compréhension parfaite des paroles vers une trame à la vocalité de moins en moins affirmée pour aboutir à une texture résolument non vocale. Pour le compositeur Philippe Leroux,

> la notion de modèle que l'on considère en général au premier degré, peut également être conçue à x degrés[12].

C'est ce principe qu'il a appliqué en 2003 dans son œuvre *Voi(e)/R(e)x* pour voix, six instruments et dispositif électronique. Pendant le travail de genèse de la pièce, la soprano Donatienne Michel-Dansac a tout d'abord

> enregistré les poèmes[13] au plus près de gongs et d'un tam-tam qu'elle mettait en résonance avec sa voix[14].

Cet enregistrement a ensuite été utilisé pour générer après analyse les modèles des différents éléments harmoniques de l'œuvre. Dans le même temps, elle a enregistré une séquence d'improvisation à partir de certains modes de jeux vocaux. L'enregistrement transformé par l'ordinateur (uniquement par montage) est ensuite proposé à la chanteuse qui s'inspire de ce résultat pour rechercher de nouveaux modes de chant. Le compositeur précise que

> cette mise en cascade de la notion de modèle peut être extrêmement fructueuse sur le plan de la composition puisqu'elle permet, par approfondissements successifs, de découvrir de nouveaux comportements instrumentaux, vocaux et électroacoustiques[15].

La fusion entre la composition, l'interprétation et la technologie semble inextricable. L'acte de portraiturer devient ainsi le sujet du portrait, comme dans *Les Ménines* de Diego Velasquez conservées au Musée du Prado. Ce tableau monumental montre le peintre devenu modèle parmi ses modèles. De la même façon,

---

• 12 - Philippe Leroux, programme de la conférence Voi(e)/R(e)x *: le modèle du modèle*, Ircam-Centre Pompidou, 3 février 2003, n. p.

• 13 - Ces poèmes ont été écrits par Lin Delpierre.

• 14 - Philippe Leroux, programme du concert *Portrait de Philippe Leroux 1*, Ircam, Espace de projection, 20 janvier 2003, p. 6.

• 15 - *Ibid.*

le photographe et peintre Jacques Henri Lartigue se fera photographier en train de peindre un autoportrait tout en se regardant dans un miroir, dans un « illusoire dédoublement de son apparence[16] ». Comme chez Philippe Leroux, une apparente spontanéité renouvelle, par un réseau d'allusions et une démarche intellectuelle raffinée, une méditation sur le jeu de la représentation et, plus largement, sur la magie de l'art, recréateur à la fois de réalité et d'illusion. Cependant, dans tous les cas, le modèle subit une forme de distanciation. De même, la modélisation entraîne une objectivation de la voix. Cette dernière est décorporéifiée et devient un objet modélisable.

Le modèle vocal propose au compositeur un archétype musical aux caractéristiques acoustiques et à la valeur affective d'une grande richesse. Le matériau sonore de la voix naturelle étant extraordinairement complexe, sa modélisation permet souvent de nourrir le processus musical dans son ensemble. Le compositeur, confronté à cette abondance, ne peut que faire des choix, ceux-ci sont issus d'une volonté compositionnelle et donnent naissance à un style. Réduire la source aux valeurs nécessaires se traduit par une approximation de la réalité musicale, par un compromis entre la conformité au phénomène original et l'effet expressif souhaité. Et ce compromis, évidemment subjectif, est signifiant. Si l'histoire de la musique est jalonnée de modèles formels largement partagés par différents compositeurs comme la forme sonate, la vocalité artificielle est exemplaire de la forte personnalisation de la notion de modèle chez les créateurs contemporains. Chaque compositeur, chaque œuvre parfois, s'appuie sur des modèles originaux. La vocalité artificielle trouve sa source dans la voix naturelle, celle-ci devient un objet servant de modèle et la voix machinique en est le portrait en musique. Mais la notion d'objectivisation de la voix n'est pas si simple. Le squelette de la voix, son allure objective, n'est pas le seul élément pris en compte par les compositeurs. Sa chair, c'est-à-dire son humanité, son contenu affectif, s'insère dans le processus compositionnel car le message de la voix est double, il est à la fois explicite et implicite. L'explicite se réfère au champ acoustique. L'implicite donne à entendre l'identité du locuteur et son état émotionnel. Plus précisément, la voix est par essence identitaire. Reconnaître une personne au son de sa voix prouve la singularité du modèle.

Et du côté de l'art du portrait ?

L'art du portrait se définit d'abord, en l'absence de tout détournement, par la ressemblance au modèle. Leon Battista Alberti, le célèbre peintre de la Renaissance italienne affirme :

• 16 - Patrick Roegiers, *Jacques Henri Lartigue, Les Tourments du funambule*, Paris, Editions de la Différence, 2003, p. 104.

> Avec l'assentiment des savants comme des ignorants, je ferai l'éloge des visages peints qui donnent l'impression de sortir des tableaux comme s'ils étaient sculptés, tandis que je blâmerai ceux dans lesquels aucun art ne se révèle, si ce n'est peut-être dans le tracé des lignes[17].

Un portrait réussi devrait donc exister en tant que simulacre de la réalité jusqu'à viser l'identité parfaite de la perception. Choisir de regarder le modèle ou son portrait deviendrait alors un choix indifférent. Le portrait réaliste cultive la capacité à copier précisément le réel. Le peintre hyperréaliste va plus loin dans la ressemblance, il recherche l'illusion de la réalité en trompant volontairement la perception par la perfection de son imitation. Il dénonce tout éloignement de la vision réelle et tente de disparaître comme facteur d'interprétation subjective. Mais le processus reste encore le produit de la main de l'homme. De même, la photographie copie le réel de façon automatique, et pourtant, à chaque fois, le portrait existe bien comme une interprétation et ne se confond pas avec la réalité. Aucun portrait, si réaliste soit-il, ne peut se confondre physiquement avec son modèle. L'un reste l'image artificielle de l'autre, l'artifice se définissant aisément comme ce qui subsiste de la condensation de la réalité.

Pourquoi ne pas contempler son propre portrait ? Musicalement, pourquoi ne pas jouer avec l'image artificielle de sa propre voix ? La vocalité artificielle devient alors le miroir de la voix naturelle. Dans *Not I* de Heinz Holliger, œuvre pour soprano et bande réalisée à l'Ircam à la fin des années 1970, la voix s'entretient avec son double enregistré. Par une duplication sur bande, la chanteuse dialogue avec sa propre voix. Ombre imaginaire de la voix, l'enregistrement sur la bande forme un canon. Dans cette pièce de Heinz Holliger, la parole s'arrache au silence ou au soliloque par l'artifice de l'enregistrement. Le texte de Beckett à l'origine de l'œuvre comportait, exemplaire du style de l'écrivain irlandais, des zones de silence et d'incertitude. Le texte parlait déjà à la troisième personne. Ce principe n'est pas sans rappeler, dans le domaine de la musique instrumentale cette fois, le *Dialogue de l'ombre double* de Pierre Boulez, œuvre dans laquelle l'instrument à vent se concerte au sens propre avec sa projection. Andrew Gerszo, l'assistant de Pierre Boulez pour la réalisation électroacoustique, fait remarquer que

> l'œuvre fut inspirée par une scène de la pièce de Paul Claudel *Le Soulier de satin*, achevée en 1924. La scène est intitulée « L'Ombre double » car il y est question de l'ombre d'un homme et d'une femme qu'on voit projetée sur un mur et que Claudel traite comme un personnage à part entière[18].

• 17 - Leon Battista Alberti, *De Pictura*, 1435, traduit du latin par Jean-Louis Schefer, Paris, Macula Dédale, 1992, p. 193.

• 18 - Andrew Gerszo, sans titre, notice du disque *Boulez : Répons*, CD, Ircam-Centre Georges Pompidou, Deutsche Grammophon, 427 605-2, PY 925, 1998, p. 30.

L'enregistrement de la voix puis sa réinjection dans le temps présent provoque l'apparition d'un double vocal qui procède d'une représentation d'un ailleurs, d'un autre état du même personnage. Cette audition d'un enregistrement suggère bien sûr le passé, de la même façon qu'un portrait pictural représente le modèle à l'époque de la réalisation du tableau. Par la distanciation de sa voix surgissant du passé, un autre personnage beckettien, Krapp, celui de la pièce de théâtre *La Dernière bande*[19], s'observe à une époque révolue. Krapp manipule des bandes magnétiques sur lesquelles il a enregistré sa propre voix lorsqu'il était plus jeune. Revisitant sa vie passée, il erre à son aise à travers sa solitude désespérée. Avant chaque écoute qu'il partage avec les spectateurs, il précise la date de l'enregistrement. Le temps est mesuré et les bandes sont soigneusement rangées dans des boîtes avec une rigueur d'entomologiste. De la même façon, beaucoup d'œuvres du poète américain Jackson Maclow confrontent la voix vivante du poète sur scène avec la diffusion de son enregistrement dans l'espace sonore de la scène. Le même principe se retrouve par exemple dans *Vaduz* du poète sonore Bernard Heidsieck. Utiliser la voix comme on regarde un vieux portrait photographique pour faire surgir un personnage du passé esquisse un dédoublement d'autant plus redoutable que, si l'image photographique est fixée, la voix enregistrée vit en se déroulant dans un temps qui lui appartient, mais qui devient aussi celui de l'auditeur. A chaque nouvelle écoute, la voix enregistrée revit dans un nouvel ancrage temporel.

L'art de l'autoportrait vidéo éclaire sous un autre angle cette transposition dans le temps. Tout d'abord, comme dans le cas du son de la voix et contrairement à la photographie, il ne s'agit pas de la représentation d'un instant. A la fois vidéaste et modèle, l'artiste vit pendant l'enregistrement une succession d'événements qui se déploient sur une durée. Ensuite, la présentation de l'œuvre parcourt un axe temporel qui est celui du spectateur. Mais il ne s'agit pas de la trame narrative du cinéma. Lorsque le sujet est le vidéaste lui-même se mettant en scène, parfois avec dérision, la mise en abîme interroge le sens de ses gestes, et plus généralement de la vie. Des artistes comme Pierrick Sorin, Pipilotti Rist ou Mariko Mori ont bien compris la valeur expressive de cette mise en situation décalée. Et c'est le plus souvent avec humour ou stupéfaction que l'étrangeté de cette vie improbable surgit de leurs œuvres. Musicalement, prendre sa propre voix comme matériau rend donc la manipulation encore plus déroutante. Pour Pierre Schaeffer,

> l'homme qui enregistre sa propre voix et qui se met à l'écouter comme celle d'un autre, se trouve dans une situation que l'enregistrement seul permet et qui présente un caractère profondément inhumain[20].

• 19 - Samuel Beckett, *La Dernière bande*, pièce de théâtre, Paris, Les Éditions de Minuit, 1959.

• 20 - Pierre Schaeffer, « La voix comme matériau musical », in *La voix*, Paris, Librairie Maloine, 1953, p. 66.

La prolifération des voix enregistrées fait émerger la foule. Dans la dernière section des *Chants de l'amour* de Gérard Grisey, la multitude de l'humanité est suggérée par la multiplication des mots et groupe de mots : « Je t'aime », « Amant », « Amour » enregistrés en 22 langues différentes. Les nombreux noms d'amants célèbres et les relations complexes qui s'instaurent tout au long de la pièce entre les 12 voix du chœur et la voix synthétique présente sur la bande préparent l'idée d'une universalisation de la phrase générique « *I love you* ». La vocalité artificielle permet de traduire musicalement la métamorphose de l'amour individuel au rang d'une donnée universel. Si la sentence « *I love you* » reste inchangée, la prolifération artificielle des voix élève symboliquement les amours singulières au rang d'universaux. La multitude représente les valeurs communes à toute l'humanité, mais aussi l'angoisse de l'individu face à sa solitude dans la société. Cette vision négative de la multitude apparaît dans la musique que Hugh Davies a composée en 1975 pour *Metropolis*, le film muet de Fritz Lang qui date de 1926. Le compositeur utilise des voix, des bruits de souffles, des borborygmes et des phonèmes en les manipulant électroniquement afin de créer un climat sonore convenant aux foules du « robota » et dominé par des balbutiements et des cris de rage et d'impuissance. Les techniques de superposition permettent le montage de 1 024 voix simultanées, multipliant ainsi l'effet de saturation et d'enfermement. Une terreur similaire de la société humaine et de ses faux progrès dans son organisation transparaît dans l'œuvre littéraire de Franz Kafka. En accord avec *Le Procès* de l'écrivain tchèque, plusieurs scènes de l'opéra *K.* de Philippe Manoury nécessitaient des chœurs donnant l'impression de foules. Dès le prologue de l'opéra, la multitude des voix procède par étouffement et prépare le drame. Le compositeur précise dans un entretien avec Daniela Langer :

> Ces bruits de foules ont pour moi une fonction dramaturgique. [...] on entend des gens qui chuchotent, il y a une rumeur qui se propage... Et cette rumeur est celle du procès de Joseph K.[21]

De plus, les sons de la foule sont diffusés par l'intermédiaire de toupies virtuelles tournant sur elles-mêmes. Parlant d'une seule toupie parmi l'ensemble, Manoury précise que

> [...] cette toupie sonore, je peux aussi la faire se déplacer dans l'espace. Elle tourne donc à la fois sur elle-même et dans l'espace de la salle[22].

Ces toupies participent à l'action en introduisant un malaise supplémentaire lié à la perte d'une perception directionnelle précise. Lorsqu'elles tournent plus lentement, le compositeur les perçoit comme de gigantesques disques,

• 21 - Philippe Manoury, *Va-et-vient, entretiens avec Daniela Langer*, Paris, Musica falsa, 2001, p. 130.

• 22 - *Ibid.*, p. 126.

> et ces " disques " qui tournent très lentement symbolisent la propagation de cette rumeur. [...] La spatialisation renvoie à un ailleurs, à quelque chose qui est fatalement en dehors de nous[23].

Le motif de la rumeur revenant à plusieurs reprises, Manoury admet, dans le même entretien, qu'il fonctionne à la manière d'un leitmotiv « rappelant la propagation angoissante de cette rumeur[24]. » Une conception similaire de sons tourbillonnants et irréductibles à un phénomène sonore précisément analysable est exprimée par Daniel Terrugi à propos de sa pièce *the shining space*, même si la voix en est absente. Le compositeur y développe l'idée de

> feux follets sonores, [...] des objets se déplaçant à grande vitesse dans l'espace sans que l'oreille puisse détecter leur forme précise. Ces sons semblent briller pour notre oreille dans l'espace tournoyant[25].

De la litote à l'hyperbole

La vocalité artificielle prend souvent un statut de représentation de la voix naturelle. Mais l'art du portrait peut aller plus loin et se confondre avec l'imitation, la *mimesis*. La figure visible sur le portrait ressemble à celle de l'individu pris comme modèle. Mais dans quel rapport cette imitation se rapproche-t-elle de la figure originale ? Quels sont les enjeux de la qualité de ce rapport ? Dans l'Egypte antique, Pharaon est représenté par une physionomie conventionnelle et hiératique de façon à mettre en évidence son statut universel et divin, en dehors de toute individualité. Dans d'autres circonstances, l'art du portrait peut devenir la figuration d'un type particulier correspondant cette fois à une catégorie sociale appartenant à l'humanité, tout en restant une représentation stéréotypée. Enfin, un portrait individuel, fortement caractérisé, s'affirme avec Lysippe, le portraitiste officiel à la cour des souverains de Macédoine. Cette fois, la ressemblance y importe plus que la volonté de se rapprocher de l'archétype. L'*Alexandre à la lance* du Louvre, une copie antique d'une œuvre perdue de Lysippe, s'il représente le héros surhumain, n'efface pas sa personnalité sous une idéalisation abstraite. Le pas vers l'individualisation est franchi et l'histoire gardera de plus en plus de traces de cette attention portée à la singularité dans la représentation. Beaucoup plus tard, la photographie s'affirmera comme le moyen par excellence de réaliser un portrait ressemblant et à la portée de tous. Les artistes peintres prennent alors leurs distances avec le naturalisme et accentuent l'aspect suggestif de leurs œuvres. Dans

---

• 23 - *Ibid.*, p. 130.

• 24 - *Ibid.*

• 25 - Daniel Terrugi, sans titre, notice du disque *Daniel Terrugi, the shining space*, CD, Sargasso, SCD28033, 2000, n. p.

tous les cas, le portrait est une rencontre privilégiée entre le peintre et son modèle et, une fois réalisé, entre le spectateur et celui-ci. Une ébauche de dialogue imaginaire se forme entre le personnage qui est représenté et celui qui le peint, puis entre le portrait et celui qui le contemple. Le portrait développe une vie propre qui n'est qu'une esquisse de la réalité, mais qui est censé recueillir l'essentiel de l'original du modèle tout en le véhiculant. La vocalité artificielle comme art du portrait est remarquable par sa singularité et par son universalité, elle porte également une autre problématique, entre ressemblance et archétype.

Vocalité artificielle ou voix virtuelle ? Les représentations de la « réalité virtuelle » sont souvent limitées à une conception schématique de la perception. La voix y est parfois réduite à des paramètres simples qui en produisent une résurgence stéréotypée. Il s'agit plus d'un simulacre que d'une recréation artistique. Reste l'interrogation de la distanciation générée par la vocalité artificielle. L'objet virtuel n'existe qu'en puissance, à l'état de simple possibilité. Il est potentiel. En optique, l'image virtuelle est formée dans le prolongement des rayons lumineux. Serge Dentin, s'intéressant à la question du virtuel aussi bien dans les arts que dans les sciences, fait remarquer que le terme virtuel est devenu

> le mot d'ordre d'une nouvelle esthétique, accompagnée d'une certaine idéologie de la communication (à travers les belles images, de la science et aussi de l'art)[26].

Le même auteur continue en affirmant que « vu sous cet angle, l'emploi du terme virtuel est particulièrement réducteur [...][27] ». Il faut donc évacuer « tout ce qui est de l'ordre de la reproduction, du simulacre et de la copie [...][28] ». La virtualité dans l'art ne devrait pas être comprise comme une simple représentation stéréotypée de la réalité réalisée à l'aide de machines sophistiquées. De même, la vocalité artificielle ne peut se réduire à une copie de la voix naturelle. Si elle est bien ancrée dans la réalité comme phénomène acoustique et si sa perception la rapproche de la voix corporelle, elle s'éloigne des archétypes de la voix de robot des arts populaires et de la publicité. Puisque cette représentation est celle de la voix, vient s'ajouter la puissance expressive propre à la vocalité. A la fois traduction d'une personnalité et d'une émotion, à la fois musique et véhicule d'un discours porteur de sens, la voix portraiturée se révèle particulièrement apte à enrichir le paysage musical. Au-delà d'une simple réplique numérisée, la voix machinique est le lieu d'une rencontre privilégiée. Mais cette rencontre est complexe puisque la vocalité artificielle possède une part insaisissable, elle est un mirage qui nous

---

• 26 - Serge Dentin, « Le virtuel dans les sciences », *Composition et environnements informatiques*, Les Cahiers de l'Ircam, Recherche et Musique, n° 1, automne 1992, p. 167-168.

• 27 - *Ibid.*

• 28 - *Ibid.*

fait croire à la réalité. La voix machinique peut ainsi se mouvoir librement dans l'espace sous des formes plus ou moins perceptibles. Mais la fugacité n'est pas le seul caractère expressif que peut revêtir la vocalité artificielle.

Le portrait vocal est hétérogène, à la fois réalité acoustique entendue objectivement et créateur de sensations subjectives et fluctuantes. Sa valeur expressive recouvre une gamme étendue et les compositeurs en ont utilisé toutes les ressources, de la litote à l'hyperbole. En atténuant l'expression pour transmettre le plus tout en disant le moins, la vocalité artificielle se perçoit comme litote dans l'opéra *L'Amour de loin* de Kaija Saariaho. La superficialité, l'aspect spectaculaire de la vocalité artificielle y est toujours évitée, ce qui n'empêche pas la compositrice de la mettre au service de l'expression. Plus précisément, le discours musical s'appuie sur le modèle de résonance tiré de la voix naturelle en enrichissant de manière souvent très subtile la texture sonore de l'orchestre. A propos de cet opéra, Marc Battier affirme avec justesse que

> [...] la relation entre le timbre et l'harmonie, qui fut d'abord exploitée par Gérard Grisey et Tristan Murail à l'aube de la musique spectrale, dans la première moitié des années 1970, est insérée dans un discours fluide et souple dans lequel les champs harmoniques se fondent les uns aux autres[29].

Chez d'autres compositeurs, la vocalité artificielle exagère, met en relief une idée à transmettre par une expression qui la dépasse. La virtuosité démonstrative atteinte dans *Any Resemblance Is Purely Coincidental* de Charles Dodge en 1980 prêterait de toute manière à sourire si elle n'était pas volontairement décalée avec humour. De la même façon, les *36 Mesostics re and not re Marcel Duchamp* (1970) de John Cage détournent avec humour la musique d'un rituel religieux en alternant la voix chantée de Paul Hillier sur un simulacre de plain-chant avec la voix parlée de Terry Riley. Seule la voix chantée est filtrée de façon variée. La dérision aboutit à la dernière phrase du texte :

> Le télégramme arriva, je le lis. Nous espérons une mort, mais tout ce que nous obtenons est la vie[30].

La vocalité artificielle devient hyperbole dans la truculence inquiétante et fantastique du cri des âmes de l'*Apocalypse de Jean* de Pierre Henry, âmes dignes du déchaînement angoissant et cauchemardesque des tableaux de Jérôme Bosch ou des visions de l'Enfer de la *Divine Comédie* de Dante Alighieri. Angoissantes, les

---

• 29 - Marc Battier, « L'opéra et les technologies du son artificiel », *art. cit.*, p. 28.

• 30 - Ce mésostiche construit (en anglais) sur le prénom de Marcel Duchamp est le dernier de la pièce. John Cage, notice du disque *Litany for the Whale*, CD, Harmonia Mundi, 907279, 1998, 2002, p. 27.

boucles obstinées des voix de *It's gonna rain* et de *Come out*, œuvres pour bande seule de Steve Reich composées respectivement en 1965 et en 1966, font apparaître chez l'auditeur une exaspération mêlée de fascination qui interroge le sens que peut prendre la vocalité artificielle dans les mouvements de contestation de la deuxième moitié des années 1960. Parfois frivole et spectaculaire, parfois sérieuse et retenue, la vocalité artificielle n'en dévoile pas moins la voix comme le portrait révèle la personnalité du modèle. Miroir de la réalité en montrant la voix naturelle sous différents angles, masque de l'identité puisqu'elle éloigne le son entendu de la voix réelle, la vocalité artificielle est aussi une prosopopée puisqu'elle évoque, elle fait parler un absent, comme les voix artificielles qui dialoguent, prolongent, devancent ou se fondent avec les voix réelles dans *Rashomon, the opera* d'Alejandro Viñao. Et cette absence est celle du corps.

Le chant décorporéifié

Les hommes se sont d'abord servis de gestes pour communiquer. Cette langue étant peu précise, il s'est alors produit un transfert de la langue externe des signes réalisée avec les bras ou les mimiques du visage vers la langue interne, celle fabriquée à l'intérieur du corps. La voix, comme support du langage est donc issue du corps. Que fait la vocalité artificielle ? Elle externalise le lieu de fabrication de la voix entendue vers des dispositifs technologiques. La voix machinique n'est plus issue du corps. La simulation et la transformation de la voix ôtent la relation directe et instantanée entre l'émetteur de chair et le récepteur, c'est-à-dire l'auditeur. La chaîne de transmission est rompue par le codage électrique, qu'il soit analogique ou numérique, elle ne met plus en relation acoustique directe la gorge d'un locuteur avec l'oreille de l'auditeur.

Par conséquent, la voix machinique n'appartient plus comme la voix naturelle à une temporalité ou à un espace absolu. Le temps de la parole n'a plus comme obligation l'unidirectionnalité régulière et le respect de l'échelle qui mesure le temps vécu. Il peut être rétrogradé, ralenti, accéléré ou haché (par la granulation et la concaténation). La situation dans l'espace est également indépendante des repères habituels. La vocalité artificielle ne suppose plus un point d'émission unique : la bouche du locuteur. Elle peut tourner rapidement autour de l'auditeur ou venir de différents lieux à la fois. Elle répond parfaitement à la définition de l'acousmate telle que la donne Guillaume Apollinaire : un « bruit qu'on croit entendre dans l'air[31] », définition que l'universitaire Patrick Quillier qualifie « de définition minimale [...] telle que véhiculée par le dix-neuvième siècle

• 31 - Guillaume Apollinaire, notes contemporaines du poème *Acousmate* (1899), in Guillaume Apollinaire, *Œuvres poétiques*, Paris, Gallimard, Bibliothèque de la Pléiade, 1967, p. 1130.

positiviste[32]. » L'acousmate est alors considéré (la musique acousmatique n'existe pas encore) comme une « matière mouvante riche en vertus opératoires pour le poète, comme pour le musicien[33]. » Dans son poème intitulé *Acousmate* appartenant aux poèmes posthumes du *Guetteur mélancolique*, Apollinaire évoque une hallucination sonore :

J'entends parfois une voix quiète d'absente
Dire de petits mots
Qui font que j'aimerai chaque douleur présente
Et tout l'espoir des prochains maux[34]

La vocalité artificielle est bien cette matière mouvante ressemblant aux voix des personnes absentes entendues plus ou moins nettement lors d'hallucinations auditives. Le son de la voix machinique est indéterminé quant à son mode de production. Elle ne possède pas les mêmes références spatiales et temporelles que la voix naturelle. L'auditeur entend un son ressemblant à une voix sans pouvoir être assuré d'être en présence de celle d'un locuteur. Le timbre peut également s'avérer incertain.

Ainsi, la vocalité artificielle se libère de la perception habituelle de la musique vocale. La voix cesse de posséder un territoire clos pour partager en partie celui de la musique instrumentale ou de la musique des sons artificiels. La vocalité artificielle est déterritorialisée. La synthèse vocale et les traitements électroacoustiques ou informatiques subis par la voix naturelle éloignent cette dernière de son territoire naturel. La voix, support d'un langage, primitif comme chez les animaux ou perfectionné par le génie de l'homme, est exilée du champ sémantique pour rejoindre les matériaux sonores offerts aux manipulations électroniques et informatiques. Par ailleurs, depuis les premiers essais des poètes sonores, la voix n'est plus obligatoirement le support de la parole. Au sein de la voix machinique, il est très facile de libérer les sons vocaux de leur rôle de véhicule de la communication. Organisée dans des textures acoustiques non signifiantes dans une langue articulée préexistante, la vocalité artificielle parle alors un langage universel, celui de la musique. Elle n'est pas, comme la voix naturelle, un ensemble totalement indépendant dans la classification des timbres. Il ne s'agit plus d'une sédimentation de plusieurs strates distinctes, les unes vocales et les autres instrumentales. La voix machinique déterritorialise le timbre vocal en trompant la réception. Par éparpillement ou désintégration, la vocalité n'est plus une qualité en tout ou rien. Avant qu'elle

---

• 32 - Patrick Quillier, « Des acousmates d'Apollinaire aux voix de Bonnefoy. Quelques réflexions sur la "fine écoute" », in *Littérature et musique dans la France contemporaine*, Actes du colloque des 20-22 mars 1999 en Sorbonne, Strasbourg, Presse Universitaires de Strasbourg, 2001, p. 182.

• 33 - *Ibid.*

• 34 - Guillaume Apollinaire, *Acousmate*, *op. cit*, p. 513.

n'apparaisse dans la palette des compositeurs, un timbre était soit vocal, soit non vocal. Artificielle, la voix ou ce qui peut ressembler à la voix n'est plus un matériau à part, mais se situe dans une zone non bornée avec précision. La qualité d'un timbre à être perçu comme vocal dépend en partie de la perception qu'en a l'auditeur. En ce sens, la vocalité artificielle est non seulement une voix décorporéifiée, mais également déterritorialisée. La voix machinique ne peut pas être circonscrite à une typologie de fabrication, à une topologie, à une temporalité ni à un timbre clairement identifiés. Loin de toute copie de la réalité, la vocalité artificielle est complexe et protéiforme.

Comme le portrait, la vocalité artificielle ne peut se réduire à une reproduction de la voix naturelle, même si l'exactitude de cette réplique progresse au rythme des avancées scientifiques et technologiques. Si elle s'appuie sur une référence à la voix physiologique, si elle est ancrée dans la réalité, la voix machinique se construit néanmoins dans l'artificialité de la machine. Entre la figure de la voix naturelle et sa reconstruction ou sa déconstruction par les dispositifs technologiques, la vocalité artificielle occupe un espace qui n'est pas seulement celui de l'imitation. Elle peut se concevoir au contraire comme un équilibre incertain entre figuration et défiguration, et ce doute quant à sa perception révèle une vocalité interrogeant paradoxes et ambiguïtés.

Chapitre 4

Paradoxes et ambiguïtés

Pour Jean-Baptiste Barrière, le choix du matériau vocal machinique s'impose au compositeur de façon à mettre en œuvre une « perception paradoxale[1] ». Il ajoute que cette perception hésite entre un son de synthèse « décorporéifié » et « une présence abstraite ». Plus précisément, Barrière insiste sur le fait que la voix est pourtant bien présente dans ce matériau artificiel en tant que référence physiologique et qu'elle y conserve, au moins fugitivement « un lien charnel inévitable et incontrôlable[2] ». A la fois fugitive et incontrôlable, cette présence-absence du modèle naturel est la présence de la voix cohabitant avec l'absence d'un corps pourtant nécessaire à sa production, mais aussi un jeu subtil avec l'identification de la vocalité. Le matériau de la vocalité artificielle se situe donc volontiers dans des zones difficilement analysables par l'auditeur, jalonnant de manière imprécise un nouvel espace pour l'imaginaire qui fait intervenir paradoxes et ambiguïtés. Dans un domaine au sein duquel les repères perdent de leur netteté, deux axes conservent une certaine pertinence perceptive, celui du temps et celui du timbre. Ils convient donc de les privilégier pour étudier les enjeux de la vocalité artificielle. Le langage articulé, véhiculé par la voix, est temporellement orienté et se déroule à une vitesse autorisant sa compréhension. Ce n'est pas obligatoirement le cas dans la vocalité artificielle. Par ailleurs, les équivoques sur le timbre sont sans doute l'une des caractéristiques les plus importantes de la vocalité artificielle retenues par les compositeurs. Ces deux axes, celui du temps et celui du timbre ne doivent pas faire oublier que la richesse du concept de vocalité artificielle vient de son pouvoir de suggérer et non d'affirmer. Son intérêt réside notamment dans l'exploration par les compositeurs des limites de l'illusion (ce qu'on croit être et qui n'est

---

• 1 - Jean-Baptiste Barrière, *Pour une esthétique de la musique avec ordinateur*, Thèse de doctorat, sous la direction d'Olivier Revault-d'Allonnes, Université Paris I, 1990, p. 475.

• 2 - *Ibid.*

pas), de l'allusion (ce qui n'est pas clairement énoncé, mais seulement effleuré) et de l'indicible (ce qui de toute façon ne pourra être dit).

Paroles gelées et ombres vocales

Les variations indépendantes des hauteurs et des durées ont été rendues possibles dès l'apparition des prototypes de la machine de Gabor en 1946, puis son utilisation s'est répandue sous différentes formes dans les studios de Milan, Cologne et Paris. Difficiles à manipuler et fragiles, ces enregistreurs d'un type particulier tendent ensuite à disparaître pour laisser la place aux ordinateurs. Dans les années 1980, la généralisation des technologies numériques rend l'accès plus facile à ces manipulations temporelles favorisant l'exploration d'un nouvel espace pour l'imaginaire. En témoignent la synthèse granulaire d'une part, souvent mise en pratique avec le logiciel de programmation modulaire Max/MSP de Cycling74, et le logiciel AudioSculpt de l'Ircam d'autre part, basé sur une analyse/synthèse par FFT. Les rapports de compression ou d'extension temporelles pouvant prendre des valeurs élevées tout en conservant une qualité sonore satisfaisante, les compositeurs ont abondamment utilisé ces possibilités dans leurs œuvres. Le processus de variations de l'échelle temporelle, présent dès l'époque de la vocalité artificielle analogique, est mis en avant à la fin d'*Odyssey*[3] de Roger Reynolds, œuvre composée sur des extraits des *Poèmes et des Textes pour rien* de Beckett. Le sous-titre de la pièce, *An opera in the mind*, fait référence au genre lyrique sans pour autant indiquer une appartenance au monde de l'opéra. En réalité, *Odyssey* a été écrite pour deux voix solistes, une mezzo-soprano et un baryton basse, 16 instruments et une bande comportant huit pistes sur laquelle le matériau vocal a été traité par modification de l'échelle temporelle. L'œuvre comprend cinq mouvements : *Ocean*, *Others*, *Self*, *Inquiry* et *Credo*. Dans ce dernier, la parole est de plus en plus étirée jusqu'à devenir une texture sonore sans rapport avec son origine. Le langage perd sa dimension sémantique. Bien que les phonèmes conservent leurs enveloppes spectrales différenciées, leur élongation temporelle n'en permet plus la compréhension. Selon Reynolds, les manipulations temporelles nous font accéder à une autre dimension de la voix, à un « au-delà et en dessous du langage[4] ».

Il faut souligner que le temps de la parole est celui de l'enregistrement original. L'objectif de ces processus d'étirement ou de compression temporels est de différencier le déroulement du temps de l'enregistrement de celui de l'interprétation de l'œuvre, c'est-à-dire lors de la lecture du fichier de son par l'ordinateur.

• 3 - Composée en 1989-1993, son titre initial était *Entre le galet et la dune.*

• 4 - Roger Reynolds, *Odyssey*, notice de la création du 17 juin 1993 au Centre Georges Pompidou, Paris, inédit, 1993, n. p.

Cette dernière échelle temporelle se confond, dans le cas d'un report sur bande de la partie électroacoustique, avec celle de la diffusion dans la salle de concert, celle du temps vécu par les auditeurs. Un traitement véritablement en temps réel au sens strict d'immédiateté est par définition exclu pour simuler une accélération du débit vocal, tout dispositif étant incapable de faire entendre ce qui n'a pas encore été chanté ou parlé. Ce paradoxe temporel est évidemment inexistant pour un ralentissement, même important. Lorsque cette élongation du temps de la parole est extrême, il peut en provoquer l'arrêt total. Envisagée par les compositeurs, cette possibilité transforme alors le son vocal en un timbre très éloigné de la voix.

Les paroles sont immobilisées comme dans l'aventure relatée dans *Le Quart livre* de Rabelais et mise en musique par Pierre Schaeffer dans *Les Paroles dégelées*, pièce pour bande seule de 1952[5]. Pendant une bataille sur la mer glaciale, les héros reçoivent des paroles sous forme de dragées. Elles y sont gelées, c'est-à-dire qu'elles sont déconnectées du déroulement temporel.

> Lors nous jecta sur le tillac plenes mains de paroles gelées et sembloient dragées perlées de diverses couleurs. Nous y veismes des motz de gueule, des motz de sinople, des motz d'azur, des motz de sable, des motz dorés[6].

Ce n'est qu'en réchauffant ces dragées que les paroles reprennent leur forme originale en retrouvant les durées propres à chaque mot et la succession des mots entre eux. L'axe du temps ressurgit des mots dégelés :

> les quelz êtres quelque peu échaufféz entre nos mains, fondoient comme neiges et les oyons réalement, mais ne les entendions car c'estoit languaige barbare…[7]

Rabelais a probablement emprunté ce thème, fertile pour l'imaginaire, des paroles gelées puis dégelées à Baldassar Castiglione dont *Le Livre du courtisan* (*Il libro del cortegiano*) avait paru quelques années auparavant en 1528. Julien le Magnifique, l'un des joueurs des soirées du palais d'Urbino, y raconte l'aventure de marchands se parlant au-dessus d'un fleuve glacé :

> S'étant ainsi reconnus les uns les autres après s'être fait des signes, les Moscovites commencèrent à parler haut et à demander le prix qu'ils voulaient de leurs zibelines ; mais le froid était si extrême qu'on ne les entendait point, parce que les paroles, avant que d'arriver à l'autre rive, où était le Lucquois et ses interprètes, se gelaient en l'air, et y demeuraient glacées et prises[8].

• 5 - Révisée en 1982.

• 6 - François Rabelais, *Le Quart livre*, 1532-1564, cité dans la notice du disque *Pierre Schaeffer, l'œuvre musicale*, CD, INA-GRM, EMF, 292 572, Ina C 1006/7/8, ADD 672, EMF CD 010, 1998, p. 32.

• 7 - *Ibid.*

• 8 - Baldassar Castiglione, *Il libro del cortegiano*, première édition : 1528, édition consultée : *Le Livre du courtisan*, traduction en français de Alain Pons, Paris, Flammarion, 1991, p. 178. Dans

Cette fois, les paroles sont réchauffées par une autre méthode :

> Alors les Polonais, qui connaissaient la coutume, décidèrent de faire un grand feu au beau milieu du fleuve [...]. Cela fait, les paroles, qui l'espace d'une heure avaient été glacées, commencèrent à se liquéfier et à descendre en murmurant [...][9].

Dans ces deux ouvrages littéraires, les paroles subissent plusieurs transformations. Tout d'abord, la succession des mots dans le temps de la parole est abolie, puis, les mots étant fixés, le résultat est translaté dans le temps et dans l'espace. Les paroles gelées sont jetées sur le tillac ou lancées par-dessus le fleuve. Enfin, après réception de ces objets, le traitement inverse intervient, les mots retrouvent alors leurs places respectives dans le déroulement de la parole. Le gel de la voix comprend ainsi trois phénomènes différents, la fixation, la conservation et la translation. Il est facile d'y retrouver les techniques de l'enregistrement qui fixe la voix sur un support et la conserve, et de la transmission à distance. Plus de quatre siècles après, les machines capables de réaliser ces rêves seront conçues : le phonographe et le téléphone. Comment Pierre Schaeffer met-il cette légende en musique ? Avec humour, en alternant des fragments de la lecture du texte de Rabelais avec leur illustration sonore fantaisiste. Ces bruits commentent à chaque fois l'état et la signification des paroles gelées puis dégelées. Par exemple, les « grosses paroles qui rendaient sons en dégelant » sont illustrées par la lecture d'un disque sur lequel avaient été enregistrées des paroles à une vitesse inférieure à la normale, ce qui les rend exagérément graves. Mais le dégel est aussitôt évoqué par une accélération du défilement de la bande magnétique devant la tête de lecture de telle façon que la hauteur devient trop aiguë. Le studio ne possédant pas encore le phonogène universel, les hauteurs et les durées restent toujours inversement proportionnelles. Par ailleurs, le compositeur prend soin d'inverser le sens du défilement de façon à rendre les paroles incompréhensibles. L'état solide (les dragées) des paroles est toujours traduit par une grande déformation des paroles, comme si la fixation de la voix ne pouvait se comprendre sans leur destruction au moins partielle. Pour Michel Chion,

> nul plus que Pierre Schaeffer n'a vécu le son enregistré comme blessure, séparation d'une unité originelle – surtout quand il s'agit de la voix humaine[10].

---

le cadre de la cour d'Urbino, le récit sous forme de dialogue s'étend sur quatre soirées pendant lesquels les courtisans vont participer à un nouveau jeu : décrire ce que devrait être un courtisan parfait. Traitant de l'art de la facétie, l'un des joueurs, Julien le Magnifique, est amené à conter une anecdote fantaisiste rapportée avec sérieux par un marchand de Lucques.

• 9 - *Ibid.*

• 10 - Michel Chion, « Seul », 1982, notice du disque *Pierre Schaeffer, l'œuvre musicale*, CD, INA-GRM, EMF, 292 572, Ina C 1006/7/8, ADD 672, EMF CD 010, 1998, p. 10.

Il poursuit en précisant que pour le compositeur des *Paroles dégelées*,

> toute voix enregistrée, pour lui, sort d'une tête coupée : celle d'Orphée dont il se remet sans arrêt devant les yeux la scène originelle[11].

Mais jamais le gel des paroles dans leur déroulement temporel n'est suggéré pour lui-même en figeant la texture sonore sur un timbre. Les moyens techniques dont disposait le compositeur ne permettaient pas ce procédé.

Tel n'est pas le cas dans *Vue sur Tower Bridge, détail* de Laurent Bigot et François Raulin. Le gel temporel y est symbolisé par une transformation du matériau vocal. L'œuvre a été présentée à Grenoble au cours du festival de musique contemporaine les « 38e Rugissants » de 1993. Le matériau échantillonné se compose d'une banale leçon d'anglais sur disque et d'un enregistrement de pipe-band. Le processeur numérique, utilisant le principe de la synthèse granulaire, permet de bloquer la voix des deux professeurs d'anglais, un homme et une femme, sur un son pourvu d'une hauteur précise. Une fois figées, ces voix ne progressent plus et restent immobiles sur le dernier son émis. Si la note se prolonge sans vibrato de type vocal, la voix parlée, surtout si elle perd son allure formantique, devient un son se rapprochant d'une sonorité instrumentale à hauteur déterminée. Le temps est bloqué, gelé. Le passé, le présent et le futur paraissent confondus dans un instant sans cesse prolongé. Mais la leçon d'anglais continue et génère d'autres notes qui forment un accord. Enfin, après un développement de ce processus musical, un accord se confond avec les bourdons d'une cornemuse et un pipe-band se fait entendre. La surprise de l'auditeur est déclenchée par une triple transformation :

— la voix du professeur d'anglais se fige sans aucun vibrato sur une note;
— le soliste vocal produit un accord;
— la voix parlée devient chantée.

Plus loin, l'intérêt musical est renouvelé par la variation du débit et de la hauteur de la voix des enseignants et un rappel de l'introduction instrumentale[12] sous une forme développée.

Au-delà de l'arrêt symbolique du déroulement temporel, ce dernier peut s'inverser. Cette fois, le temps vécu par les auditeurs s'écoule à l'envers de celui vécu par le propriétaire de la voix enregistrée. Le motif vocal est donc rétrogradé. En dehors des musiques électroacoustique et informatique, la technique bien connue de la rétrogradation d'une ligne mélodique, d'un thème ou d'une série consiste à présenter une nouvelle itération de ces notes, mais en ordre inverse. La dernière note se retrouve en première position et ainsi de suite jusqu'à la première note du motif initial qui sera jouée la dernière. Cette rétrogradation se rencontre déjà dans

• 11 - *Ibid.*

• 12 - Rappelant le style du clarinettiste français de jazz Louis Sclavis.

la forme ancienne du canon « à l'écrevisse » pratiqué par les contrapuntistes où une voix se superpose à sa récurrence. Plus tard, les compositeurs classiques ne rejetteront pas l'écriture en contrepoint et l'intégreront dans le cadre de la tonalité. La rétrogradation d'un motif trouvera ainsi sa place chez Haydn. Par exemple, la deuxième partie du menuet de sa *Symphonie n° 47* est la récurrence de la première section. Le trio fait entendre le même procédé. Enfin, dans la musique sérielle, la récurrence est l'une des quatre formes de base que peut prendre la série : forme originale, récurrence, renversement des intervalles et récurrence de la forme renversée.

Dès les débuts de la musique concrète, l'inversion du sens de rotation des disques souples autorise la rétrogradation temporelle. En 1950, la *Symphonie pour un homme seul* contient au moins deux exemples de ce procédé. Les deuxième (*Valse*) et troisième parties (*Eroïca*) de la symphonie font entendre nettement les effets de cette inversion du sens de rotation du disque sur lequel la voix avait été enregistrée précédemment. Un an plus tard, l'arrivée du magnétophone allait considérablement améliorer la qualité sonore et la commodité du travail compositionnel. C'est aussi l'année de la première étape du travail de Pierre Schaeffer sur le mythe d'Orphée. En 1953, *Voile d'Orphée*, tiré de l'opéra concret *Orphée 53* par Pierre Henry, commence par un chœur dont l'enregistrement est entendu de façon rétrograde. L'inversion du sens de défilement de la bande magnétique, suggère le retour d'Orphée ramenant Eurydice des enfers. Inversée temporellement, la voix acquiert une nouvelle force expressive. Elle n'est plus que son propre double mystérieux, son image reflétée dans le miroir du temps, elle n'est plus que l'ombre d'elle-même. Le défi lancé aux dieux provoque finalement la mort définitive d'Eurydice. Une trentaine d'années plus tard, le même procédé de rétrogradation de la voix sera clairement associé à une distanciation par l'un des compositeurs de la filiation schaefferienne. Commande de l'Etat et de l'INA-GRM, composé entre 1987 et 1989, *Théâtre d'Ombres* de François Bayle est créé le 6 juillet 1989 à Nice au Cloître de Cimiez à l'occasion du Festival Manca. L'œuvre comprend deux parties : *...derrière l'image...* et *...ombres blanches...* Le cinquième et dernier mouvement de cette deuxième partie fait entendre des voix qui se déroulent en rétrogradation temporelle. Ces voix ne sont plus que des ombres. A propos de cette œuvre, le compositeur définit son projet ainsi :

> En jouant avec ces formes – ces ombres – je veux sans doute prendre distance avec un principe ancien qui traditionnellement régit le fait musical : celui de l'interprète, personnage constituant et organisant l'écoute en l'installant dans un présent actif[13].

• 13 - François Bayle, sans titre, notice du disque *Théâtre d'Ombres*, CD, Magison, Cycle Bayle, vol. 2, MG CB 0291, n. d., p. 4-5.

L'interprète dont parle le compositeur, c'est aussi le chanteur qui, par sa voix, installe l'auditeur dans un présent actif, un présent rempli de sa virtuosité. Ce présent n'est pas celui de la vocalité artificielle. Ici, la voix est rétrogradée. François Bayle précise :

> L'activité – l'exploit de l'interprète, sa maîtrise, la performance inspirée qu'il propose – a été toujours une victoire sur le temps : une vitesse supérieure au corps. Tandis que ce que je cherche passe par un autre chemin que le temps : une autre victoire, celle sur l'activité de perception, sur la mémoire, l'écriture de l'espace construit par le mouvement des formes et des figures. [...] La victoire – en est-ce bien une – consistera pour le héros-auditeur à passer « derrière l'image » pour atteindre la région des « ombres blanches », c'est-à-dire ce lieu de sérénité où devient transparente l'ombre humaine. [...] L'ombre du doute[14] ?

La distanciation entre la voix et son ombre, entre le temps de l'interprète et celui de l'auditeur mène ce dernier dans un espace imaginaire fait de mystère. Le dernier mouvement de l'œuvre dépasse la structure habituelle du temps en le retournant. Les références de l'auditeur sont intentionnellement bousculées pour, selon le compositeur, « provoquer la pensée perceptive[15] ». L'inversion du déroulement du temps comme son ralentissement en perturbent la perception téléologique. Normalement, le temps est orienté du passé vers l'avenir de la même manière qu'une action est dirigée vers un objectif, vers un but. Les paroles qui sont transmises par la voix ancrent la directionnalité du temps perçu sur des repères extrêmement perceptibles puisqu'ils forment les bases même du langage articulé : les phonèmes, les syllabes, les mots et les phrases. Avec la vocalité artificielle, le compositeur peut se libérer de cette caractéristique.

Comme un son instrumental, un phonème en rétrogradation temporelle fait entendre sa résonance en premier et son attaque en dernier. Plus généralement, dans le cas de l'inversion du déroulement du temps, deux particularités apparaissent : en premier lieu, le contenu sémantique est perdu, mais l'auditeur cherchera instinctivement à déterminer le sens de ces paroles et la langue utilisée. En réalité, son attention est sans doute renforcée ou perturbée par l'étrangeté des paroles et de la prosodie perçues. En second lieu, les moments consacrés à la respiration sont situés anormalement après la phonation et le déroulement des bruits liés à cette respiration est également inversé. Par exemple, le bruit provoqué par l'ouverture des lèvres est situé à la fin de la respiration. A ces deux particularités, il convient d'ajouter la décorporéification. Plus largement, la perte des références données habituellement par la voix alliée à la conservation de la perception d'un son vocal est une caractéristique importante de la vocalité artificielle. Cette propension à

• 14 - *Ibid.*
• 15 - *Ibid.*

l'étrangeté et au doute s'avère extrêmement riche du point de vue de l'imaginaire expressif et continuera certainement à être explorée par les compositeurs. Le foisonnement des paradoxes temporels entre le déroulement du temps de la voix naturelle et celui de la vocalité artificielle laisse espérer le développement de nouveaux horizons esthétiques. A ces distorsions sur le temps s'ajoutent des manipulations sur le timbre qui ont des conséquences expressives et musicales importantes.

La voix chimérique

Le timbre d'une voix est souvent caractéristique du genre musical interprété. La voix rocailleuse du blues, la voix blanche de la musique de variété contemporaine et la voix travaillée des chanteurs lyriques peuvent être facilement différenciées par leur timbre. A l'intérieur de chacun de ces groupes, chaque interprète est aisément reconnaissable par le timbre de sa voix. Par exemple, l'âge du locuteur se repère grâce à la pureté de la voix, c'est-à-dire la faiblesse de ses composantes inharmoniques. Plus généralement, des cordes vocales très abîmées produisent une excitation acoustique contenant des bruits très énergétiques qui donnent *in fine* une « granulation » très forte dans la voix. Bien que d'autres paramètres interviennent, comme le registre, la langue utilisée, l'accent ou le style d'interprétation, le timbre reste un critère déterminant pour identifier le propriétaire d'une voix chantée. Le même phénomène est observable avec la voix parlée de personnes connues, y compris par l'intermédiaire de moyens de communication de qualité médiocre comme le téléphone. La vocalité artificielle remet en cause cette correspondance directe entre le propriétaire d'une voix et le timbre du signal vocal. Deux possibilités s'offrent au compositeur : il peut simuler la voix ou transformer un matériau vocal naturel. Dans les deux cas, il contrôle le timbre, une « métaphore pour la composition[16] » pour Jean-Baptiste Barrière, dans la mesure des potentialités de la technologie mise à sa disposition.

Alors que de nombreuses œuvres avec vocalité artificielle font entendre des transformations timbriques de la voix naturelle qui donnent lieu à des variantes pour un seul locuteur, il existe un exemple inverse. L'éventualité d'une seule voix pour deux propriétaires est un cas particulier extrêmement intéressant des rapports entre le timbre de la voix et le corps. Cette fois, ce n'est plus une voix naturelle qui est multipliée par la technologie, mais la multiplicité des voix naturelles qui est réduite à une seule voix artificielle. La musique du film *Farinelli* de Gérard Corbiau a donné lieu à une expérience unique de manipulation du timbre vocal.

• 16 - Jean-Baptiste Barrière, sous la direction de, *Le Timbre, métaphore pour la composition*, Paris, Christian Bourgois et Ircam-Centre Georges Pompidou, 1991.

Lorsque le cinéaste a travaillé en 1994 à la réalisation de son film dont le sujet portait sur le célèbre castrat Farinelli[17], il s'est trouvé confronté à l'impossibilité de trouver un chanteur à la voix adéquate. La société Auvidis, producteur du disque, et Stephan Films, producteur du film demandèrent alors à l'équipe analyse/synthèse de l'Ircam de ressusciter artificiellement la voix mythique de Farinelli. L'article « A la recherche d'une voix perdue[18] » de Garcia Guillermo, Philippe Depalle et Xavier Rodet paru dans la huitième livraison de *Résonance* l'année suivant la réalisation du film est précieux puisqu'il a été rédigé par les principaux participants au projet. Il relate les objectifs poursuivis et les difficultés rencontrées. La véritable fascination exercée par les castrats au XVIIIe siècle provenait en grande partie des caractéristiques extraordinaires de leur voix alliant une ample étendue (plus de trois octaves, du *fa*2 à l'*ut*5), à une parfaite homogénéité dans le passage des registres, à une puissance vocale exceptionnelle, tant dans le grave que dans l'aigu, et à une agilité sans pareille. Leur capacité thoracique surdimensionnée par rapport au larynx et à la longueur de leurs cordes vocales leur permettait d'enchaîner de longues vocalises virtuoses et de produire de grands intervalles avec une aisance extraordinaire. Réaliser la bande sonore d'un film dont l'objet porte sur un tel chanteur nécessite le recours aux techniques les plus avancées de façon à rendre sa voix crédible et vivante. En raison de la très grande étendue de la voix du castrat, le choix technique se porte alors sur la fusion de deux voix proches par leur vibrato et leur articulation. Le haute-contre Derek Lee Ragin et la soprano colorature Ewa Godlewska enregistrent séparément les œuvres retenues puis le travail de montage est réalisé par l'ingénieur du son Jean-Claude Gaberel. La voix de haute-contre est conservée pour les parties graves et la voix de soprano pour les parties aiguës de la ligne mélodique. L'homogénéisation entre les deux voix s'avère particulièrement délicate. La personnalité même de la voix du haute-contre est modifiée par l'équipe de l'Ircam afin de lui restituer un timbre plus juvénile. Les aspects bruités (souffle, rugosités, etc.) symptomatiques d'une voix adulte sont gommés de telle façon que la voix entendue ne soit pas seulement celle d'un être hybride homme-femme, mais aussi celle de l'hybride homme-enfant. Grâce à l'informatique, la voix de l'adulte retrouve alors artificiellement sa pureté enfantine. Les spectateurs du film entendent donc une voix à la fois simple : la

• 17 - Farinelli, de son vrai nom Carlo Broschi (1705-1782), compte parmi les castrats les plus célèbres de son temps. Il grandit à Naples où il obtient ses premiers succès en 1722. Il parcourt l'Italie puis séjourne à Londres et à Madrid, invité par le roi Philippe V. Son frère, le compositeur Riccardo Broschi, l'y rejoint en 1740. À la fin de sa vie, il se retire à côté de Bologne dans sa villa personnelle.

• 18 - Garcia Guillermo, Philippe Depalle, Xavier Rodet, « A la recherche d'une voix perdue », *Résonance*, n° 8, mars 1995, p. 14-15.

voix entendue, et double : les voix des deux chanteurs. La singularité de la voix, déjà perdue une première fois par le doublage de la bande son du film (les acteurs ne sont pas les chanteurs), l'est une deuxième fois par la dualité de la source vocale naturelle. Le timbre de la voix de l'acteur apparaissant sur l'écran n'est pas le sien, mais celui d'une voix à proprement parler chimérique, c'est-à-dire résultant de la fusion de deux voix individuelles. Grâce à la technologie, une chimère parfaite et viable est née. Plus précisément, la voix transformée se joue de la réalité du personnage en manipulant la voix naturelle dans ce qu'elle possède de plus intime : son timbre. La transformation du matériau vocal s'effectue par hybridation entre les fragments chantés par la voix de femme d'une part et par la voix d'homme d'autre part. Plus généralement, les compositeurs disposent de deux formes de fusion possibles, l'hybridation et l'interpolation. Le premier processus s'effectue sur deux motifs sonores simultanés alors que le deuxième crée automatiquement une transition entre deux timbres présentés l'un après l'autre dans le temps. Le processus est à chaque fois réalisé au niveau des composantes spectrales du son qui en déterminent le timbre.

Avant de montrer comment la fusion par hybridation investit le champ de la vocalité artificielle, il faut en définir plus largement le statut. L'hybridation, terme provenant de la zootechnique et de l'horticulture, fait intervenir deux éléments de nature différente et intimement réunis dans un assemblage pour former un nouvel élément indissociable. Les réflexions de Béatrice Bloch sur l'hétérogénéité[19] permettent de définir trois niveaux d'hybridation :

— au niveau le plus élevé de l'hybridation se situe l'utilisation de plusieurs arts dans une œuvre unique ;

— à l'intérieur d'un seul domaine artistique, plusieurs genres peuvent être hybridés ;

— enfin, au sein d'une œuvre d'art, des éléments hétérogènes peuvent intervenir sous la forme d'une composante hybride.

Ce dernier niveau concerne plus directement la voix puisque plusieurs timbres, dont au moins l'un est d'origine vocale, peuvent donner lieu à une fusion qui relève de la vocalité artificielle. Ainsi, dans toute œuvre d'art musicale ou non, plusieurs matériaux peuvent être hybridés de façon à former une chimère dont les composantes originelles resteront plus ou moins perceptibles. Une église fortifiée ne se présente plus comme une église ou comme une forteresse, mais comme un bâtiment hybride dont la fonction est double, accueillir une liturgie et abriter physiquement la population. Le sentiment religieux se confond alors avec le besoin

• 19 - Béatrice Bloch, « L'œuvre "manifestement" hétérogène? Proposition pour un débat », in *L'Art et l'Hybride*, Saint-Denis, Presses Universitaires de Vincennes, 2001, p. 172-173.

utilitaire et vital de se défendre dans une double acception de l'expression « se mettre sous la protection de », à la fois religieuse et profane. Autre exemple bien connu, celui de la juxtaposition des couleurs par les peintres influencés par les théories scientifiques de Chevreul sur la décomposition des couleurs. Des recherches intuitives des impressionnistes aux applications systématiques des pointillistes, un ensemble de touches élémentaires donne naissance à une valeur chromatique hybride. Le même procédé peut s'appliquer aux timbres musicaux. Lorsqu'en 1980 Jonathan Harvey combine la voix de son fils et un son de cloche dans *Mortuos Plango, Vivos Voco*, il ne fait rien d'autre que de mélanger des spectres sonores comme le peintre des couleurs sur sa palette. Musicalement, pour le compositeur et son assistant musical Jan Vandenheede en 1985, l'hybridation peut avoir plusieurs fonctions :

— « Elle peut aider à rendre la structure plus claire, quand son organisation coïncide avec l'organisation rythmique ou mélodique[20]. » Cette première fonction permet de renforcer la structure musicale perçue. Ce n'est pas celle retenue par les deux auteurs. Ce n'est pas cette fonction qui avait intéressé le plus Jonathan Harvey cinq années plus tôt.

— « Suivant le degré d'hétérogénéité avec la structure rythmique ou mélodique, [l'hybridation] peut rendre cette structure plus ambiguë et même obscure[21]. »

Cette ambiguïté sera au centre des recherches du compositeur anglais. Alliée à la notion de spiritualité, elle irradie l'ensemble de sa pensée musicale et de son œuvre.

Mais s'il existe souvent une continuité qui donne sens au résultat, les éléments générateurs peuvent conférer à ce dernier une identité complètement différente. La fusion spectrale d'un son de trompette et d'un son de voix ne donne pas obligatoirement un son dans lequel la trompette et la voix sont perceptibles. *A contrario*, par contamination de proche en proche, chaque constituant initial peut acquérir une polysémie ou un polymorphisme. Par exemple, si l'hybridation d'une voix et d'un son percussif ne modifie que l'attaque du son, il se produira sans doute une prise de conscience par l'auditeur de l'intérêt musical de l'attaque du son dans une syllabe et réciproquement, la résonance de la percussion prendra une valeur perceptive plus importante. Les méthodes de contrôle de ces interactions complexes ne semblent pas encore avoir été abordées par les chercheurs. Pour la musique, ces méthodes peuvent servir aussi bien au compositeur et à l'analyste. Trois processus permettent de concevoir plus facilement l'étude du phénomène de mise en relation au sein de l'hybridation :

• 20 - Jan Vandenheede, Jonathan Harvey, « Identity and ambiguity : the construction and use of timbral transitions and hybrids », in *ICMC 85 Proceedings*, USA, Computer Music Association, 1988, traduction de l'auteur, p. 102.

• 21 - *Ibid.*

— introduire un troisième élément conceptuel ;
— instaurer une hiérarchie ;
— définir un niveau de conceptualisation englobant.

L'introduction d'un troisième élément conceptuel place celui-ci comme un intermédiaire entre les deux composants générateurs. Il est également possible d'imaginer non pas un, mais plusieurs éléments supplémentaires, chacun relié à l'un des deux événements originaux. Lorsque Michaël Levinas hybride le rire et un son de cymbale au début de *Go-gol*, il fait appel à un troisième élément qui est l'idée de tournoiement. Cette notion chère au compositeur relie deux motifs sonores très hétérogènes et est associée à la spirale de l'échec qui entraîne le protagoniste vers la fin de la narration et vers sa propre fin. Instaurer une hiérarchie promeut l'un des éléments générateurs comme modèle de l'autre. C'est le procédé habituellement utilisé pour hybrider deux sons par leurs enveloppes spectrales. Par exemple, le logiciel Diphone conçu et développé à l'Ircam peut extraire les paramètres spectraux d'un fragment vocal et les appliquer à un autre motif. La relation est dissymétrique au profit de la vocalité. Choisir un niveau de conceptualisation très élevé servira à englober l'ensemble des éléments hybridés. Le Minotaure, le Sphinx, la Méduse ou la Licorne sont des monstres puisqu'ils sont des assemblages hétérogènes d'éléments perçus comme normaux et naturels. Ils acquièrent une signification à travers une symbolique, à travers des références mythiques qui en constituent le niveau de cohérence. *A contrario*, une chimère créée par les savants modernes est hors norme puisqu'elle est privée de grille de lecture globalisante. Ainsi, la vocalité artificielle se révèle un terrain particulièrement fécond pour un espace imaginaire autour du concept de l'hybridation. En effet, la voix est un phénomène sonore qui possède une force expressive remarquablement puissante en impliquant fortement le locuteur. De plus, elle est signifiante par le niveau sémantique du langage qu'elle véhicule. Il est donc naturel que les compositeurs aient privilégié ce médium dans leur exploration de l'hybridation.

Dès 1972, une partie des recherches musicales de Michaël Levinas se concentre sur le transitoire d'attaque du son et son entretien. Il a alors l'intuition de créer des sons nouveaux en modifiant le « [...] moment névralgique de l'apparition du son[22]. » Mais, à cette époque, la technologie ne permettait pas de l'explorer. Ce n'est que plus tard que son

> [...] invention consista à « hybrider » différentes familles de transitoires d'attaques ou mode d'excitation du corps sonore [...][23]

• 22 - Michaël Levinas, *Le compositeur trouvère. Ecrits et entretiens (1982-2002)*, *op. cit.*, p. 90.
• 23 - *Ibid*, p. 91.

par exemple en croisant « [...] l'explosion d'un rire humain avec une attaque de cymbales choquées [...][24]. » Pour le compositeur de L'Itinéraire, le principe d'hybridation s'étend à un domaine plus large que celui de la synthèse croisée utilisée dans la musique informatique. Il est même décelable dans

> l'analyse de certaines pages d'orchestre du XIXe siècle, chez Richard Strauss, chez Berlioz et même Beethoven[25].

En 1996, Michaël Levinas met en pratique ce procédé dans son opéra *Go-gol.* L'hybridation des sons y est mise au service du drame tiré de la nouvelle de Gogol *Le Manteau.* Akaki est un petit fonctionnaire russe chanté par un haute-contre. Ses collègues se moquent de lui et de son pauvre manteau. Dès le début de l'opéra, le rire d'Akaki est hybridé avec le son provoqué par la chute de cymbales tournoyantes. Puis Akaki sera toujours accompagné de son double constitué d'une autre hybridation :

> En confiant le rôle d'Akaki à un haute-contre, et en accompagnant souvent ses interventions par son double – voix de femme croisée à l'ordinateur avec un piano en seizième de ton – , j'ai cru [...] retrouver à la fois l'ambivalence du personnage, mais aussi le rôle du chœur antique, ainsi que la stylisation de ce personnage [...][26].

Le dédoublement de l'identité d'Akaki remet en cause l'identification de l'interprète ou de l'auditeur au personnage en détruisant l'unicité de l'objet identitaire. Comment s'identifier à une figure éclatée, mouvante et insaisissable ? Mais le compositeur laisse volontairement en suspens cette problématique en s'appuyant sur le principe de l'interprétation.

> La question restera posée : chanter un texte, est-ce s'identifier au personnage ou le transmuter par la musique[27] ?

En 1981, Michaël Levinas avait déjà travaillé sur le rapprochement du rire et du tournoiement dans *Les Rires du Gilles*, pour petit ensemble instrumental et bande. Le son de la chute tournoyante de crotales sur des bassins en émail se rapproche de la sonorité d'un rire. Loin de la recherche du spectaculaire dans un simple effet illusionniste, le compositeur précise ainsi sa pensée :

> « Une cymbale tombe au fond d'une cage d'escalier. Sous l'effet du choc, elle tourne sur elle-même dans un éclat de rire (c'est la métaphore), et s'accélère dans un mouvement de toupie. Puis s'aplatit brusquement. Dans la scène d'*Arlequin valet de ses deux maîtres* de Goldoni, l'Arlequin jongle avec des assiettes qu'il lance aux deux maîtres,

---

• 24 - *Ibid.*

• 25 - *Ibid.*

• 26 - *Ibid.*, p. 416.

• 27 - *Ibid.*

> des deux côtés de la scène. [...] Une maladresse pourrait les faire tomber. Elles s'écrouleraient dans un éclat de rire, comme la cymbale dans la cage d'escalier. [...] Point de réalisme humain dans ce rire. Pourtant tout y suggère les ébrouements de la panse ou la crise de larmes. Comme la cymbale qui s'esclaffe et sanglote. Voilà le rire en musique[28].

Dans *Go-gol*, l'incertitude de l'auditeur ressort d'une mimesis, d'une identification auditive à l'errance du personnage principal. Sa confusion envahit la texture sonore. Le tournoiement renforce encore le climat hypnotique dans lequel évolue le personnage principal, victime pathétique et hallucinée, créature misérable et persécutée par le sort. Lors de la création de l'opéra le 21 septembre 1996 au Festival Musica à la Filature de Mulhouse, le metteur en scène Daniel Mesguish rappela les nombreux phénomènes giratoires par trois types d'éléments tournants sur eux-mêmes : des escaliers, des tours et des personnages. Le principe de la synthèse croisée est d'échanger des paramètres acoustiques entre deux sons différents. Les technologies numériques permettent de contrôler précisément ces modifications au sein de logiciels comme AudioSculpt ou Max/MSP par exemple. Dès le début de la généralisation des outils numériques, les musiciens se sont appropriés les possibilités expressives offertes par l'hybridation. *Vox 5* de Trevor Wishart, œuvre pour bande seule, emploie des sons modifiés de cloches et de voix. Le compositeur a tout d'abord enregistré sa propre voix avec le vocodeur de phase de l'Ircam. Après une réduction du nombre des données, Wishart s'est attaché à fusionner sa voix avec des matériaux sonores différents comme des enregistrements de moines bouddhistes et de nuées d'insectes. De plus, la modification de l'enveloppe temporelle des sons transforme la résonance de la voix en résonance de cloches[29]. Un an après la création de *Go-gol* de Michaël Levinas, *60e Parallèle* de Philippe Manoury est créé au Châtelet à Paris. Cette fois, le drame se déroule à huis clos dans un hall d'aérogare. Il s'agit de la transposition moderne de la pièce de Tchekhov *Sur la grand-route* qui se déroule dans une auberge. Dans l'opéra de Philippe Manoury, quelques personnages bloqués par une tempête de neige attendent longuement un hypothétique avion. Selon le compositeur, l'informatique musicale établit dans cette œuvre

> [...] un rapport nouveau entre les voix et l'orchestre dont elle reproduit les harmonies avec la couleur des voyelles des chanteurs[30].

• 28 - *Ibid.*, p. 35.

• 29 - *Nine Levels by Ze-Ami* de Joji Yuasa qui a été réalisée à l'Ircam en 1988 pour ensemble instrumental et bande en constitue un autre exemple. La voix y est analysée, comme dans *Vox 5* de Trevor Wishart, grâce à un vocodeur de phase, puis une resynthèse croisée avec un bruit donne naissance à un son ressemblant à un chuchotement.

• 30 - Philippe Manoury, « Naissance d'une œuvre commune », propos de Philippe Manoury, Michel Deutsch et Pierre Strosser recueillis par Hélène Pierrakos, notice du disque *60e parallèle*, CD, Naxos, 8.554249-50, 1997, p. 7.

L'hybridation modifie la perception de la voix en appliquant les formants des voyelles à l'harmonie orchestrale. L'intimité même des sources sonores, à travers leurs paramètres acoustiques, est mise en relation.

En dehors de la fusion par hybridation qui opère sur deux timbres entendus dans le même laps de temps, il est également possible de mettre en relation par interpolation deux sonorités placées à des moments différents. De la même façon que l'hybridation ne consiste pas à mixer les échantillons numériques en effectuant le produit de leurs amplitudes, l'interpolation ne se réduit pas à un *crossfade*, à un passage progressif d'un son à un autre par fondu-enchaîné. Dans les deux cas, la fusion est réalisée au niveau spectral par calcul des énergies respectives de chaque partiel. L'interpolation entre deux images fixes différentes est bien connue sous le nom anglo-saxon de *morphing*. Le principe est le même que pour l'évolution graduelle d'une forme graphique vers une autre. De façon à passer progressivement d'un visage à un autre par exemple, les points correspondants sont interpolés deux à deux. Musicalement, le *morphing* est réalisé en interpolant chacun des partiels des deux sons. Dans le logiciel Diphone de l'Ircam, la fonction d'interpolation est réglable. Il est ainsi possible de choisir par exemple une interpolation qui synthétisera l'évolution de chaque partiel en suivant un segment de droite dans le repère temps-fréquence. Les œuvres d'Alejandro Viñao font largement appel à l'interpolation spectrale. Dès 1992, *Borges y el Espejo*, une œuvre écrite pour soprano et bande, fait entendre ce type d'écriture. A 46" du début de la pièce, le compositeur a placé une interpolation entre la voix et un timbre synthétique lui-même fluctuant. Plus loin, à 2'55, une autre interpolation possède des caractéristiques différentes puisque le son de synthèse n'est plus une trame continue. Alejandro Viñao utilise la synthèse granulaire de façon à rapprocher le timbre de la voix de celui de crotales. Ses œuvres suivantes systématiseront le procédé et l'intégreront plus intimement dans le discours musical comme dans la narration dramatique. L'un des exemples les plus nets se situe dans *Hildegard's Dream*, une œuvre pour soprano et ordinateur qui a été composée deux ans plus tard, en 1994. La spiritualité exaltée du Moyen Âge exprimée dans les œuvres vocales de Hildegard est doublée par la vision onirique décrite par le compositeur d'origine argentine :

> [...] j'ai imaginé que, parmi ces visions, Hildegard a fait un rêve qui était trop impressionnant, trop terrifiant, trop beau pour qu'elle le raconte ou même qu'elle l'avoue à autrui, ou se l'avoue à elle-même[31].

Plus loin, Viñao précise cette vision dans une narration qui permettra de mieux comprendre l'utilisation de la vocalité artificielle et de l'interpolation timbrique :

• 31 - Alejandro Viñao, sans titre, notice du disque *Alejandro Viñao, Hildegard's Dream*, traduction anonyme de l'anglais, CD, INA-GRM, INA C 1015, 1994, p. 7.

> Les armées de l'Islam envahissent l'Europe. Hildegard assiste à une représentation de l'une de ses compositions vocales, que le Seigneur lui a révélée dans une de ses visions. La pièce est chantée par quatre-vingts sœurs de son couvent. Au milieu de l'audition, les sœurs se mettent à chanter des notes prolongées comprenant des intervalles microtonaux et des motifs qui ne parlent plus de Dieu mais évoquent les modes interdits de l'infidèle[32].

C'est à l'instant de l'arrivée du nom d'Allah que l'interpolation vers un son synthétique intervient. Pour la religieuse, le rêve devient cauchemar. Heureusement, Hildegard est réveillée par son propre chant. Le son synthétique auquel aboutit la voix étant de hauteur fixe à partir de 2'50" du début de l'œuvre, le procédé d'écriture n'est pas très éloigné d'un gel de la voix. Cependant, une différence essentielle apparaît. Le timbre du son tenu n'est pas stable, mais évolue vers un son de plus en plus métallique puis revient à un son de type vocal. Ces interpolations entre différentes sonorités vont se prolonger pendant plus de deux minutes, associées à différents motifs intervalliques rappelant les musiques du monde islamique. Peu après le début de la seconde partie de l'œuvre, une interpolation similaire est entendue sur la voyelle « o » qui suit l'interrogation « *Ô ! Deus, quis es tu ? Ô !* ». Une dernière itération du procédé est entendue sur les mêmes paroles à partir de 5'30", peu avant la fin de l'œuvre. L'interpolation timbrique, de plus en plus signifiante dramatiquement jusqu'à devenir un élément de la dramaturgie sonore, imprègne l'ensemble de l'œuvre d'Alejandro Viñao. A propos de *Chant d'Ailleurs* de 1992, le compositeur s'explique sur son style d'écriture qui intègre à la fois des éléments de la culture vocale rurale de pays lointains et les technologies numériques liées à la vocalité artificielle. Il affirme que cette œuvre

> est une suite de trois chants provenant d'une culture fictive. [Il] a imaginé cette culture comme ayant développé la technologie tout en étant restée rurale. Cette improbabilité explique la nature ritualiste et parfois monodique du chant, lié à une partie d'ordinateur qui ne cherche pas à harmoniser ni à orchestrer les chants mais plutôt à prolonger le phrasé et le timbre de la voix au-delà de ses moyens acoustiques naturels[33].

Et il relie l'utilisation de l'interpolation timbrique aux caractéristiques musicales de son style.

> Quand l'ordinateur prend les sons vocaux et les transforme en nouveaux timbres, il le fait suivant les « contraintes stylistiques » de cette culture imaginaire[34].

Par ailleurs, des manipulations sonores qui favorisent l'incertitude de l'auditeur traduisent la personnalité mouvante d'un personnage difficile à cerner. Les

---

• 32 - *Ibid.*

• 33 - *Ibid.*, p. 5.

• 34 - *Ibid.*

interpolations spectrales entre la voix et la clarinette dans *Alma Luvia* (1994) de Florence Baschet en forment un exemple caractéristique. Pour voix de femme, trio instrumental et dispositif électronique, l'œuvre a été composée sur des textes de James Joyce extraits de *Finnegans Wake.* Florence Baschet les décrit ainsi :

> [Les transformations sonores] me servent d'une part à accentuer l'idée d'une mutation de timbres en faisant résonner la voix dans des modèles instrumentaux ou en simulant entre la clarinette et la voix des interpolations spectrales, d'autre part à superposer les temps, passé, présent, futur en manipulant l'insertion, la réminiscence et la superposition du matériau ou de ses différents états de transformation (obtenus par harmonizer, frequency-shifting, contraction et étirement temporel de l'échantillon sur le SIM)[35].

Alma Luvia est l'un des principaux personnages du *Finnegans Wake* de James Joyce. En même temps femme et fleuve, elle s'incarne comme tout l'univers de Joyce, dans la fluidité et l'ambiguïté. Les métamorphoses du personnage, la polysémie incessante des mots, du temps et de l'espace est décrite dans une écriture mouvante. L'ambiguïté des sons répond à celle du personnage. Plus largement, les procédés numériques basés sur l'hétérogénéité, qu'elle soit simultanée dans le cas de l'hybridation de deux sons ou par juxtaposition temporelle comme dans l'interpolation timbrique, soulèvent de multiples interrogations.

Quelques réflexions s'imposent autour de la notion de fusion. Tout d'abord, dans le cadre plus large de l'épistémologie, Noëlle Batt fait remarquer l'importance de deux « paradigmes du XXe siècle artistique : le collage et l'abstraction[36]. » Le premier élément peut s'appliquer très facilement aux deux procédés de fusion précédemment décrits, l'hybridation et l'interpolation, puisque le collage dans l'art du siècle dernier

> met en jeu des processus de fragmentation, de dissémination et de recomposition ; de décontextualisation et de recontextualisation[37].

Dans le domaine plus restreint de la vocalité artificielle, les enjeux sont du même ordre. Fusionner la voix avec un élément sonore non-vocal part bien de l'hétérogène, de timbres différents et souvent contrastés, comme la voix et la cloche, le rire et la cymbale. En conséquence, la fusion confronte deux sons possédant des contextes différents et force ainsi l'auditeur à entendre un son tout en étant soumis à une référence différente. Mais, *a contrario*, elle rassemble ces apparences perceptives disjointes en une entité sonore nouvelle. Le résultat fait donc entendre

---

• 35 - Florence Baschet, texte dactylographié inédit déposé dans le dossier accompagnant la partition d'*Alma Luvia* au Centre de Documentation de la Musique Contemporaine, Paris, n. d., n. p.

• 36 - Noëlle Batt, « Que peut la science pour l'art ? », in *L'Art et l'Hybride*, Saint-Denis, Presses Universitaires de Vincennes, 2001, p. 74.

• 37 - *Ibid.*

un timbre encore inouï qui est généré à partir des caractéristiques des deux sonorités initiales tout en s'éloignant de leurs propriétés dans un amalgame qui revêt l'apparence d'un croisement indissociable. Un cas intéressant de ce processus est la fusion d'une voix avec un son non-vocal, ce qui éloigne alors le résultat à la fois du statut de timbre vocal et de celui de timbre non-vocal. Le timbre résultant n'est pas pour autant hétéroclite ou disparate puisqu'il conserve la propriété d'unicité. S'appuyant sur l'exemple de l'hybridation chez les végétaux, Noëlle Batt indique que le génome de la plante résultante apparaît

> comme une transfusion des possibilités héréditaires du génome d'une espèce dans celui d'une autre espèce : on dit qu'il y a eu « introgression »[38].

Et elle ajoute que « l'hybride résultant du croisement manifeste une vigueur si exceptionnelle qu'on lui a donné un nom : "hétérosis"[39]. » C'est cette « vigueur exceptionnelle » qui résulte de l'hybridation entre deux timbres, l'un vocal et l'autre non-vocal. D'ailleurs, le choix des compositeurs s'est volontiers porté sur cette dispersion des timbres à hybrider ou à interpoler. Le plus passionnant consiste dans l'interrogation portant sur le statut du timbre résultant : est-il vocal ou non ? La réponse tient dans la définition du concept de vocalité artificielle : il est plus ou moins vocal, c'est-à-dire que sa qualité vocale est appréciable sur une échelle de vocalité.

L'homme a toujours été fasciné par les limites de la nature humaine et de la connaissance scientifique. Repousser ces limites par le savoir ou par le rêve, par l'imaginaire, l'utopie ou le mythe, s'interroger sur l'existence même de ces limites, c'est acquérir une autre perception de la réalité. Appliquées à la musique, la science et la technologie permettent d'élargir considérablement la palette sonore du compositeur. Le choix des timbres s'agrandit, leur manipulation et leur utilisation dans une structure musicale deviennent de plus en plus aisées. Mais les limites repoussées ne sont pas seulement celles dérivées directement de la puissance des machines qui offrent sans cesse des timbres singuliers, mais aussi celles plus subtiles de la finesse du travail sur le spectre des sons. Par exemple, l'exploration de la frontière entre voix et non-voix par la vocalité artificielle se trouve facilitée par les progrès technologiques. Depuis le début des années 1980, les compositeurs ont accès à des outils numériques de plus en plus performants et simples d'accès. La voix, dont les paramètres spectraux sont aisément manipulables, peut devenir un son non-vocal et réciproquement, tout son peut se rapprocher de la voix grâce à des transformations appropriées. A la limite entre voix et non-voix, il devient difficile d'établir une catégorisation stricte. L'imaginaire de l'auditeur prend alors une

• 38 - *Ibid.*

• 39 - *Ibid.*

grande part à la qualification du son entendu. Victor Hugo affirmait déjà que « tout bruit écouté longtemps devient une voix[40] ». Dans la région paradoxale entre voix et non-voix explorée par la vocalité artificielle, le bruit peut alors être perçu comme une voix et réciproquement.

Le doute s'insinue également entre la nature et l'artifice. La vocalité artificielle éloigne par définition la voix du corps par un processus de décorporéification, mais les phénomènes les plus intéressants se situent dans la jonction incertaine entre deux perceptions : celle d'une voix naturelle ou celle d'une voix artificielle. Pour Jean-Baptiste Barrière, le choix du matériau vocal transformé s'impose pour jouer sur une « perception paradoxale[41] ». Cette perception hésite entre un son de synthèse « décorporéifié » et « une présence abstraite ». Paradoxalement, la voix traitée par ordinateur conserve donc, au moins fugitivement « un lien charnel inévitable et incontrôlable[42] ».

Lorsque Francis Bacon met en abîme le portrait du pape Innocent X par Velasquez, il propose au spectateur les traces équivoques d'une humanité disparue, d'une nature en décomposition, dans une tentative désespérée de dire l'indicible. Tel le peintre analysant et déformant la figure humaine jusqu'à son anéantissement, le compositeur qui met en jeu la vocalité artificielle abolit l'évidence d'une présence corporelle. Il déchire le voile des certitudes entre voix et non-voix.

De l'illusion à l'allusion

Le réalisme du peintre grec Zeuxis a souvent été évoqué. Ses peintures représentant des raisins étaient si réalistes que les oiseaux essayaient de venir les picorer. Si l'on admet facilement l'opposition entre la perception et la réalité, la distinction devient moins nette dans le cas de l'illusion. La ligne de séparation se fait mouvante. La réalité n'est pas celle que l'on croit être. La compréhension est prise en défaut à condition que l'imitation de la réalité soit suffisamment crédible. Pour l'épistémologue Jean-Philippe Narboux,

> étant donné une imitation artistique, on dit qu'elle produit une illusion esthétique si ce qui est imité est accrédité comme si c'était réel[43].

Pourtant, il faut remarquer que l'illusion ne disparaît pas lorsque l'intelligence résout l'artifice de l'aberration perceptive. C'est l'erreur de jugement qui disparaît, mais les sens sont toujours trompés. Une rame plongée dans l'eau reste à jamais

---

• 40 - Victor Hugo, *La fin de Satan*, fragments de poèmes, 1854, in *Œuvres complètes*, Laffont, 1990, p. 301-345.

• 41 - Jean-Baptiste Barrière, *Pour une esthétique de la musique avec ordinateur*, *op. cit.*, p. 475.

• 42 - *Ibid.*

• 43 - Jean-Philippe Narboux, *L'illusion*, Paris, Flammarion, 2000, p. 19.

brisée pour le sens de la vue, même avec la compréhension des lois de la diffraction optique. Une illusion perceptive ne disparaît pas avec sa prise de conscience. Toute peinture figurative et réaliste constitue en soi un trompe-l'œil puisque l'artiste tente de représenter la réalité. La phrase célèbre « Ceci n'est pas une pipe » que Magritte écrit sous la représentation picturale d'une pipe ne fait qu'énoncer une évidence. L'objet est absent, c'est sa représentation qui est présente. Mais le trompe-l'œil véritable n'existe que si le spectateur perçoit une réalité qui n'existe pas, le graveur Maurits Cornelis Escher en a fait la démonstration virtuose.

Auditivement, l'illusion peut également se définir comme le produit d'une évidence trompeuse sur la perception, il s'agit alors d'une sorte de « trompe-l'oreille ». Remarquons tout d'abord que si Jean-Claude Risset s'est intéressé aux illusions auditives, notamment dans ses célèbres sons paradoxaux dont la hauteur baisse pour aboutir plus haut que le point de départ comme dans certaines gravures de Escher, il n'a pas appliqué ce principe au matériau vocal. L'illusion de la vocalité à l'écoute d'un son non-vocal est une erreur de perception causée soit par une fausse apparence, soit par une interprétation erronée. Dans le premier cas, un son imitant parfaitement la voix naturelle est sans doute perçu comme tel. La seconde éventualité met en jeu l'acculturation de l'auditeur et sa capacité d'analyse auditive. Lorsque le timbre proposé par le compositeur se rapproche suffisamment de la voix ou s'il est légèrement masqué par d'autres sons, la perception est trompée. L'illusion touche également la discrimination entre voix naturelle et voix artificielle ou entre voix simulée et voix transformée. Plus généralement, l'écoute paradoxale provoque l'expansion du domaine de l'imaginaire par une ambiguïté de la perception du timbre. Dans son essai « The Mirror of Ambiguity[44] », Jonathan Harvey replace cette notion dans l'intérêt tout particulier que les compositeurs du XXe siècle ont porté au timbre :

> On dit souvent que la musique contemporaine s'intéresse particulièrement [au timbre]. Nous avons tous vécu des instants magiques où le jeu des couleurs sonores atteint des sommets. Cette sensation qui nous émerveille, nous ne pouvons la rapporter qu'au timbre. L'orchestration de Boulez, les manipulations électroacoustiques de Stockhausen, la musique « éthérée » de Ligeti, les musiques spectrales de Grisey et de Murail, dans leurs meilleurs moments, créent une sorte de magie qui est bien due au timbre, malgré l'existence de tous les paramètres structuraux. Ces musiques ont autre chose en commun : elles jouent toutes sur l'identité assignée aux objets par leur timbre, afin de faire naître une ambiguïté[45].

• 44 - Jonathan Harvey, « Le miroir de l'ambiguïté », in *Le timbre, métaphore pour la composition*, sous la direction de Jean-Baptiste Barrière, Paris, Ircam, Christian Bourgois, 1991, p. 457. Article paru une première fois en anglais sous le titre : « The Mirror of Ambiguity », in The Language of Electroacoustic Music, Londres, Mac Millan Press, 1986, p. 178.

• 45 - *Ibid.*

Et le compositeur ajoute :

> L'expérience du timbre est avant tout celle d'un changement d'identité, et elle résulte d'une confusion qui, fût-ce pour un instant, nous fait prendre un objet pour un autre[46].

L'illusion qui dévoie l'identité timbrique enrichit donc « le jeu des couleurs sonores » et, si elle se révèle particulièrement fertile dans le domaine de la vocalité artificielle, elle n'en est pas moins l'une des préoccupations essentielles des compositeurs contemporains. Cependant, le timbre n'est pas le seul paramètre de la vocalité artificielle investit par l'imaginaire, et plus précisément par l'illusion.

La spatialisation de la musique est un paramètre important dans l'écriture musicale contemporaine, notamment dans la musique électroacoustique et dans la musique informatique. Dès 1955, Karlheinz Stockhausen a réalisé au Studio de la Westdeutscher Rundfunk de Cologne une œuvre conçue pour cinq haut-parleurs disposés autour du public : *Gesang der Jünglinge*. Or, malgré les moyens techniques limités dont il disposait, le compositeur a spatialisé les sons. Stockhausen précise que, dans cette pièce, il a

> tenté de mettre en œuvre la directivité (*Schallrichtung*) et le mouvement des sonorités (*Klang*) dans l'espace, et d'élargir ainsi la perception musicale[47].

Au-delà de la directivité, la topique sonore concerne le degré d'éloignement qui est donné acoustiquement par la transformation du timbre original et la modification de son intensité. Stockhausen reconnaît que

> si nous ne connaissons absolument pas le son (comme étant celui de tel ou tel instrument) l'évaluation de la distance est à peine possible [...][48].

Déjà, pour Michel Chion, le principe de la voix-off au cinéma avait radicalement déterritorialisé la voix. En 1972, avec John Chowning, l'équipe du CCRMA de Stanford tente d'incorporer la spatialisation dans ses recherches sur la synthèse directe.

La spatialisation a également été utilisée par de nombreux compositeurs pour apporter une dimension supplémentaire : le mouvement. Dans *Concertation* de Michaël Levinas, une installation sonore et mobile avec des sculptures de Thanssis Tolsikasde réalisée en 1996 à l'Ircam avec le concours de Tom Mays, assistant

---

• 46 - *Ibid.*

• 47 - Karlheinz Stockhausen, « Musique dans l'espace », traduction de l'allemand par Christian Meyer, *Contrechamps*, n° 9, p. 79. Première parution en allemand sous le titre « Musik im Raum », *die Reihe*, n° 5, 1959, date de rédaction : octobre 1958. Les mots allemands entre parenthèses apparaissent ainsi dans la traduction française de Christian Meyer.

• 48 - *Ibid.*

musical, le compositeur précise que les « périodicités du temps sont exprimées par le mouvement giratoire du son dans l'espace[49]. » Il ajoute :

> La station d'informatique musicale de l'Ircam permet de superposer à plusieurs niveaux de l'espace un complexe de mouvements et de créer ainsi une polyphonie de variations périodiques qui produisent non seulement les faisceaux sonores évolutifs mais aussi une texture de polyrythmies harmoniques particulièrement perceptibles à l'audition. Ainsi, l'idée musicale d'une périodicité de plusieurs temps simultanément répercutés de manière acoustique dans l'espace construit la forme de *Concertation*[50].

Par l'effet de la spatialisation et des mouvements giratoires, l'auditeur ne peut plus associer une voix ou un instrument à une direction déterminée. L'espace perd son caractère explicite de lieu où le corps émettant une voix ne peut se situer qu'en un seul point et dont les déplacements obéissent aux lois de la physique. Il devient une notion paradoxale dans laquelle l'emplacement d'une voix ne dépend plus de celui du corps qui devrait en être la source, mais de la volonté du compositeur. En utilisant la spatialisation, la vocalité artificielle permet de créer l'illusion spatiale en renforçant la décorporéification de la voix.

Enfin, pour localiser l'origine du son vocal, l'auditeur doit pouvoir l'entendre clairement. Peu intense, masquée par d'autres sons ou intégrée harmoniquement à la masse orchestrale comme dans *L'Amour de loin* de Kaija Saariaho, la voix machinique ne peut être rattachée nettement à la perception d'un phénomène vocal. Dans ce cas, tous ses paramètres sont perçus globalement, qu'il s'agisse du timbre, de la hauteur ou de la localisation. La compréhension des paroles est également fortement compromise. Alors, la voix machinique ne témoigne de sa présence dans l'espace musical que par allusion, favorisant ainsi le travail de l'imaginaire chez l'auditeur.

La vocalité artificielle met en jeu deux processus allusifs dont le premier concerne la compréhension du texte et le deuxième le statut de la voix lui-même. Lorsque Karlheinz Stockhausen développe pour *Gesang der Jünglinge* un processus complexe portant sur les rapports entre voix et électronique, il utilise un certain nombre de degrés de compréhension du texte. Parfois, l'auditeur ne saisira que des allusions plus ou moins claires au texte. Pour organiser l'hétérogénéité latente entre les deux catégories de matériaux formés par la voix et les sons électroniques, le compositeur est amené à considérer parfois la voix comme un phénomène sonore et à nier le sens du texte qu'elle véhicule. Pour François Decarsin,

---

• 49 - Michaël Levinas, programme du concert du 26 juin 1999 en l'Eglise Saint-Merri de Paris, p. 7.

• 50 - *Ibid.*

> cet aller-retour du son au mot matérialise l'ambivalence de la voix comme élément timbrique et comme porteur de sens dans une perspective fortement définie : l'incantation [...][51].

Ainsi, la voix du jeune garçon, manipulée, transformée, déstructurée et restructurée par les outils électroniques oscille entre l'intelligibilité du texte et une valeur purement sonore. Une construction complexe fait appel à sept degrés de compréhension qui vont de l'allusion au texte, du presque incompréhensible à l'intelligibilité totale. Mais Stockhausen précise « qu'il est clair que ces degrés de compréhension ne pourraient pas être précisément mesurés [...][52] ». En effet, par principe, le résultat d'un travail sur l'allusion ne peut être défini avec exactitude.

Remettant en cause l'existence même du phénomène vocal, le deuxième procédé allusif rend incertaine la reconnaissance d'une vocalité dans l'œuvre entendue. L'atténuation du voisement au profit des sons bruités de la voix – comme ceux des consonnes, ou le chuchotement – provoquent la transformation de la voix en un signal dans lequel seul le rythme prosodique émerge. Kaija Saariaho utilise souvent ce processus pour intégrer la voix plus intimement à la texture sonore. Dès 1987, dans *Nymphea, Jardin secret III*, le chuchotement des voix des instrumentistes du quatuor à cordes transforme leur diction d'un texte d'Arseniy Tarkovski en simple allusion. Neuf ans plus tard, le même procédé est entendu à la fin de *Lonh*, pour soprano et électronique. Le texte du troubadour Jaufré Rudel s'éteint dans un chuchotement. Par ailleurs, les traitements par filtres résonants, partie intégrante de l'écriture de la compositrice, renouvellent ce processus allusif en faisant émerger quelques sonorités de consonnes de la masse orchestrale. A la manière d'un microscope qui réduit le champ visuel tout en révélant de nouveaux univers, l'allusion vocale ouvre l'horizon expressif en s'appuyant sur un domaine perceptif infinitésimal. De l'illusion à la quasi-disparition de la voix, la vocalité artificielle recouvre un grand nombre de possibilités qui parcourent tout le champ expressif, de l'éructation spectaculaire de l'*Apocalypse de Jean* de Pierre Henry à l'évanescence des sonorités vocales à peine effleurées de Kaija Saariaho.

Rendue possible par les progrès des sciences et des techniques de plus en plus rapides à partir de la fin du XIXe siècle, la vocalité artificielle s'est développée dans le contexte culturel d'une modernité dans laquelle les machines ont pris une impor-

• 51 - François Decarsin, « La voix chez Stockhausen : le timbre et le sens », in *Voix et création au XXe siècle*, Actes du Colloque de Montpellier, 26, 27 et 28 janvier 1995, Paris, Honoré Champion, 1997, p. 49.

• 52 - Karlheinz Stockhausen, « Musik und Sprache im *Gesang der Jünglinge* », traduction de l'auteur, texte écrit en 1957, notice du disque *Stockhausen complete edition 3*, CD, Stockhausen Verlag, Kürten, Allemagne, 1996, p. 55-74.

tance considérable. Vocalité à part entière, elle garde un lien direct avec la voix naturelle, même s'il est distendu ; artificielle dans ses procédés de fabrication, elle met en jeu d'autres moyens que les organes de la phonation. Si la vocalité artificielle est décorporéifiée, elle n'en respecte pas moins les principales contraintes acoustiques liées à l'acte phonatoire. Des dispositifs technologiques de plus en plus sophistiqués ont permis aux créateurs de s'approprier cette nouvelle forme d'expression, d'abord dans le domaine de la poésie sonore et dans les recherches musicales des studios radiophoniques. A la fin des années 1970, l'arrivée de l'informatique musicale élargit les possibilités offertes aux compositeurs et donne un nouvel élan à la vocalité artificielle. De nombreux modèles apparaissent alors pour simuler ou transformer la voix. Au-delà des outils facilitant la création offerts aux compositeurs par les technologies s'ouvre un nouvel espace pour l'imaginaire.

La voix est le support sonore du langage parlé qui lui-même peut s'appuyer sur un texte antérieur à la locution. La vocalité artificielle présente-t-elle des particularités quant au rapport entre le texte et la musique ? Force est de constater qu'il s'inscrit dans la modernité. L'enregistrement et l'amplification favorisent l'insertion d'éléments de la banalité quotidienne dans la trame musicale. Du rire aux conversations prises sur le vif, la vocalité artificielle affirme cette modernité en intégrant des sources vocales hétéroclites. Mais le choix de la source n'en est pas le seul élément. En effet, lorsque les grands textes littéraires sont convoqués, de l'œuvre de Rabelais à celle de Joyce en passant par les textes rimbaldiens, le traitement qu'ils reçoivent relève des nouvelles vocalités apparues dans les années 1960. Celles-ci ne sont pas seulement caractérisées par l'importance qu'elles donnent aux langages préverbaux. Elles transforment également le matériau textuel par fragmentation et atomisation. La vocalité artificielle amplifie ce mouvement en agissant non seulement au niveau du texte, mais également sur la source sonore. Bien que le rapport texte/musique dans la vocalité artificielle reprenne des procédés comme ceux du figuralisme ou de la cinématographie sonore, son mode de fonctionnement reste différent. Il considère la voix, non comme la lecture ou le chant d'un texte dans le temps de l'interprétation, mais comme un matériau sonore malléable dans tous ses paramètres, y compris celui du temps. Cette grande souplesse n'implique pas une utilisation obligatoire de toutes les ressources technologiques existant à l'époque de la composition d'une œuvre. En réalité, les progrès scientifiques et techniques ne font qu'accroître les moyens expressifs offerts aux compositeurs. Ainsi, il est vain de chercher à établir une catégorisation de l'esthétique des œuvres relevant du domaine de la vocalité artificielle en fonction des avancées scientifiques et technologiques. Les grandes inventions du siècle dernier n'impliquent pas de rupture esthétique majeure. D'une part, les outils numériques reproduisent souvent ce que l'analogique permettait déjà. D'autre part, les compositeurs intéressés par la vocalité artificielle présentent une grande variété de comportement entre deux extrêmes. Si certains d'entre eux suscitent la mise au point de nouveaux outils, d'autres ne travaillent jamais en numérique. La grande liberté expressive apportée par la vocalité artificielle a également contribué à ouvrir les frontières des genres musicaux, notamment dans le domaine de la musique religieuse au sein duquel les canons du genre sont parfois mis à mal dans le but de renforcer l'intensité expressive chez Pierre Henry, ou de décalage ironique chez Denis Dufour. Plus largement, la théâtralisation de la voix est facilitée dans la musique lyrique. Son intégration à la texture sonore et à la trame harmonique tire également parti des modifications de la répartition de son énergie spectrale ; la musique de Kaija Saariaho en fournit des exemples convaincants.

Au-delà des procédés d'écriture auxquels elle participe, la vocalité artificielle est également une représentation de l'humanité à travers son portrait sonore. Ce dernier met en scène aussi bien les voix les plus familières chez Paul Lansky qu'une mise en abîme de la voix déjà portraiturée dans une œuvre de Philippe Leroux. La vocalité artificielle représente l'humanité comme un témoignage de son passé, c'est le cas pour l'enregistrement, ou comme une interprétation de sa réalité, les techniques du temps réel provoquant une distanciation entre l'individu et la perception d'un signal sonore issu de la vocalité. A travers sa voix, la personne est ainsi mise en portrait à la fois dans sa singularité et dans son universalité, comme individu possédant des caractéristiques uniques et comme archétype d'une catégorie. Dans tous les cas, qu'elle soit perçue comme litote ou comme hyperbole, qu'elle soit à peine audible en tant que phénomène vocal ou qu'elle soit violemment projetée, la voix machinique est décorporéifiée et devient un signal plus ou moins fugitif de l'humanité. Cette distanciation constitue le point central de l'espace imaginaire créé par la voix machinique.

Cependant, la vocalité artificielle ne peut se concevoir comme un réseau quadrillé par des lignes nettement tracées. Par exemple, la distanciation ne se réduit pas à une simple caractéristique en « tout ou rien ». Les paramètres qui la définissent n'évoluent pas en marches d'escalier, ce ne sont pas des valeurs discrètes, mais continues. La voix machinique projette l'auditeur dans un monde sonore du « plus ou moins ». La vocalité est une notion relative, tout comme la figuration. Des zones frontières apparaissent alors entre voix et non-voix, entre figuration et défiguration, entre rupture et continuité esthétique, entre les genres musicaux. Plus généralement, la vocalité artificielle n'est pas seulement la voix spectaculaire et archétypale des robots, elle est l'occasion pour les compositeurs d'explorer les régions plus subtiles de l'illusion et de l'allusion. Les équivoques sur le timbre issu de la fusion entre plusieurs sons par hybridation ou interpolation s'allient à des paradoxes temporels renforçant une ambiguïté qui s'avère un terreau extrêmement fertile musicalement.

Conclusion

Un *continuum* généralisé

Tout d'abord liée à des fonctions primordiales, la voix humaine a ensuite permis de nommer des objets et des personnes puis des concepts. Très rapidement, elle est sans doute devenue musicale à travers son utilisation incantatoire et festive. Mais, dans ce domaine artistique, la voix a toujours conservé, par son appartenance au corps, un statut différent de celui des instruments de musique. En effet, impliquant intimement le locuteur et sa personnalité, la voix ne peut se réduire à un timbre instrumental dont la production est assurée par un dispositif extérieur au corps. De plus, si la voix musicale véhicule le langage articulé comme d'autres voix, elle sert le plus souvent de support à un texte. Elle est ancrée à la fois dans le fonctionnement intime de la personne et dans la culture commune à un groupe. Ainsi, elle tend à la fois à la singularité et à l'universalité. C'est pourquoi la voix s'est souvent révélée exemplaire des grandes articulations de l'histoire de la musique. De la naissance de la polyphonie avec l'école de Notre-Dame à l'émergence du romantisme dans les Lieder germaniques jusqu'au *Sprechgesang* d'Arnold Schönberg, la vocalité a non seulement toujours été présente, mais, par sa souplesse et son pouvoir expressif, elle a été un élément central dans de nombreuses expérimentations et remises en cause. La voix s'inscrit donc tout naturellement dans le courant de la modernité qui se fait jour à partir du XIXe siècle finissant, puis elle s'épanouit progressivement dans des formes d'expressions inédites qu'il est convenu d'appeler « nouvelles vocalités ». Pour la musicologue Marie-Claire Mussat,

> si la nouvelle vocalité nécessite de repenser la formation du chanteur, elle ne supprime nullement la technique et la virtuosité – elles sont autres – mais bouleversent les conventions sociales et les catégories esthétiques[1].

• 1 - Marie-Claire Mussat, *Trajectoires de la musique au XXe siècle*, Paris, Klincksieck, 1995. Deuxième édition revue et augmentée, Paris, Klincksieck, 2002, p. 116.

Cartographier l'ensemble du paysage de ces vocalités met en évidence un domaine inédit : celui de la « vocalité artificielle ». L'artifice dont il est question dans cette expression s'oppose au naturel de la voix humaine, il est le produit de dispositifs machiniques. D'abord mécaniques puis électriques, magnétiques, électroniques ou informatiques, ces dispositifs ont un point commun : ils permettent de fixer, de manipuler ou de simuler la voix. Ainsi, la vocalité artificielle interroge, au sein de la musique savante occidentale, tout phénomène sonore de caractère vocal et issu d'une machine. Au-delà de sa situation dans le domaine des nouvelles vocalités, la voix machinique se situe au cœur de la problématique des relations entre l'art et les techno-sciences. Au carrefour de deux univers, celui de la création artistique et celui de la rigueur méthodologique des sciences et de leurs applications techniques, la vocalité artificielle est donc révélatrice des grandes lignes de fracture qui ont sillonné le monde occidental à partir de la fin du XIXe siècle. Le premier mode de pensée, celui des arts, met la technique au service de la créativité, le second met l'imagination au service des techniques. Si la technique au sens de savoir-faire ou d'outils conceptuels n'a jamais été absente de la musique et si les instruments de musique anciens comportent une part de mécanique, les applications de la science contemporaine, communément regroupées sous le terme de nouvelles technologies, ont été mises à profit par les musiciens à partir des années 1950. Grâce à l'inventivité des scientifiques et des ingénieurs, les technologies progressent et permettent de concrétiser ce qu'imaginent les créateurs. La voix machinique possède donc une double nature, opératoire et imaginaire. Sa nature est opératoire dans le sens où elle sollicite des processus technologiques générateurs qui en déterminent *in fine* les caractéristiques sonores. Sa nature est imaginaire puisqu'elle relève de la création artistique. Cette rencontre est le véritable centre où se noue l'existence d'une vocalité artificielle.

Trois conditions ont été nécessaires pour qu'apparaisse une voix machinique. La première, la connaissance de la voix naturelle dans ses composantes physiologiques, acoustiques et perceptives établit bien évidemment les fondations indispensables sans lesquelles les scientifiques et les créateurs n'auraient pu reconsidérer le statut de la voix. Il s'agit des contraintes qui délimitent la voix naturelle, de son émission à sa réception en passant par sa transmission. Ces caractéristiques, n'ont pas fondamentalement changé au cours des siècles passés, même si les langues et les styles de chant ont pu être très différents. Il n'en est pas de même pour la voix machinique. La fixation, la manipulation et la simulation de la voix sont devenues réalité avec l'évolution des technologies. Mais cette seconde condition ne s'est pas réalisée en une seule fois. Pour accéder au rang d'instruments appartenant à une nouvelle lutherie, les outils inventés par les techniciens pour modifier ou créer un son proche de la voix ont dû dépasser les dispositifs mécaniques approximatifs des têtes parlantes qui offraient des résultats sonores médiocres et difficiles à contrôler. Aucune solution sérieuse à ces problèmes n'est apparue avant les grandes inventions de l'époque de la première révolution industrielle. La première avancée significative a été la fixation de la voix par le phonographe, qui a d'ailleurs aussitôt retenu l'attention de certains écrivains. La possibilité était offerte par la machine de briser le lien temporel et spatial entre l'émission et la perception de la voix. Les relations entre la voix naturelle et la technologie ne sont pas sans interroger le gouffre apparent séparant un élément naturel de machines totalement artificielles. Pourtant, Danielle Cohen-Levinas affirme que « la voix possède une capacité saisissante d'intégration esthétique de la technologie[2]. » Et elle précise que

> l'opposition entre l'organique, le vivant, le technologique et le mécanique ne s'estompe pas, mais vacille et se déplace sans fin en suscitant des effets étranges et inédits, comme si des corps singuliers happés par cette expérience surgissaient soudain, propulsés dans une autre dimension et une autre gravitation[3].

Ainsi, cette opposition entre le corps du locuteur et la machine n'est pas réductible, mais instable jusqu'à devenir insaisissable. Et cette dérive incessante de la jonction de l'humain et du machinique est le point sensible qui fait éclore de larges possibilités expressives dont le musicien se saisit, surtout lorsque apparaît un environnement culturel favorable aux innovations technologiques. Cet intérêt pour la modernité qui s'empare du milieu de la création artistique à la fin du XIXe siècle définit la troisième et dernière condition de l'émergence d'une vocalité artificielle. Mais le monde de la littérature devance largement celui de la musique dans son appropriation des nouvelles inventions. L'utilisation des machines comme le phonographe par les compositeurs s'avère plus difficile que leur intégration dans l'imaginaire romanesque. Les idées d'Apollinaire sur une poésie phonographique étant trop ambitieuses pour les appareils disponibles dans la réalité, seuls les héros des romans de Villiers, de Roussel ou de Verne connaîtront les applications extraordinaires de la vocalité artificielle. Mais ces prémices sont des signaux forts indiquant que tout était réuni pour voir émerger la vocalité artificielle dans le monde musical. Il faudra pourtant attendre encore un demi-siècle.

Une fois passés les balbutiements de l'enregistrement, les sciences et les technologies poursuivent leur marche en avant dans la première moitié du XXe siècle. Au milieu de ce siècle, la vocalité artificielle commence à prendre pied dans la composition musicale et, presque simultanément, les progrès techniques favorisent le développement de la poésie sonore rêvée par Apollinaire. Au fur et à mesure de l'apparition de nouveaux modèles et de nouvelles technologies empruntant aux avancées du magnétisme, de l'électronique et de l'informatique, les compositeurs

---

• 2 - Danielle Cohen-Levinas, *La voix au-delà du chant*, Paris, Michel de Maule, 1987, p. 90.

• 3 - *Ibid.*, p. 91.

intéressés par des sonorités vocales inouïes, de Pierre Schaeffer et Pierre Henry à Karlheinz Stockhausen, Jonathan Harvey, Philippe Manoury, Kaija Saariaho et bien d'autres, étendent et affinent l'intégration de la vocalité artificielle dans leurs œuvres. A partir de la voix concrète peu éloignée de la poésie sonore jusqu'aux modèles de traitement et de synthèse les plus sophistiqués autorisés par le calcul numérique, un demi-siècle de création associe vocalité et artificialité. Dans toute cette période, deux œuvres restent emblématiques de la maturité de la vocalité artificielle, annoncée par le *Gesang der Jünglinge* de Karlheinz Stockhausen et affirmée après l'arrivée des technologies numériques : *Mortuos Plango, Vivos Voco* (1980) de Jonathan Harvey et *Les Chants de l'amour* (1985) de Gérard Grisey. Grâce à des outils plus performants, elles déploient enfin la vocalité artificielle dans toute sa richesse musicale et expressive.

Prolongeant les concepts technologiques et musicaux de la vocalité artificielle, un nouvel espace imaginaire s'est déployé en prenant appui sur trois relations dialectiques : texte/musique, rupture/continuité et figuration/défiguration. Tout d'abord, la vocalité artificielle offre aux compositeurs une extension de leurs recherches sur la place du texte dans les nouvelles vocalités au XXe siècle en favorisant une plus grande souplesse dans son traitement musical. En outre, elle induit une métamorphose de la voix en la transformant en matériau sonore. La traditionnelle mise en musique du texte devient la source sonore d'une nouvelle strate du processus de composition. Comme dans les siècles passés, le compositeur choisit le texte et en fixe le mode d'interprétation. Mais cette fois, le cycle opératoire de la composition ne s'arrête pas là. Le traitement musical du texte est mis en abîme lorsqu'une dernière étape modifie par l'intermédiaire d'une machine le résultat de l'interprétation. Que ces ultimes modifications soient réalisées en temps différé ou en temps réel ne change rien à ce principe inédit depuis l'apparition de la musique vocale. *En écho* (1993) de Philippe Manoury est exemplaire de ce passage entre l'écriture symbolique de la voix à l'aide de notes et son écriture sonore, c'est-à-dire vers une véritable sculpture à même le matériau acoustique. Dix ans plus tard, *Voi(e)/R(e)x* de Philipe Leroux décuple ce procédé en multipliant les va-et-vient entre composition et interprétation. Dans le cas d'une voix synthétique, la constatation est inverse. Au lieu d'ajouter une étape au processus artistique, la vocalité artificielle en enlève une, celle de l'interprétation. Ou plus exactement, comme dans toute musique synthétique, le compositeur devient son propre interprète. Mais il s'agit d'une « mise en son » définitive, non soumise aux limites et à la volonté d'un interprète. Par ailleurs, l'analyse acoustique se transforme paradoxalement en méthode de composition en métamorphosant le matériau sonore vocal en générateur structurel, la forme ainsi obtenue étant elle-même remplie par une texture vocale. Le plan architectural n'est plus seulement réalisé avec un matériau, il est conçu à partir du matériau, et celui-ci possède à l'origine deux dimensions singulières : la langue et le sens. Le texte vocalisé offre ainsi au compositeur une source extraordinairement riche.

Il serait cependant imprudent d'attribuer à l'utilisation de la vocalité artificielle un renouvellement stylistique systématique en associant trop étroitement les sauts technologiques, notamment le passage au numérique, avec des changements radicaux dans le domaine esthétique. Si une rupture conceptuelle de la représentation a bien eu lieu avec l'arrivée des arts numériques, il faut prendre garde de ne pas en déduire l'existence d'une fracture esthétique. Certes, la technique numérique est révolutionnaire dans le sens où elle représente des valeurs discontinues, se situe dans un ordre opératoire et consacre l'inachevé, mais, contrairement à la fixation des sons et à leurs traitements dont toutes les musiques sur support sont directement redevables, l'arrivée du numérique n'a pas engendré, à proprement parler, de nouveau courant musical. Mais le contexte de la post-modernité à la fin du XXe siècle a favorisé la continuité stylistique. Jean-Jacques Nattiez souligne que si

> le moderne croit en la valeur esthétique de ce qu'il fait, [...] le post-moderne, lui n'a plus foi en l'avenir. [...] Il ne craint pas l'impureté du mélange des styles et des genres. Il est prêt à s'inspirer des styles du passé et à multiplier les citations[4].

Le progrès technologique qui s'est poursuivi pendant le post-modernisme n'est donc pas corrélé de manière absolue avec une évolution stylistique unidirectionnelle. En réalité, la véritable rupture est celle contenue dans le principe même de la vocalité artificielle, c'est-à-dire la distanciation du matériau vocal entendu par rapport au corps du locuteur. Cette décorporéification ouvre des perspectives qui, si elles ne sont pas toujours spectaculaires, élargissent néanmoins le champ de la vocalité sur des perspectives inédites. Les trois dialectiques : texte/musique, rupture/continuité, figuration/défiguration, aboutissent ainsi à des notions plus délicates à manier puisqu'elles touchent par définition aux frontières de la compréhension. Ces *limes* esthétiques s'avèrent le plus souvent ambigus ou paradoxaux, qu'ils concernent la gestion du temps, celle du timbre ou plus généralement celle même de vocalité.

En effet, plus large que la notion absolue de voix, la vocalité est relative. Si un son se définit comme vocal ou non-vocal, la vocalité est la qualité d'un phénomène sonore qui le rapproche plus ou moins de la voix. A la séparation traditionnelle entre le vocal et l'instrumental, il faut donc substituer une échelle continue de

---

• 4 - Jean-Jacques Nattiez, « Comment raconter le XXe siècle », in *Musiques, une encyclopédie pour le XXIe siècle*, sous la direction de Jean-Jacques Nattiez, volume 1, Actes Sud, Cité de la Musique, 2003, p. 47, paru précédemment en italien in *Enciclopedia della Musica*, volume 1, Turin, Giulio Einaudi, 2001.

vocalité. Les valeurs extrêmes de cette échelle sont d'une part le phénomène sonore qui est perçu comme franchement vocal et d'autre part ce qui ne l'est pas du tout. Les œuvres de compositeurs ayant particulièrement travaillé sur le spectre sont emblématiques de cette finesse de perception qui établit des passerelles entre différentes classes de timbres. Leur palette sonore n'est pas une construction réalisée comme une juxtaposition de sons contrastés obéissant à une typologie nettement définie mais se rapproche d'un continuum sonore. Pour preuve l'intérêt de compositeurs comme Kaija Saariaho ou Karlheinz Stockhausen pour les zones timbriques frontières entre différentes perceptions spectrales. Plus largement, au sein de la vocalité artificielle, tous les paramètres musicaux deviennent continus, même si le compositeur peut décider dans son processus créatif d'établir une échelle discontinue de valeurs à partir de ce continuum. Il faut rappeler tout d'abord que l'intensité et le tempo ne peuvent être perçus comme des paramètres absolus, même si les compositeurs ont tenté d'établir des intensités précises avec un système de notation (piano/forte). Pour sa part, le tempo n'a pu être mesuré précisément qu'avec le métronome, mais son évaluation physiologique reste imprécise. Par ailleurs, si les échelles de hauteurs non tempérées ou les glissandi ont précédé la mise en place d'une norme occidentale qui a duré quelques siècles, le mouvement inverse s'est produit avec l'apparition d'une lutherie électronique. Le timbre, quant à lui, a vu sa classification organologique remise en cause par l'émergence des outils de fixation, de transformation et de simulation sonores. Au-delà des combinaisons instrumentales recherchées dans l'écriture orchestrale, les musiques électroacoustique et informatique ont étendu les possibilités d'élaboration des timbres en les libérant entièrement des contingences organologiques, du moins en théorie. Michaël Levinas, travaillant sur le basson dans le cadre de la synthèse sonore, rapporte que,

> tout en essayant de lui conserver son essence propre, [il] lui confère une « voyelle » avant de procéder à tout un travail de transformation. Il y aurait ainsi une voix dans le basson. La structure harmonique de cette voix « ordinateurisée » sera très proche de la structure harmonique du basson. L'oreille peut aussi déceler, dans des moments électroniques et des sons concrets, des formes, et en quelque façon, des métaphores de l'instrumental, voire même de la voix humaine[5].

Par hybridation, il est ainsi possible de mettre en jeu toutes les valeurs intermédiaires entre deux timbres répertoriés par le compositeur. Dès le début de la musique concrète, Pierre Schaeffer a constaté la difficulté inhérente au continuum timbrique offert par la nouvelle lutherie, mais la tentative de classification de son

---

• 5 - Michaël Levinas, « Qu'est-ce que l'instrumental ? », in *Le compositeur trouvère. Ecrits et entretiens (1982-2002)*, textes réunis et annotés par Pierre Albert Castanet et Danielle Cohen-Levinas, Paris, L'Itinéraire, L'Harmattan, 2002, p. 34-35.

solfège sonore reposait sur une base entachée d'un paradoxe : la catégorisation d'un univers ne présentant pas de discontinuité. Les timbres artificiels ne constituent pas un ensemble formé d'objets définis comme les timbres des instruments traditionnels. La vocalité artificielle est exemplaire de cette continuité : les différentes voyelles, dont la classification est indispensable à l'existence des langages oraux, deviennent, au sein des musiques électroacoustiques, un continuum sonore dans lequel les paramètres formantiques peuvent prendre une infinité de valeurs. Ainsi, le degré de compréhension du texte se transforme en un paramètre d'écriture évoluant comme une valeur susceptible de varier, de la parfaite intelligence du texte à sa dilution totale. Constatation également spécifique à la vocalité artificielle, la décorporéification de la voix peut être traitée comme un continuum entre l'humanité du chanteur et une voix perçue avec évidence comme synthétique.

La conséquence de ce continuum généralisé – François Delalande écrit, à propos de l'introduction des synthétiseurs vers 1970, qu'à « une "écriture" par juxtaposition d'unités [a succédé] une mise en forme par contrôle continu d'une évolution[6] » – est l'effacement de frontières nettement définies au profit de zones floues dont la définition et la perception sont impossibles à établir avec certitude. Mais, pour Jonathan Harvey,

> il semblerait que la mémoire fonctionne sur des quanta discrets. Nos images mentales sont essentiellement statiques et privées de leur dimension de changement[7].

Et le compositeur en déduit que « [les] continuums sont fuyants, nous n'arrivons pas à les saisir, et, lorsqu'ils nous sont brusquement révélés, ils nous déconcertent[8]. » Le doute s'immisce alors dans l'écriture musicale, d'autant plus que le nombre de paramètres concernés par des phénomènes de continuum est grand. Cette incertitude peut se développer jusqu'à donner naissance à une véritable esthétique de l'ambiguïté.

Le réseau de liens qui s'est tissé entre la vocalité et la technologie a évolué par une maturation qui, si elle a eu un point de départ historique fortement marqué par l'arrivée des machines à enregistrer, si elle a connu une accélération au moment du passage à l'informatique à la fin des années 1980, a été progressive et n'est sans doute pas achevée. Mais cette relative régularité dans l'évolution de la vocalité artificielle, qui soude et renforce cette notion, ne doit pas faire oublier une rupture

---

• 6 - François Delalande, « Le paradigme électroacoustique », in *Musiques, une encyclopédie pour le* XXI*e siècle*, volume 1, *op. cit.*, p. 552.

• 7 - Jonathan Harvey, « Le miroir de l'ambiguïté », in *Le timbre, métaphore pour la composition*, sous la direction de Jean-Baptiste Barrière, Paris, Ircam, Christian Bourgois, p. 462. Article paru une première fois en anglais sous le titre : « The Mirror of Ambiguity », in *The Language of Electroacoustic Music*, Londres, Mac Millan Press, 1986.

• 8 - *Ibid.*

fondamentale. Celle qui surgit avec le principe même de la vocalité artificielle : ce n'est plus la voix qui signe la singularité de l'homme, mais l'homme qui fabrique la voix qu'il désire, par transformation ou par synthèse. Les procédés techniques en tant que tels ne créent pas de véritables ruptures dans l'évolution des courants artistiques. Les lignes de fractures sont d'un autre ordre. Ce n'est pas sur le plan des techniques mais sur celui de l'imaginaire que se situent les véritables oppositions. Pour Edmond Couchot, « l'art numérique redonne un sens à une technologie qui, de par sa nature, n'en produit pas et l'arrache à ses fins instrumentales[9] ». Plus généralement, la technologie sert et matérialise l'art, l'imaginaire contribue à le créer et à le faire vivre. Quant à la vocalité artificielle, elle possède une particularité remarquable dans le domaine musical : elle est la seule manifestation technologique ancrée dans une référence à l'intime.

Les technologies sont en constante évolution, mais les solutions logicielles mises en œuvre sont souvent difficiles à maîtriser et les textures sonores n'évitent pas toujours une certaine rigidité dans leur caractérisation musicale. Dans les dernières décennies, les nouveaux modèles ont été plus rares et d'autres voies devront être explorées. Seul un niveau supérieur de conception pourra résoudre en partie les problèmes rencontrés, par exemple par l'utilisation simultanée de plusieurs modèles ou de leur unification. Grâce à leur puissance, les machines multiprocesseurs permettront à terme d'envisager ce type de lutherie informatique. Dès 1997, une idée similaire avait été avancée par Philippe Manoury pour unifier l'échantillonnage, de l'analyse et de la synthèse

> dans une seule et même technique unitaire relevant à la fois du traitement et de l'échantillonnage, mais dont les modes de contrôle seraient ceux de la synthèse, dont une partie des paramètres serait gérée par une analyse en temps réel[10].

Les barrières technologiques tombant les unes après les autres, des modèles aussi différents que ceux issus de la granulation, de la modulation de fréquence, de la prédiction linéaire et des fonctions d'onde formantique pourront être exploités au sein d'un même processus d'élaboration de la vocalité artificielle de façon à tirer parti des qualités de chacun. Par exemple, la synthèse du timbre naturel des voyelles est excellente à partir des fonctions d'onde formantique alors que la modulation de fréquence offre de bons résultats pour la simulation de sons vocaux plus étranges contenant des spectres inharmoniques complexes. Pouvoir mélanger un grand nombre de modèles dans un même logiciel serait d'une grande effica-

---

• 9 - Edmond Couchot, « Pour une pensée de la transversalité », in *Dialogues sur l'art et la technologie*, sous la direction de François Soulages, Paris, L'Harmattan, 2001, p. 157.

• 10 - Philippe Manoury, « Les partitions virtuelles », Paris, juin 1997, in *La Note et le son, Ecrits et entretiens, 1981-1998*, Paris, L'Itinéraire, L'Harmattan, 1998, p. 86.

cité pour donner toute liberté à l'élaboration et au contrôle des phonèmes, des attaques, des vibratos et de tous les phénomènes sonores liés à la vocalité. Pour Marc Battier,

> la complexité des programmes, leur variété, et, plus encore, la corrélation d'une quantité importante de variables, dans le traitement du signal par exemple, tout cela indique que le musicien soit aujourd'hui à la recherche d'une véritable heuristique, ou, à défaut, qu'il accède à ce que les Anglo-Saxons dénomment *serendipity*, c'est-à-dire la faculté d'heureuses découvertes accidentelles, qui éclaireraient son parcours lors de la composition d'une œuvre[11].

De façon pratique, une interface graphique adaptée à la vocalité artificielle et permettant de mettre en œuvre plusieurs modèles de synthèse faciliterait cette *serendipity*. Elle reste à imaginer, les outils proposés étant encore parcellaires tout en restant peu maniables. De même, force est de constater les limites des modes de représentation et des méthodes d'analyse musicologique de pièces intégrant la vocalité artificielle. Les logiciels spécialisés dans la représentation et l'analyse ne donnent pas toujours entière satisfaction. Par exemple, la notion de vocalité est extrêmement difficile à discerner dans les représentations en forme de sonagrammes, or cette variable mérite une attention toute particulière. Les couches graphiques établies par l'analyste ne font que suppléer manuellement l'impuissance à dépasser la représentation de l'évolution temporelle du spectre. De nouveaux outils d'analyse donneront des indications objectives sur l'évolution d'une qualité comme la vocalité. Des arguments similaires peuvent s'appliquer sur les notions d'harmonicité ou de degré de stabilité des paramètres. Dans ce dernier cas, il serait utile de visualiser aisément l'amplitude d'un vibrato. Le caractère musical d'une voix en dépend. De la même façon que la composition avec la vocalité artificielle bénéficierait d'applications informatiques rassemblant un grand nombre de méthodes d'analyse/synthèse, le musicologue doit pouvoir visualiser une analyse acoustique multiparamétrique intégrant les courbes d'évolution intra et inter-paramétriques. Il s'agit de pouvoir observer simultanément sur un écran, dans des registres différents ou par superposition à la manière des séquenceurs, des éléments d'analyse acoustique primaire comme un sonagramme ou déduits de plusieurs paramètres comme la courbe de vocalité. Une étape ultérieure pourrait consister à recueillir les données propres à la voix d'un locuteur puis à établir une courbe de similarité du matériau sonore par rapport à cette voix. Plus généralement, l'objectif est de s'affranchir de l'aveuglement relatif causé par la spéciali-

---

• 11 - Marc Battier, « Les polarités de la lutherie électronique », in *Méthodes nouvelles, musiques nouvelles, Musicologie et création*, sous la direction de Márta Grabócz, Strasbourg, Presses Universitaires de Strasbourg, 1999, p. 318.

sation des outils informatiques disponibles qui, s'ils sont performants dans leur spécificité, souffrent tous d'un angle d'investigation trop fermé[12]. Ces recherches sur les outils, comme celles concernant l'histoire, l'analyse du corpus et les enjeux de la vocalité artificielle sont prometteuses. La palette du compositeur s'est élargie en explorant des zones sans doute moins balisées, mais plus vastes et favorisant l'imaginaire. Souvent complexe à appréhender, parfois paradoxale, la vocalité artificielle, figure métaphorique de l'humanité, a déjà été mise à contribution par les compositeurs dans de nombreux registres expressifs, jusqu'à exprimer l'indicible.

• 12 - *Cf.* Bruno Bossis, « Reflections on the analysis of artificial vocality: representations, tools and prospective », *Organised Sound*, 9(1), 2004, p. 91-98.

Eléments bibliographiques

ADORNO, Theodor, *Philosophie der neuen Musik, Europäische Verlagsangstalt*, Köln, 1958, traduit de l'allemand par H. Hildenbrand et A. Lindenberg, *Philosophie de la nouvelle musique*, Paris, Gallimard, 1962.

AIGONI, Michel, « Go-gol », *Résonance*, n° 11, janvier 1997, p. 19-21.

ALBERA, Philippe, « Modernité. I. Le matériau sonore », in *Musiques, une encyclopédie pour le XXIe siècle*, sous la direction de NATTIEZ Jean-Jacques, volume 1, Actes Sud, Cité de la Musique, 2003, p. 213-233, paru précédemment en italien in *Enciclopedia della Musica*, sous la direction de NATTIEZ Jean-Jacques, volume 1, Turin, Einaudi, 2001.

ALBERTI, Leon Battista, *De Pictura*, 1435, traduit du latin par Jean Louis Schefer, Paris, Macula Dédale, 1992.

ANHALT, Istvan, « Pst... Pst... Are You Listening? Hearing Voices from Yesterday », in *Companion to Contemporary Musical Thought*, volume 2, Londres, Routledge, 1992, p. 977-992.

APERGHIS, Georges, *Machinations de Georges Aperghis*, textes rassemblés par SZENDY Peter, Paris, L'Harmattan, Ircam-Centre Pompidou, 2001.

APOLLINAIRE, Guillaume, *Œuvres poétiques*, Paris, Gallimard, Bibliothèque de la Pléiade, 1967.

APOLLINAIRE, Guillaume, *Œuvres en proses complètes*, Paris, Gallimard, Bibliothèque de la Pléiade, 1991.

ARNAUD, Alain, *Les hasards de la voix*, Paris, Flammarion, 1984.

AROM, Simha, « Modélisation et modèles dans la musique de tradition orale », *Analyse musicale*, n° 22, février 1991, p. 67-78.

ARTAUD, Antonin, *Pour en finir avec le jugement de Dieu*, enregistrement de la Radio-Diffusion Française, novembre 1947, interdit de diffusion, texte édité ensuite, Vénissieux, Les Editions de la Mauvaise Graine, 1998.

ASSCHE, Christine (van), « Sonic Process. Une nouvelle géographie de sons », in *Sonic Process*, catalogue de l'exposition « Sonic Process » du Centre Georges Pompidou à Paris du 16 octobre 2002 au 6 janvier 2003, Paris, Editions du Centre Pompidou, 2002, p. 13-23.

ATAL, B. S. ; HANAUER, S. L., « Speech Analysis and Synthesis by Linear Prediction of the Speech Wave », *Journal of the Acoustical Society of America*, 50(2), 1971, p. 637-655.

BABBITT, Milton, « Some Aspects of Twelve-Tone Composition », *The Score and IMA Magazine*, 1955, p. 53-61. Seconde édition in *Twentieth Century View of Music History*, New York, Scibner's, 1972, p. 364-371.

BADIOU, Alain, *Le concept de modèle*, Paris, Maspero, 1969.

BAILLET, Jérôme, *Gérard Grisey, Fondements d'une écriture*, Paris, L'Itinéraire, L'Harmattan, 2000.

BAISNEE, Pierre-François, *CHANT Manual*, Paris, Ircam, 1985.

BARBAUD, Pierre, *Introduction à la composition musicale automatique*, Paris, Dunod, 1966.

BARLOW, Clarence, « Concernant l'Analyse Spectrale de la Parole (Dans un but de resynthèse ultérieure pour instruments acoustiques) », in *Analyse en musique électroacoustique, Actes de l'Académie Internationale de Musique Electroacoustique de Bourges de 1996*, Actes II, Bourges, Mnémosyne, 1997, p. 82-88.

BARRAS, Vincent, « Poésie post-sonore : paysage fin de siècle », *Dissonance*, Association Suisse des Musiciens, n° 55, février 1998, p. 21.

BARRIERE, Jean-Baptiste, « "Chréode" : the pathway to new music with the computer », *Contemporary Music Review*, Volume 1, Part 1, 1984, p. 181-201.

BARRIERE, Jean-Baptiste, « Chréode I : chemin vers une nouvelle musique avec l'ordinateur », in *L'IRCAM : une pensée musicale*, sous la direction de MACHOVER Tod, Paris, Editions des archives contemporaines, 1984, p. 195-217.

BARRIERE, Jean-Baptiste, « Ecriture et modèles », *Entretemps*, n° 8, septembre 1989, p. 25-45.

BARRIERE, Jean-Baptiste, sous la direction de, *Le Timbre, métaphore pour la composition*, Paris, Christian Bourgois et Ircam-Centre Georges Pompidou, 1991.

BARRIERE, Jean-Baptiste; IOVINO, Francisco; LAURSON, Mikael, « A new CHANT Synthesizer in C and Its Control Environnement in Patchwork », in *Proceedings of the International Computer Music Conference*, Computer Music Association, 1991, p. 11-14.

BARTHES, Roland, « Le grain de la voix », *Musique en jeu*, n° 9, 1972, p. 57-63.

BATT, Noëlle, « Que peut la science pour l'art ? », in *L'Art et l'Hybride*, Saint-Denis, Presses Universitaires de Vincennes, 2001, p. 73-82.

BATTIER, Marc, « Les polarités de la lutherie électronique », in *Méthodes nouvelles, musiques nouvelles, Musicologie et création*, sous la direction de GRABOCZ Márta, Strasbourg, Presses Universitaires de Strasbourg, 1999, p. 307-318.

BATTIER, Marc, « De la phonographie à la lutherie numérique. L'épiphanie du son artificiel », in *Actes des Neuvièmes Journées d'Informatique Musicale*, Marseille, 29-30-31 mai 2002, p. 1-4.

BATTIER, Marc, « L'opéra et les technologies du son artificiel », *Analyse musicale*, n° 45, novembre 2002, p. 23-32.

BATTIER, Marc ; BOSSIS, Bruno, « L'Acousmographe (II). Références commentées », *Les cahiers de l'OMF*, n° 5, 2000, p. 83-89.

BECKETT, Samuel, *La dernière bande*, Paris, Les Éditions de Minuit, 1959.

BENJAMIN, Walter, « L'œuvre d'art à l'ère de sa reproductibilité technique » [titre traduit de l'allemand], 1936, traduction en anglais : « The Work of Art in the Age of Mechanical Reproduction », in *Illuminations*, New York, Schocken Books, 1969. Traduction de l'allemand, *Essais 2*, Paris, Denoël, 1983, réédition : *Œuvres III*, Paris, Gallimard, 2000.

BENNETT, Gerald, « Singing Synthesis in Electronic Music », in *Research Aspects of Singing*, sous la direction de SUNDBERG Johan, Publication n° 33 of the Royal Academy of Music, Stockholm, 1981, p. 34-50.

BENNETT, Gerald ; RODET, Xavier, « Synthesis of the Singing Voice », in *Current Directions in Computer Music Research*, éditeurs MATHEWS Max et PIERCE John, Cambridge, Massachusetts, MIT Press, 1989, p. 19-44.

BLOCH, Béatrice, « L'œuvre "manifestement" hétérogène ? Proposition pour un débat », in *L'art et l'Hybride*, Saint-Denis, Presses Universitaires de Vincennes, 2001, p. 172-173.

BOITE, René ; BOURLARD, Hervé ; DUTOIT, Thierry ; HANCQ, Joël ; LEICH, Henri, *Traitement de la parole*, Lausanne, Presses polytechniques et universitaires romandes, 2000.

BONADA, Jordi ; CELMA, Oscar ; LOSCOS, Alex ; ORTOLA, Jaume ; SERRA, Xavier, « Singing Voice Synthesis Combining Excitation plus Resonance and Sinusoidal plus Residual Models », *Music Technology Group, Audiovisual Institute*, Pompeu Fabra University-Barcelona, Spain & Advanced System Development Center, Yamaha Corporation-Hamamatsu, Japan, 2002 ; édition consultée : *Veille technologique*, Ircam, n° 21, avril 2002, p. 35-41.

BONARDI, Alain, *Analyse de* En écho *de Philippe Manoury*, analyse hypermédia, Paris, médiathèque de l'Ircam, départements Valorisation et Pédagogie de l'Ircam, 2000, consultation interne uniquement.

BOSSEUR, Jean-Yves, « De la poésie sonore à la musique », in *Conférences et séminaires*, n° 6, Musique et Littérature, séminaires 1996-1997, Paris, Observatoire Musical Français, Université Paris 4-Sorbonne, 1998, p. 45-58.

BOSSIS, Bruno, « La vocalité artificielle : un portrait en musique », in *Actes des Neuvièmes Journées d'Informatique Musicale*, Marseille, 29-30-31 mai 2002, p. 131-141.

BOSSIS, Bruno, *Karlheinz Stockhausen*, notice hypermédia, serveur de l'OLATS (Observatoire Léonardo des Arts et des Techno-Sciences), associé à l'ISAST (International Society for the Arts, Sciences and Technology) et au MIT (Massachussetts Institute of Technology), http://www.olats.org/pionniers/pp/cage/cage.shtml, 2002.

BOSSIS, Bruno, « *Les Chants de l'amour* de Gérard Grisey, entre rigueur formelle et jubilation humaniste », in *Le temps de l'écoute, Gérard Grisey ou la beauté des ombres sonores*, textes réunis par Danielle Cohen-Levinas, Paris, L'Harmattan, 2004, p. 229-270.

BOSSIS, Bruno, Mortuos Plango, Vivos Voco *de Jonathan Harvey*, analyse hypermédia, Paris, médiathèque de l'Ircam, consultation interne uniquement, 2000.

BOSSIS, Bruno, « *Une Saison en enfer* de Gilbert Amy, une lecture musicale d'Arthur Rimbaud », *Musurgia*, à paraître.

BOULANGER, Richard Charles, *The Transformation of Speech into Music : A Musical Exploration and Interpretation of Two Recent Digital Filtering Techniques*, Thèse de doctorat Philosophy in Music, San Diego, University of California, 1985.

BOULEAU, Nicolas, *Philosophies des mathématiques et de la modélisation*, Paris, L'Harmattan, 1999.

BURROUGHS, William, « An introductory text for Henri Chopin's book on "Poésie Sonore" », traduction de l'anglais par Jean Chopin, in *Poésie sonore internationale*, sous la direction de CHOPIN Henri, Paris, Jean-Michel Place, 1979, p. 9.

BYRNE, Madelyne, « Speech-Based Computer Music : Selected Works by Charles Dodge and Paul Lansky », in *Proceedings International Computer Music Conference (ICMC) 1999*, Pékin, Computer Music Association, 1999, p. 561-564.

CADOZ, Claude ; INCERTI, Eric, « Synthèse musicale par modèles physiques : modélisation de structures vibrantes avec le langage CORDIS-ANIMA », in *Recherches et applications en informatique musicale*, Paris, Hermès, 1998, p. 287-304.

CAMILLERI, Lelio, « Electroacoustic music : analysis and listening processes », in *Sonus-Contemporary Music Materials*, Special Issue 1993, p. 39-47.

CASTANET, Pierre Albert, *Tout est bruit pour qui a peur*, Paris, TUM/Michel de Maule, 1999.

CASTAREDE, Marie-France, *La voix et ses sortilèges*, Paris, Les Belles Lettres, 1987.

CASTIGLIONE, Baldassar, *Il libro del cortegiano*, 1528, édition consultée : *Le livre du courtisan*, traduction de l'italien par Alain Pons, Flammarion, 1991.

CHAFCOULOFF, Michel, *Vingt cinq années de recherches en synthèse de la parole*, Paris, éditions CNRS, 1976.

CHARLES, Daniel, *Le temps de la voix*, Paris, éditions Jean-Pierre Delarge, collection Corps et culture, 1978.

CHEYREZY, Christian, « "L'art et la technologie, nouvelle unité" (W. Gropius) ? », *Musique en Jeu*, n° 18, 1975, p. 11-14.

CHION, Michel, « Entretien avec Michel Chion », in *Le son et la voix*, sous la direction de THONON Marie, Paris, L'Harmattan, 1998, p. 11-55.

CHOPIN, Henri, sous la direction de, *Poésie sonore internationale*, Paris, Jean-Michel Place, 1979.

CHOUVEL, Jean-Marc ; LEVY, Fabien, sous la direction de, *Observation, analyse, modèle : peut-on parler d'art avec les outils de la science ?*, Paris, L'Harmattan, Ircam-Centre Pompidou, 2002.

CHOWNING, John, « Synthesis of the singing voice by frequency modulation », in *Sound generation in winds, strings, and computers*, éditeurs JANSSON E. et SUNDBERG J., Pub. n° 29, Stockholm, Royal Swedish Academy of Music, 1980, p. 4-13.

CHOWNING, John, « Frequency Modulation Synthesis of the Singing Voice », in *Current Directions in Computer Music Research*, éditeurs MATHEWS Max et PIERCE John, Cambridge, Massachusetts, MIT Press, 1989, p. 57-63.

COHEN-LEVINAS, Danielle, *La voix au-delà du chant*, Paris, Michel de Maule, 1987.

COHEN-LEVINAS, Danielle, « Gérard Grisey : du spectralisme formalisé au spectralisme historicisé », *La Revue Musicale*, L'Itinéraire, quadruple numéro 421-422-423-424, 1991, p. 51-65.

COOK, Perry R., « Singing Voice Synthesis : History, Current Work, and Future Directions », *Computer Music Journal*, volume 20, n° 3, 1996, p. 38-46.

CORTAZAR, Julio, *Rayuela*, Buenos Aires, Sudamericana, 1963 et Barcelone, Editorial Bruguera, 1963. Traduction française par Laure Guille-Bataillon sous le titre *Marelle*, Paris, Gallimard, 1966.

COUCHOT, Edmond, *La technologie dans l'art. De la photographie à la réalité virtuelle*, Nîmes, éd. Jacqueline Chambon, 1998.

D'ALEXANDRO, Christophe; DEPALLE, Philippe; RODET, Xavier, « Machines à chanter », *Résonance*, n° 8, mars 1995, p. 8-13.

DECARSIN, François, « La voix chez Stockhausen : le timbre et le sens », in *Voix et création au XXe siècle*, Actes du Colloque de Montpellier, 26, 27 et 28 janvier 1995, Paris, Honoré Champion, 1997 p. 45-50.

DELALANDE, François, « Le paradigme électroacoustique », in *Musiques, une encyclopédie pour le XXIe siècle*, sous la direction de NATTIEZ Jean-Jacques, volume 1, Actes Sud, Cité de la Musique, 2003, p. 533-557, paru précédemment en italien in *Enciclopedia della Musica*, sous la direction de NATTIEZ Jean-Jacques, volume 1, Turin, Giulio Einaudi, 2001.

DENIOT, Joëlle; DUTHEIL, Catherine; VRAIT, François-Xavier, sous la direction de, *Dire la voix, Approche transversale des phénomènes vocaux*, Paris, L'Harmattan, 2000.

DERRIDA, Jacques, *La voix et le phénomène*, Paris, Presses Universitaires de France, 1998.

DESSONS, Gérard, « Penser la voix », in *Penser la voix*, sous la direction de DESSONS Gérard, Poitiers, la licorne, UFR Langues Littératures de l'Université de Poitiers, 1997, p. 3-7.

DODGE, Charles, « In Celebration : the composition and its realization in synthetic speech », in *Composers and the computer*, éditeur ROADS Curtis, Los Altos, Californie, William Kaufman Inc., 1985, p. 47-73.

DODGE, Charles, « On Speech Songs », in *Current Directions in Computer Music Research*, éditeurs MATHEWS Max et PIERCE John, Cambridge, Massachusetts, MIT Press, 1989, p. 9-17.

DOLSON, Mark, « The Phase Vocoder : A Tutorial », *Computer Music Journal*, volume 10, n° 4, 1986, p. 14-27.

DUFOURT, Hugues, « Musique spectrale », *Conséquences*, n° 7-8, 1986, p. 111-115.

FATUS, Claude, *Composition musicale en informatique*, Paris, Minerve, 1989.

FERRETTI, Marc ; CINARE, François, *Synthèse, reconnaissance de la parole*, Paris, Editests, 1983.

FONAGY, Ivan, « Les langages de la voix », in *L'esprit des voix, Etudes sur la fonction vocale*, Grenoble, La pensée sauvage, 1990, p. 69-84.

FRANCASTEL, Pierre, *Art et technique, la genèse des formes modernes*, Paris, Denoël, 1956.

GAGNARD, Madeleine, *La voix dans la musique contemporaine*, Luynes, Van de Velde, 1987.

GEORGAKI, Anastasia, « A la recherche de la voix-Protée : penser la voix de synthèse aujourd'hui », in *Actes des Sixièmes Journées d'Informatique Musicale*, Issy-Les-Moulineaux, 17-18-19 mai 1999, p. 97-108.

GEORGAKI, Anastasia, « Proteïc voices in the computer music repertory (1972-1997) », in *Proceedings International Computer Music Conference (ICMC) 1999*, Pékin, Computer Music Association, 1999, p. 553-556.

GINDT, Antoine, « 60e Parallèle », *Résonance*, n° 11, janvier 1997, p. 27-28.

GIROUD, Michel, « Mille voix - 1000 voies », in *Penser la voix*, sous la direction de DESSONS Gérard, Poitiers, la licorne, UFR Langues Littératures de l'Université de Poitiers, 1997, p. 211-216.

GOGOL, Nicolas, *Le Manteau*, 1839, in *Œuvres complètes*, tome III, Saint-Petersbourg, 4 tomes, éditions Prokopovitch, 1843, édition consultée : *Le Journal d'un fou, Le Manteau et autres nouvelles*, traduit du russe en 1938 par Henri Mongault, Paris, Gallimard, collection Folio, 1979.

GRABOCZ, Márta, sous la direction de, *Les modèles dans l'art : musique, peinture, cinéma*, avec la collaboration de HASCHER Xavier, Strasbourg, Presses Universitaires de Strasbourg, 1997.

GRIFFITH, Paul, *A Guide to Electronic Music*, Londres, Thames and Hudson, 1979.

GRISEY, Gérard, « Tempus ex Machina », essai réalisé en 1980 pour une série de cours aux Internationale Ferienkurse de Darmstadt ; paru en allemand dans : *Neuland, Ansätze zur Musik der Gegenwart, Jahrbuch*, n° 3, 1982-1983, p. 190-202, puis : *Darmstädter Beiträge zur Neuen Musik*, volume XIX, Mainz, 1984, p. 22 ; paru en anglais dans : « Music and Psychology : a mutual regard », *Contemporary Music Review*, volume 2, part 1, 1987, p. 239-275 ; paru en français dans : *Entretemps*, n° 8, septembre 1989, p. 83-119.

GRISEY, Gérard, « La musique : le devenir des sons », *Conséquences*, n° 7-8, 1986, p. 123-131, puis : *La revue musicale*, L'Itinéraire, n° 421-424, 1991, p. 291-300.

GRISEY, Gérard, « Vous avez-dit spectral ? », *insit'*, n° 13, septembre 2000, p. 4-5.

GRISEY, Gérard ; BARRIERE, Jean-Baptiste ; BAISNEE, Pierre-François, « *Les Chants de l'amour*, a piece for computer generated tape and mixed choir », in *Proceedings of the international Computer Music Conference 1985*, San Francisco, Computer Music Association, 1985, p. 217-224.

GUIBERT, Jean, *La parole : compréhension et synthèse par les ordinateurs*, Paris, Presses Universitaires de France, collection Le Physicien, 1979.

GUIBERT, Michel ; GUIBERT, Jean, *Les ordinateurs qui parlent*, Paris, Belfond, 1986.

GUILLERMO, Garcia; DEPALLE, Philippe; RODET, Xavier, « A la recherche d'une voix perdue », *Résonance*, n° 8, mars 1995, p. 14-15.

GUILLOT, Mathieu, « Steve Reich : *City Life*, l'urbanité comme modèle sonore », *Analyse musicale*, n° 33, 4e trimestre 1998, p. 51-59.

HAMEL, Patrice, « Pour un libre affect », *Rue Descartes*, n° 21, septembre 1998, p. 143-158.

HARVEY, Jonathan, « Le miroir de l'ambiguïté », in *Le timbre, métaphore pour la composition*, sous la direction de BARRIÈRE Jean-Baptiste, Paris, Ircam, Christian Bourgois, 1991, p. 454-466. Article paru une première fois en anglais sous le titre : « The Mirror of Ambiguity », in *The language of Electroacoustic Music*, Londres, Mac Millan Press, 1986, p. 175-190.

HARVEY, Jonathan, *In Quest of Spirit*, Berkeley, University of California Press, 1999.

HARVEY, Jonathan, *Music and Inspiration*, Londres, Faber and Faber, 1999.

HEIDSIECK, Bernard, « Poésie action, poésie sonore », *Revue d'esthétique*, nouvelle série, n° 4, 1980, p. 139-148.

HETTERGOTT, Alexandra, « Human Voice Treatment in Various Types of Electroacoustic Music », in *Proceedings International Computer Music Conference (ICMC) 1999*, Pékin, Computer Music Association, 1999, p. 557-560.

JANKELEVITCH, Vladimir, *La Musique et l'Ineffable*, Paris, Armand Colin, 1961, Seuil, 1983.

KAEGI, Werner ; TEMPELAARS, Stan, « VOSIM - A new sound synthesis system », *Journal of the Audio Engineering Society*, 26 (6), 1978, p. 418-426.

KINTZLER, Catherine, « L'opéra : théâtre ou spectacle ? », in *Récit et représentation musicale*, Textes réunis et présentés par COHEN-LEVINAS Danielle, Paris, L'Itinéraire, L'Harmattan, 2002, p. 115-124.

KRONLAND-MARTINET, Richard, « The Wavalet Transform for Analysis, Synthesis, and Processing of Speech and Music Sounds », *Computer Music Journal*, volume 12, n° 4, 1988, p. 11-20.

LALITTE, Philippe, « Le spectre d'une voix. Une analyse de *L'Esprit des dunes* », in *Tristan Murail*, textes réunis par SZENDY Peter, Compositeurs d'aujourd'hui, L'Harmattan, Ircam-Centre Pompidou, 2002, p. 59-102.

LEMOIGNE, Jean-Louis, *La théorie du système général, théorie de la modélisation*, Presses Universitaires de France, 1976.

LEVINAS, Michaël, *Le compositeur trouvère. Ecrits et entretiens (1982-2002)*, textes réunis et annotés par CASTANET Pierre Albert et COHEN-LEVINAS Danielle, Paris, L'Itinéraire, L'Harmattan, 2002.

LIENARD, Jean-Sylvain, *Les processus de la communication parlée*, Paris, Masson, 1977.

LOMAX, Ken, « The Development of a singing synthesizer », in *Actes des Troisièmes Journées d'Informatique Musicale, Les cahiers du GREYC*, n° 4, Caen, 1996, p. 333-340.

LOTTERMOSER, W. ; MEYER, Fr.-J., « Frequenzmessungen an gesungenen Akkorden », *Acustica*, n° 10, p. 181-184.

MACHE, François-Bernard, *La voix, maintenant et ailleurs*, notice de l'exposition « La voix, maintenant et ailleurs » de la Bibliothèque Publique d'Information du Centre Georges Pompidou en 1985, Paris, inédite, 1985.

MACHE, François-Bernard, *Musique, mythe, nature ou les Dauphins d'Arion*, Paris, Klincksieck, 1991.

MAKHOUL, J., « Linear Prediction, a Tutorial Review », in *Proceedings of the Institute of Electrical and Electronics Engineers*, 63, 1975, p. 564-580.

MANNING, Peter, *Electronic & Computer Music*, Oxford, Oxford University Press, 1985, seconde édition consultée Oxford, Clarendon Press, 1993.

MANOURY, Philippe, *La Note et le son, Ecrits et entretiens, 1981-1998*, Paris, L'Itinéraire, L'Harmattan, 1998.

MANOURY, Philippe, *Va-et-vient, entretiens avec Daniela Langer*, Paris, Musica falsa, 2001.

MATHEWS, Max, *The Technology of Computer Music*, Cambridge, The MIT Press, première édition : 1969, deuxième édition : 1974, troisième édition : 1977.

MATHEWS, Max, « Analyse de *Sea Songs* de Dexter Morrill », traduction de l'anglais par Justice Olsson, in *Analyse en musique électroacoustique, Actes de l'Académie Internationale de Musique Electroacoustique de Bourges de 1996*, Actes II, Bourges, Mnémosyne, 1997, p. 148-151.

McADAMS, Stephen ; BIGAND, Emmanuel, *Penser les sons, Psychologie cognitive de l'audition*, Paris, PUF, 1994.

MENEZES, Flo, *Luciano Berio et la phonologie*, Peter Lang, Publications universitaires européennes, Musicologie, série 36, Frankfurt am Main, 1993.

MERLEAU-PONTY, Maurice, *Le visible et l'invisible*, Paris, Gallimard, 1964.

MIRANDA, Eduardo Reck, *Computer sound synthesis for the electronic musician*, Oxford, 1998.

MOLES, Abraham, « Théorie Informationnelle de la musique », compte-rendu dactylographié de l'exposé de A. Moles à la réunion du G.A.M. du 15 mai 1964, compte-rendu rédigé par E. Leipp et Mlle Castellengo, *Bulletin du Groupe d'Acoustique Musicale*, n° 5, 1964, p. 2-8.

MOORER, James, « The Use of the Phase Vocoder in Computer Music Applications », *Journal of the Audio Engineering Society*, 26, 1978, p. 42-45.

MURAIL, Tristan, « Question de cibles », *Entretemps* , n° 8, 1989, p. 147-172.

MUSSAT, Marie-Claire, *Trajectoires de la musique au XXe siècle*, Paris, Klincksieck, 1995. Deuxième édition revue et augmentée, Paris, Klincksieck, 2002.

NARBOUX, Jean-Philippe, *L'illusion*, Paris, Flammarion, 2000.

NOIRAY, Jacques, *Le romancier et la machine, L'image de la machine dans le roman français (1850-1900)*, deux volumes, Paris, Librairie José Corti, 1982.

PAHAUT, Serge, « Du bon usage des modèles. La musique entre les sciences de la nature et les sciences de l'homme », *Analyse musicale*, n° 22, février 1991, p. 9-12.

PEETERS, Geoffroy, « Analyse et synthèse des sons musicaux par la méthode PSOLA », in *Actes des Cinquièmes Journées d'Informatique Musicale*, journées de La Londe-les-Maures, 5-7 mai 1998, publiés à Marseille, Publications du LMA, n° 148, 1998, p. G4-1-G4-6.

PELISSIER, Aline ; TETE, Alain, *Sciences cognitives, textes fondateurs (1943-1950)*, Paris, Presses Universitaires de France, 1995.

POIRIER, Alain, « K. ou la loi comme frontière entre le virtuel et le réel », in *K.*, programme de l'opéra, Paris, Opéra National de Paris, 23 mars 2001, p. 35-39.

POPE, Stephan Travis, « A Taxonomy of Computer Music », *Contemporary Music Review*, volume 13, part 2, 1996, p. 137-145.

QUILLIER, Patrick, « Des acousmates d'Apollinaire aux voix de Bonnefoy. Quelques réflexions sur la "fine écoute" », in *Littérature et musique dans la France contemporaine*, Actes du colloque des 20-22 mars 1999 en Sorbonne, Strasbourg, Presse Universitaires de Strasbourg, 2001, p. 181-190.

RABELAIS, François, *Le Quart livre*, 1532-1564, édition consultée (traduction en français moderne) : Paris, Gallimard, 1998, et dans la langue originale sur le site de l'université de Genève, http://un2sg4.unige.ch/athena/rabelais/rab_quar.html.

REICH, Steve, « My Life with Technology », *Contemporary Music Review*, volume 13, part 2, 1996, p. 12-21.

RIGONI, Michel, *Stockhausen… un vaisseau lancé vers le ciel*, Lillebonne, Millénaire III, 1998.

RIMBAUD, Arthur, *Une Saison en enfer*, édition princeps : Bruxelles, Poot et compagnie, 1873. Edition consultée : Paris, Flammarion, 1989.

RIOTTE, André, « Mathématique du son, musique du nombre », in *Musique et mathématiques*, Lyon, Aléas-Grame, 1997, p. 11-25.

RISSET, Jean-Claude, « Digital Techniques and Sound Structure in Music », in *Composers and the computer*, éditeur ROADS Curtis, Los Altos, Californie, William Kaufman Inc., 1985, p. 113-138.

RISSET, Jean Claude, « Speech and music combined : an overview », in *Musique, language and brain*, in *Proceedings of Wenner-Gren international symposium*, 5-8, septembre 1991, Stockholm, volume 59, Londres, Macmillan Press, 1991, p. 368-379.

RISSET, Jean-Claude, « Recherches au-dessus de tout soupçon », in *Chercheurs ou artistes ? Entre art et science, ils rêvent le monde*, Paris, Editions Autrement, Série Mutations, n° 158, 1995, p. 170-180.

RISSET, Jean-Claude ; WESSEL, David, « Les Illusions auditives », in *Musique et ordinateur*, Les Ulis, Edition du Centre Expérimental du Spectacle, 1983, p. 93-105.

ROADS, Curtis, « Introduction to Granular Synthesis », *Computer Music Journal*, volume 12, n° 2, 1988, p. 11-13.

ROADS, Curtis, *The Computer Music Tutorial*, Massachusetts, MIT Press, 1996. Edition consultée : version française de Jean de Reydellet, *L'audionumérique*, Paris, Dunod, 1998.

ROADS, Curtis, *Microsound*, Cambridge, MIT Press, 2001.

RODET, Xavier ; DEPALLE, Philippe, « De la voix aux instruments », in *La synthèse sonore, Les Cahiers de l'Ircam, Recherche et Musique*, n° 2, Paris, Ircam-Centre Georges Pompidou, 1er trimestre 1993.

RODET, Xavier ; POTARD, Yves ; BARRIERE, Jean-Baptiste, « The CHANT Project : From the Synthesis of the Singing Voice to Synthesis in General », *Computer Music Journal*, volume 8, n° 3, 1984, p. 15-31.

ROEGIERS, Patrick, *Jacques Henri Lartigue, Les Tourments du funambule*, Paris, Editions de la Différence, 2003.

RONDELEUX, Luc, « Une histoire de l'informatique musicale entre macroforme et microforme », in *Actes des Sixièmes Journées d'Informatique Musicale*, Issy-Les-Moulineaux, 17-18-19 mai 1999, p. 1-9.

ROUSSEL, Raymond, *Locus Solus*, première édition à Paris en 1914, édition consultée : Paris, Gallimard, 1990.

SACERDOTE, G. G., « Researches on the singing voice », *Acustica*, n° 7, 1969, p. 61-68.

SCHAEFFER, Pierre, *A la recherche d'une musique concrète*, Paris, Éditions du Seuil, 1952.

SCHAEFFER, Pierre, « La voix comme matériau musical », in *La voix*, Paris, Librairie Maloine, 1953, p. 57-66.

SCHAEFFER, Pierre, *Traité des objets musicaux, Essai interdisciplines*, Paris, Éditions du Seuil, 1966.

SCHAEFFER, Pierre, *De la musique concrète à la musique même*, première édition : *La Revue Musicale*, numéro spécial, 1977, édition consultée : Paris, Mémoire du Livre, 2002.

SCHNELL, Norbert ; PEETERS, Geoffroy ; LEMOUTON, Serge ; MANOURY, Philippe ; RODET, Xavier, « Synthesizing a choir in real-time using Pitch Synchronous Overlap Add (PSOLA) », in

Proceedings International Computer Music Conference (ICMC) 2000, San Francisco, Computer Music Association, 2000, reproduit in *Veille technologique* n° 18 du Forum de l'Ircam, Paris, Forum de l'Ircam, 2000, p. 34-40.

SLAWSON, Wayne A., « Speech oriented Synthesizer of Computer Music », *Journal of Music Theory*, 13, n. 1, 1969, p. 94-127.

SLAWSON, Wayne A., *Sound Colo*r, Berkeley, University of California Press, 1985.

SMITH, Julius Orion, « Viewpoints of the History of Digital Synthesis », in *Proceedings of the International Computer Music Conference*, San Francisco, Computer Music Association, 1991, p. 1-10.

SOLOMOS, Makis, « L'identité du son », *Résonance*, n° 13, mars 1998, p. 12-15.

SOLOMOS, Makis, « Le "savant" et le "populaire", le postmodernisme et la mondialisation », *Musurgia*, volume IX/1, 2002, p. 75-89.

SOULAGES, François, sous la direction de, *Dialogues sur l'art et la technologie*, Paris, L'Harmattan, 2001.

STOCKHAUSEN, Karlheinz, « Musik und Sprache im Gesang der Jünglinge », texte écrit en 1957, notice du disque *Stockhausen complete edition 3*, CD, Stockhausen Verlag, Kürten, Allemagne, 1996, p. 55-74.

STOCKHAUSEN, Karlheinz, « Musique électronique », traduction de l'allemand par Sylvie Raphoz, *Contrechamps*, n° 9, p. 66-77. Première parution en allemand sous le titre « Elektronische und Instrumentale Musik », *die Reihe*, n° 5, 1959, date de rédaction : octobre 1958.

STOCKHAUSEN, Karlheinz, *Texte*, vol. III, Cologne, DuMont-Schauberg, 1971.

STROPPA, Marco, « The analysis of electronic music », *Contemporary Music Review*, Volume 1, Part 1, Londres, Harwood, 1984, p. 175-180.

SUNDBERG, Johan, « Synthesis of Singing », *Swedish Journal of Musicology*, 60(1), 1978, p. 107-112.

SUNDBERG, Johan, *The Science of the Singing Voice*, Dekalb, Illinois, Northern Illinois University Press, 1987.

SUNDBERG, Johan, « Synthesis of singing by rule », in *Current directions in computer music research*, éditeurs MATHEWS Max et PIERCE John, MIT Press, 1989, p. 45-55.

TRAN, Quang Hai, « Recherches introspectives sur le chant diphonique et leurs applications », in *Penser la voix*, sous la direction de DESSONS Gérard, Poitiers, la licorne, UFR Langues Littératures de l'Université de Poitiers, 1997, p. 195-215.

VECCHIONE, Bernard, « Modélisation et heuristique », in *Les modèles dans l'art : musique, peinture, cinéma*, sous la direction de GRABOCZ Márta, avec la collaboration de HASCHER Xavier, Strasbourg, Presses Universitaires de Strasbourg, 1997, p. 21-65.

VERNE, Jules, *Le Château des Carpathes*, Paris, Hetzel & Cie, 1892, édition consultée : Paris, Le Livre de Poche, 2001.

VILLIERS DE L'ISLE-ADAM, Auguste, *L'Eve future*, Paris, Maurice de Brunhoff, 1886, édition consultée : Paris, Flammarion, 1992.

WENDT, Larry, « Vocal Neighborhoods : A Walk through the Post-Sound Poetry Landscape », *Leonardo Music Journal*, Vol. 3, 1993, p. 65-71.

WHITTALL, Arnold, *Jonathan Harvey*, Londres, Faber and Faber, 1999. Traduction de l'anglais en français par Eric de Visscher, L'Harmattan, Ircam-Centre Georges Pompidou, 2000.

WILLETT, Gilles, « La modélisation », in *La communication modélisée, une introduction aux concepts, aux modèles et aux théories*, sous la direction de WILLETT Gilles, Ottawa, Renouveau Pédagogique Inc., 1992, p. 24-47.

WISHART, Tevor, « The Composition of *Vox 5* », *Computer Music Journal*, volume 12, n° 4, 1988, p. 21-27.

ZATTRA, Laura, « Il Centro di sonologia computazionale (C.S.C.) : l'istituzione, le strutture operative, la musica, la ricerca », in *Archivio, musiche del XX secolo, Vent'anni di musica elettronica all'Università di Padova*, Palerme, CIMS, 2002, p. 41-102.

ZEMLIN, Willard, *Speech and hearing science*, Englewood Cliffs, New Jersey, Prentice-Hall, 1961, édition consultée : deuxième édition, 1968.

ZINSSTAG, Gérard, « Le seuil est franchi », *Dissonances*, n° 61, août 1999, p. 13-16.

Index des noms

Index des œuvres

Achevé d'imprimer sur les presses de l'atelier de reprographie de l'université Rennes 2 en mars 2005

Inprimé en France